vom bauhaus nach bitterfeld

vom bauhaus nach bitterfeld

Reise zu den Ursprüngen des modernen Lebens

bauhaus DESSAU

Industrielles Gartenreich

STATTBUCH VERLAG

Impressum

Autoren: Torsten Blume, Heike Brückner, Ernst Paul Dörfler; Burghard Duhm, Roland Günter, Harald Kegler, Jens Köster, Elisabeth Kremer, Elke Mittmann, Holger Schmidt, Bertram Weißhaar

Lektorische Mitarbeit: Kirsten Baumann, Wolfgang Dobos, Dörte Halfen, Renate Meinhardt, Gerald Munier, Marie Neumüllers

Technische Mitarbeit: Heike Gauglitz, Silvia Höll, Carmen Meiling, Miriam Neubauer, Ute Wünsch

Redaktion: Torsten Blume, Burghard Duhm

Für ihre Unterstützung danken wir:
ADFC Dessau, Anhaltische Gemäldegalerie Schloß Georgium, Archiv Filmfabrik Wolfen, Anhaltische Verlagsgesellschaft Dessau, Kreismuseum Bitterfeld, Landesarchiv Oranienbaum, Elke Witt (Tourismusamt des Landkreises Wittenberg), Stadtarchiv Dessau, „Rad der Stadt“ (KIEZ e.V.)

Herausgeber: Stiftung Bauhaus Dessau, Industrielles Gartenreich e.V.

gefördert durch das
Land Sachsen-Anhalt

Satz: Repro- und Satzstudio Kuinke, Dessau
Bild-Bearbeitung: Gleb Gamasin
Druck: Druckerei Schlüter, Schönebeck (Elbe)

Die Deutsche Bibliothek - CIP-Einheitsaufnahme

Vom Bauhaus nach Bitterfeld : Reise zu den Ursprüngen des modernen Lebens / [Hrsg.: Stiftung Bauhaus ; Verein Industrielles Gartenreich e.V. Autoren: Torsten Blume ...]. - Berlin : Stattbuch-Verl., 1998
(Reisen)
ISBN 3-922778-64-X

Inhaltsverzeichnis

Die innere Reise und die äußere Reise

Zum erstenmal von Westen nach Osten zu reisen, war für mich 1990, in den ersten Tagen ohne Grenze, genauso dramatisch wie für die, die mir entgegenkamen, die Reise vom Osten nach Westen.

Ich fuhr mit einem VW-Bus nach Sachsen-Anhalt. Darin verbrachte ich die erste Nacht zwischen den verlassenen Häusern der Altstadt von Köthen, die wie nach einem Krieg aussah. Ich war außer Fassung und dachte: Hier haben jahrhundertelang Menschen gelebt und an dieser Stadt wie an einer Skulptur gearbeitet. - Was für ein Verbrechen, dies verfallen zu lassen! - War denn hier nichts und niemand? Ich empfand den äußersten Schmerz über dieser Zerstörung. Und ich begriff, warum denkmalschützende Bürgerinitiativen in der Wende eine große Rolle gespielt hatten.

Mein Ziel war das Bauhaus, das mich seit meiner Jugend fasziniert hatte. Und da stand es am nächsten Tag vor mir, ich ging rundherum, betrat es: ein realer Traum. Und jetzt, sieben Jahre später, schreibe ich dort in einem Zimmer des Atelierhauses, lebe einen Teil des Jahres in diesem Ort, der mir magisch erscheint - lebe mit meinen Freunden Gropius, Klee, Kandinsky, Stölzl, Moholy-Nagy, Feininger, Hoffmann - gehe dort, wo sie ihre Füße hinsetzten und ihre Phantasien hatten. Genieße eine wahnwitzige menschliche Fähigkeit: Gedächtnis zu haben.

Für mich heißt reisen: Heimat dazugewinnen, Menschen, Freunde. In der sozialkulturellen Geschichte war das Reisen jahrhundertelang etwas außerordentlich Kostbares. Denn nur wenige konnten reisen: Fürsten, Intellektuelle, Maler. Aber in der Dialektik des Fortschritts ist mit dem Reisen etwas Furchtbares geschehen: Im Industrie-Zeitalter, mit der Notwendigkeit der Arbeitsmobilität und den Möglichkeiten des Verkehrs, ist es zum Alltäglichsten geworden. Fast jeder reist jeden Tag. So ist es ein völlig anderes Problem als in vielen Jahrhunderten: abgenutzt, verbraucht, ohne Wert - oder zur Exotik reduziert und nach kurzem Aufblitzen verrauscht. Reisen ist weithin verkommen. Bewußtloses Ein- und Ausfliegen.

So ist das kostbare Reisen erneut ein Problem: es ist wiederzugewinnen. Als eine „innere Reise“ zu sich selbst, die fähig macht, die äußere Reise lebendig werden zu lassen. Fähig, Blicke, Erfahrungen, Gedächtnis entstehen und wachsen zu lassen. Mit der Neugier des Kindes, der Energie des Tätigen, der Erfahrung zunehmenden Alters. Das ist Kultur. Heute ist dies das wirkliche Abenteuer mit sich selbst und anderen Menschen.

Sachsen-Anhalt, das Land der Reformen, kann auch zur Reformation des Reisens beitragen. Ich finde zwischen Dessau, Bitterfeld und Wittenberg Leuchttürme: Renaissance und Reform in Wittenberg. - Die gesellschaftlich-ästhetische Utopie des historischen Gartenreiches mit Wörlitz. - Leben und Kunst im Bauhaus in Dessau. - Die Neugewinnung des Menschen im Industriellen Gartenreich, mit der eigentümlichsten „Stadt der Welt“, Ferropolis, und seiner „Landschaft der Phantasie“, der Grube zu seinen Füßen. - Die realisierte Utopie: 28 Projekte der EXPO 2000 Sachsen-Anhalt. Um in die irdischen Paradiese zu kommen, muß einer nicht weit reisen. Die Kunst besteht darin, sie zu entdecken, wenn die Füße bereits auf dem Boden des Paradieses stehen.

Einladung ins Industrielle Gartenreich

Grubenspaziergang in Golpa-Nord, 1997

Der Ursprung des Daseins ist die Bewegung. Folglich kann es darin keine Bewegungslosigkeit geben, denn wäre das Dasein bewegungslos, so würde es zu seinem Ursprung zurückkehren, und der ist das Nichts. Deshalb nimmt das Reisen nie ein Ende, nicht in der höheren und auch nicht in der niederen Welt. (Ibn Al Arabi, 1165-1240)

Das vorliegende Reisebuch beschreibt das Städtedreieck Dessau-Wittenberg-Bitterfeld.

Wittenberg, die Stadt der Reformation, das Wörlitzer Gartenreich der Aufklärung, die Bauhausstadt Dessau und der Bitterfelder Industriebezirk waren wichtige Ursprungsorte unserer modernen Zivilisation, die immer wieder auch durch neue Impulse von außen, durch „fremde Kulturen“ initiiert wurden. So das historische Gartenreich mit seinem aus den Niederlanden übernommenen Wasserschutzsystem und den angewandten Reiseerfahrungen des Fürsten Franz sowie das internationale, mit der modernen Architektur- und Design-Bewegung verbundene Bauhaus. Wir möchten mit Beschreibungen dazu anregen, der Bedeutung dieser Orte nachzuspüren. Das Buch stellt aber auch Ansätze und Ansatzpunkte einer zukünftigen Landschaft dar, die die Stiftung Bauhaus Dessau mit ihrem Projekt Industrielles Gartenreich seit 1989 befördert und in die öffentliche Diskussion bringt. Wir laden Besucher dazu ein, mit uns die Gegensätze zwischen dem „Schönen“ Gartenreich, und den erholsamen Auenlandschaften im Norden sowie dem „Nützlichen“, auf den ersten Blick häßlichen Industriebereich im Süden im wahrsten Sinne des Wortes zu erfahren. Unsere These ist, daß die Gäste die Landschaft mit „neuen Augen“ sehen lernen und dabei auch das eine oder andere Vorurteil über die „Industrieprovinz“ an Elbe und Mulde vergessen oder überwinden. Um nah am Geschehen in der Region zu sein und um Menschen zu treffen, empfehlen wir öffentliche Verkehrsmittel, das Fahrrad oder die Wanderung zu Fuß.

Die Reise, die der vorliegende Führer den Besuchern anbietet, setzt sich aus sechs in den einzelnen Kapiteln beschriebenen Erkundungen von Stadt- und Landschaftsräumen zusammen, die für sich genommen auch als Tagestouren für Radfahrer oder Wanderer geeignet sind. Für die Gesamtregion sollten Besucher mehrere Tage einplanen. Dieses Reisebuch ist ein Experiment, denn Reisebeschreibungen für die Region Dessau–Wittenberg–Bitterfeld gab es bisher in diesem Umfang nicht. Zwar sind in den vergangenen Jahren eine Vielzahl von Wanderwegen neu entstanden, und es ist im Vorfeld der geplanten EXPO-Beteiligung die Aufmerksamkeit für touristische Fragen gewachsen, aber eine entsprechend entwickelte Infrastruktur gibt es noch nicht. Die Besucher erwartet eine Landschaft im Wandel. So kann es passieren, daß Orte, Gebäude und Gegenstände beschrieben werden, die schon bald nach dem Erscheinen des Buches ein anderes Aussehen haben oder völlig „verschwunden“ sind. Das ist eine besondere Dimension des (Be-)Schreibens; der Reiseführer wird zu einem Zeit-Dokument der radikalen Transformation und Modernisierung. Hingewiesen werden muß auch auf die sehr unterschiedliche Qualität der Wege und Straßen – Radwegenetze mit Wegeleitsystemen, die den Standards einer Tourismusregion entsprechen, gibt es bislang wenige, obwohl drei internationale bzw. nationale Radfernwege (R 1, R 2 und R 4) durch die Region führen. Dennoch, das Interesse bisheriger Besucher hat gezeigt: Die Region ist eine Reise wert. Eine bedeutende Wirtschafts- und Kulturregion ist neu zu entdecken. Nicht nur, daß Gästen die Gegend bekannt gemacht werden soll, auch die Menschen, die hier leben, sollen – so ist die Hoffnung – dazu angeregt werden, mit den Fremden auch das Vertraute, das Heimische neu zu entdecken.

Die Autoren, die alle gegenwärtig praktische Projekte in der Region bearbeiten, haben für ihre Beschreibungen jeweils unterschiedliche Herangehens- und Schreibweisen gewählt, in die neben allem Fachwissen auch persönliche Vorlieben einflossen. Die **Ortschaft Bauhaus** und die Bauhausbauten der 20er Jahre beschreiben Harald Kegler und Elke Mittmann als eine in den Ablagerungen von Jahrzehnten auszumachende Substanz einer „Bauhausstadt“. Im Unter-

schied zu den meisten kunsthistorischen Darstellungen wird das mythenbeladene Bauhauserbe hier in den Zusammenhang mit seinem Ort – der Stadt Dessau – gestellt.
Burghard Duhm führt die Reisenden auf seinen **Dessauer Stadtwegen** durch ein auch für viele Dessauer unsichtbares Gebiet. Zu den historischen Gebäuden, Plätzen und Straßen in der durch Kriegszerstörungen und Neuaufbau zerrissen wirkenden Stadtstruktur hat er Geschichten gesammelt und aufbereitet, die gleichsam Innensichten vermitteln und auch ein an Details interessiertes Publikum ansprechen. Unterstützt wurde er von Jens Köster (Ränder-Tour) und Holger Schmidt (Gasviertel). Die Idee der Gartenstädte und ihre konkrete Realisierung in Dessau wird von Elke Mitmann auf ihrem Spaziergang durch die Siedlungen in Dessau-Ziebigk vorgestellt.

Das **Dessau-Wörlitzer Gartenreich** aus dem 18. Jahrhundert, insbesondere dessen „Hauptstraße" zwischen dem Dessauer Stadtschloß und dem Landsitz des Fürsten in Wörlitz wird von Heike Brückner als ein komplexes, in die Landschaft eingeschriebenes Reformprogramm aus der Zeit der Aufklärung beschrieben. Einen Spaziergang zu einigen ausgewählten Orten des Wörlitzer Parks wird von Elisabeth Kremer angeboten. Dabei geht sie auf die Bilderwelt der Aufklärungskultur und deren zeitbedingte innere Widersprüchlichkeit ein.

Wittenberg war nicht nur die Wirkungsstätte Martin Luthers – in diesem Zentrum der Reformation entstanden im ausgehenden Mittelalter auch eine neue bürgerlich-protestantische Kultur und ein besonderes städtisches Selbstbewußtsein, das in der kulturellen Offenheit Wittenbergs bis heute zu spüren ist. Roland Günter, Autor der Reise in die **Lutherstadt Wittenberg**, hat ein Buch in Arbeit, das von der „EXPO 2000 Sachsen-Anhalt" angeregt wurde. Es sei Gerhard Seltmann dafür gedankt, daß er damit auch die Wittenberger Reise zur „Reformation als Renaissance" ermöglichte. In Exkursen verweisen Harald Kegler und Burghard Duhm auf die industrielle Seite Wittenbergs (Siedlung Piesteritz) und die Elbestädte Coswig und Roßlau.

Aus dem historischen Gartenreich hinein in das neu zu gestaltende ehemalige **„Land der Braunkohle"** führt Bertram Weisshaar. Dabei berichtet er auch von behutsamen „transitorischen" Gartenexperimenten in den alten Gruben, die eine künstlerische Auseinandersetzung mit dem ablaufenden Landschaftswandel sind. Mehrfach schon hat er in Abstimmung mit der Bergbauverwaltungsgesellschaft zu gut besuchten öffentlichen Grubenspaziergängen eingeladen. Die Spaziergänge in die Zeit zwischen der Stillegung der Tagebaue und der geplanten Flutung nutzt er, um Besucher auf eine Landschaft aufmerksam zu machen, die, obwohl mitten in den Erholungslandschaften des Gartenreiches und der Dübener Heide gelegen, dem üblichen Tourismus verschlossen bleibt. Das Thema der Route, die Jens Köster daran anschließend beschreibt, sind die alte und die neue „Energiearbeit". Der Autor hat gemeinsam mit Studenten begonnen, einen „Pfad der industriellen Wandlung" zu entwickeln, der den Spuren der aus der Braunkohle gewonnenen Energie durch die Landschaft folgt: von der Grube ins Kraftwerk über die in einen „See" verspülten Ascherückstände bis zur Abraumhalde.

Den Chemie-Wirtschaftsraum Bitterfeld-Greppin-Wolfen, der vielleicht am wenigsten im touristischen Sinn anziehend wirkt, der aber zum Raumgefüge des Industriellen Gartenreiches gehört, versucht Torsten Blume auf dem **„Bitterfelder Weg"** näherzubringen, indem er sowohl über die hier entstandenen technologischen Leistungen als auch die notwendig schwierige Neuorientierung der in rund 100 Jahren entstandenen chemischen Arbeitslandschaft berichtet.

Torsten Blume, Burghard Duhm

Bauhaus Dessau - die „transparente Ecke“ des Werkstattflügels

Bauhaus - Fenster im Werkstattraum

Dessau-Innenstadt

„Fürst-Franz-Weg“ zwischen Dessau und Wörlitz

Kettenbrücke im Wörlitzer Park

Gotisches Haus im Wörlitzer Park

Wittenberg - Blick zur Stadtkirche

Wittenberg - Marktplatz vor dem Rathaus

Ferropolis

Ferropolis

Bitterfeld - eine der vielen Rohrbrücken

Spaziergangsaktion in der alten Filmfabrik Wolfen

Gartenexperiment in Golpa-Nord, 1997

Das Bauhaus – eine Annäherung

Kaum zu glauben, dieses städtebaulich eingezwängte, bescheiden wirkende Gebäude in schwarz-weißem Habitus stellt das Bauhaus dar.

Es erscheint fremdartig in der Umgebung von Wohnhäusern und Kaufhalle. Wer vor zehn Jahren abends einen Taxifahrer in Dessau nach dem Bauhaus fragte, der wurde zum „Café am Bauhaus" gebracht, um im Tanzlokal eine „Schlemmer-Platte" zu essen und der Slogan „Wir gehen zum Bauhaus" hieß: „Wir gehen zum Tanz". Wo heute ein Supermarkt untergebracht ist, war damals die „Kaufhalle am Bauhaus". Auch dies war ein Bauhaus wohin die Dessauer gingen.

Ernüchternd wirken, gemessen an seiner fast mythischen Bedeutsamkeit, die Architektur des Umfeldes und der rege Autoverkehr. Ungastlich geben sich der Bauhausplatz und die angrenzenden Anlieferzonen, Parkplätze, Abbruchflächen und Neubauten. Es bietet sich ein Bild wie überall in den Städten und deren Randzonen mit ihren rasanten Wandlungen seit 1990. Geschäftig laufen Passanten unter der Brücke vorbei, würdigen das Haus keines Blickes, weil sie es kennen; Autos verstellen Touristen den Blick im Sucher der Kamera. Vom gegenüberliegenden Platz beobachten gelangweilt einige Männer auf der Bank rauchend und trinkend die Szenerie. Es sind keine Touristen. Es sind Beschäftigungslose – die Schornsteine der nahegelegenen Fabriken rauchen nicht mehr.

Die Glasfassade zieht den Blick immer wieder an sich. Langsam wird das Gebäude „größer". Die Bilder im Kopf kehren zurück. Die dynamischen Ansichten der zwanziger Jahre, auf denen das Haus – die verschiedenen Häuser – größer und weiträumiger wirken. Damals stand es noch frei auf dem offenen Feld.

Bauhaus im Siedlungsgebiet

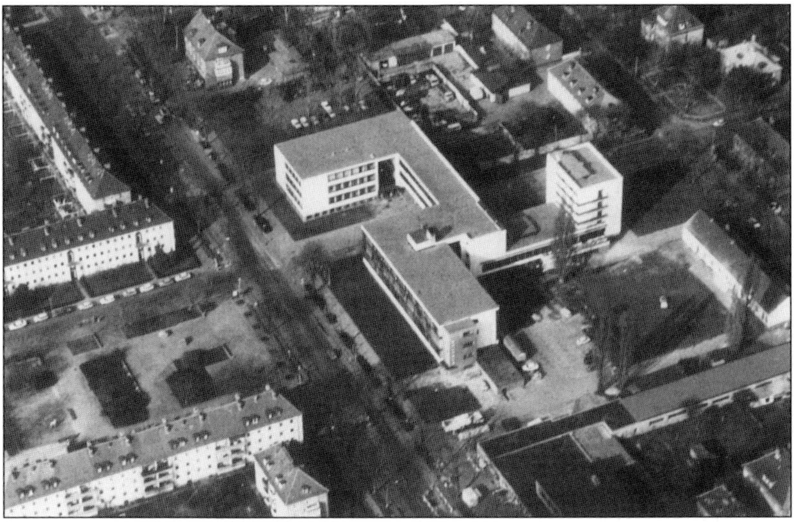

Die berühmte transparente Ecke des Bauhauses – die Nordwest-Ansicht – ist zum Markenzeichen geworden und sicher ein „Muß“ für jeden Besucher. Die Spannung und Dynamik, der geradezu prophetische Ausblick auf eine neue Bau- und Lebenskultur, vermittelt sich hier einprägsam – damals wie heute.

Die „transparente Ecke“

Die Vermutung, nach der dieses Gebäude und die in dessen „Fahrwasser“ international bekannt gewordene Architektur des sogenannten Neuen Bauens der Beitrag Deutschlands für die Baukultur der Welt im 20. Jahrhundert sei, mag hochgegriffen, aber nicht vermessen sein. Läßt man die zur Weltarchitektur stilisierten Bauten Revue passieren, erscheint das Bauhaus Dessau immer wieder an vorderer Stelle. Es hat geradezu mythische Kraft gewonnen und vermittelt auch jedem unkundigen Besucher den Eindruck, an einem weltbedeutenden Ort zu sein. In der Tat – in diesem Bauwerk sind alle Hoffnungen und Ansichten über den Aufbruch in ein neues Zeitalter verknüpft. Im 70. Jahr des Bestehens dieses Gebäudes nahm es die UNESCO in die Liste des Weltkulturerbes auf (gemeinsam mit den Meisterhäusern und den Bauhausstätten in Weimar).

Ich näherte mich dem „Bauhaus“ an einem der ersten Frühlingstage. Die Landschaft ringsum beschenkte mich mit dem ganzen erdenklichen Idyll unserer Zeit. Zarter Dunst stieg auf aus dem Dickicht der Fabrikschlote, am Himmel schwirrten vergnügt Junkersflugzeuge, die Luft duftete nach März, Rauch und Kalk. Als ich schließlich das „Bauhaus“ erblickte, das ganz aus einem Stück gegossen zu sein scheint wie ein beharrlicher Gedanke, und seine Glaswände, die einen durchsichtigen Winkel bildeten, mit der Luft verfließend und doch von ihr getrennt durch einen exakten Willen – da blieb ich unwillkürlich stehen. Das war kein Staunen angesichts einer sinnreichen Erfindung, nein, es war einfach Bewunderung (Ilja Ehrenburg, 1928) (1)

Südwestansicht

An der südlichen Stirnwand des Werkstattflügels strahlt der Schriftzug BAUHAUS. Nur wer das Gebäude umrundet, findet dieses Zeichen. Warum ist es hier angebracht, wo doch der Zugang vom Bahnhof oder mit dem Auto und Bus aus der Stadt kommend von Norden erfolgt?

Als das Bauhaus 1926 errichtet wurde, verlief die Hauptverbindung zwischen der Stadt und den Siedlungsgebieten im Nordwesten über die Eisenbahn und entlang der heutigen Gropiusallee, also von Süden. Jeder Studierende und Besucher erreichte das Bauhaus auf diesem Weg durch die Bahnhofsvorstadt, vorbei an den Industrie- und Bahnanlagen, dem legendären Volkshaus Tivoli – dem Ort des ersten Bauhausfestes in Dessau 1926. Schon von weitem wurde er vom Schriftzug BAUHAUS angelockt. Er passierte die gleichsam schwebende Glasfassade über dem zurückgesetzten, dunklen Sockel – durch eine Rasenfläche auf Distanz gehalten. Eine vorspringende weiße Wand des querstehenden Schulgebäudes lenkte den Gast in die beiderseits symmetrisch angelegten Eingangsbereiche der durch eine Brücke verbundenen Gebäude. Die Eingangsüberschriften „sortieren" heute die Besucher in „Bauhaus" und „Fachhochschule" Anhalt – früher „Technische Lehranstalt". Der als zusammenhängendes Ensemble erscheinende Gebäudekomplex beherbergte und beherbergt zwei verschiedene Institutionen.

Heute hingegen nähert sich der Besucher oder Mitarbeiter zumeist vom Bahnhof kommend aus östlicher Richtung dem Bauhaus. Er verläßt den Bahnhof durch eine erst 1938 geschaffene Unterführung, die die Innenstadt mit dem Stadtteil Ziebigk (Siedlung) verbindet. Das frühere „Hinterland" des Bauhauses ist seitdem zum Entree für das Weltkulturerbe geworden. Es handelt sich dabei um einen der spannendsten Bereiche der Stadt Dessau – wenngleich in den letzten Jahren zahlreiche authentische Spuren verloren gingen.

Ein geradezu magisches Gebiet: Das – nach dem Zentrum – am meisten überplante Areal war seit dem Ende des Zweiten Weltkrieges eine „terra incognita". Es beherbergte Einrichtungen der Sowjetarmee und ein Impfstoffwerk. Lediglich ein „Pfad", die Bauhausstraße, führte zu dem sich hinter großen Bäumen verbergenden „Objekt der Begierde". Verläßt der Besucher den Bahnhofstunnel, passiert er zunächst über die Walther-Rathenau-Straße ein Ensemble ehemaliger Werkswohnungen der Chemieindustrie – heute, nach der Schließung der meisten Betriebe, weitgehend privatisiert – und erreicht den sternförmig angelegten Seminarplatz. Einem Fächer gleich entfalten sich die für das 20. Jahrhundert typischen Elemente der Stadtentwicklung in Dessau.

Das stattliche Gebäude rechter Hand, das der Besucher als erstes wahrnimmt, stammt aus der Kaiserzeit – das Lyzeum von 1912 – eines der schönsten Bauwerke dieser Zeit in Dessau. Es markierte den Anfang einer Stadterweiterung nach Nordwesten als Wohngebiet für das aufsteigende Bürgertum. Die höhere Bildungsanstalt sollte die Erschließung dieses Stadtareals durch einen bildungspolitischen Akzent in Richtung „besseres Viertel" einleiten. Nach dem Krieg hatte ein sowjetisches Lazarett hier fast 50 Jahre sein Domizil.

Heute sind darin – nach behutsamer Sanierung – die Abteilungen Architektur und Design der Fachhochschule Anhalt untergebracht. Die zahlreichen Studenten beginnen noch dem Stadtteil eine neue Lebendigkeit zu geben.

Im Zentrum des Platzensembles, etwas verborgen unter den großen Platanen, steht eine Plastik von Max Bill – dem jüngst verstorbenen Bauhausschüler und Gründer der Bauhaus-Nachfolgeinstitution in Ulm (Hochschule für Gestaltung). Die stufenförmig übereinander geschichteten Steinquader auf rundem Sockel symbolisieren in abstrakter Sprache Entwicklung, können aber auch als allseitig richtungweisend interpretiert werden. Ganzheitlichkeit und Dynamik, elementare Grundformen und zurückhaltende Anmut verkörpert diese einzige Plastik in Dessau, die von einem weltbekannten Künstler geschaffen wurde. Der Aufstellung 1995 ging eine wahre Odyssee voraus. Die Idee, diese Plastik nach Dessau zu holen, wurde bereits 1988 vom Bauhausdirektor Rolf Kuhn bei einem Besuch in der Schweiz geboren und durch langwierige Vermittlung und Zähigkeit nach sieben Jahren realisiert – Max Bill erlebte es leider nicht mehr. Dieses kleine Monument der Moderne vom Ende des 20. Jahrhunderts kann als Wegweiser auf das größere Monument der 20er Jahre angesehen werden, das am Ausgang der Bausstraße zwischen den Bäumen hervorlugt.

Seminarplatz - Plastik von Max Bill

Weiter dem „Fächerblick" folgend, verborgen hinter dichtem Grün, steht ein unverputztes Flachdachgebäude – auf den ersten Blick an „Bauhaus" erinnernd. Dieses zweigeschossige Wohnhaus entwarf Leopold Fischer, ein Absolvent der Wiener Schule von Adolf Loos. Fischer war in den 20er Jahren einer der „Gegenspieler" von Gropius in Dessau. Zeitgleich zur Gropius-Siedlung in Törten schuf er gemeinsam mit dem Gartenarchitekten Leberecht Migge eine Mustersiedlung am Knarrberg (Stadtteil Ziebigk). Zu Unrecht steht heute Fischers Werk im Schatten der Törtener Anlage.

Das Platzensemble beschließt ein auffälliger Giebelbau. Er entstand zeitgleich mit dem Bauhaus und beherbergte ein Seruminstitut für Tierimpfstoffe. In der Vergangenheit schritt der Besucher auf dem Weg zum Bauhaus an dem Gebäude mit gemischten Gefühlen vorbei – hier fanden unüberhörbar Tierversuche statt.

Gegenwärtig befindet sich der gesamte Raum der Bauhausstraße in einem radikalen baulichen Wandel. Bis auf wenige Ausnahmen wurden sämtliche Wohnbauten abgerissen, die aus den 30er Jahren stammten und die bis vor kurzem von sowjetischen Offizieren bewohnt waren, um neuen Gebäuden für den Fachhochschulkomplex Platz zu machen.

Die eine Ausnahme: der heutige Bauhausdirektor kaufte das Wohnhaus des früheren Dessauer Stadtbaurates Overhoff, der maßgeblich die Stadtentwicklung in den 20er Jahren geprägt hatte, und setzte ein Zeichen der Bestandssicherung in diesem Areal.

Das Bauhaus stellt sich aus dieser östlichen Perspektive klösterlich dar: Den Besucher empfängt der viergeschossige Wohnheimtrakt, der Speise- und der anschließende Versammlungsraum, die Arbeitsstätten (Werkstattflügel) sowie die um einen Gartenhof gruppierten Dienstleistungsbauten. Die aus der Nachkriegszeit stammenden eingeschossigen Bauten umschließen das Gelände wie einen Kreuzgang. Tatsächlich gibt es für diese Analogie einen planungs- und baugeschichtlichen Hintergrund, der aber nicht erkennbar ist.

Ende des 19. Jahrhunderts planten die „Stadtväter" Dessaus eine Erweiterung ihres Gebietes in nordwestliche Richtung. An der, dieses Areal teilenden Allee aus dem 18. Jahrhundert, die damals die Stadt mit dem Schloß Georgium verband, sollte das Zentrum des Wohngebietes mit einer Kirche

Bauhausstraße - Baustelle für den neuen Campus der Fachhochschule Anhalt, 1996

und einem Marktplatz angeordnet werden. Die Pläne fanden nur ansatzweise eine Verwirklichung; so änderte die Stadt nach dem ersten Weltkrieg diese zugunsten eines kostengünstigeren Siedlungsgebietes. Die Mitte wurde frei, da die Kirche als Sparvariante an den Rand verlegt wurde.

Das nordwestliche Stadterweiterungsgebiet, 1929 (mit Bauhaus)

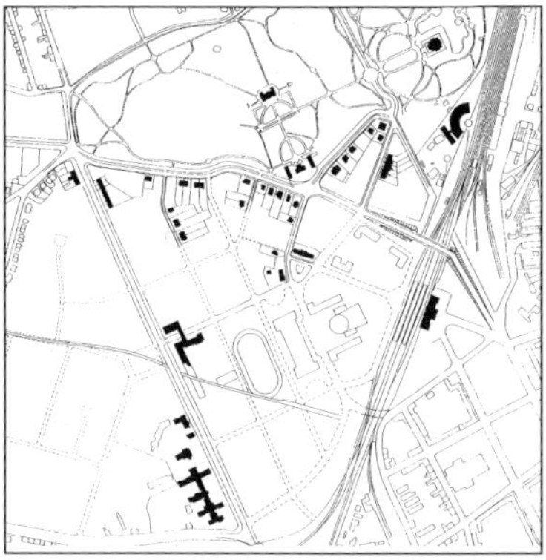

Als 1925 das Bauhaus aus Weimar nach Dessau zog, bot die Stadt jenes freie „Kirchen"-Gelände für den Neubau der „Hochschule für Gestaltung" an. Gropius fand Gefallen an diesem Platz, und so konnte die Angliederung des Weimarer Bauhaus(es) an die städtische Kunst- und Handwerkerschule erfolgen. Der Gemeinderat erhoffte sich 1925 bahnbrechende Beiträge des Bauhauses für die bauliche und kulturelle Entwicklung Dessaus. (Grote, 1925) (2)

Vor dem Betreten des Gebäudes sollte ein Blick auf die Entwicklung des „Staatlichen Bauhauses" geworfen werden.

Am 12. April 1919 wurde das Bauhaus in Weimar in den Räumen der Kunst- und Kunstgewerbeschule als Staatliches Bauhaus gegründet.

Mit dem Bauhaus entstand die konsequenteste Form der seit etwa 1900 aufkommenden Reformbewegung in der Kunst und Kunstausbildung, in der Architektur, dem Design und der Stadtplanung. Der Werkbund in Deutschland, die Wiener Werkstätten, die Amsterdamer Schule und die de

Stijl-Gruppe in den Niederlanden, die englische „Arts and Crafts"-Bewegung sowie die russischen Konstruktivisten gehörten zu den Wegbereitern der Umbrüche vor und nach dem Ersten Weltkrieg, der allen die Dramatik und Notwendigkeit radikaler Reformen vor Augen geführt hatte.

„Kunst und Technik – eine neue Einheit" lautete die programmatische Forderung des frühen Bauhauses. Der Anspruch des ersten Bauhausdirektors, Walter Gropius, war eine Rückbesinnung auf die vermeintliche mittelalterliche Ganzheit der Kunst und der Werkkünste, die das Gemeinschaftswerk, die Kathedrale, als Vereinigung aller Künste darstellte. Daher gab Gropius in Analogie zur Bauhütte der neuen Institution den Namen Bauhaus. Damit setzte – wie auch Schinkels Projekt einer Bauakademie in Berlin – das „körperliche" Gebäude ein „geistiges" voraus. Feininger gab diesem mit seiner „Kathedrale des Sozialismus" den symbolischen Ausdruck, welcher zugleich das Titelbild für das Bauhausprogramm von 1919 wurde.

Das Staatliche Bauhaus, gegründet nach der Katastrophe des Krieges im Chaos der Revolution und zur Zeit der Hochblüte einer gefühlsgeladenen, explosiven Kunst, wird zunächst zum Sammelpunkt derer, die zukunftsgläubig – himmelstürmend die Kathedrale des Sozialismus bauen wollen." (1923) – Dieser Satz aus dem Programm zur Bauhaus-Ausstellung 1923 wurde nachträglich gestrichen wegen der zu starken politischen Bezüge. (Oskar Schlemmer) (3)

Noch aber war diese neue Institution „gezwungen", die Gemäuer der van-de-Velde-Bauten, eines Dokuments später Jugendstil-Architektur am Stadtrand von Weimar, zu

Bauhaus - Treppenhaus 1. OG

nutzen. Die Ausbildung der neuen Künstler lehnte sich an romantische Prinzipien der Rückkehr zu den handwerklichen Grundlagen an und gliederte sich in VORKURS (sechsmonatige, später einjährige Vorbereitungszeit, in der spielerisch die Gestaltungsgrundlagen erkundet wurden), WERKLEHRE (in Weimar gegliedert in Holzbildhauerei, Steinbildhauerei, Bühnenwerkstatt, Glasmalerei, Metallwerkstatt, Tischlerei, Töpferei, Wandmalerei, Weberei, Buchbinderei, Druckerei) und BAULEHRE, die sich als höheres Studium anschloß und mit praxisbezogenem Bauhaus-Diplom endete. Eine eigentliche Architekturausbildung gab es in Weimar noch nicht. Mit der durch die konservative Thüringer Landesregierung erzwungenen Einstellung des Lehrbetriebs in Weimar 1924 entstand die Chance, der Institution ein adäquates Bauwerk zu geben, das zugleich Programmatik für eine neue Lebenskultur zu sein vermochte.

Nach der Übersiedlung nach Dessau zog die Institution zunächst an die heutige Museumskreuzung in der alten Stadt, bevor sie in das am 4.12.1926 eingeweihte Gebäude vor der Stadt wanderte. Jetzt war die Möglichkeit gegeben, dem „geistigen" das „körperliche" Bauwerk hinzuzufügen.

Das Bauhaus in Dessau

Es wäre nach der bauhausfeindlichen Aktion der thüringischen Regierung zu überlegen gewesen, ob eine gewaltsam unterbrochene Arbeit zum zweiten Mal begonnen werden darf. Da zeigte sich aber ein Erfreuliches: aus verschiedenen Städten des Reiches (Dessau, Frankfurt a. M., Mannheim, München, Darmstadt, Krefeld, Hamburg, Hagen i. Westf.) kamen Anregungen und Angebote zur Weiterführung der Bauhausarbeit. Diese Angebote erweckten bei den Beteiligten das Gefühl, daß eine neue, fruchtbare Etappe sich vorbereite, vor der man sich nicht zurückziehen dürfe. Die Wahl fiel auf die Stadt Dessau, die mitten im Braunkohlenrevier, mit rasch wachsender Industrie und einer infolgedessen geistig regen Einwohnerschaft, mit einer weitsichtigen Stadtverwaltung die besten Voraussetzungen bot.

Der positive Anfang in Dessau

Die Stadt Dessau hat für das neue Bauhaus und für eine bereits bestehende Kunstgewerbe- und Handwerksschule, die der Bauhausleitung gleichzeitig unterstellt wurde, den Bau eines gemeinsamen Gebäudes bewilligt; ebenso den Bau von Einzelwohnhäusern für die Professoren des Bauhauses und ein Atelierhaus für die Studierenden. Damit wurde der positive Anfang zum Aufbau des Institutes gesichert.

Es ist geplant, die bestehende Dessauer Kunstgewerbe- und Handwerksschule allmählich mit dem Bauhaus in eine gesunde Wechselbeziehung zu bringen.

(Laszlo Moholy-Nagy, 1925) (4)

Dieser strahlende Kristall vor der Stadt – oder besser „über“ der Stadt – war so etwas wie eine Mischung aus Industrie-Kathedrale und moderner Akropolis.

Von besonderer Bedeutung für das Einlösen des neuen Bauhaus-Programms waren die Beziehungen zu den Junkers-Werken. Nicht allein das förderliche Wirken von Hugo Junkers, sondern die unmittelbare technische Zusammenarbeit ermöglichte dem Bauhaus eine Umsetzung seiner Ideen. Die Voraussetzungen in den Werkstätten der Junkers-Betriebe zur Herstellung gebogener Stahlrohre ohne Querschnittsveränderung schufen die technischen Grundlagen zur Herstellung von Mustern der Stahlrohrmöbel von Marcel Breuer. Auch Planungsvorschläge für die Errichtung von Metallhäusern und für Arbeitersiedlungen belegen die engen Beziehungen zwischen Bauhaus und Junkers.

Mit dem Wohnheim, der eigenen Bühnenwerkstatt und Festebene, die Mensa, Bühne und Hauptfoyer umfassend, sowie einer eigenen Bauabteilung (ab 1927) im oberen Geschoß der Brücke war ein idealer Bau erreicht: Eine programmatische Architektursprache und eine adäquate Institution für eine neue Lebenskultur waren in idealer Weise zu einer Einheit geformt worden.

Bauhaus - Nordwestansicht

Am Wochenende konnte der Besucher im ersten Geschoß einen kleinen Ausstellungsraum, den Nordraum, aufsuchen und sich die aktuellen Arbeiten des Bauhauses während einer Führung ansehen. Ansonsten war das Bauhaus für die Außenwelt geschlossen

Bauhaus - Ostansicht

– lediglich zu den Bauhausfesten öffnete sich die Hochschule für Gestaltung, an der anfänglich etwa 200 Studenten lernten.

Ab 1929 bereits begann der Stern des Bauhauses in Deutschland zu sinken. Obwohl in diesem Jahr wichtige, das spätere internationale Bauhausbild prägende Arbeiten fertiggestellt wurden (das Arbeitsamt von Walter Gropius in Dessau und die Gewerkschaftsschule in Bernau von Hannes Meyer) zeigten sich erste Krisensymptome. Einige Meister verließen das Bauhaus. Die Ganzheitlichkeit des Gestaltungsansatzes begann zu bröckeln, innere Spannungen nahmen zu. Zugleich verschärften sich die wirtschaftlichen und politischen Rahmenbedingungen für das Bauhaus. Weltwirtschaftskrise und Erstarken der rechtskonservativen Kräfte schufen ein Klima der Anfeindung gegen die avantgardistische „Campus-Idee“ vor der Stadt. Eine Spende für die Rote Arbeiterhilfe durch den zweiten Direktor Hannes Meyer, der 1928 die Nachfolge von Gropius angetreten hatte, ließ das Faß überlaufen. Selbst der liberale Bürgermeister und Förderer des Bauhauses, Fritz Hesse, geriet derart unter Druck, daß er im August 1930 Meyer fristlos kündigte. Das Bauhaus wurde geschlossen, um im Herbst mit einer Neuimmatrikulation und der Berufung von Ludwig Mies van der Rohe zum Direktor neu eröffnet zu werden. Das Bauhaus „verschulte“ – die expressive Kraft eines reformerischen Aufbruchs der Bildungsanstalt verflog zunehmend. Schließlich erfolgte 1932 die Schließung dieser Institution durch die Nationalsozialisten, die im Dessauer Stadtrat schon früh die Mehrheit besaßen. Trotz der Suche des neuen Direktors Ludwig Mies van der Rohe nach weitreichenden Kompromissen war ein Ende unabwendbar: die als „kulturbolschewistisch“ verfemte Einrichtung wurde geschlossen. Diesem Ende des Bauhauses in Dessau widmete Oskar Schlemmer, der bereits 1929 Dessau verlassen hatte, sein berühmtes Bild, die „Bauhaustreppe“. Mies übernahm das Bauhaus als Privatinstitut und siedelte nach Berlin-Steglitz in eine leerstehende Fabrikhalle über. Im März 1933 begann mit 19 Studenten ein provisorischer Lehrbetrieb, der mit einer polizeilichen Hausdurchsuchung im April 1933 jäh

Bauhaus - Fensterreinigung

endete. Im August beschlossen die verbliebenen Meister, die Ära des Bauhauses zu beenden.

Antrag der NSDAP auf Schließung des Bauhauses.
Der Vorsitzende erklärt, es sei vereinbart worden, hierzu im Gemeinderat keine Stellung zu nehmen.
Dagegen wenden sich die Stv. Kmiec, Ehnert, Peus. Das Haus beschließt, eine Debatte nicht zuzulassen.
Der Antrag der Nationalsozialisten, das Bauhaus am 1. Oktober zu schließen, wird angenommen.
Dafür stimmen NSDAP, Baurat Schmetzer und bürgerl. Stadtverordneten. Dagegen der Oberbürgermeister und die Kommunisten. Die Sozialdemokraten enthalten sich der Stimme. (5)

Den Besucher empfängt beim Betreten des Bauhauses zunächst ein schmales Entree, streng symmetrisch gefaßt mit edlen Materialien „klassisch" gestaltet – kein Ort zum Verweilen. Vielleicht ist diese Distanziertheit bewußt gewählt worden. Für einen Eingangsbereich ungewöhnlich sieht sich der Besucher mit der Toilettenanlage konfrontiert – früher war hier die Pförtnerloge. Daneben liegt der heutige Eingang zur Buchhandlung. Der „Klub" im Keller ist die erste große räumliche Verfremdung im Bauhaus in der Nachkriegszeit. Nicht nur, daß er an die Stelle der Druckerei getreten ist, er bringt auch ein völlig neues kulturelles Moment in das Bauhaus – die Café-Kneipe, eine urbane Einrichtung, eigentlich gelegen an Plätzen und Boulevards, in den verwinkelten Altstädten oder den großzügigen Gründerzeitquartieren. Eine Fremdartigkeit, die sich großen Zuspruchs erfreut. Ein wenig amerikanisiert scheint der Klub, Geräuschkulisse und Mikrowelle, aber Saale-Unstrut-Wein und Wernesgrüner Bier, „Arbeiter- und Bauern-Frühstück"... Eine beliebte Adresse für Gespräche und wichtiger Treffpunkt von Besuchern und Studenten. Viele Projektideen sind hier entstanden. Mit dem Klub sind zum ersten Mal auch die Kellerräume zugänglich geworden, ist die „Untersicht" des Bauhauses möglich. Das Gebäude „schwebt" über dem Gast, dieser betrachtet die Außenwelt, die Beine der vorbeieilenden Passanten. Die ungewöhnlichen Perspektiven auf die Brücke und den Fachhochschultrakt, wie sie aus den Fotografien der 20er Jahre bekannt sind, die Dynamik der sich durchdringenden Baukörper, ver-

Blick aus dem Klub zum Bauhausplatz

Arbeitsraum im Werkstattflügel

mittelt durch die Spiegelungen in der Fassade, eröffnen Vorstellungen einer Baukultur, wie sie inzwischen in aller Welt anzutreffen ist. Zugleich erlebt der Besucher, wie er selbst zum „Objekt“ wird: Der Klub liegt an der am meisten fotografierten, weil transparenten Ecke. Umgeben von dieser Mischung aus Studentencafé und einem Hauch Boheme, bisweilen quirliger Bewegungen und stimmungsvoller, in die Abendsonne getauchter „Moderne“, kann der Blick ein architekturgeschichtliches Lexikon einfangen. So erinnern die durch „Pilze“ oder Stahlbetonrahmen getragenen Decken im Klub an die industriebauliche Herkunft des Gebäudes.

Gropius war bei einem der führenden Industriearchitekten, Peter Behrens, in die Lehre gegangen, sein erstes großes Bauwerk war ein Fabrikgebäude – in Alfeld/Leine in Niedersachsen – in welchem viele Elemente vorweggenommen sind, wie beispielsweise die in kleinem Stil vorgehängte Fassade. Zugleich aber drängen sich Bezüge zu der Leitfigur der modernen Architektur, zu Le Corbusier in Frankreich auf. Seine berühmten schwebenden Hochhäuser auf Betonpfeilern über einer Parklandschaft von Paris wirken zwar nur als ferne Verwandte, doch erinnern die pilzförmigen Betonstützen

Bauhaus - Nordwestansicht

im Keller an die neuen Möglichkeiten dieses Materials. Das Raster der Fenster gliedert die Architektur der Häuser auf der anderen Seite des Bauhausplatzes. Diese Walmdach-Häuser stehen mit ihrem 30er-Jahre-Ausdruck, Lochfassade und Rundbögen im schroffen Gegensatz zum „Kristall“ Bauhaus. Hier lassen sich auch Bezüge zu den Utopien von Bruno Taut zur Glasarchitektur vor 1920 herstellen. Zwei ästhetische Ideologien prallen, im „Streit“ der Dächer sichtbar, aufeinander. Ganz praktisch gesehen, bereitet das Flachdach bisweilen Probleme – modern, aber feucht.

Dem Beobachter entgeht nicht, daß sich hinter der klaren Flächen- und Rahmenkomposition des Bauhauses mit seiner strengen Material- und Farbsprache auch ganz „unmoderne“ Materialien verbergen – Ziegelsteine im Sockelbereich werden unter dem weißen Anstrich erkennbar. Mehr noch als dieser „Lapsus“, verbirgt sich unter dem auf einem ausgewogenen Rastermaßsystem fußenden Grundriß und Raumgefüge der Einfluß zweier Architekten, die zu den „großen Unbekannten“ zählen: Adolf Meyer und Ernst Neufert. Meyer war lange Zeit Leiter des Architekturbüros von Walter Gropius und hatte maßgeblichen Einfluß auf die Gestaltung, insbesondere durch sein auf die Gotik zurückgehendes Entwurfssystem.

Neufert fungierte als Bauleiter bei der Errichtung des Bauhausgebäudes. Er blieb nicht am Bauhaus und gehörte zu denen, die auch während der Zeit des Nationalsozialismus eine Karriere machten. Zu seinen wesentlichen Leistungen jedoch zählt der Beitrag zur Entwicklung der Baunormen. Seine Bauentwurfslehre, eine Systematik der Standards, erschien inzwischen in über 30 Auflagen. Praktisch jeder Architekturstudent Deutschlands lernt nach seinem Lehrbuch.

Das Bauhaus (1928)

Direktor: Prof. Gropius. Meister: Albers, Breuer, Beyer, Prof. Kandinsky, Prof. Klee, Prof. Moholy-Nagy, Scheper, Schmidt, Stölzl, Prof. Schlemmer

Das Bauhaus ist 1919 von Gropius in Weimar gegründet und wurde 1925 nach Dessau gerufen. Es ist eine Hochschule für Gestaltung, die für die Entwicklung des modernen Architekturstils die größte Bedeutung hat. Der Ausbildung liegt die Idee zugrunde, daß alle Künste von der Architektur getragen, eine Einheit sind, und die Trennung von eigentlicher Kunst und angewandter unnatürlich und verhängnisvoll ist. Der Lehrgang sieht nach einer theoretischen Grundlehre gleichzeitige handwerkliche Ausbildung in der Werkstatt und formale Gestaltungslehre vor. – Die Leitung der Werkstätten haben die Bauhaus-Meister, denen die Gestaltung obliegt, ihnen stehen technische Handwerksmeister zur Seite. Den Abschluß der Ausbildung bildet die Ablegung der Gesellenprüfung vor der Handwerkskammer.

Werkstätten:	*Leiter:*
1. Weberei	*Gunta Stölzl*
2. Metallwerkstatt	*Prof. Moholy-Nagy*
3. Tischlerei	*Marcel Breuer*
4. Wandmalerei	*Hinnerk Scheper*
5. Druckerei	*Herbert Beyer*
6. Architekturabteilung	*Gropius u. H. Meyer*
7. Bühnenwerkstatt	*Prof. Schlemmer*

Das Gebäude ist in den Jahren 1925-26 von Prof. Gropius erbaut. Der nördliche Gebäudeteil enthält die Fortbildungsschule. In der Brücke über der Straße befinden sich die Verwaltungsbüros des Bauhauses und das Architekturatelier Gropius.

Die Bauhauswerkstätten befinden sich in dem Glaseisenbau, dort auch die ständigen Ausstellungsräume.

Die Aula mit Versuchsbühne enthält etwa 200 Sitzplätze. Der Raum kann durch Hinzuziehung der Kantine erweitert werden. Den Abschluß bildet ein Turmhaus, das Atelier vereint mit Wohnung für die älteren Studierenden enthält.(6)

Bauhaus – jenseits der Wiederholung

So, wie Moholy-Nagy 1926 einen grundsätzlichen Zweifel daran äußerte, die einmal geschlossene Institution Bauhaus wiederzueröffnen, betonte der Bauhausschüler Roman Clemens, daß jeder Wiederholungsversuch zu Erstarrung führen müsse. Dennoch gab es mehrfache Versuche zur Neugründung. So entstanden in Chicago das New Bauhaus und in North Carolina das Black Mountain College. Die weitreichendste Wirkung in den USA hatte die New Yorker Ausstellung „Bauhaus 1919–1929" im Jahre 1937/38 – vielleicht der Beginn einer Mythologisierung des Bauhauses.

Nicht nur von ihrem institutionellen Erfolg her betrachtet gewann die Bauhaus-Moderne durch diese „Amerikanisierung" zunehmend internationalen Einfluß. Sie wurde – entgegen dem Willen von Gropius – ein internationaler Stil; der Mythos Bauhaus begann sich zu entfalten. Bauhaus begann nach dem Zweiten Weltkrieg in der westlichen Hemisphäre zu einem „Markennamen" für sachliche Gestaltung zu werden.

Das Bauhaus vervielfältigte sich. Ein Baumarkt gleichen Namens – obwohl vor dem Ersten Weltkrieg entstanden – führt bis heute zu Irritationen. Inzwischen trägt auch eine britische Rockgruppe den Bauhaus-Namen.

Die beiden Neugründungen von „Bauhauserben" in der Bundesrepublik markieren die beiden Richtungen der Eignung des Bauhauses: Weiterführung versus Musealisierung. 1952 initiierte Max Bill den ersten erfolgreichen Versuch in Ulm. Als „Hochschule für Gestaltung" beeinflußte die Bildungsstätte in erheblichem Maße die Designentwicklung in den „Wirtschaftswunderjahren" der BRD, bis sie 1969 im Zusammenhang mit den Studentenrevolten geschlossen wurde. 1960 entstand in Darmstadt die Initiative für ein Bauhaus-Archiv. Nach seiner Verlegung 1971 in die „Frontstadt" Berlin (West) bezog es 1979 das noch von Walter Gropius für Darmstadt entworfene Archivgebäude in der Nähe des Tiergartens.

Bauhaus - Nordwestansicht

Nach der Vertreibung der Institution aus der Stadt Dessau 1932 wurde das Bauhausgebäude „germanisiert". Es zogen die Landesfrauenarbeitsschule und die Amtswalterschule der NSDAP ein. Im Zweiten Weltkrieg kamen Büros der Flugzeugwerke hinzu. Während der Bombardements vom März 1945 auf die Stadt erhielt das Bauhausgebäude einen Brandbombentreffer und brannte aus.

Nach dem Krieg notdürftig repariert, nahm das Bauhaus verschiedene allgemeinbildende und gewerbliche Ausbildungsstätten auf. So bezeichnen sich heute viele Dessauer als „Bauhäusler", hatten sie doch eine Lehre als Baufacharbeiter, medizinische Assistentin, Handelskaufmann absolviert oder waren hier zur Berufsschule gegangen. Der Bezug zu der legendären Kunstschule der 20er Jahre war verblichen, nur wenige erinnerten sich. An eine Wiederbelebung war nicht zu denken. Das mit Ziegelsteinen vermauerte Werkstattgebäude verriet nur wenige Analogien zum Gebäude aus seiner Entstehungszeit. Ein erster Versuch, das Bauhaus an seiner Wirkungsstätte in Dessau neu zu gründen und es zugleich zu erweitern, begann unmittelbar nach Kriegsende durch den Hannes Meyer-Schüler Hubert Hoffman und er endete mit dem Einsetzen der „Eiszeit" stalinistischer Kulturpolitik und des „Kalten Krieges" 1947. Der Versuch jedoch war bemerkenswert.

Hubert Hoffmann

1904 wurde Hubert Hoffmann in Berlin geboren. In Ostfriesland erlernte er zwischen 1916 und 1919 Landwirtschaft und besuchte danach bis 1925 in Hannover die Bau- und Kunstgewerbeschule. 1926 vertiefte er sein Studium im Bauhaus Dessau und war Schüler von Walter Gropius, Hannes Meyer und Wassily Kandinsky. Nach einem kürzeren beruflichen Aufenthalt in Berlin kehrte er an das Bauhaus zurück und arbeitete dort als Assistent von Ludwig Hilberseimer. 1932 zog er mit dem Bauhaus nach Berlin. Danach arbeitete er als Stadt- und Landesplaner in Berlin, Potsdam und Litauen. Während des Krieges gehörte er zu der sog. Freitagsgruppe, einem illegalen Zusammenschluß von Architekten wie Hans Scharoun, Wassili Luckardt u. a., die sich Gedanken um ein „nach-faschistisches Deutschland" machten und hierfür städte-

bauliche Entwürfe und Pläne entwickelten. 1945, auf Anfrage des wiedergewählten Bürgermeisters Fritz Hesse nach Dessau berufen, versuchte er dort das Bauhaus wieder neu aufzubauen. Gleichzeitig war er zuständig für die Erfassung der kriegsbedingten Schäden an Gebäuden sowie den Wiederaufbau der Stadt. Die Versuche waren vergeblich. Er mußte 1948 vor der sowjetischen Besatzung in den Westen fliehen und arbeitete danach bis 1952 als Leiter des Stadtplanungsamtes in Berlin-West. Zwischen 1953 und 1958 war er als freischaffender Architekt in Berlin und 1957 an der Interbau Berlin tätig. 1959 wurde Hoffmann als Hochschulprofessor an die Technische Universität nach Graz berufen, an der er bis 1975 wirkte. Er lebt heute in St. Veit bei Graz. Hubert Hoffmann ist maßgeblich an der Verbreitung der Bauhaus-Idee in Österreich beteiligt und hat bis heute aktiven Anteil an der Entwicklung der Stiftung Bauhaus Dessau und des Projekts „Industrielles Gartenreich".

1951 beschloß das Zentralkomitee der SED, „kosmopolitische" Einrichtungen wie das Bauhaus auf den Index zu setzen – obgleich mit diesem Pauschalurteil auch das politische und soziale Engagement eines Hannes Meyer (der inzwischen Mitglied der Kommunistischen Partei der Schweiz geworden war) in die Vergessenheit geraten sollte. Zwar lockerte sich nach dem 20. Parteitag in Moskau 1956 das Verhältnis zur Moderne in Städtebau und Architektur, doch vergingen weiterhin fast zehn Jahre, bis in Dessau 1964 zum ersten Mal in der Galerie Georgium Bauhaus-Kunst gezeigt wurde. Eine zaghafte Modernisierung der Bauhaus-Fassade komplettierte die zögerliche Annäherung.

Erst Anfang der 70er Jahre entspannte sich das Verhältnis der DDR zur Bauhausgeschichte, auch befördert durch das Bemühen um internationale Beziehungen. Mit der Unterschutzstellung als Denkmal und der 1976 durchgeführten Sanierung in Anlehnung an das Original erfolgte der Aufbruch zur Anerkennung des Erbes.

Obgleich im Gebäude weiterhin verschiedene Schulen untergebracht waren, entstand mit dem „Wissenschaftlich-Kulturellen Zentrum" 1979 ein institutioneller Vorläufer des 1986 gegründeten „Bauhaus Dessau – Zentrum für Gestaltung der DDR". Dem „WKZ" oblag die Betreuung der wiederhergestellten Bühne sowie des Aufbaus einer Bauhaussammlung und einer kleinen Dauerausstellung zur Bauhausgeschichte im sogenannten Nordraum des 1. Obergeschosses.

Nach jahrelangen Vorbereitungen und politischen „Beziehungsspielen" gelang es vor allem Bernd Grönwald von der Hochschule für Architektur und Bauwesen Weimar, aber auch anderen Wissenschaftlern in Weimar und Berlin, noch 1986 eine institutionelle Neugründung des Bauhauses am historischen Ort in Dessau zu verwirklichen. Zu den Aufgaben des Bauhauses gehörte der Aufbau einer Sammlung zur Bauhausgeschichte, die der DDR auch internationale Reputation einbringen sollte, und die Schaffung innovativer Lösungen für die drängenden Probleme in Design und Wohnungsbau. Dementsprechend gliederte sich die Institution in drei Bereiche, Sammlung, Architektur/Städtebau und Design sowie Kultur- und Öffentlichkeitsarbeit. Obwohl Vorstöße zur wirklichen Umsetzung der Aufgaben sehr schnell an die gesetzten politischen Grenzen stießen, ermöglichte die gewollte internationale Offenheit des Bauhauses vergleichsweise mehr Freiheitsgrade, als es an anderen Institutionen jener Zeit denkbar war.

Mit der „Wende“ in der DDR begann eine zweite Neugründung der Institution. Sie nahm ihren Ausgangspunkt in den beiden Eckräumen des 2. und 3. Obergeschosses. Hier fand vom 4. bis 9. November 1989 das II. Internationale Walter-Gropius-Seminar zur Stadterneuerung statt. In diesem Seminar wurde in gemeinschaftlicher Arbeit, inspiriert von Harald Bodenschatz (damals Berlin-West), die Idee vom „Industriellen Gartenreich“ geboren.

Vom Klub ausgehend könnte der Besucher zunächst einen „Abstieg“ zum letzten authentischen Raum im Bauhaus wählen: dem ehemaligen Heizungskeller. Dieser ist zwar von den Kesseln befreit, doch atmet er noch den Bitterfelder Braunkohlegeruch. Wie Spuren beweisen, befand sich hier seit der Gründung des Bauhauses das „Maschinenhaus“. Die geneigte Decke verweist auf die darüberliegende Aula und den Bühnenraum. Aus der „Industrielandschaft“ aufgestiegen, umfängt den Besucher im Vestibül im Erdgeschoß und 1. Obergeschoß eine „Festlichkeit“ sachlicher Gestaltung. Die symmetrischen Treppenläufe und die geschoßhohe Glasfläche beherrschen den Raum. Die orthogonal dazu angeordneten feingliedrigen Decken- und Fußbodengestaltungen verschränken das Vestibül mit der Aula, in welchem die Gestaltungsmittel, die herausgearbeiteten Deckenträger, die Soffittenleuchten und die Licht-Schatten-Effekte weitergeführt werden. Ein edler Raum, heute Vermittlungsort zwischen Theater und Foyer. Das mittlere und obere Foyer offenbaren den quirligen Alltag von Projektarbeit in der Werkstatt Industrielles Gartenreich, von internationalen Seminaren zu Stadtentwicklungsfragen in der Akademie sowie von architekturinteressierten Besuchergruppen oder Arbeitsausstellungen von Gaststudenten. Von hier zweigen die Wege in die Brücke ab. Auf deren unterer Etage befinden sich gegenwärtig in den Räumen der früheren Bauhausverwaltung die Büros der Sammlung, der Bibliothek und Öffentlichkeitsarbeit. In der Mitte des Ganges erreicht der Besucher das Direktoren-Zimmer (jedoch meist geschlossen). Einem Traditionsort gleichend und erst zum 70. Jubiläum des Gebäudes in den Originalzustand versetzt (jedoch nur farbig bisher), zeigt der Raum die historischen Charakteristika: die erhöhte Decke über Gropius' Schreibtisch (eine besondere Art Funktionalismus), die klare Farbigkeit, die verhängte Seitenwand (hinter der sich Spuren von Baufehlern verbergen), der Fußbodenbelag mit den Abdrücken zwischenzeitlicher Grundrißveränderungen. In der oberen Brückenetage fehlten in den 20er Jahren die Wände, hinter denen sich heute die Büros der Bauhausleitung befinden. Das Architekturbüro Gropius`war nach beiden Seiten offen. Heute ist nur noch der Blick nach Westen über die angrenzende Bebauung frei. Unweit erhebt sich ein massiver Klinkerbau. In den 30er Jahren war dies das Hauptverwaltungsgebäude der Junkers-Flugzeugwerke, heute ist es der Sitz der Dessauer Bezirksregierung.

Gebäudeteil der Fachhochschule

Im Werkstattflügel

Im unteren Brückengang

Beim Verlassen des Bauhauses bleibt der Blick an vielen Details hängen: dem Kettenmechanismus für das Öffnen der Fenster (dem nahen Kraftwerk in Zschornewitz entlehnt), den hochgehängten Heizkörpern und den berühmten Kugellampen von Marianne Brandt, den Gropius-Türgriffen und zahlreichen kleinen sogenannten Farbfenstern. Von Restaurateuren freigelegt, zeigen sie die verschiedenen Farbschichten, die das Bauhaus während seiner 70jährigen Geschichte erlebte: das vielfältige Farbspiel der 20er Jahre zwischen Weißnuancen und kräftigem Rot, die „deutschen" Farben der 30er Jahre mit grünlichen Tönen und die weißen Behelfsanstriche der Nachkriegszeit.

Vor dem Bauhaus angekommen, laden an milden Abenden Tische und Stühle zum Verweilen in der Bauhausstadt ein. Manchmal klingt Jazz aus dem Keller.

Vor dem Eingang

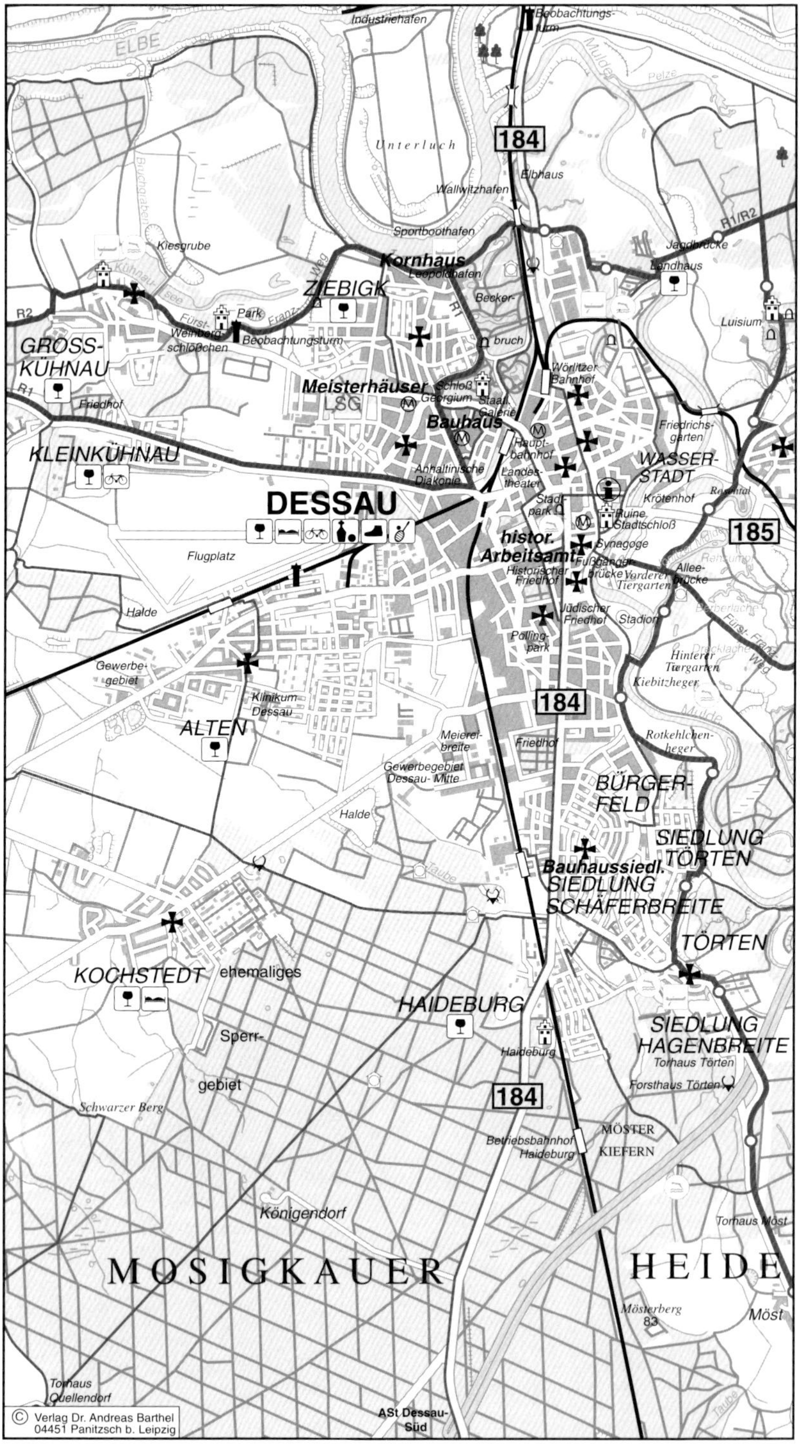
Industriehafen
Beobachtungsturm
ELBE
Mulde
Pelze
184
Unterluch
Elbhaus
Wallwitzhafen
Sportboothafen
R1/R2
Jagdbrücke
Kiesgrube
Kornhaus
Leopoldhafen
Landhaus
ZIEBIGK
Becker-
bruch
Luisium
R2
Park
Fürst-Weinberg-schlößchen
Beobachtungsturm
GROSS-KÜHNAU
R1
Friedhof
Meisterhäuser
Schloß Georgium
LSG
Staatl. Galerie
Wörlitzer Bahnhof
Bauhaus
Haupt-bahnhof
Friedrichs-garten
KLEINKÜHNAU
Anhaltinische Diakonie
Landes-theater
WASSER-STADT
Rosental
DESSAU
Stadt-park
Krötenhof
Ruine Stadtschloß
185
Flugplatz
histor. Arbeitsamt
Synagoge
Fußgänger-brücke
Historischer Friedhof
Vorderer Tiergarten
Allee-brücke
Halde
Jüdischer Friedhof
Stadion
Polling-park
Hinterer Tiergarten
Fürst-Franz-Weg
Gewerbe-gebiet
Klinikum Dessau
Kiebitzheger
ALTEN
184
Meierei-breite
Friedhof
Rotkehlchen-heger
Gewerbegebiet Dessau-Mitte
BÜRGER-FELD
Halde
SIEDLUNG TÖRTEN
Taube
Bauhaussiedl.
SIEDLUNG SCHÄFERBREITE
TÖRTEN
KOCHSTEDT
ehemaliges
Sperr-
gebiet
HAIDEBURG
Haideburg
SIEDLUNG HAGENBREITE
Torhaus Törten
Forsthaus Törten
Schwarzer Berg
184
MÖSTER
KIEFERN
Betriebsbahnhof Haideburg
Königendorf
Torhaus Möst
MOSIGKAUER
HEIDE
Mösterberg
83
Möst
Torhaus Quellendorf
© Verlag Dr. Andreas Barthel
04451 Panitzsch b. Leipzig
ASt Dessau-Süd

Die Stadt Dessau – ein Bauhausmuseum

Ein Fußweg von ca. fünf Minuten führt über die Gropiusallee in Richtung Georgium zu den Meisterhäusern, den früheren Atelierwohnhäusern der am Bauhaus lehrenden Professoren.

Drei Doppelhäuser mit Ateliers und ein Einzelhaus für den Bauhausdirektor mit Hausmeisterwohnung (zur Betreuung der Siedlung) entstanden hier zeitgleich mit dem Bauhausgebäude 1925/26 in einem Kiefernwäldchen an der Ebertallee. Bevor der Besucher diese Straße erreicht, passiert er die Straßenkreuzung an den „Sieben Säulen“. Die Sieben Säulen (eigentlich sind es acht; durch ihre Anordnung sind aber aus fast allen Richtungen immer nur sieben sichtbar) sind ein Monument, das Erdmannsdorff im 18. Jahrhundert nach einem Vorbild vom römischen Forum Romanum gestaltete. Sie bezeichnen eine Eingangssituation zum dahinterliegenden Park „Georgium“, der Teil des historischen Gartenreiches ist. Direkt den Sieben Säulen gegenüber liegt eine zur Kreuzung hin spitz zulaufende Freifläche, zwischen Ziebigker Straße und Ebertallee. An dieser Stelle stand bis in die 60er Jahre das späteste Bauhausgebäude und zugleich das einzige, das der letzte Bauhausdirektor Ludwig Mies van der Rohe während seiner Amtszeit in Dessau bauen konnte: eine **Trinkhalle**.

Der Neubau dieses Zweckgebäudes war 1931 ausgeschrieben worden. Schon früher hatte hier eine Trinkhalle gestanden, die dann jedoch im Zuge der Bauarbeiten für die Meisterhäuser 1925 abgerissen werden mußte. Danach fand der Getränkeverkauf im nahegelegenen Amaliensitz statt. Wie historische Aufnahmen zeigen, wurde die neue Trinkhalle in direkter Sichtbeziehung als städtebauliches Pendant zu den Sieben Säulen gebaut. Mies van der Rohe gliederte den Bau an die weißgekalkte Gartenmauer (im Volksmund auch als „Klagemauer“ bekannt) des Wohnhauses von Walter Gropius an. Gestalterisch war der Bau dem Vokabular der Bauhausarchitektur verwandt.

Aber seine eher minimalistische Architekturvorstellung unterschied die Trinkhalle von den anderen Dessauer Bauhausbauten. Aus ganz wenigen Elementen baute Mies die Architektur auf: ein langgezogener horizontaler Baukörper mit zwei schlichten Öffnungen für Fenster und Tür. Den Abschluß bildete ein überhängendes Flachdach. Das weiße Dach und die weißen Wände standen in scharfem Kontrast zu den dunklen Flächen von Fenster- und Türöffnung. Nach dem Abriß geriet das Gebäude lange Zeit in Vergessenheit. Erst in den letzten Jahren erinnerten sich Mitarbeiter der Stiftung Bauhaus Dessau an dieses Werk von Mies van der Rohe. Aus Anlaß seines 25. Todestages 1994 wurde die Trinkhalle als Installation aus Tüchern und Leinen zusammen mit Dessauer Schülern für einige Tage wieder aufgebaut und ins öffentliche Gedächtnis zurückgeholt. Eine Rekonstruktion steht noch aus.

Trinkhalle, um 1930

Feiningerhaus in der Ebertallee

Auch das **Meisterhaus von Walter Gropius,** das Direktorenhaus, existiert nicht mehr. Es wurde in der dramatischen Dessauer Bombennacht vom 7.3.1945 bis auf die Grundmauern zerstört.

In den 50er Jahren entstand auf seinen Trümmern ein traditionelles Einfamilienhaus mit Satteldach. Nur Teile des Kellergeschosses und der Gartenmauer sowie die erhalten gebliebene zum Haus gehörende Autogarage, erinnern noch an das Gropiushaus. Auch von den anderen sechs als Doppelhäuser errichteten Meisterhäusern kann der Besucher nur noch Fragmente und stark veränderte Baukörper sehen. Eine Ausnahme bildet das frühere Wohnhaus von Lyonel Feininger, das sogenannte „Feiningerhaus". Es wurde 1995 originalgetreu restauriert; nur fehlt ihm die zweite, im Krieg zerstörte Doppelhaushälfte. Hier können architektonische Prinzipien von Gropius erkannt werden, z. B der additive Aufbau aus verschränkten Kuben und der spannungsreiche Wechsel von geschlossenen und offenen Flächen.

Die sieben zeitgleich mit dem Bauhausgebäude im Auftrag der Stadt durch das Baubüro Gropius errichteten **Meisterhäuser** waren eine moderne Künstlerkolonie. Nach der Fertigstellung wurden sie an die Bauhausmeister vermietet. Gropius zog in das Einzelhaus, auch „Direktorenwohnhaus" genannt, während Moholy-Nagy und Feininger, Muche und Schlemmer sowie Klee und Kandinsky sich jeweils die drei Doppelwohnhäuser teilten. Der Standort in unmittelbarer Nähe zum Gartenreich des 18. Jahrhunderts war kein Zufall. Gropius und seine Frau waren begeistert von der bevorzugten Wohnlage, wie auch Kandinskys Frau Nina, die 1925 den Oberbürgermeister Hesse davon überzeugte, diese Grundstücke für den Bau der Meisterhäuser freizugeben, denn die landschaftliche Umgebung verspräche ein angenehmes Wohnen. Unter anderem befand sich dort gleich in der Nähe zum Schloßpark der Erbprinzessin (das Georgium).

Zwei Gebäude- bzw. Grundrißtypen liegen diesen Häusern zugrunde. Im Direktorenwohnhaus gruppierte Gropius um ein zentrales Treppenhaus die weiteren Zimmer, wodurch ein fließender Übergang von einem Zimmer ins nächste ermöglicht wurde. Den übrigen Meisterhäusern lagen typisierte Pläne zugrunde. Ein ähnlicher Grundriß war auch hier zu finden, dennoch war die Art der Zusammenfügung eine andere.

Der Grundriß des einen der beiden Wohnungen ist das verschränkte, um 90° von Ost nach Süd gedrehte Spiegelbild des Grundrisses des anderen. Konzeptioneller Hintergrund der Meisterhäuser war das von Gropius bereits 1922 in Weimar entwickelte Prinzip eines „Baukastens im Großen", das darauf basierte, aus kubischen Modulen eine räumliche Architektur zu entwickeln, die durch Kragflächen, Linien und Formen in den umgebenden Raum übergreift. Dieses Prinzip führt zu einer Verschachtelung der Architektur und ist vielfältig variierbar. Große Atelierfenster, vertikale Treppenhausfenster sowie das filigrane Linienspiel der Metallbrüstungen der Terrassen waren Elemente des in den Meisterhäusern verwirklichten Formenspiels.

Durch betonte Vor- und Rücksprünge und die Ungleichheit der Dächer, wie auch durch das Auseinanderschneiden bzw. Kontrastieren von Hell- und Dunkelflächen (weiße Wände, dunkle Fenster) entstanden gestufte und gestaffelte Baukörper. Als gestalterische Inspiration kam auch der Einfluß der holländische „De-Stijl"-Bewegung zum Ausdruck, was besonders durch die konstruktivistischen farbigen Elemente am Baukörper deutlich wird.

Eine Verschmelzung von Innen und Außen wurde durch die großen Fensterflächen erreicht, die eine Kontinuität zwischen Haus und Umgebung, fast transparente Übergänge, schufen. Durch die horizontal sich weit ausdehnenden Baukörper wurde diese fließende Kontinuität von Haus und Natur noch zusätzlich suggeriert.

Wenn auch die Meisterhäuser äußerlich gleich aussahen, so versuchten doch die Meister, sie zumindest im Innenbereich ihren eigenen Vorstellungen anzupassen. Von Kandinsky wurde berichtet, daß sein Haus im Inneren u. a. durch goldfarben bemalte Wände fast einem ostasiatischen Museum glich. Gropius hingegen zeigte in seinem Haus das räumlich-gegenständliche Modell einer neuen Lebensweise und was das Bauhaus dazu anbot: Breuermöbel, Soffittenlampen von Moholy-Nagy und die rationalisierte Küche, die Ise Gropius dem Dessauer Hausfrauenverein vorführte.

Nach Schließung des Dessauer Bauhauses 1932 wurden die Meister aufgefordert, ihre Häuser zu verlassen, um sie anschließend an die Junkers Flugzeug- und Motorenwerke zu verkaufen. Danach veränderte sich der bauliche Zustand durch zahlreiche Umbauten erheblich. Zu DDR-Zeiten wurden die Häuser als Wohnungen vermietet, in ein Haus zog eine Poliklinik ein. Nach 1990 begann eine Auseinandersetzung um mögliche neue Nutzungen, aber auch die Suche

Meisterhaus von Walter Gropius - Südostansicht, 1928

nach finanziellen Mitteln für Sanierungs- und Rekonstruktionsarbeiten. Das 1994 sanierte „Feiningerhaus" ist seither Sitz des Kurt-Weill-Zentrums Dessau. Von hier aus werden die jährlich stattfindenden internationalen Kurt-Weill-Feste organisiert, maßgeblich unterstützt von der amerikanischen Kurt-Weill-Gesellschaft. Die Planung sieht vor, in den nächsten Jahren auch die anderen Doppelhäuser zu sanieren und für die Öffentlichkeit kulturell nutzbar zu machen, z. B. durch Ausstellungen oder Ateliers. Gegenwärtig noch hat in einer Hälfte des Doppelhauses Klee-Kandinsky das Design-Zentrum Sachsen-Anhalt sein Quartier.

Kornhaus, 1930

Abseits von den anderen Bauhausbauten liegt an der Elbe das 1929/30 von Carl Fieger entworfene **Kornhaus**. 1929 hatte die Stadt Dessau in Übereinkunft mit der Brauerei Schultheiß-Patzenhofer einen Wettbewerb zum Neubau einer Gaststätte, des sog. Kornhauses, ausgeschrieben. Der Name für die Gaststätte bezog sich auf einen an dieser Stelle im Auftrage von Herzog Leopold Friedrich Franz von Anhalt-Dessau um die Mitte des 18. Jahrhunderts gebauten Getreidespeicher. Dieses Kornhaus war in den 70er Jahren des 19. Jahrhunderts abgerissen worden. 1926 erwarb die Stadt Dessau das Gelände, um hier ein bürgerliches Ausflugslokal zu bauen.

Neben dem Architekten Fieger nahmen der damalige Bauhausdirektor Hannes Meyer und der Architekt Anton Brenner aus Wien an diesem Wettbewerb teil. Aus der Dessauer „Architekturszene" beteiligten sich Leopold Fischer und Kurt Elster. Kein Wettbewerbsbeitrag aber war ausführungsreif – angesichts der sich verschärfenden ökonomischen Situation in der Wirtschaftskrise. Unter drei angekauften Entwürfen befand sich auch der Entwurf von Carl Fieger. Nach Überarbeitung „unter dem Aspekt der Minimierung der geplanten Baukosten" wurde dieser Entwurf schließlich realisiert.

Vor dem Besucher erstreckt sich in der Elbe-Aue ein langgezogener heller Bau, der durch seine Formen und sein Volumen eine enge Verbindung mit dem Deich eingeht. Der Baukörper ist zweigeschossig und steht mit der Längsseite am Elbdamm. Dem Obergeschoß ist eine Terrasse vorgelagert, die einen schönen Ausblick auf die Elbelandschaft bietet.

Je nachdem von welcher Richtung sich der Besucher dem Kornhaus nähert, wird er es auf unterschiedliche Weise wahrnehmen. Vor allem der auskragende halbrunde Wintergarten an der Westseite gibt dem Bauwerk sein architektonisches Gepräge. Es hat einen L-förmigen Grundriß, wodurch zwei Baukörper entstanden; der erste zur Straße hingelagerte beherbergt eine Stehbierhalle und einen Tanzsaal, der zweite, ein auf dem Elbdeich gelegenes verglastes Halbrund, ein Café. Ein zentrales Treppenhaus verbindet die beiden Baukörper miteinander. Die Versorgungseinrichtungen (Küche und Servicebereich) bilden das zentrale Gelenk, die Verbindung der beiden Baukörper.

Diese Idee, zentrale Versorgungseinrichtungen in den Mittelpunkt eines Gebäudes zu legen, kann mit Prinzipien des zeitgenössischen Industriebaus verglichen werden. Auch die Konstruktionsprinzipien sind diesem entlehnt, da das Gebäude – wie das Bauhausgebäude – in Stahlbetonbauweise kombiniert mit Ziegelmauerwerk ausgeführt ist. Besonders im Innenraum des Cafés wird dieser Aspekt deutlich, wo weitgespannte Stahlbetonunterzüge die Decke gliedern. Der halbrunde verglaste Wintergarten bietet dem Café-Besucher einen Panoramablick über die Elbelandschaft (das heutige Biosphärenreservat).

Die 1995/96 durchgeführte Sanierung gab dem Bauwerk seinen annähernd originalen Zustand zurück.

Über die Ebertallee in Richtung Hauptbahnhof, entlang der Antoinetten- und Kavalierstraße, und weiter über die Kreuzung der Kavalier- mit der Askanischen Straße führt der Weg zum August-Bebel-Platz in die „Innenstadt" Dessaus und zum historischen, von Gropius entworfenen **Arbeitsamt**, das im Volksmund auch als „Rundbau" bekannt ist. Hinter die Südseite des ehemals freistehenden Gebäudes wurde 1970 ein elfgeschossiger Plattenbau gesetzt, der ebenso wie die Parkplatzsituation davor die ursprüngliche städtebauliche Situation (z. B. den räumlichen Bezug zum dahinterliegenden, 1787 von Erdmannsdorff entworfenen „Neuen Begräbnisplatz") komplett veränderte. Auch die architektonischen Proportionen und Dimensionen des Gebäudes werden durch die Wohn-„Scheibe" in ihrer Wirkung beeinträchtigt.

In den 20er Jahren führten umfangreiche Rationalisierungsmaßnahmen in der Industrie zur Entlassung einer großen Zahl von Arbeitskräften. Arbeitsämter – oder „Arbeitsnachweise", wie sie damals hießen – die dem Zustrom an Arbeitslosen hätten gerecht werden können, gab es zu diesem Zeitpunkt nicht.

Auf Anregung des Berliner Stadtbaurates Martin Wagner, der im Auftrag der Regierung zu diesem Problem konzeptionelle Ideen und Ansätze in Bezug auf Verwaltungsorganisation und Möglichkeiten der baulichen Umsetzung entwickelt hatte, schrieb die Stadt Dessau 1927 einen begrenzten Wettbewerb für diese neue Bauaufgabe aus. Drei Architekten wurden zum Wettbewerb geladen: Walter Gropius, Hugo Häring und Max Taut. Die Jury kam nach Vorlage der Entwürfe zu der Meinung, daß keiner der drei eingereichten Entwürfe ausführungsreif war; dennoch entschied sie sich für den Entwurf von Gropius.

Das Konzept Martin Wagners von einem „Haus der Arbeit" sah vor, daß eine geringe Anzahl von Angestellten den großen Zustrom von Arbeitslosen zu bewältigen hatte. Die Antwort auf die Rationalisierung der Produktion sollte eine „Rationalisierung" der Verwaltung der Arbeit sein. Das 1929/30 gebaute Arbeitsamt von Walter Gropius, das sich in einen äußeren und einen inneren Ring gliedert, folgt streng dem verwaltungstechnischen Konzept. Im äußeren Ring, der über (nach Berufsgruppen getrennte) Eingänge zugänglich war, empfingen große Warteräume den Eintretenden. Danach führte der Weg zum Arbeitgeber oder in die weitere Vermittlung. Wer Arbeit bekommen hatte, konnte das Gebäude durch den inneren Ring verlassen. Wer keine Arbeit bekam, der ging weiter ins Zentrum, erhielt einen Berechtigungsschein für den Empfang von Arbeitslosengeld und kam schließlich zur Kasse im Mittelpunkt des Arbeitsamtes. Bei dieser Organisation wurden nicht nur Berufsgruppen sowie Männer und Frauen getrennt verwaltet, sondern auch Arbeitslose und diejenigen, die Arbeit bekommen hatten. Außer den Warteräumen im äußeren Ring gab es keine Aufenthaltsräume, in denen sich Menschenansammlungen und vielleicht Diskussionen hätten entwickeln können – alles war auf den zügigen Durchgang ausgerichtet: wie in einer Fabrik funktionell organisiert. Es ist verständlich, daß Zeitgenossen den Bau als „Maschine" bezeichneten.

Auch in der Lösung von Detail- und Konstruktionsfragen war die Industrie durch formale Bezüge zum Fabrikbau präsent: Ausgeführt wurde das Gebäude als ein mit gelben Ziegeln ausgefachter Stahlskelettbau. Fensterlose Wände schlossen den Bau nach außen ab und verhinderten Ein- oder Ausblicke (die heutigen Holzfenster sind Einbauten der 30er Jahre). Das Licht fiel nur durch ein hohes, umlaufendes, schmales Horizontal-Fensterband und durch drei Shedringe im Dach als Oberlicht ein. Im Inneren des Gebäudes wirkt die lichtdurchflutete Deckenkonstruktion, deren Aufbau auch infolge zahlreicher Glasspiegelungen nur schwer zu erfassen ist, wie ein Kristall.

Nach 1933 wurde das Gebäude wie die anderen Bauhausbauten als undeutsch, unpraktisch im Stil und als ein typisch „bolschewistisches" Erzeugnis der Dessauer Bauhauszeit gesehen. Der Kriegsausbruch verhinderte einen Abbruch – so wurde das Gebäude weiterhin zu Verwaltungszwecken genutzt. Nach Ende des Zweiten Weltkrieges befand sich hier der Sitz des amerikanischen und später des sowjetischen Stadtkommandanten. Ab 1958 zog der Gewerkschaftsbund ein (die Buchstaben FDGB = Freier Deutscher Gewerkschaftsbund sind heute noch in Resten an der Wand des Bürotraktes zu erkennen). Seit 1990 vermietet die Stadt den Rundbau an die Allgemeine Ortskrankenkasse (AOK), die jedoch 1998/1999 in einen Neubau umziehen wird. Damit steht schon bald die Frage nach einer angemes-

Arbeitsamt Dessau, Nordwestansicht, 1929

senen Nutzung für dieses lange Zeit wenig beachtete Bauhausgebäude im Raum.

Druckerei Rotation

Unweit des damaligen Arbeitsamtes findet der Besucher die Druckerei „Rotation" in der Askanischen Straße.

Die Produktivgenossenschaft „Arbeiterdruckerei" erwarb hier 1904 ein Gebäude, das mit Unterstützung der damaligen SPD, der Gewerkschaften und der Konsumgenossenschaft zum Druckhaus des „Volksblattes", das ab 1905 erschien, umgerüstet wurde. Diese Arbeiterdruckerei konnte nach schwierigen Anfangsjahren 1925 weiter ausgebaut werden.

1931 wurde ein Wettbewerb für den Neubau eines modernen Verwaltungsgebäudes für die Druckerei ausgeschrieben, das die älteren Gebäude ersetzen sollte. Am Wettbewerb beteiligten sich Dessauer Architekten, aber auch Bauhausarchitekten. Carl Fieger, damals Mitarbeiter im Atelier Gropius, gewann mit seinem Entwurf für ein neues Verwaltungsgebäude den ersten Preis. Der Entwurf wurde jedoch nicht ausgeführt – statt dessen erhielt der Stadtbaurat Theodor Overhoff den Auftrag. Overhoff, der Planer und Architekt der Gartenstadtsiedlung Hohe Lache, gehörte zu den Dessauer Architekten, die eher einer moderaten Moderne und dem Heimatschutz zugetan waren. Overhoff unterstrich die Horizontalbewegung des Gebäudes durch ein Flachdach und durch die Gestaltung der Fassade, die sich in horizontale Fensterbänder und Auskragungen gliedert. Er legte Wert auf eine mehr handwerklich-traditionelle Ausführung der Fassade.

Wie andere „sozialistischen Ideen" dienende Gebäude in Dessau, hat auch das Druckhaus eine bewegte Nutzungsgeschichte. 1933 wurde es von den Nazis gestürmt, die danach ihre parteieigene Zeitung hier druckten. Dem schweren Bombenangriff vom März 1945 fiel auch dieses Bauwerk zum Opfer. Es wurde jedoch nach Kriegsende wieder aufgebaut, und schon 1946 konnte der Betrieb wieder aufgenommen werden. Ab 1953 wurde hier im „VEB Rotation" die Zeitung „Freiheit" gedruckt. Heute, vom Druckhaus Dessau genutzt, steht das Verwaltungsgebäude von Overhoff unter Denkmalschutz. 1995/96 wurde es durch umfangreiche Sanierungsarbeiten wieder seinem Originalzustand angenähert.

Kunstgewerbeschule

In der Mauerstraße befindet sich die ehemalige Kunstgewerbe- und Handwerkerschule Dessaus, die heutige Sekundarschule (Mauerstraße 38). Ein direkter Bezug zum Bauhaus läßt sich hier auf den ersten Blick nicht herstellen. Die Idee, in Dessau eine Handwerkerschule einzurichten, war bereits im 18. Jahrhundert von dem Architekten Friedrich Wilhelm von Erdmannsdorff geboren worden. Die oft mangelhafte Ausbildung der ansässigen Handwerker sollte verbessert werden. Erdmannsdorffs Vorschlag wurde jedoch nur für kurze Zeit verfolgt. Erst in den 80er Jahren des 19. Jahrhunderts, als die Forderungen der kapitalistischen Großindustrie und des Handels nach Ausbildung leistungsfähiger Facharbeiter zunahmen, wurde seine Idee vom Bau einer Gewerbeschule wieder aufgegriffen. Sie entstand 1896 und in ihren Räumen fand das Bauhaus , als es 1925/26 nach Dessau umsiedelte, bis zur Fertigstellung des neuen Bauhausgebäudes ein Domizil. Heute befinden sich in diesen Räumen Klassen und die Verwaltung der Abteilung Dessau der Fachhochschule Anhalt.

Im Süden Dessaus befindet sich die 1926 bis 1929 nach Plänen des Baubüros Gropius errichtete **Siedlung Dessau-Törten**, nach dem 1923 als Vorort eingemeindeten Dorf Törten benannt und heute als „Gropius-Siedlung“ bekannt.

Bedingt durch den nach dem Ersten Weltkrieg aufgetretenen enormen Wohnungsmangel (ca. 1.000.000 Wohnungen fehlten um 1920 in Deutschland!), mobilisierten sich seit Beginn der 20er Jahre überall in Deutschland Architekten, Siedlerverbände und Kommunen zur Bewältigung des Wohnungsproblems.

Architektonisches Leitbild der meisten Lösungsansätze wurde das kleine Eigenheim mit dazugehörigem Garten. Da Rohstoffe Mangelware waren, Geldknappheit und Inflation die deutsche Wirtschaft fast bis zum Zusammenbruch trieben, wurden Rationalisierung, neue Baustoffe, typisierte und normierte Bauteile die Leitlinien des Siedlungsbaues.

Mit der Ansiedlung des Bauhauses in Dessau erhoffte sich die Stadtverwaltung auch Unterstützung in ihrem 1919 mit dem Bau der Gartenstadt Hohe Lache begonnenen Siedlungsbauprogramm. So beauftragte die Stadt Dessau das Architekturbüro Gropius mit dem Projekt einer Arbeitersiedlung in Dessau-Törten. Walter Gropius nutzte diesen Auftrag, um die seit längerer Zeit vorhandenen Ideen vom industrialisierten Wohnungsbau umzusetzen, die letztendlich den billigen Massenwohnungsbau ermöglichen sollten. Finanziell unterstützt wurde dieses Experiment auch durch die Reichsforschungsgesellschaft für Wirtschaftlichkeit im Bauwesen. Gropius sah die eigentliche Quelle für die Minimierung der Baukosten in der Senkung des Bauaufwandes durch rationelle Arbeitsorganisation. Zur Umsetzung dieser Idee orientierte er sich an den von dem amerikanischen Ingenieur Taylor

Siedlung Dessau-Törten, Typ IV, 1928

entwickelten Prinzipien für industrielle Produktionsweisen. Diese Prinzipien, die später als Taylorismus bekannt wurden, beruhten auf einer neuartigen industriellen Betriebsführung, die durch Rationalisierung der Arbeitsvorgänge die Arbeitsleistung auf ein Maximum steigerte (Bsp.: Fließbandarbeit). Gropius entwickelte einen Werkplatzplan, nach dem auf der Baustelle alle Arbeitsvorgänge fließbandartig organisiert wurden. Vom Rohbau bis zur Detailausführung sollten alle Bauphasen ineinanderfließen. Kein Handgriff sollte zuviel gemacht werden, kein Tag durch falsche Arbeitsorganisation verschwendet werden. Da unmittelbar neben der Baustelle eine Kiesgrube lag, konnten die Betonsteine vor Ort hergestellt werden.

Das Konstruktionssystem der Einzelhäuser folgte dem patentierten Konzept des „Hauses mit einer Mauer“ des Wiener Architekten Adolf Loos . Das Konstruktionsprinzip beruhte darauf, die Scheidemauern überflüssig stark zu dimensionieren, wodurch sie die Decken tragen konnten. Zusätzliche tragende Mauern werden so überflüssig. Über Quer- bzw. Scheidewände wurden die Decken frei gespannt. Frontwände wurden durch Füllwände aus Schlackenbetonhohlsteinen gebildet, die auf armierten freitragenden Betonbalken mit direkter Lastübermittlung auf den Brandwänden ruhen. Die zweigeschossigen Reihenhäuser konnten so spiegelbildlich angeordnet werden. Aus diesem Konstruktionsprinzip entwickelte Gropius den Grundriß und die äußere Gestaltung der Häuser. Die tragenden Querwände sowie die füllenden Längswände wurden farbig (grau, schwarz, weiß) nach außen hin sichtbar gemacht. Hiermit sollte optisch eine Ausgewogenheit zwischen horizontalen und vertikalen Elementen erreicht werden. Die letzten Originalfassaden sind im Kleinring 5/6 zu finden.

Durch einen dem Siedlungshaus zugeordneten ca. 350–400 m² großen Garten mit dazugehörigem Stall für Hühner oder Kaninchen, erhielten die Siedler die Möglichkeit, sich in Zeiten der Not selbst zu versorgen. Zwischen 1926 und 1928 entstanden verschiedene Bautypen.

Der erste Bauabschnitt enthält ca. 60 Häuser, die sich an der „Doppelreihe“ befinden (Typ I). Im folgenden zweiten Bauabschnitt wurden 100 Häuser fertiggestellt (Typ I, II), die an der Damaschkestraße, dem Nordweg und Am Dreieck zu finden sind und sich nur geringfügig im Äußeren und in der Grundrißdisposition voneinander unterscheiden. Die 1928 gebauten Häuser vom Typ IV sind im Grundriß kleiner (nur 57 m² anstelle von den sonst gebauten 74 m²), außerdem wurde hier das Treppenhaus eingespart, wodurch die Räume auf verschiedenen Ebenen liegen. Auch die Gestaltungselemente wie vertikale und horizontale Fensterbänder, die farbige Gestaltung sowie der Rhythmus der Fassaden variieren bei den verschiedenen Bautypen.

Wenn auch die geplanten Spareffekte der Rationalisierung geringer als erwartet ausfielen, waren die Häuser doch insgesamt so preiswert, daß auch Arbeiter sie sich leisten konnten. Bautechnische Mängel (die auch auf den experimentellen Charakter des Siedlungsprojektes zurückzuführen waren) sowie die Radikalität der modernen Formensprache, die für viele Siedler ungewohnt war, führten in der Nutzungsgeschichte der „Gropiussiedlung“ zu zahlreichen baulichen Veränderungen. Noch viele Anstrengungen der Denkmalpflege werden nötig sein, um das Erscheinungsbild der Siedlung wieder zu einem prägnanten Gesamtbild werden zu lassen.

Unmittelbar neben der Gropiussiedlung steht das sogenannte **Stahlhaus**. Dieses Experimentalhaus wurde 1926 gemeinsam von dem Maler und Bauhausmeister Georg Muche und dem Architekturstudenten Richard Paulick entworfen und im Zuge des zweiten Bauabschnitts der Siedlung Törten in Kooperation mit der Karl Kästner AG fertiggestellt.

Die Idee, ein Haus vollkommen in Stahl zu bauen, reihte sich ein in die in den 20er Jahren unternommenen Versuche, industrielles Material vorteilhaft für den Wohnungsbau zu nutzen. Die Vorteile, die der Stahl versprach, waren neben der industriellen und damit billigen Herstellbarkeit von Bauteilen die mögliche Vergrößerung der nutz-

Stahlhaus, 1927

baren Wohnfläche durch die geringe Wandstärke, sowie die Gewichtsreduzierung, die eine solche Bauweise besonders für das Bauen auf schlechtem Untergrund geeignet machte. Dazu kam die Verkürzung der Bauzeit durch montierbare vorgefertigte Stahlteile.

Muche und Paulick orientierten sich nicht mehr an den traditionellen Hausformen, sondern entwickelten den Bau aus seinen baustofflichen und technologischen Aspekten heraus. Flachdach, die Gliederung bzw. Achsenaufteilung der „Fassaden“ durch die Profile der Stahlplatten, lange vertikale, sich aus der Konstruktion ergebende Fensterbänder sind die architektonischen Gestaltungselemente.

Die unterschiedliche Höhe von zwei versetzt ineinandergeschobenen Baukörpern wurde aus der räumlichen Organisation abgeleitet. Funktionsbereiche wie Toilette und Küche liegen in dem niedrigeren Quader, Wohnzimmer und Schlafzimmer im höheren Baukörper.

Bis zu seiner Sanierung 1992 wurde das Stahlhaus als Wohnhaus benutzt. Da es in einem sehr schlechten Zustand war, mußte es im Rahmen dieser Sanierungsmaßnahmen bis auf die Fundamente demontiert und danach mit weitgehend neuen Materialien wieder aufgebaut werden. Heute gehört das Stahlhaus zum Bestand der Stiftung Bauhaus Dessau und wird zu Ausstellungs- und Versammlungszwecken genutzt.

In direkter Nachbarschaft zum Stahlhaus ist das **Haus Fieger** zu finden. Wie ein „Kleinod“ der Dessauer Bauhausbauten ist es zwischen den vielen im Umfeld neu entstandenen Bauten kaum auszumachen. Es wurde 1926/27 von dem Architekten Carl Fieger, Mitarbeiter des Ateliers Gropius, in Zusammenarbeit mit den damaligen Bauhauspraktikanten H. Volger und H. Nösselt geplant und ausgeführt.

Carl Fieger *(1893–1960) hatte schon früh Kontakt zu bekannten Architekten. Seit 1911 arbeitete er als Zeichner und Innenarchitekt im Berliner Atelier von Peter Behrens und war dort z. B. an der Innenausstattung der von Behrens gebauten deutschen Botschaft in St. Petersburg beteiligt. 1914 verließ Carl Fieger das Atelier von Behrens, um bei Walter Gropius zu arbeiten. Bis 1934 war er dann im Atelier von Gropius tätig und maßgeblich an der Entwurfsplanung und Ausführung bedeutender Gebäude beteiligt. Auch beim Bauhausgebäude, wofür er den Vorentwurf erstellte, oder bei den Meisterhäusern in Dessau hatte er wesentliche Anteile. Ab 1926 arbeitete er zunehmend selbständiger und war von 1927 nebenamtlich als Lehrer in der Bauabteilung des Bauhauses tätig. 1928 ging er als Mitarbeiter von Gropius zurück nach Berlin. Während des Naziregimes erhielt Fieger wie viele seiner Bauhaus-Kollegen Berufsverbot, blieb aber dennoch in Dessau. Nach dem Kriegsende gehörte der Wiederaufbau Dessaus zu den Aufgaben des Architekten. Anfang der 50er Jahre wurde Fieger an die Bauakademie nach Ost-Berlin berufen. Seine vom Bauhaus stark geprägte Arbeitsweise stieß jedoch dort auf scharfe Kritik. Bis zu seinem Tod 1960 lebte er zurückgezogen in seinem Haus in Dessau.*

Haus Fieger, 1944

Aufbauend auf seinem seit 1924 entwickelten Konzept eines funktionalen Wohnorganismus, baute Fieger sein eigenes Wohnhaus. Im Zuge der damals notwendigen Rationalisierungs- bzw. Baukostensparmaßnahmen für den Wohnungsbau, was nur durch eine Verringerung des Wohnraums möglich erschien, formulierte Fieger diesbezüglich Alternativvorschläge. Sie reihten sich in die Debatte um die „Wohnung für das Existenzminimum" ein. Sein Ziel war hierbei die Auflösung des traditionellen Grundrisses, obwohl das nicht den zeitgenössischen Anforderungen von rationellster Raumausnutzung und Verwendung neuer technischer Ausstattung im Wohnbau entsprach. Im Erdgeschoß ordnete er den Wohnraum an, der über eine Durchreiche mit der Küche verbunden war. Ebenfalls im Erdgeschoß lag das Schlafzimmer, das durch eine Schiebetür zum Wohnraum geöffnet werden konnte. Die weniger wichtigen Räume, wie Abstellraum, Gästezimmer, Terrasse, verlegte er in das Obergeschoß.

Carl Fieger selbst wohnte in diesem Haus bis zu seinem Tod 1960; danach wurde es verkauft.

Die neuen Besitzer nahmen einige Veränderungen vor, wie z. B. einen Seitenausbau. Die originale Raumstruktur jedoch blieb bis heute weitgehend erhalten.

1928 beauftragte der Konsumverein für Dessau und Umgebung das Baubüro Gropius mit dem Projekt einer Verkaufsstelle für die Siedlung Dessau-Törten.

Das 1929 entstandene **Konsumgebäude** besteht aus zwei ineinandergeschobenen Baukörpern: einem Flachbau mit Laden und Café und einem viergeschossigen Hochkörper mit drei Etagenwohnungen sowie einem gemeinschaftlich nutzbaren Dachgeschoß. Die Architektur lebt vom Spannungsverhältnis zwischen horizontalen und vertikalen Bauelementen. Auch die Architekturdetails sind diesem Prinzip untergeordnet, denn dem horizontalen Fensterband des liegenden entspricht ein vertikales Fensterband des aufrechten Baukörpers. Die dominanten Hell(Wand)- und Dunkelzonen (Fenster,

Stahlrohre der Balkone) unterstreichen die Kontraste. Die von Gropius schon vorher aufgegriffene Thematik der „entmaterialisierten Ecke“ erscheint hier deutlich. An zwei Eckzonen bilden Balkone mit einer filigranen Stahlrohrbrüstung den Abschluß des Hauses, wodurch ein fließender Übergang vom Gebäude zum ihm umgebenden Raum geschaffen wird. So wird eine „transparente Ecke“ gebildet, die im Gegensatz zu den anderen stark geschlossenen Eckausbildungen steht.

Als einer von wenigen Bauhausbauten wurde das Konsumgebäude nicht im Krieg zerstört und auch nicht maßgeblich verändert. 1994 sanierte es eine private Initiative im Rahmen der Denkmalpflege. Heute, in Privatbesitz wird es in seiner ursprünglichen Bestimmung genutzt: der Wohnturm für Mietwohnungen, das Erdgeschoß als Verkaufsfläche.

Konsumgebäude, 1929

Südlich der Damaschkestraße in unmittelbarer Nähe zur Gropiussiedlung findet der Besucher inmitten von Einfamilien-Siedlungshäusern der 30er Jahre, die im engeren Sinn einzigen wirklichen Bauhausbauten, die **Laubenganghäuser**. Im Gegensatz zu den anderen „Bauhausbauten“ sind sie nicht vom Baubüro Gropius, sondern von der 1927 gegründeten Bauabteilung des Bauhauses ausgeführt worden. Diese Abteilung leitete Hannes Meyer, der 1928 bis 1930 Direktor des Bauhauses war.

Anfang 1930, nach einer 1928 begonnenen Phase der konzeptionellen Vorbereitung, erteilte die Gemeinnützige Spar- und Baugenossenschaft Dessau e.V. den Auftrag, fünf dreigeschossige Laubenganghäuser mit insgesamt 90 Wohnungen zu bauen.

Die Planung wurde im November 1929 vom Gemeinderat angenommen und mit der Ausführung das Bauhaus beauftragt. Nach der Kalkulation sollte die Herstellung einer Wohneinheit (drei Zimmer, 47 m^2) 7.500 RM kosten und die Miete 33 RM betragen. Die Mieter in diesem vorgeblich sozialen Wohnungsbau hatten Mitglieder der Invalidenversicherung der Landesversicherungsanstalt zu sein, die das Projekt finanziell förderte. Sie mußten einen Genossenschaftsanteil von 300 RM sowie einen Baukostenzuschuß von 600 RM leisten.

Bereits im ersten Auftrag der Spar- und Baugenossenschaft an die Bauabteilung war die Architekturform des Laubenganghauses vorgegeben. Dieser Mietshaustyp: mehrgeschossig mit vorgelegtem Treppenhaus und Laubengangerschließung, wurde seit den frühen zwanziger Jahren vor allem im Bereich des öffentlich geförderten Wohnungsbaus verstärkt gebaut, da er neue Möglichkeiten hinsichtlich hygienischer, sozialer und auch politischer Bedingungen eröffnete.

Innerhalb der Stadtplanung stellte das Laubenganghaus eine Alternative zum bisher üblichen licht- und luftlosen Mietblock-Innenhof dar, der als Brutstätte für Krankheiten, aber auch soziale Unruhen galt. Am Stadtrand bot sich der neue Haustyp für eine gelockerte Mischbebauung an, vor allem in der Koppelung mit Gartenfläche. Jedem Mieter stand eine kleine Gartenfläche zur Selbstversorgung zu, daneben gab es zentrale Einrichtungen zur gemeinschaftlichen Nutzung (Waschküche, Trockenraum, Bleiche etc.). Darüber hinaus verstand Hannes Meyer das Laubenganghaus als eine im Prinzip kollektive Wohnform, die nicht die Individualität der Bewohner einschränkt: Die Mieter sind nicht in üblicher Weise verbunden durch den engen Treppenhausschacht, der die Reibung zwischen den Mietsparteien begünstigt [...]. Im Laubenganghaus wohnt die Familie unabhängiger. Die Bewohner treffen sich im Freien auf dem Laufgang, wie auf dem Bürgersteig. (7) – Überregional bekannte Laubenganghäuser entstanden z. B. in Frankfurt/M. (E. May / A. Brenner), Hamburg (Paul A. R. Frank), Karlsruhe (Siedlung Dammerstock, W. Gropius) und Berlin (Siemensstadt, W. Gropius; Haselhorst, M. Stam).

Hannes Meyer hat mit dem Projekt der Laubenganghäuser Architekturprinzipien umgesetzt, die sich zum Teil wesentlich von den Auffassungen Walter Gropius' unterschieden. Die geforderte Synthese von Kunst und Technik akzentuierte Meyer durch die soziale Bedeutung der Architektur. Davon kündete auch seine Maxime „Volksbedarf statt Luxusbedarf". Deshalb fehlt den Dessauer Laubenganghäusern auch jene Radikalität moderner Architekturformen, die die Gropius-Bauten so berühmt machte. Geradezu bescheiden und schlicht erscheinen die roten Ziegelblöcke gegen die weiß-schwarz kontrastierten anderen Bauhausbauten.

Der Auftrag über die Ausführung der Laubenganghäuser war an die Bedingung gekoppelt, in erster Linie ortsansässige Baufirmen zu beschäftigen. Dementsprechend wurden drei der Laubenganghäuser von der Anhalter Betonbaugesellschaft Dessau-Ziebigk und die übrigen zwei vom Bauunternehmer Lindemann aus Dessau errichtet. Zusätzliche Teilarbeiten führte die Bauhütte Anhalt aus.

Gebaut wurde mit ortsüblichen Materialien und weitestgehend in herkömmlicher Bauweise: Stahlbetonträger, Hohlsteindekken, Ziegelmauerwerk. Die Leitung auf der Baustelle hatten Studenten aus dem Baubüro inne: Philipp Tolziner, Bela Scheffler, Walter Kaminski und Hans Volger.

Baubeginn war Anfang des Jahres 1930. Schon am 15. April wurde Richtfest gefeiert; am 24. Juli bereits wurden die Musterwohnungen zur Besichtigung durch die Presse freigegeben. Aufgrund der einsetzenden Inflation hatten sich die Herstellungskosten pro Wohneinheit auf 8.000 RM erhöht. Die Miete betrug schließlich 37,50 RM für drei Zimmer mit insgesamt 47 m² Wohnfläche und 30 m² Gartenfläche. Kurze Zeit nach Fertigstellung waren alle Wohnungen vermietet, und in der Presse wurden die Laubenganghäuser als großer Erfolg sehr gelobt.

Wie es bei der Erstellung von öffentlich gefördertem Wohnraum üblich war, sollte auch bei den Laubenganghäusern eine bestimmte Anzahl von Wohneinheiten als Musterwohnungen ausgestattet werden. Dieser Auftrag oblag der Ausbauabteilung des Bauhauses unter Alfred Arndt. Vorgesehen war eine Ausstellung optimaler Möblierungsvorschläge für die minimierten Grundrisse. Neben der Standardeinrichtung im Sanitärbereich (WC, emaillierte Einbaubadewanne, Gastherme und Warmwasserheizung) sowie der Arbeitsküche mit Einbauschränken zeigten die Musterwohnungen „moderne und billige Möbel" aus der Bauhaus-Tischlerei. Die Wandgestaltung bestand zum Teil aus ruhigen, abgetönten Anstrichen, zum Teil verwandte man Bauhaustapeten. Genaue, verläßliche Angaben über die Ausstattung dieser Musterwohnungen gibt es nicht.

Laubenganghaus

Der Bau der Laubenganghäuser markierte den Anfang einer Erweiterung der „Gropius-Siedlung". Für das gesamte Gebiet erstellte Hannes Meyer mit der Bauabteilung auf der Grundlage umfangreicher Studienarbeiten einen Bebauungsplan, der Mischbebauung mit Zufahrtsstraßen in Ost-West-Richtung sowie schmalere Wohnstraßen in Nord-Süd-Richtung vorsah. Die dabei entstehenden Parzellen sollten an jeder zweiten Stirnseite durch insgesamt zehn viergeschossige Laubenganghäuser begrenzt werden, die damit eindeutig ordnende und siedlungsstrukturierende Funktion erhalten hätten. An den Längsseiten der Parzellen waren eingeschossige Einfamilien-Reihenhäuser auf L-förmigem Grundriß vorgesehen; den Abschluß zur Hauptstraße sollten viergeschossige Mietshäuser bilden. Dieser detailliert ausgearbeitete Bebauungsplan wurde am 21. Oktober 1930 nach der Entlassung Hannes Meyers vom Gemeinderat beschlossen und bis 1933 auch zugrunde gelegt. 1930/31 errichtete Richard Paulick sechs Mietshausblöcke mit 32 zweieinhalb-Zimmer-Wohnungen (46 m^2 Grundfläche bei einer Monatsmiete von 47 RM). Diese ursprünglichen Flachbauten wurden 1935 mit Steildächern versehen; zwischen 1935 und 1944 vollendete der Bau der Junkers-Siedlung mit ein- und zweigeschossigen Reihenhäusern das Konzept unter veränderten politischen Bedingungen und mit einer stilistisch konservativen Architekturauffassung.

Die Stadt der Erinnerung

In Maurillia wird der Reisende eingeladen, die Stadt zu besichtigen und zugleich gewisse alte Ansichtskarten zu betrachten die zeigen, wie sie früher war: genau derselbe Platz mit einem Huhn anstelle des Autobusbahnhofes, dem Musikpavillon anstelle der Überführung, zwei Fräulein mit weißem Sonnenschirm anstelle der Munitionsfabrik. Um die Einwohner nicht zu enttäuschen, muß der Reisende die Stadt auf den Ansichtskarten loben und sie der heutigen vorziehen, jedoch darauf bedacht sein, das Bedauern im Rahmen genauer Regeln zu halten. Hütet euch, ihnen zu sagen, daß zuweilen verschiedene Städte auf demselben Boden und mit demselben Namen aufeinander folgen, entstehen und vergehen ohne gegenseitige Mitteilbarkeit. [...] Manchmal bleiben auch die Namen der Einwohner und der Klang der Stimmen und sogar die Gesichtszüge die gleichen; doch die Götter, die unter den Namen und über den Orten thronen, sind wortlos gegangen, und an ihrer Stelle haben sich fremde Götter eingenistet. Unnütz zu fragen, ob sie besser oder schlechter sind als die alten, da es zwischen ihnen keinerlei Beziehungen gibt, wie auch die alten Ansichtskarten nicht Maurillia darstellen, wie es war, sondern eine andere Stadt, die zufällig auch Maurillia heißt wie diese. (Italo Calvino) (1)

Das alte, prachtvolle Dessau gibt es nicht mehr. Nach dem Krieg und dem sozialistischen Wiederaufbau entstand eine neue, andere Stadt. Lediglich Fragmente erinnern noch an den Ort des Mittelalters und der Renaissance oder an die Stadt des Klassizismus und des Dessau-Wörlitzer Kulturkreises. Bereits die Industrialisierung und Moderne, die mit den Namen Junkers und Bauhaus verbunden sind, hatten aus der alten fürstlichen Residenz eine moderne, aufstrebende Stadt entstehen lassen. Seit 1989 befindet sich Dessau in einem umfangreichen Transformationsprozeß zu einer nachindustriellen Stadt, die den Menschen kulturelle, soziale und ökonomische Heimat sein kann. Möge der Besucher durch seinen Rundgang und vor allem durch Gespräche mit den Einwohnern herausfinden, ob und inwieweit das gelingt.

Wer Dessau jenseits des Bauhauses kennenlernen möchte, trifft auf ein diffus erscheinendes Gebiet. Erst eine Orientierung an den wenigen Merkzeichen, die nach dem Krieg geblieben sind, erlaubt dem Besucher, den Reichtum Dessaus zu erschließen. Die „Stadt der Erinnerung" entfaltet sich zunächst entlang der historischen Barockachse, die im Norden an der Johanniskirche beginnt und sich in südlicher Richtung bis an den Rand Dessaus erstreckt. Um diese zieht sich die alte, vorindustrielle Stadt, verwoben mit Spuren der Bauhausgeschichte. Die andere Stadt erstreckt sich in Ost-West-Richtung. Sie ist im wesentlichen von der Industriekultur geprägt.

Das alte Dessau

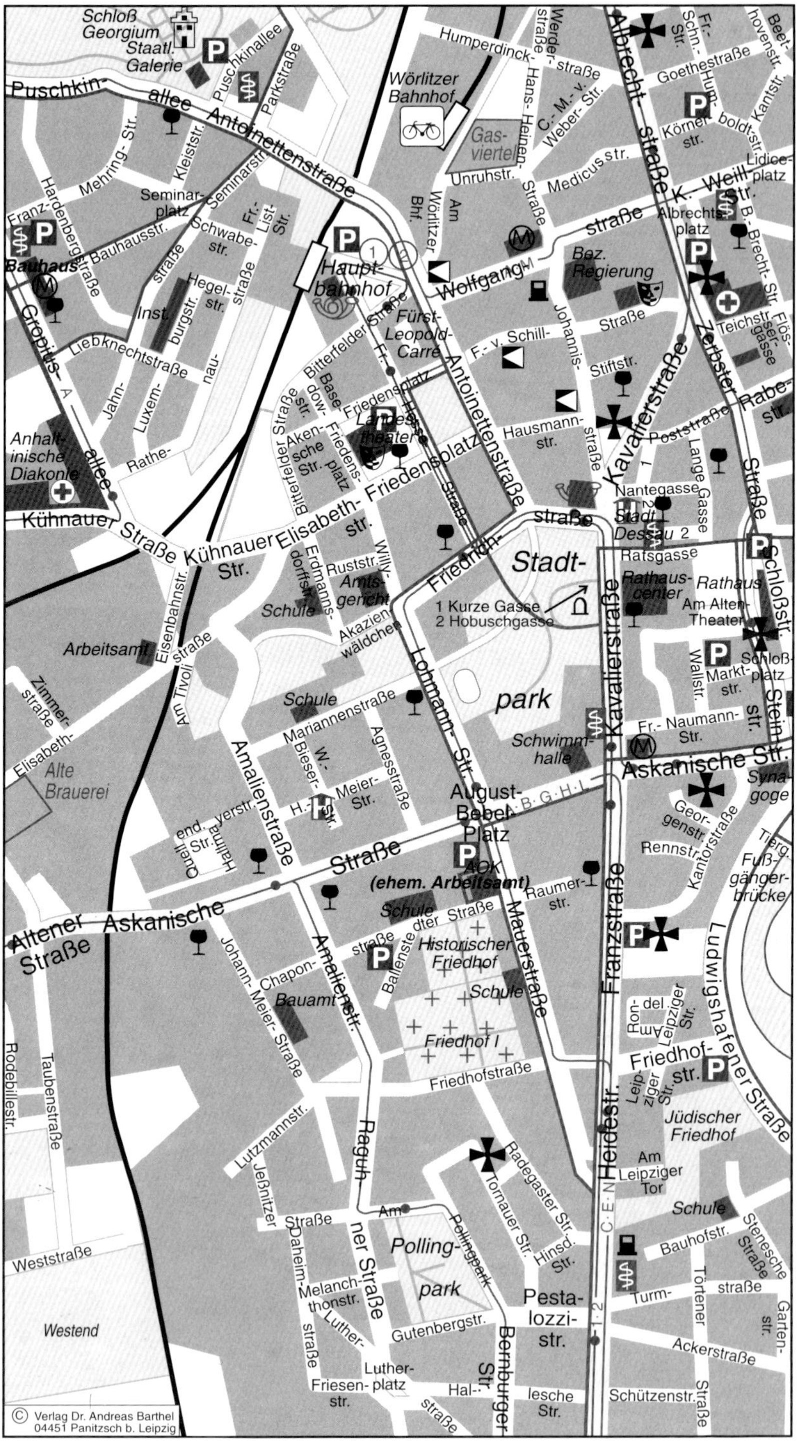
Schloß Georgium
Staatl. Galerie
Puschkinallee
Parkstraße
Antoinettenstraße
Wörlitzer Bahnhof
Humperdinck-
Werder-straße
Hans-Heinen-Straße
C.-M.-v.-Weber-Str.
Gasviertel
Albrecht-straße
Fr.-Schn.-Str.
Goethestraße
Hum-boldt-str.
Beethovenstr.
Kantstr.
Körner str.
Lidice-platz
Medicusstr.
Unruhstr.
Am Wörlitzer Bhf.
Mehring-Str.
Kleiststr.
Seminarstr.
Seminarplatz
Hardenbergstraße
Franz-
Bauhausstr.
Bauhaus
Schwabestr.
Fr.-List-Str.
Hauptbahnhof
Wolfgangstraße
K.-Weill-Str.
Albrechtsplatz
B.-Brecht-Str.
Bez. Regierung
Hegel-str.
Inst.
burgstr.
Gropius-allee
Liebknechtstraße
nau-
Jahn-
Luxem-
Rathe-
Bitterfelder Straße
Basedow-str.
Fr.
Fürst-Leopold-Carré
F.-v. Schill-Straße
Johannisstraße
Stiftstr.
Zerbster Straße
Teichstr.
Flösser-gasse
Rabestr.
Friedensplatz
Landestheater
Akensche Str.
Friedens-platz
Hausmann-str.
Kavalierstraße
Poststraße
Lange Gasse
Anhaltinische Diakonie
Kühnauer Straße
Kühnauer Str.
Elisabeth-str.
Friedrichstraße
Nantegasse
Stadt Dessau
Ratsgasse
Schloßstr.
Ruststr.
Erdmannsdorffstr.
Willy-
Amtsgericht
Schule
Stadtpark
Rathauscenter
Rathaus
Am Alten Theater
Akazienwäldchen
1 Kurze Gasse
2 Hobuschgasse
Eisenbahnstr.
Arbeitsamt
Am Tivoli straße
Lohmann-Str.
Wallstr.
Markt-str.
Schloßplatz
Zimmerstraße
Elisabeth-
Marienstraße
Agnesstraße
W.-Bieser-
Schwimmhalle
Fr.-Naumann-Str.
Stein-str.
Alte Brauerei
Amalienstraße
H.-Meier-Str.
August-Bebel-Platz
Askanische Str.
Synagoge
Georgenstr.
Rennstr.
Kantorstraße
Tierg.
Fußgängerbrücke
Quellendstr.
Hallmayerstr.
Straße
AOK (ehem. Arbeitsamt)
Raumer-str.
Franzstraße
Altener Straße
Askanische
Johann-Meier-Straße
Chaponstraße
Ballenstedter Straße
Historischer Friedhof
Mauerstraße
Ludwigshafener Straße
Bauamt
Amalienstr.
Friedhof I
Ron-del Am Leipziger Str.
Friedhofstr.
Friedhofstraße
Rodebillestr.
Taubenstraße
Raguhner Straße
Lutzmannstr.
Heidestr.
Leipziger Str.
Jüdischer Friedhof
Radegaster Str.
Tornauer Str.
Am Leipziger Tor
Jeßnitzer Straße
Am Polling
Pollingpark
Pollingstraße
Hinsd. Str.
Bauhofstr.
Stenesche Straße
Weststraße
Daheim-straße
Melanchthonstr.
Pestalozzistr.
Turmstraße
Törtener Straße
Gartenstr.
Westend
Luther-
Gutenbergstr.
Bernburger Str.
Ackerstraße
Lutherplatz
Friesenstr.
Halle-sche Straße
Schützenstr.
© Verlag Dr. Andreas Barthel 04451 Panitzsch b. Leipzig

Die Suche nach dem Zentrum

Die Ankunft am **Hauptbahnhof** ist ein idealer Auftakt: Bereits zwischen Bahnhofshalle und Bahnhofsvorplatz sind die wichtigsten Akzente Dessaus gesetzt.

Die Bahnhofshalle verweist auf nichts weniger als auf die „Bauhaus-Stadt“ Dessau. 1989 sollte der in den 50er Jahren wegen Kriegszerstörung neu errichtete Bahnhof nach Plänen des Bauhauses umgestaltet werden. Die schrägen Kacheln und die vom sowjetrussischen Konstruktivisten El Lissitzky (1890–1941) adaptierte Wandplastik „Projekt neuer Gestaltung Nr. 12 E“ waren die ersten gestalterischen Interventionen des Bauhauses. Am 7. Oktober, gerade war die rote Wendeltreppe montiert, gab es mit Blasmusik und kleinen Ansprachen der damaligen Stadt- und SED-Größen eine Feier: Die erste Bauetappe war beendet und die DDR war 40 geworden. Wenig später war alles anders, in der politischen und ökonomischen Konfusion der „Wende“ war die Umgestaltung des gesamten Bahnhofs, wie es das Bauhaus vorgesehen hatte, nicht mehr umsetzbar.

Gegenüber der Lissitzky-Plastik grüßt die Biermarke des „Alten Dessauers“ – doch das ist Geschichte: Die Brauerei schloß zum Zeitpunkt des Aufhängens der Reklame. Es läge nun auf der Hand, die schmerzliche Erinnerung an den Wegbruch dieses Teils der Dessauer Industrie abzunehmen, wenn nicht das wieder auftauchte, was die Werbetafel ursprünglich den Blicken der Bahnhofsgäste entziehen sollte: das in den 50er Jahren vom Maler Karl Kothe angefertigte Wandrelief „Der Fahnenträger“. Als Vorlage dieser stalinistischen Inszenierung verwendete der Maler ausgerechnet sein nationalsozialistisches Propagandabild „SA nach dem Einsatz“ aus dem Jahr 1942. Der roten Fahne fehlte lediglich das Hakenkreuz, so der Dessauer Maler und Bauhaus-Schüler Carl Marx. An diesem Wandrelief schieden

Bahnhofsvorhalle, 1989

sich 1990 in einer heftigen öffentlichen Debatte die Geister.

Auf dem **Bahnhofsvorplatz** sind weitere Akzente gesetzt: rechts die „Architektur der nationalen Tradition" mit den in Dessau beliebten Kolonnaden; auf der Wiese eine Solitär-Eiche, Hinweis auf die Auen; unter ihr der Bismarck-Stein, preußischen Geist kündend, 1945 umgestülpt, 1992 wieder aufgestellt; weiter nach links monotone Wohnblöcke des DDR-Städtebaus; und abschließend das ehemalige Gasviertel, Wiege der Dessauer Industrie. Hier fährt vom kleinen Wörlitzer Bahnhof in den Sommermonaten ein Zug in den Wörlitzer Park: „Zierde und Inbegriff des 18. Jahrhunderts". (2)

Dem Bahnhof frontal gegenüber und nicht zu übersehen: das „Fürst-Leopold-Carré", 1994 als erstes innerstädtisches Bauprojekt dieser Größenordnung in den neuen Bundesländern im „Bauhaus-Stil" mit viel Glas und Grün gefeiert. Heute ist es für den Leerstand bekannt. Der Weg zum Anhaltischen Theater führt durch die Achse des Carrés auf den Friedensplatz, dessen südlicher Teil auf einem Luftschutzbunker liegt. Ehe sich die Blicke ganz auf das **Anhaltische Theater** konzentrieren, sollte links die Bärenuhr nicht übersehen werden.

Bahnhofsvorplatz

Sie ist das Überbleibsel der um 1938 aufgestellten sogenannten Normaluhren.

Die Stadt war ein einziges Fahnenmeer von Hakenkreuzen, so berichten Zeitzeugen, erfüllt mit „Heil-Gebrüll", als Adolf Hitler 1938 das Theater eröffnete. Die Begeisterung war so groß, daß Hitlers Auto auf dem Weg von der Kavalierstraße zum Theater nur mit Mühe durch die Menschenmassen kam. (3)

Doch Glanz und Triumph währten nicht lange: 1945 war das Theater nahezu vollständig zerstört. Nach Kriegsende war durch die sowjetische Militäradministratur der Wiederaufbau beschlossen, so daß sich 1949 die Vorhänge mit Mozarts „Zauberflöte" und Brechts „Mutter Courage und ihre Kinder" öffneten. In den Jahren nach der Wiedereröffnung griff das Theater eine Dessauer Theatertradition seit dem Ende des 19. Jahrhunderts auf: die Inszenierungen von Wagner-Opern. Deshalb wurde Dessau gelegentlich auch als „Bayreuth des Nordens" bezeichnet.

Dessau – die Gauhauptstadt

Auf der Grundlage des 1937 verabschiedeten „Gesetzes zur Neugestaltung der deutschen Städte" wurde in Dessau, wie in anderen größeren Städten auch, bis 1941 eine städtebauliche Planung erstellt, die Hitlers Bedürfnis nach der architektonischen Darstellung „deutscher Größe" und Überlegenheit gerecht werden sollte. Die Dessauer Planung orientierte sich – wie die meisten anderen auch – am Vorbild der Planung für die Reichshauptstadt Berlin und zeichnete sich durch eine Reihe von Merkmalen herrschaftlicher Stadtplanung aus. Breite Straßenachsen, große Aufmarschplätze und vor allem riesige Monumentalbauten für Staat und Partei. Neben dem Gauforum an der geplanten Elbpromenade und einem

Anhaltisches Theater, 1996

weiteren öffentlichen Gebäude an der Georgenallee waren die Repräsentationsbauten an der als Prachtstraße schon historisch prädestinierten Kavalierstraße angeordnet. Allein das Parteiforum hatte seinen Platz an der Mulde. Fast nichts von dieser Planung ist verwirklicht worden, was angesichts des Krieges und des Verbotes aller nicht kriegswichtigen Neubauten nicht verwundert. (Holger Barth / Lennart Hellberg) (4)

Dessau war nicht nur „kulturpolitisches" Zentrum der Nationalsozialisten, sondern mit den Junkers Flugzeugwerken vor allem ein Zentrum der Kriegsproduktion.

Als Hugo Junkers im Herbst 1933 von den Nazis zum Rücktritt gezwungen worden war, konnten alle Weichen für die Kriegsproduktion gestellt werden.

Zwischen 1938 und 1940 stieg die Belegschaftszahl der Junkerswerke in der Region von 40.000 auf 90.000, und nach einer statistischen Erhebung des Arbeitsamtes Dessau arbeiteten 1942 insgesamt 66.871 Arbeiter in Betrieben mit Rüstungsaufträgen. Diese Entwicklung brachte für Dessau einen erheblichen Wohnungsbedarf, dem die Nationalsozialisten mit einem umfangreichen Wohnungsbauprogramm begegneten.

Bis 1935 wurden vor allem Kleinsiedlungen für „national und politisch zuverlässige, rassisch wertvolle, gesunde und erbgesunde [Menschen] arischer Abstammung" propagiert. Im Rahmen der Kriegsvorbereitung änderte sich jedoch die Wohnungs- und Siedlungspolitik. Blieben Kleinsiedlung und Kleinstadt als Ideologiekern noch bestehen, wurde um so intensiver der Übergang zum (groß)städtischen Massenwohnungsbau vollzogen. Siedlungen entstanden nicht mehr in den städtischen Randlagen, sondern in unmittelbarer Nachbarschaft zu den Industrieanlagen, so die Reichsbahnersiedlung in Dessau-Süd und das „Rodebilleviertel" in Dessau-West. (5)

Nach dem Theater beginnt ein nächstes Kapitel Dessauer Stadtgeschichte: **der Wiederaufbau der Stadt**. Ein Neuanfang war notwendig, mit dem – im Selbstverständnis der städtebaulichen Moderne – auf den Trümmern der alten Stadt nun eine bessere, neue Stadt errichtet werden konnte. (6) Dessau war mit dem Aufbaugesetz von 1950 eine Aufbaustadt ersten Ranges, deren städtebauliche Zielsetzungen ein Jahr zuvor Walter Ulbricht in den „Sechzehn Grundsätzen des Städtebaus" verkündet hatte. „Die zentrale Frage der Stadtplanung und architektonischen Gestaltung der Stadt ist die Schaffung eines individuellen, einmaligen Antlitzes der Stadt. Die Architektur muß dem Inhalt nach demokratisch und der Form nach national sein. (7) Die Architektur verwendet dabei in den fortschrittlichsten Traditionen der Vergangenheit verkörperte Erfahrungen des Volkes." Der Wiederaufbau begann 1951 am alten Markt in der Zerbster Straße. Dort gelang, was in den folgenden Jahren in Dessau nicht mehr gelingen sollte: ein behutsamer, an den alten Stadtgrundrissen orientierter Städtebau.

Wandbild aus den 50er Jahren

Bereits im danach bebauten Gebiet zwischen Bahnhof, Theater und Stadtpark wurde mit den alten Stadtgrundrissen radikal gebrochen, wenngleich eine relativ geschlossene Raumstruktur und maßstäbliche Baukörper entstanden. (8)

Dessau hatte die Besonderheit, daß mit den Bauten von Friedrich Wilhelm von Erdmannsdorff (1736-1800) und Carlo Ignazio Pozzi (1766-1842) ein unmittelbarer, lokaler klassizistischer Bezug vorhanden war. So wurden die Neubauten von 1955 auch als Versuch beschrieben, „die Formen des Klassizismus zu neuem Leben zu erwecken" und eine „Synthese von Architektur und bildender Kunst" herzustellen. Freilich, in der Zeit der Formalismus-Diskussion und der Durchsetzung des „Sozialistischen Realismus" mußten die hier tätigen Künstler (u. a. Irma und Martin Hadelich, Carl Marx) ihre Volksverbundenheit ausdrücken. Wie das genau auszusehen hatte, darüber gab es in der DDR-Kunstwissenschaft nie Einigkeit. Auf dem Weg durch die Fritz-Hesse-Straße zum Stadtpark, der nächsten Station, ist noch heute sehr gut jenes volkskünstlerische Programm ablesbar.

Im Stadtpark angekommen, eröffnet sich der erste Blick auf die Kavalierstraße. Hier pulsierte früher das urbane Leben. Von der alten Situation und dem Glanz der Residenzstadt ist nach Krieg und „Wiederaufbau" nahezu nichts geblieben. Die frühere Bebauung gegenüber der „spätneugotischen" Post (1901) ist gänzlich verschwunden. Dort ist jetzt eine Grünfläche, die mit dem ehemaligen herzoglichen „Palaisgarten" den heutigen Stadtpark bildet.

Wer weiß es heute noch, daß große Häuser wie das Palais der Baronin Cohn-Oppenhein, das Palais „Reina" mit der Anhaltischen Gemäldegalerie oder das alte **Hoftheater** die Straße säumten?

Das nach Plänen von Erdmannsdorff und dem Italiener Pozzi (1798 / 1822) erbaute Theater war ein architektonischer

Höhepunkt und eines der markantesten Gebäude Dessaus. Gleich zweimal ging es in Flammen auf. Nach dem letzten Brand wurde es 1927 als Café umgestaltet, die Fassade bekam nach den Plänen des Bauhausmeisters Hinnerk Scheper einen neuen Farbanstrich. Die Reste des im Krieg zerstörten Theaters wurden 1966 abgerissen.

Hoftheater, 30er Jahre

Wo heute das Rathaus-Center steht, gähnte bis 1993 eine öde Freifläche. Nach den „Grundsätzen zur Planung und Durchführung des Aufbaus der Stadtzentren" (1960) sollte hier ab 1962 ein neues sozialistisches Stadtzentrum, der **„Zentrale Platz"**, entstehen: ideal für Großkundgebungen und Aufmärsche. Doch es sollte anders kommen. Der VI. SED-Parteitag verlegte in Folge des „Chemieprogramms" die wirtschaftlichen und damit die baupolitischen Schwerpunkte in das Chemiegebiet Bitterfeld-Halle. Von der ehrgeizigen Planung blieben Fragmente; als „Scheibe Süd" und „Scheibe Nord" umgrenzen sie heute das Rathaus-Center. Links neben der „Scheibe Nord" ist seit dem Frühjahr 1997 Dessaus größtes und traditionsreiches Kaffeehaus, das Café Altmann", wiedereröffnet.

Im **Stadtpark**, vor dem Teehäuschen, befindet sich noch ein Stück der alten Stadt- bzw. Akzisemauer, 1712 von Fürst Leopold I., dem „Alten Dessauer" (1676-1747), angelegt. Als die Stadt innerhalb der mittelalterlichen Stadtmauer kaum mehr Platz fand, ließ der Fürst in planerischer Weitsicht eine Mauer bauen, groß genug für kommende Stadterweiterungen. Tatsächlich genügte sie bis zur Mitte des 19. Jahrhunderts, dem Beginn der Industrialisierung. Im Unterschied zur alten Stadtmauer hatte diese allein eine ökonomische Funktion, denn nach der Einführung der Akzise (= Steuer) wurden an ihren Toren Bewohner und Händler mit ihren Waren kontrolliert.

Der Weg zum Teehäuschen führt am „Centaur" vorbei. Sein Schöpfer, der Berliner Bildhauer Reinhold Begas (1831-1911), gestaltete u. a. in Berlin den Neptunbrunnen.

Wer glaubt, am Teehäuschen besonderen Tee trinken zu können, irrt. Erst seit 1968 führt die um 1790 von Erdmannsdorff erbaute Orangerie des herzoglichen Palais diesen Namen. Seine Stahl-Glas-Anbauten galten 1966 als „ausgezeichnetes Beispiel einer glücklichen Verbindung von wertvoller historischer und sozialistischer Architektur". (9) Der Stadtpark mit dem Teehäuschen ist

„Teehäuschen" im Stadtpark

in Dessau ein populärer Ort, der auf Grund seiner zentralen Lage zugleich auch die grüne Mitte Dessaus ist. Kaum wird es etwas wärmer, findet auf dem Platz zwischen Restaurant und Imbiß ein illustres Treffen der Dessauer statt.

Der weitere Weg in einem kleinen Bogen am äußeren Stadtgarten führt an den Denkmalen Wilhelm Müllers, Friedrich Schneiders und Moses Mendelssohns vorbei.

Wilhelm-Müller-Denkmal im Stadtpark

Die Initiative zur Errichtung eines **Wilhelm-Müller-Denkmals** kam von einem Komitee, dem u. a. Johannes Brahms, Max Bruch, Klara Schumann, ein königlich griechischer Gesandter und der Sohn Wilhelm Müllers, Max Müller aus Oxford, angehörten. Der Mamor des 1891 eingeweihten Denkmals stammt aus Griechenland, von der Regierung aus Dankbarkeit dem „Sänger der griechischen Freiheit“ gestiftet, so die griechische Inschrift auf dem Sockel. Das Denkmal wurde vom Dessauer Bildhauer Hermann Schubert gefertigt. Vier Reliefs am Sockel kommentieren sein Leben: Poesie und Wissenschaft, Hellas und das 1813 sich von Napoleon befreiende Deutschland.

Wer war Wilhelm Müller, dessen Gedichte „Am Brunnen vor dem Tore“, „Das Wandern ist des Müllers Lust“ und „Im Krug zum grünen Kranze“ zu allseits bekannten Volksliedern wurden, der jedoch im Schatten Franz Schuberts als Dichter der Liederzyklen „Die schöne Müllerin“ und „Die Winterreise“ weitgehend unbekannt blieb?

Wilhelm Müller, 1794 in Dessau geboren, hatte in Berlin klassische Philologie studiert und führte rein äußerlich ein bescheidenes bürgerliches Leben, denn er hatte eine Anstellung als herzoglicher Bibliothekar. 1821 heiratete er Adelheid von Basedow, Enkelin des großen Pädagogen. Sein Sohn sollte der Begründer der europäischen Indologie werden; er schuf mit seinen 51 Bänden über die Weisheit des Ostens eine wesentliche Grundlage für die „hinduistische Renaissance“ und die indische Unabhängigkeitsbewegung. Wenige gemeinsame Jahre blieben der Familie, denn Wilhelm Müller verstarb bereits 1827 mit 33 Jahren.

Wilhelm Müller ist ein erstaunlicher Mensch. Da schreibt einer Gedichte im Volksliedton, die er unter einem ironischen Titel veröffentlicht, bevor sie ihren musikalischen Angelos finden, und trifft so nebenbei mit einem dieser Verse der Epoche mitten ins Herz: „Will kein Gott auf Erden sein, sind wir selber Götter. (10)

Müller beschrieb nicht allein das Reisen: Er selbst war der Reisende und unruhige Wanderer.

Wilhelm Müller, der Dichter der „Winterreise", hatte nie eine Begegnung mit Franz Schubert, auch war ihm die Vertonung von 1827 nicht bekannt, denn er starb in diesem Jahr. Sein Liederzyklus aus der Sammlung „Sieben und siebzig Gedichte aus den hinterlassenen Papieren eines reisenden Waldhornisten" war seinem Freund Carl-Maria von Weber gewidmet. Schubert entdeckte sie zufällig und war von dem „Kranz schauerlicher Lieder" dermaßen überwältigt, daß er sich gleich ans Werk setzte. Düster gestimmt und außergewöhnlich angegriffen soll er während dieser Zeit gewesen sein. Eine ungewöhnliche Verwandtschaft zwischen Müller und Schubert spricht aus der „Winterreise": Weltschmerz, Resignation, vielleicht das Ahnen eines „epochalen Winters" (11) vom „überhandnehmenden Maschinenwesen" (Goethe). Der Wanderer muß seinen Weg sich selbst weisen, fremd und einsam ist er. Ohne Anfang und Ende ist die Wanderung, nur die Krähe ist der ewige Begleiter. Am Ende der Reise trifft er den „Leiermann".

Drüben hinterm Dorfe steht ein Leiermann, und mit starren Fingern dreht er, was er kann. Barfuß auf dem Eise schwankt er hin und her; und sein kleiner Teller bleibt ihm immer leer. Keiner mag ihn hören, keiner sieht ihn an; und die Hunde knurren um den alten Mann: Und er läßt es gehen, alles wie es will. Dreht, und seine Leier steht ihm nimmer still. Wunderlicher Alter, soll ich mit dir geh'n? Willst zu meinen Liedern deine Leier dreh'n? (Wilhelm Müller, aus dem Zyklus „Winterreise")

Es ist kein Zufall, daß das 1893 ebenfalls von Hermann Schubert geschaffene **Friedrich-Schneider-Denkmal** nur einige Schritte von dem Wilhelm Müllers entfernt steht, gründeten sie doch 1821 gemeinsam eine „Liedertafel", dies war auch die Zeit seines größten Ruhms. Dessau erlebte durch ihn eine musikalische Blütezeit. Die Stadt war in Musik getaucht, schrieb ein damaliger Besucher. Während Schneider sich als unermüdlicher „Musikorganisator" Dessaus und Gründer der Musikschule bewies, blieb sein kompositorisches Schaffen zunehmend hinter dem der neuen Komponistengeneration (Mendelssohn-Bartholdy, Liszt, Wagner) zurück. Resigniert und zurückgezogen verstarb er 1853 mit 67 Jahren.

Moses Mendelssohn, 1729 in Dessau geboren, stand mit 14 Jahren am Rosenthaler Tor in Berlin. Er war zu Fuß seinem Lehrer, dem Oberrabbiner Fränkel, gefolgt. Als „geduldeter Schutzjude" erhielt er Einlaß und fand schnell zum Kreis der Aufklärer um Lessing und Nicolai. Ihre Ideale von Humanismus, Weltoffenheit und Toleranz verband er mit der Forderung, daß den Juden die volle bürgerliche Gleichstellung zustehe und ein gleichberechtigtes Nebeneinander von Religionen und Kulturen möglich sein sollte. Gleichzeitig wandte er sich gegen die Selbstisolation der Juden. Als einer der ersten Juden erlernte er die deutsche Sprache, veröffentlichte in dieser auch seine philosophischen und literarischen Texte – und vor allem übersetzte er das Alte Testament. Lessing, sein Freund, setzte dem 1786 verstorbenen Mendelssohn in „Nathan der Weise" ein literarisches Denkmal.

Sein Grab befindet sich auf dem jüdischen Friedhof in der Großen Hamburger Straße in Berlin. Die von Gerhard Geyer (Halle) angefertigte Büste wurde 1986 während einer Gedenkveranstaltung zum

200. Todestag Moses Mendelssohns aufgestellt.

Als städtebauliches Wahrzeichen Dessaus erheben sich im Stadtgarten die 1969–71 errichteten Y-Häuser, benannt nach ihrem Y-förmigen Grundriß. Mit 13 Stockwerken und Maisonettewohnungen stellen sie eine Rarität im uniformen DDR-Wohnungsbau dar. Sie wurden als spektakuläres Bauvorhaben gefeiert und wegen ihres experimentellen Charakters von den damaligen Stadtplanern in die Traditionslinie „Bauhaus" gerückt.

Gegenüber den **Y-Häusern** liegen an der Willy-Lohmann-Straße zwei amtliche Gebäude, im kurzen Weg miteinander verbunden. Der Neubau von 1994 beherbergt das Landesjustizamt. Er hatte zwei Vorgänger: das Gebäude der Freimaurer-Loge „Esiko zum aufgehenden Licht im Orient" und nach dem Krieg das neu erbaute „Haus der Jugend und Sportler", Dessaus größten Jugendklub. Unter Protesten der Jugendlichen mußte er weichen. Der versprochene Ersatz an dezentralen Standorten ist bisher nur in Ansätzen vorhanden.

Daneben liegt die Justizvollzugsanstalt. An der Ecke des Backsteingebäudes von 1886 befindet sich die Figur Eike von Repgows. Der Autor des „Sachsenspiegels" (1238), des ersten deutschen Gesetzeswerkes, kam aus dem zwischen Dessau und Köthen gelegenen Reppichau. In seinem Rechtswerk legte er allgemein gültige Regeln für das Zusammenleben verschiedener ethnischer und religiöser Gruppen fest. So sind in den farbigen Illustrationen des Buches deutsche, slawische und jüdische Menschen als Gemeinschaft abgebildet. (12)

Auf dem Weg zur nächsten Station, dem Historischen Friedhof, muß eine Kreuzung überwunden werden, die lautstark und abgasreich auf die Dessauer Verkehrsproblematik hinweist. Die Ränder der autogerecht erweiterten Askanischen Straße säumen die ersten in Großblockbauweise 1958 errichteten Häuser. Nach der geglückten Überwindung der Straße ist der Weg zum ehemaligen Arbeitsamt und dem **Historischen Friedhof** frei.

„Stirb zu Dessau!", rief 1791 der radikale Aufklärer Werkhlin in die aufgeklärte Welt. Viele sollten sich seiner Begeisterung anschließen, Novalis, Schelling und Hölderlin: „Es liegt wirklich viel Menschlichkeit und Schönheit in der Idee, die da ausgeführt ist." Was viele aufgeklärte und romantische Zeitgenossen zu diesem Begräbnisplatz pilgern ließ, war die „heitere Ruhe" (Novalis) und die Tatsache, daß das Düstere und Furchteinflößende traditionell angelegter Friedhöfe fehlte. „Kein drohendes Grabmal und kein Tod wird mehr sein auf der neuen Erde Gefilden", so die Inschrift der Portalinnenseite. Zugleich entsprach der Begräbnisplatz den modernen hygienischen Bedürfnissen.

Der 1787 nach Plänen Erdmannsdorffs errichtete Neue Begräbnisplatz ist der erste kommunale Friedhof Deutschlands und ein beeindruckendes Zeugnis des Dessau-Wörlitzer Reformwerkes. Mit ihm wurde eine Entwicklung aufgegriffen, die eng mit der Emanzipation des Bürgertums seit dem ausgehenden Mittelalter verbunden ist. Während im Mittelalter die Fried- bzw. Kirchhöfe mit einer Kirche verbunden waren, wobei auf ihnen zuweilen auch gefeiert und getanzt werden konnte, besteht seit dem 16. Jahrhundert bei den quadratisch angelegten Camposanto-Friedhöfen Norditaliens eine Trennung zwischen Gräberfeld und Kirche. Das neue repräsentative Schwergewicht liegt bei den die Anlage umgrenzen-

Portal des Historischen Friedhofs

den Grüften. Diese sichtbare soziale Hierarchie entsprach dem neuen bürgerlichen Repräsentationsbedürfnis und wurde auch in Deutschland (u. a. beim Stadtgottesacker Halle) rezipiert. Bei den streng auf Vernunft und Askese setzenden Herrnhutern findet sich eine weitere Variante: Die Gräber sind nach Geschlechtern getrennt und die Grabsteine lediglich mit den Namen der Verstorbenen versehen.

Dem Fürsten Leopold III. Friedrich Franz von Anhalt-Dessau (1740-1817) waren sowohl durch seine Italienreisen mit seinem Freund Erdmannsdorff als auch durch seinen Besuch der nahe gelegenen Herrnhutergemeinde in Barby beide Formen bekannt.

Das ursprünglich grabsteinlose Feld des Neuen Begräbnisplatzes ist eine Weiterentwicklung im Sinne des aufklärerischen Gleichheitsideals: Alle Menschen sind gleich, im Tod zumal. Die Brüchigkeit des Gleichheitsideals zeigt die Ringmauer, dort konnten sich die betuchteren Zeitgenossen eine eigene Gruft erkaufen.

Nach Anlegung des Begräbnisplatzes und der Schließung aller Dessauer Friedhöfe (bis auf den israelitischen) unterlagen die Dessauer nunmehr dem absolutistischen Diktat. Auf dem Feld der Namenlosen war für Kerzen und Blumen zur Andacht und Trauer kein Platz. In der Friedhofsanlage ist das Todesgedenken ins Erhabene bzw. Abstrakte sublimiert.

Der Neue Begräbnisplatz, heute der „Historische Friedhof“, wird durch ein klassizistisches Portal eröffnet. In Nischen weisen zwei junge Männer allegorisch auf die Zwillingsbrüder Tod und Schlaf hin. Auf dem Portal steht zwischen zwei Urnen eine in sich versunkene junge Frau, gestützt auf einen Anker: Hoffnung auf die Einfahrt in den Hafen, Ankunft, denn „Tod ist nicht Tod, ist nur Veredlung sterblicher Natur“, so die Inschrift des Portals. Hinter dem Portal erstreckt sich die quadratische Fläche, durch zwei sich in der Mitte kreuzende Wege geteilt. Es ergeben sich vier ursprünglich mit Akazien gesäumte quadratische Felder, die noch heute mit Gras oder Klee bewachsen sind. Sie wurden im Wechsel für neue Begräbnisse umgebrochen. Im Zentrum ist ein kreisrundes Blumenbeet angelegt. Freilich bezog sich der Friedhof auf eine fest angelegte Einwohnerzahl, Bevölkerungswachstum war nicht einberechnet.

Dieses kreisrunde Blumenbeet war als Begräbnisstätte für den Fürsten vorgesehen, durch den frühen Tod seines Sohnes je-

Grundriß des Historischen Friedhofs, 1787

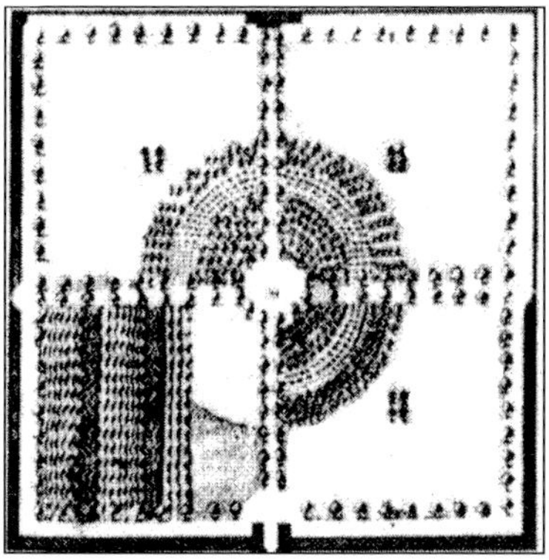

doch wurde es dessen Grabstelle. Der Fürst ließ sich wenige Jahre später eine marmorne Kirchengruft bauen.

Entlang der Ringmauer setzt sich die im Stadtgarten begonnene Dessauer „Ahnengalerie“ fort:

Friedrich Wilhelm von Erdmannsdorff, Freund des Fürsten Franz und Baumeister des Klassizismus; Adelheid und Wilhelm Müller; Ernst-Wilhelm Behrisch (1738-1809), Erzieher des Erbprinzen und Goethes „kauziger“, hochgeachteter Jugendfreund; Friedrich Wilhelm Rust (1739-1796), Begründer der Dessauer Musiktradition unter Fürst Franz; Karl Gottfried Neuendorf (1750-1798), Philanthropist und Initiator der Dessauer Volksschule.

Auch **Georg Heinrich von Berenhorst** (1733-1814) ruht hier, unehelicher Sohn des „Alten Dessauers“, Erzieher des Erbprinzen Friedrich und enger Vertrauter des Fürsten; vor allem: Militärtheoretiker und Kriegsgegner. In seinen Schriften hatte er „die nicht übliche Absicht, den Herrschenden das Kriegführen zu verleiden“. (13) Nach seinen Erfahrungen in den „großen“ Schlachten des Siebenjährigen Krieges, wo sich die Gegner schlugen „bis das Blut wie Wasser floß“, beantragte er seinen Abschied. Friedrich II., dem er in der Schlacht bei Torgau das Leben gerettet hatte, verweigerte dies und ließ Berenhorst „kassieren“, in „Unehren“ rauswerfen.

Berenhorsts Kritik galt nicht allein der menschenverachtenden Kriegsführung Friedrichs II. und anderer „Kriegsfürsten“, sondern auch der Behandlung der Menschen in der Armee. Damit stellte er sich gegen die unmenschlichen Praktiken in der Armee, die sein Vater als führender preußischer General maßgeblich zu verantworten hatte.

Nur einige Schritte von den Grabkammern Berenhorsts und Neuendorfs entfernt, geistige Nähe symbolisierend, befinden sich

Epitapeh für Friedrich W. von Erdmannsdorff

die Grabstellen zweier Pioniere der industriellen Revolution: Victor von Unruh (1806-1886) und Wilhelm Oechelhäuser (1820-1902). Mit dem Aufbau der „Continental- und Gas-Gesellschaft“ (1855) sind sie die Begründer der Dessauer Industrie.

In der Reihe bedeutender Persönlichkeiten sollte nicht **Friedrich Hobusch** (1811-1866) vergessen werden: Dessaus beliebter Stadtstreicher. Der Grabstein wurde von einem Likörfabrikanten finanziert.

Nach dem Verlassen des Friedhofs in Richtung Leipziger Torhaus führt der Weg an der ehemaligen Kunstgewerbe- und Handwerkerschule vorbei.

Das **Leipziger Torhaus** markierte den südlichen Abschluß der früheren absolutistischen Prachtstraße. Als das weiter nördlich mit der Akzisemauer verbundene barocke Torhaus durch den Bau des Rondells zu klein wurde, entstanden nach Plänen des italienischen Baumeisters Pozzi 1826/27 die zwei klassizistischen Torhäuser. Das östliche stand schon 1889 der Industrialisierung im Wege, sein Gegenüber konnte den Flächenabriß von 1978 überstehen und wurde 1988 saniert.

Vom Leipziger Tor aus ist in südlicher Richtung der alte Wasserturm nicht zu übersehen. Die Nutzung des heiß umstrittenen Umbaus ist noch nicht sicher; nach der ursprünglichen Planung sollte das Industriedenkmal als Jugend- und Kulturzentrum genutzt werden. Der Weg zum Israelitischen Friedhof führt am Ursprungsort der Dessauer Industrie, der ehemaligen „Nagelbude", vorbei.

Leipziger Torhaus, historische Ansicht

Das **Leipziger Tor** – Schnittpunkt der Zeiten. Hier endete im 18. Jahrhundert die Stadt der Aufklärung und des Klassizismus. In der ersten Hälfte des 19. Jahrhunderts, nur wenige Jahre nach dem Tod des Fürsten Franz, begann in diesem Gebiet eine neue Zeit: die Industrialisierung. Die Stadtgrenze verlor ihre Funktion, das unberührte Gelände davor bot ideale Voraussetzungen für die Industrieansiedlung.

Leipziger Torhaus an der Franzstraße

Zwischen Israelitischem Friedhof und Heidestraße entstand in mehreren Abschnitten die 'Berlinisch-Anhaltische Maschinenfabrik'. Dieser erste, außerhalb der Stadt gelegene Industriestandort entwickelte sich aus einer sog. Nagelbude. Seit 1836 wurde hier in einer Wollkämmerei und Tuchfabrik zunächst noch traditionelles Gewerbe betrieben, das allmählich durch Metallwaren (Nägel) verdrängt wurde. 1849 schließlich fand die Umwandlung zu einer modernen Maschinenfabrik und Eisengießerei statt. In diesem Jahr übernahm jene 'Berlin-Anhaltische Maschinenfabrik' (BAMAG) die 'Nagelbude'. Neben der Produktion von Textilmaschinen und Geräten für die Zuckerfabrikation begann sich die BAMAG vor allem auf die zukunftsträchtige Herstellung von Heißluftmaschinen und Gasmotoren zu konzentrieren. Für Dessaus weitere Industrialisierung übernahm die BAMAG Schrittmacherfunktion. Ihre großen Gasmotoren dienten unter anderem zur Errichtung der städtischen Gasanstalten – eine solche bildete (nördlich der Altstadt gelegen) später den Ausgangspunkt für die weltbekannten Junkerswerke. 1897 mußte die BAMAG sich erneut ausdehnen und leitete wesentlich die südliche Stadtentwicklung ein. (14)

Abriß von BAMAG-Gebäuden, 1996

Heute ist dort das Stadtteilzentrum „Leipziger Tor“ geplant. Um dieses Projekt zu sichern, das laut dem Investor immerhin 100 Arbeitsplätze verspricht, ging die Stadt in Vorleistung und riß 1996 die Gebäude ab. Kaum waren die Bagger verstummt, war vom Investor zu hören, daß er das Projekt erst betreiben könne, wenn ein wirtschaftlich tragbarer Vermietungsgrad gesichert sei.

Einige Meter weiter wird mit dem **Israelitischen Friedhof** in der Alten Leipziger Straße ein neues Kapitel Dessauer Geschichte und Kultur aufgeschlagen.

Juden in Dessau

Nach den Pogromen des Mittelalters gab es erst 1672 unter Johann Georg I. wieder dauerhafte jüdische Ansiedlungen. Unter fürstlichem Schutz wurden sie in der Sandvorstadt angesiedelt, in der Hoffnung, sie bekehren zu können, „dahero sie auch dann und wann die Kirche zu besuchen und eine Predigt zu hören anzuhalten, dabei ihnen bei hoher und harter Strafe zu befehlen wäre, keine Lästerung wider die christliche Religion, insonderheit wider den Herrn Jesum Christum und dessen heilige Mutter sich zu unterfangen, wie solches in ihren Synagogen und talmudischen Büchern gewiß geschieht.“ (15) Nennenswerten Kontakt zu christlichen Mitbürgern gab es nicht. Die Umgangssprache war Jiddisch, Deutsch zu lesen und zu schreiben stand unter strengster Strafe. Unter dem enormen wirtschaftlichen und politischen Druck, dem sie seit Jahrhunderten unterstanden, war die selbstgewählte Isolation für die eigene kulturelle Eigenständigkeit notwendig.

Eine Öffnung der jüdischen Gemeinde, die bis zu grundlegenden Reformen führen sollte, kam mit der Übersiedlung Moses Benjamin Wulffs nach Dessau. Der Fürst machte den aus Berlin ausgewiesenen wohlhabenden Juden zu seinem Hoffaktor. Schon ein Jahr später stand in Dessau eine Synagoge. In den nächsten Jahrzehnten wuchs die Gemeinde unter Fürst Leopold I. (1698-1747) auf über hundert an, waren sie doch durch die Schutzgelder und die Akzise eine gute Einnahmequelle. Die jüdische Gemeinde gedieh, 1787 lag sie mit über 200 Familien bei 8-9 % der Gesamtbevölkerung. Das war dem Fürsten Franz dann doch zu viel, er verschärfte das Reglement z. B. bezüglich der Schutzbriefe und hatte Erfolg. In späterer Zeit liberalisierte sich das Verhältnis des Fürsten Franz zu den Juden und erleichterte ihnen die bürgerliche Emanzipation. Die Dessauer jüdische Gemeinde galt als reich und reformfreudig. Unter Dr. David Fränkel wurde eine Schule nach den aufgeklärten Richtlinien des Fürsten gegründet; unterrichtet wurde in deutscher Sprache. Zwischen 1806 und 1810 wurde die in ganz Europa berühmte Zeitschrift „Sulamith“ herausgegeben, die erste jüdische Zeitschrift in deutscher Sprache. 1808 war in der Synagoge die erste deutsche Predigt zu hören. Ein Besucher schrieb 1795: „Im Dessauischen ist der gemeine Jude ungleich gebildeter als dieselbe Art in Berlin. Er ist

von heiterer Laune, gesprächig, freundlich und, was man selten findet, gegen den Christen offen und sich mitteilend [...] Wer die Juden auch nicht liebt, muß sich Glück wünschen, sie hier zu finden [...] Sie sind im Besitz von Menschengestalten, die einem auf der Straße begegnen können. Ist Israel aber weiblichen Geschlechts in Dessau, so kann man am wenigsten zürnen, ihnen zu begegnen; der hübschen, ja sogar der schönen Mädchen gibt es hier viele..." (16)
Die volle bürgerliche Gleichstellung erreichten die Juden erst durch die Revolution 1848/49 und die Reichsgründung 1871. Eindrucksvoll zeigte die romanisch-byzantinisch gehaltene Synagoge von 1908 das neue Selbstbewußtsein der jüdischen Mitbürger. Dreißig Jahre später wurde sie in Brand gesteckt. Das Ende der jüdischen Gemeinde kam näher. Wer im „Dritten Reich" den Weg in die Emigration nicht fand, mußte den grausigen Weg in die Todeslager gehen.

Der von der jüdischen Gemeinde angelegte Friedhof ist der älteste noch erhaltene Friedhof Dessaus. Mit seinen efeubewachsenen barocken und klassizistischen Grabsteinen und dem alten Baumbestand ist er eine Oase der Stille inmitten der lauten Stadt. Zu seiner Gründung 1687 lag er vor der Stadt. Jüdische Friedhöfe waren für die Ewigkeit, also ohne Begrenzung der Ruhefrist, angelegt und deshalb meist außerhalb der Stadt, umgrenzt von Hecken, Zäunen und Mauern. Die erste Beisetzung war um 1693, die letzte vor dem tragischen Ende der alten jüdischen Gemeinde 1942. Danach legte sich jahrzehntelang Vergessen über den Friedhof. 1985 kam die „Wiederentdeckung": Die Familie des Steinmetzen Volker Wotzlaw renovierte das alte Gärtnerhaus und legte die Wege frei. Hilfe bekam die Familie Wotzlaw durch die kirchliche „Aktion Sühne-Zeichen" und die „Interessengemeinschaft Stadtgestaltung", die in einer zweijährigen Arbeit die Friedhofs- bzw. Akzisemauer restaurierte. Aus dem Mahn- und Denkmal ist in den letzten Jahren wieder ein Gemeindefriedhof geworden, denn die erste Bestattung fand 1994 statt. – Wer den Friedhof besuchen möchte, sollte bei der Familie Wotzlaw klingeln und die Verhaltensregeln am Friedhofseingang lesen. Am Sabbat (Sonnenuntergang freitags bis samstags) und anderen jüdischen Feiertagen ist der Friedhof geschlossen. Männliche Personen bitte eine Kopfbedeckung mitbringen!

Der Rundgang beginnt an der ehemaligen Kapelle. Zwei Säulen der während der Pogromnacht 1938 zerstörten Kapelle markieren ihren früheren Standort. Zwischen ihnen sind die Grabsteinkopien der Mutter, Bela Rachel Sara (rechts), und der Schwester Moses Mendelssohns, Jente Mendel (links), aufgestellt. Auf der linken Seite ist nach einigen Schritten an der Mauer ein Brunnen zu sehen, der, wie auch bei christlichen Friedhöfen, dem rituellen Waschen vor dem Verlassen des Friedhofs diente. Der Weg entlang der Mauer führt zu den Gräbern aus dem späten 17. Jahrhundert: Der älteste erhaltene Grabstein einer jüdischen Frau ist auf 1693 datiert, daneben die Grabsteine der Familie Mendelssohn aus der ersten Hälfte des 18. Jahrhunderts. Die Hebräische Inschrift ist nach Osten gerichtet: in Erwartung des Messias und der Auferstehung. Nach den jüdischen Gemeindereformen kam ab 1830 auf der Rückseite eine Inschrift in deutscher Sprache hinzu. Die alten Grabsteine tragen Symbole aus der jüdischen Glaubenswelt, die auf die Abstammung und die Lebensführung hinweisen: segnende Hände für die Abkommenschaft der „Cohen", Priester oder Kanne und

Schüssel für die Abkommenschaft des Stammes Levi. Mit der Assimilation der Juden im Laufe des 19. Jahrhunderts veränderte sich die Grabgestaltung, so daß die Unterschiede zu einem christlichen Friedhof schwanden.

Inmitten der barocken Grabsteine ist die Grabstätte der geadelten Familie Cohn-Oppenheim angelegt. Sie kam durch Bankgeschäfte zu unglaublichem Reichtum und hatte enge Verbindung zum anhaltischen Herzog sowie zum preußischen König bzw. deutschen Kaiser. Frau Julie Baronin von Cohn-Oppenhein, Erbin des Familienvermögens, starb 1903, einen Tag nach ihrem Einzug in das neu erbaute Palais in der Kavalierstraße. In ihrem Testament stiftete sie 100.000,– M für den Bau der neuen Synagoge in der Steinstraße; an die Stadt und die jüdische Gemeinde gingen jeweils 5 Millionen Mark.

Der Weg führt weiter zur „Klagemauer". Die zum Ende des Krieges von den Nationalsozialisten für den Straßenbau verwendeten Steine wurden 1945 auf Anweisung des sowjetischen Stadtkommandanten auf den Friedhof zurückgebracht. Eine genaue Übersicht der Steine besteht nicht. Auf dem Weg zum Ausgang sind die letzten Grabstätten zu finden. Der Grabstein des bekannten Justizrates Dr. Hermann Cohn trägt ein Goethe-Zitat: Zeichen für ein Selbstverständnis als Teil deutscher Kultur. Einige Schritte entfernt steht ein Grabstein zur Erinnerung an die in der Nazizeit ermordeten Familien Magnus und Löwenstein, gestiftet 1993 von in Israel lebenden Nachkommen. (17)

Vom Friedhof aus geht es wieder in Richtung Leipziger Torhaus und von dort entlang der ehemaligen barocken Achse und heutigen Franzstraße in Richtung Innenstadt zur Museumskreuzung. Unterwegs weisen die Platanen auf das 1780 unter Fürst Franz angelegte **Rondell** hin, das 1925 für eine schnelle Verkehrsführung durchgängig gemacht wurde. Die zwei Häuschen sind en miniature Abbilder der früheren Leipziger Tore.

Jüdischer Friedhof

Die absolutistische Hauptachse

Parallel zur alten Stadt des Mittelalters und der Renaissance um Markt und Schloß entstand seit 1720 unter Fürst Leopold I. und Leopold Friedrich Franz die absolutistische Prachtstraße. Beide Straßenzüge bilden das städtebauliche Wahrzeichen Dessaus. Während die östliche Altstadt durch eine geschwungene Struktur mit unregelmäßigen Plätzen und einer klaren Gebäudehierarchie geprägt ist, ist die absolutistische Straßenachse regelmäßig, streng ausgerichtet, ohne hierarchische Betonung einzelner Bereiche – das Gesamtbild ist entscheidend.

Zwischen beiden liegt eine Zeitwende: der Dreißigjährige Krieg. Zunächst konzentrierte sich der absolutistische Städtebau auf eine Neuordnung zwischen alter Stadt und Schloß. Die Anlage der herrschaftlichen Neustadt um 1690 markierte den Anfang der fürstlichen Neugestaltung, die schließlich ab 1713 in das Projekt der absolutistischen Hauptachse überging. Zwischen dem nördlichen Abschluß um den Neumarkt und St. Johannis und dem südlichen Abschluß am Leipziger Torhaus sollte sich die Pracht der fürstlichen Residenz entfalten, inszeniert durch repräsentative Bauten und Raumfiguren wie die Kreuzung Askanische Straße und das Rondell. Um 1800 konnte die 1.200 Meter lange absolutistische Prachtstraße als abgeschlossen gelten. In ihren unterschiedlichen Einzelbereichen „präsentierte sich die langgestreckte, schrittweise wachsende Prachtstraße als bürgerlich geprägte Bühne reformabsolutistischer Aufklärung“: im Norden die vornehme Wohngegend, im Süden die Sozial- und Manufakturbauten und in der Mitte der kulturelle Höhepunkt, das Hoftheater. Was folgte, war die schrittweise Zerstörung durch viele Einzelmaßnahmen, so 1847 die irritierende Markierung mit dem Turmneubau des Leopolddankstifts am Kreuzungsbereich Askanische Straße, der Turm des neuen Postgebäudes während des kaiserzeitlichen Booms, der den Turm der Johanniskirche in den Schatten stellt, oder die Zerstückelung des Neumarktes durch die Anlage von Diagonalwegen. Die größte Zerstörung brachte jedoch der Krieg; wenige Tage vor dem Kriegsende, am 7. März, versanken 84 % der Dessauer Innenstadt unter angloamerikanischen Bomben in Trümmern. Der „Wiederaufbau“ brachte weitere gravierende Eingriffe: 1953 den Durchbruch der verkehrserschließenden Diagonalstraße am Neumarkt, 1965 das Projekt „Zentraler Platz“, eine riesige Lücke schlagend, und 1973 die Erweiterung der Museumskreuzung. Der „wenig sensibel aufgeweitete“ Kreuzungsbereich der beiden Hauptstraßen war nun das neue Dessauer Stadtzentrum. (18)

Planung des Rondells 1781, Gemälde von 1910 (Ausschnitt)

Museumskreuzung, 1990

Die **Museumskreuzung** ist der Kreuzungsbereich zweier Bundesstraßen mitten im Dessauer Stadtzentrum. Nach 1989 ging die Zentrumsfunktion zunehmend auf das Gebiet der mittelalterlichen Stadt um Rathaus und Markt über. Vom alten „Glanz" eines verkehrserschlossenen sozialistischen Zentrums ist nicht viel geblieben. Der Platz vor dem Restaurant „Am Museum" ist ideal für eine Beobachtung des städtebaulichen Kuriosums einer zentralen Kreuzung ohne Zentrum.

Richtung Westen und Industrie verläuft eine breite Straße, die am Anfang noch etwas Geselligkeit verspricht, aber nach der nächsten Kreuzung abbricht. Wer ahnt schon, daß dort das Arbeitsamt von Walter Gropius und der Historische Friedhof liegen? Dazwischen sind einige Geschäfte, ein Café und eine Schwimmhalle im Jugendstil zu finden.

Richtung Norden schließt ein blau eingekleidetes Gebäude die platzartige Erweiterung ab. Seit der Schließung des Kaufhauses 1996 versuchen im einstigen HO-Kaufhaus „Magnet", nach der Privatisierung „Kaufcenter", diverse Second-Hand-Unternehmen und Schnäppchen-Märkte Fuß zu fassen. Das nächste Kaufhaus, die Konkurrenz, steht an der Kreuzung diagonal gegenüber. Hier läßt sich sogar eine Spur des Bauhauses finden, das bis zum Umzug in das neue Gebäude im Dezember 1926 im Seitenbau untergebracht war. In der DDR wurde aus dem Kaufhaus der Firma Seiler das „Konsument". Nach der Wende kam es zur Horten-Gruppe und hatte durchaus einen guten Anfang – bis sich „Karstadt" am Rathaus ansiedelte. Hier gab es neue Arbeitsplätze, dort gingen sie verloren. Horten kapitulierte vor der Konkurrenz. Die Diskussion um Abriß oder Neunutzung des leeren Kaufhauses hält an.

Der Höhepunkt der Kreuzung ist eindeutig das **Museum für Naturkunde und Vorgeschichte**. Errichtet wurde das Gebäude 1750 unter dem Fürsten Leopold Maximilian. Da der alte Turm baufällig war, wurde er 1847 nach Plänen von Pozzi durch den 42 m hohen Neubau ersetzt. Vorbild war das Ende des 15. Jahrhunderts in Rom nahe dem Vatikan erbaute Hospital St. Spirito. Bis 1902 waren im Leopolddankstift alte und sieche Menschen untergebracht. Laut Stiftungsurkunde war die Unterbringung von Männern vorgeschrieben, die aus dem Militärdienst kamen. Sollte es deren keine mehr geben, so mußten die Bewohner in Dessau geboren, auf den Namen Leopold getauft, der reformierten und lutherischen Konfession angehörig und mindestens 50 Jahre alt sein. Seit 1927 wird das Gebäude vom Museum für Naturkunde und Vorgeschichte genutzt. Wer einen guten Blick auf Dessau haben möchte, sollte die Mühe des 180stufigen Turmaufstiegs nicht scheuen. Jede volle Stunde ist das möglich. Ein Erlebnis, auch für Kinder, ist garantiert, denn im Turm ist ein „Gang durch die Erdgeschichte" inszeniert.

Vom Naturkundemuseum nur wenige Schritte entfernt ist die barocke **Georgenkirche** dem Schutzheiligen der Aussätzigen geweiht. Sie wurde im Auftrag des „Alten Dessauers“ 1712–1717 auf den Fundamenten einer gotischen Kapelle errichtet. Der längsovale Grundriß ist ein typisches Gestaltungsmerkmal barocker Kirchen, eine Synthese aus Zentralbau und Langbau. Der in Italien durch die Gegenreformation und den Jesuitenorden forcierte neue Kirchentyp brachte eine weitere wesentliche Neuerung ein: die Kreuzkuppel. Die nun mögliche Malerei an der Kuppel sollte den Menschen „in die Höhe ziehen“, Symbol der Verbindung von Gott und Welt. Während die katholischen Kirchen in Üppigkeiten schwelgten, übten sich die protestantischen Kirchen in Enthaltsamkeit. Der Altar von St. Georg war nicht nach Osten ausgerichtet, sondern befand sich nach reformiertem Ritus auf der Südseite, mit der Kanzel verbunden. Als die Franzosen 1806–1813 Dessau besetzten, machten sie aus der Kirche ein Getreidemagazin und Gefangenenlager, was eine spätere Renovierung unumgänglich machte. Nach Ignazio Pozzis Plänen erhielt die Kirche eine kreuzförmige Erweiterung durch die Vorhallen im Norden und Osten sowie durch die Sakristei im Süden. Im Krieg ausgebrannt, wurde sie 1961–66 neu aufgebaut bzw. restauriert. Ein Teil des Nordanbaus wurde für die Straßenerweiterung weggenommen. Der Innenraum ist komplett neu, der Altar steht wieder im Osten.

Auf dem Weg zum **jüdischen Kantorhaus** entlang der Askanischen Straße ist auf der gegenüberliegenden Seite an einem „nachwendefarbigen“ Häuserblock eine Gedenktafel zu sehen. Hier stand das Wohnhaus Moses Mendelssohns. Die Tafel von 1880 überstand unbeschadet das Dritte Reich: unter Putz. Die mit der Zerstörung Beauftragten hatten eine Lage Tapetenpapier über die Tafel gelegt und in der Mauer vor den Blicken der Öffentlichkeit verschwinden lassen. Entdeckt wurde die Tafel 1952 beim Abbruch des Hauses. – Das Kantorhaus ist das einzig erhaltene Gebäude der jüdischen Gemeinde. Kurt Weill, Komponist der "Dreigroschenoper" und erfolgreicher Songschreiber des New Yorker Broadways, nahm hier bei seinem Vater, dem Kantor Albert Weill, den ersten musikalischen Unterricht. Zusammen mit der 1908 eingeweihten großartigen Synagoge und dem Gemeindehaus war hier das geistige und kulturelle Zentrum der Gemeinde. Nach der Pogromnacht 1938, den Deportationen und der

Ehemaliges jüdisches Kantorhaus

Synagoge - Blick vom Muldeufer, 30er Jahre

Kriegszerstörung 1945 waren die wichtigsten Zeugnisse der jüdischen Gemeinde verschwunden. Die weiße Stele vor dem Kantorhaus wurde fünfzig Jahre nach dem Pogrom aufgestellt: zur Mahnung und Erinnerung. Daß das „Schädlingsbekämpfungsmittel" **Zyklon B** nur unweit von hier in der Dessauer Zuckerraffinerie produziert und nach Auschwitz transportiert wurde, ist nahezu in Vergessenheit geraten. Nach dem Krieg senkte sich der Mantel des Schweigens darüber: Der Prozeß gegen die Dessauer Produktionsleitung endete mit Freispruch. In Dessau wollte niemand gewußt haben, welchen Bestimmungsort und Verwendungszweck das im Auftrag der „Degesch" (Deutschen Gesellschaft für Schädlingsbekämpfung) fabrizierte Zyklon B hatte.

Bericht des Kommandanten des KZ Auschwitz Rudolf Höß, in: Robert Merle: Der Tod ist mein Beruf.

Ich verzweifelte fast, eine Lösung dieser beträchtlichen Schwierigkeiten zu finden, als ein von der Vorsehung gewollter Zufall sie mir lieferte. Eine Woche vor dem vom Reichsführer für die Einreichung des Plans festgesetzten Termin wurde ich offiziell vom Besuch des Inspekteurs der Lager, Gruppenführer Görtz, benachrichtigt. Daher ließ ich eine große Reinigung aller Räumlichkeiten des KZ vornehmen, und am Vortage der Inspektion besichtigte ich sie selbst mit peinlichster Genauigkeit. Dabei geriet ich in einen kleinen Raum, wo ein Haufen kleiner zylindrischer Büchsen aufgestapelt war, auf denen „Giftgas" stand, und darunter „Cyclon B". Es war der Überrest des Materials, das die Firma Weerle & Frischler ein Jahr vorher geliefert hatte, um die Kasernen der polnischen Artilleristen von Ungeziefer zu befreien. Diese Behälter wogen ein Kilo, sie waren hermetisch verschlossen und wenn man sie öffnete, zeigten sie, wie ich mich erinnerte, grüne Kristalle, die beim Zusammentreffen mit dem Sauerstoff der Luft Gas entwickelten. Ich erinnerte mich auch, daß Weerle & Frischler uns zwei Techniker zugesandt, daß diese Gasmasken angelegt und alle möglichen Vorsichtsmaßregeln getroffen hatten, ehe sie die Behälter öffneten, und ich schloß daraus, daß dieses Gas für den Menschen ebenso gefährlich sei wie für Ungeziefer.

Ich verfügte unverzüglich, seine Eigenschaften auszuprobieren. Ich ließ in die Mauer der zwei provisorischen Anlagen von Birkenau ein Loch von entsprechendem Umfang machen und außen mit einer Klappe versehen. Untaugliche, an Zahl zweihundert, wurden in dem Raum versammelt, und ich ließ den Inhalt einer Büchse Cyclon B durch diese Öffnung hineinschütten. Sofort ging darin ein Geheul los, und die Tür wie die Mauern ertönten von heftigen Schlägen. Dann wurden die Schreie schwächer, und nach fünf Minuten herrschte völlige Stille. Ich ließ an die Männer Gasmasken verteilen und gab den Befehl, alle Öffnungen aufzumachen, um Durchzug zu schaffen. Ich wartete noch einige Minuten und betrat als erster die Halle. Der Tod hatte sein Werk getan.

Das Ergebnis meines Versuches überstieg meine Hoffnung. Eine Kilodose Cyclon B hatte genügt, um in zehn Minuten zweihundert Untaugliche zu liquidieren. Der Zeitgewinn war beträchtlich, da man mit dem System von Treblinka eine halbe Stunde brauchte, wenn nicht mehr, um dasselbe Ergebnis zu erzielen. Außerdem wurde man nicht durch die Zahl der Lkws, durch Pannen oder Mangel an Treibstoff eingeschränkt. Endlich war das Verfahren sparsam, da das Kilo Giftgas – wie ich sofort feststellte – nur drei Mark fünfzig kostete.

Seit 1996 steht in dem Haus wieder eine Menora, ein siebenarmiger Leuchter, denn Dessau hat wieder eine jüdische Gemeinde. Die vor allem aus der ehemaligen Sowjetunion kommenden jüdischen Flüchtlinge haben sich im Erdgeschoß eine Synagoge eingerichtet. Das Kantorhaus ist wieder kultureller Mittelpunkt der jüdischen Gemeinde.

Von hier aus geht es durch die Steinstraße weiter zum Großen Markt. An der Ecke des ersten Dessauer Hochhauses lädt der Dessauer Stadtstreicher Hobusch zum Verweilen in gleichnamiger Kneipe ein.

Der **Große Markt** war seit der Renaissance Dessaus städtebaulicher Höhepunkt. Durch die Wechselwirkung von rotem Backstein und weißer Farbgebung entstand ein Flair, das an so manche holländische Stadtidylle erinnerte. Ein buntes Treiben fand hier an den Wochenenden statt, wenn Getreide, Wolle und andere Waren gehandelt wurden. Im Hungerjahr 1847 kam es zu einem großen Marktkrawall, ein Jahr später kapitulierte der Herzog vor 8.000 demonstrierenden Menschen.

Alle Gewalten gehen vom Volke aus

Die Formulierung „Alle Staatsgewalt geht vom Volke aus" steht in Artikel 20 im Grundgesetz. Doch woher kommt die Forderung, mit der sich die Politik noch heute schwer tut, wie die Diskussionen um direkte Demokratie, Volks- und Bürgerentscheide immer wieder zeigen? In § 5 der Verfassung von Anhalt-Köthen vom 28.1.1848 sowie in der gleichlautenden von Anhalt-Dessau am nächsten Tag hieß es: „Alle Gewalten gehen vom Volke aus". In keinem anderen Land Deutschlands finden sich solche radikalen Forderungen, selbst nicht in den Gesetzestexten der französischen Revolution und der amerikanischen Unabhängigkeitserklärung. So sollte dem Volk die Möglichkeit eines Volksentscheides auch gegen Entschlüsse des Landtages eingeräumt werden. Damit gingen die anhaltischen Demokraten weit über die repräsentative bzw. parla-

Großer Markt, 1935

mentarische Demokratie hinaus, die heute noch als das Nonplusultra in Sachen Demokratie angepriesen wird. Die Hoffnung, daß diese Forderung in die Frankfurter Nationalversammlung Eingang fände, trog: Nach sechs Monaten wurde im April 1849 dem preußischen Monarchen die Kaiserkrone angeboten. „Gegen Demokraten helfen nur Soldaten“, äußerte er sich einem anhaltischen Repräsentanten gegenüber. Tatsächlich brachen für die anhaltische Demokratie schwere Zeiten an: Preußische Truppen marschierten an die Grenzen Anhalts, die liberale Regierung Habicht/Köppe wurde im April 1848 aufgelöst und wenig später der Landtag. 1851 wurde die alte Verfassung außer Kraft gesetzt und die Monarchie „von Gottes Gnaden“ wiederhergestellt. (19)

Von der alten Würde des Großen Markts mit Marienkirche und Buden, Schloß und Johannbau, Marstall und Bürgerhäusern ist durch den Krieg und den „Wiederaufbau“ in Betonplatten-Manier nicht mehr viel zu spüren. Für einen Rückblick auf die Dessauer Ursprünge ist der Markt jedoch noch immer ein idealer Ort. Als Dessau 1213 erstmals urkundlich erwähnt wurde, hatte es mit der Unterwerfung der Sorben und der Festigung der deutschen Reichsherrschaft eine bewegte Geschichte hinter sich. Das Land war mit Burgwarden zur Grenzsicherung durchzogen und reich an befestigten Herrensitzen, Dorfstellen und Marktflecken, meist in den sumpfigen Auen gelegen. Dessau war noch ein bescheidener Marktflecken, denn die Landesherren wechselten häufig die Hoflager. Das 13./14. Jahrhundert stellte einen Wendepunkt dar: Klimawechsel und die „Schwarze Pest“ reduzierten erheblich die Bevölkerung. Dörfer, Burgen, ganze Landstriche wurden aufgegeben. Die mittelalterliche Welt geriet aus den

Marienkirche, um 1940

Fugen. Erst das 15. Jahrhundert brachte einen neuen Aufschwung, die Städte standen in voller Blüte und erreichten einen hohen Grad an Selbstverwaltung. So trat Fürst Ernst 1488 dem Rat und der Gemeinde Dessau die Gerichtsbarkeit ab. Ausdruck dieses bürgerlichen Selbstbewußtseins waren die Pfarr- bzw. Hallenkirchen, oft auf den Fundamenten alter romanischer Kirchen erbaut.

Gleich dem Zelt, das nach dem Buch Mose das Allerheiligste überdacht, spannt sich das Gewölbe über den Kirchenraum und heiligt eine neue demokratische Idee. Das „Himmlische Jerusalem" kehrt aus den Höhen der Kathedralen auf die Erde zurück. Im Inneren der Kirche sollte nichts mehr trennen. Ein großer Raum löst die Trennung von Priester- und Laienkirche auf. Die Hallen-Kirche war religiöser Mittelpunkt, aber auch multifunktionales Zentrum, eine mittelalterliche „Stadt-Halle". In ihr wurden Abmachungen getroffen, Gastmähler gehalten, Getreide und Handelswaren aufbewahrt, Spiele und Kämpfe und Feiern abgehalten, oft mit heidnischem Beigeschmack. Tief war die psychologische Bindung der Menschen an ihre jeweiligen Pfarrkirchen. Hier war der Ort, um über das mühevolle irdische Dasein hinauszukommen. Es glich einer Prozession, wenn sich die unterschiedlichen Pfarrgemeinden besuchten und durch die Stadt zogen. Wie eine Gemeinde die große soziale Gemeinschaft, Gefühle und Gedanken der Pfarrkinder bestimmte, geht aus einer Anekdote hervor. Es wurde von einem Mann berichtet, der inmitten von Menschen saß, die während einer Predigt weinten. Auf die Frage, warum er nicht weinte, antwortete er, daß er einer anderen Gemeinde angehöre. (20)

Marienkirche, 1949

Als auch in Dessau die alte romanische **Marienkirche** den neuen sozialökonomischen und kulturellen Bedingungen nicht mehr entsprach, wurde 1506 der Grundstein für einen Neubau gelegt. Ulrich, ein Werkmeister des Rates zu Halle, führte den Bau, der sich bis 1554 hinziehen sollte, aus. Die gleiche Höhe von Mittelschiff und Seitenschiffen, die den Kirchenraum zu den Seiten dehnen und ganz auf den Menschen und Nutzer bezogen ist, die glatten Pfeiler und die geringe Spannung der Spitzbögen entsprachen ganz dem neuen Raumgefühl der deutschen Spätgotik. Der Kardinal Albrecht höchstpersönlich, Erzbischof von Magdeburg und Mainz, weihte 1523 in Begleitung seiner Bischöfe Kirche, Kirchhof und Altäre ein. Während im nahen Wittenberg die Reformation die Christenheit erschütterte, entfaltete sich in Dessau noch einmal die ganze Pracht des mittelalterlichen Katholizismus. Als aber 1554 der Neuaufbau des zuvor eingestürzten Turms unter dem Renaissancebaumeister Ludwig Binder die Bauarbeiten abschloß, lag die Einführung der Reformation in Dessau schon 20 Jahre zurück.

Im Rahmen der Neugestaltung des Schloßplatzes wurden 1692 die „Buden mit den Kolonnaden oder der Galerie“ an die Südfront der Kirche auf einem Teil des Kirchhofs angefügt. Sie sollten die monotone Fassade abdecken und der neuen Platzgestaltung einen wirkungsvollen Abschluß geben. Am 7. März 1945 gingen die Kirche und 84 % der Dessauer Innenstadt im Bombenhagel unter. Als Ruine war sie bis zum Wiederaufbau 1990 die „Frauenkirche“ Dessaus. Nun hat die Kirche wieder Dach und Turmhaube; die Fassade läßt den alten Backstein wieder erkennen und hebt die alten Grabplatten an den Außenwänden deutlich hervor. Die Decke ist flach abgedeckt, da eine Rekonstruktion des reich bemalten Sterngewölbes kaum bezahlbar ist. Die Kirche ist wieder eine Stadt-Halle: Mit kulturellen Veranstaltungen versucht die Stadt Dessau, eine neue Nutzungsform zu entwickeln.

Der nächste Höhepunkt des Großen Marktes ist der Johannbau. Zwischen der Marienkirche und dem Johannbau liegt eine Zeitwende: Nach der Reformation, den Bauernkriegen und dem Scheitern des frühbürgerlichen Aufbruchs gingen alle administrativen und militärischen Machtmittel in fürstliche Hand, die Zeit des fürstlichen Absolutismus hatte begonnen. In Dessau ist sie mit den „Renaissancefürsten“ (Johann IV., Joachim Ernst, Johann Georg I.) verbunden. Es gleicht einer Ironie, daß für die fürstliche Repräsentation ausgerechnet Stilmittel der aus Italien kommenden Renaissance verwendet wurden. Dort war nämlich die Renaissance ursprünglich mit der Entfaltung der bürgerlich geprägten Stadtkultur verbunden und entsprach von der sozialen Grundlage durchaus der vom Stadtbürgertum getragenen Spätgotik in Deutschland.

Steinstraße am Rathaus

Obwohl der **Johannbau** nur noch ein Fragment der alten Schloßanlage ist, hat er einen eigenständigen Wert. Er ist einer der ältesten Bauten der um 1530 beginnenden mitteldeutschen Frührenaissance. Dessau erlebte in dieser Zeit einen Aufschwung. Der nach der Reformation enteignete Kirchenbesitz und die Neuaufteilung der Güter ließen die fürstlichen Kassen anschwellen. Weiterhin kamen ständig neue Einwanderer, die in ihren Heimatländern wegen ihres protestantischen Glaubens verfolgt wurden. Sie brachten nicht nur Geld, sondern auch handwerkliche Fähigkeiten in die Stadt. Die Bevölkerungszahl explodierte und das trotz der wieder heftig grassierenden Pest. In Dessau lebten damals 2.000–3.000 Men-

Johannbau, 1994

schen, davon mußten allein 1576 über 800 Menschen ihr Leben lassen. (21) Es mußte gebaut und neue Stadtgebiete ausgewiesen werden, 1532 die „Sandvorstadt", 1534 die „Muldvorstadt". In diese Zeit gehören allerdings auch die Hexenverbrennungen; in Anhalt loderten damals besonders häufig die Scheiterhaufen. (22)

Die Baugeschichte des Johannbaus beginnt 1531 unter Johann IV. (1504–1553). Schon zwei Jahre später war der nach ihm benannte „Johannbau" fertig. Er präsentierte mit dem Wendelstein, den vertikal gliedernden Gesimsen und Pilastern aus Terrakotta sowie den Vorhangbogenfenstern einen Renaissancebau reinster Form. Am Nordgiebel sind noch heute einige Pilaster, gefüllt mit vegetabilischer Ornamentik, zu sehen.

Auf einem Gemälde von Lucas Cranach d. J. (1515–1586) ist gut zu sehen, wie sich der Bau von der damals noch mittelalterlich-gotischen Stadtsilhouette abhebt. Johanns Nachfolger, Fürst Joachim (1509–1561), vollendete mit dem Umbau der restlichen drei Schloßflügel das Kunstwerk der Renaissance. Im Zuge des absolutistischen Stadtumbaus wurde die kastellartige Schloßanlage durch den Abriß des Nordflügels zum Markt hin geöffnet und eine städtebauliche Situation geschaffen, die den neuen repräsentativen Bedürfnissen des fürstlichen Hauses gegenüber der Stadt angemessener war. Umbauten der nachfolgenden Fürsten bzw. Herzöge sollten folgen, wobei jedoch die Grundstruktur erhalten blieb. Was der Zweite Weltkrieg übrig ließ, wurde in den 50er Jahren gesprengt. Allein die traurigen Reste des Johannbaus, des Schloßbrunnens und des Lustgartentors blieben stehen und bildeten in diesem Zustand bis zum Sanierungsbeginn 1992 den östlichen Stadteingang. Der Johannbau hat auf jeder Seite wieder sechs Giebel bzw. Vorhangbogenfenster, die Fürst Franz bei der Erhöhung des oberen Stockwerks hatte abtragen lassen. Der Innenraum ist komplett erneuert und für das Museum für Stadtgeschichte und die EXPO 2000 Sachsen-Anhalt GmbH vorbereitet. Nun ist die Jahrzehnte dauernde Raumfrage des Museums für Stadtgeschichte geklärt. Die EXPO-GmbH wird hier als Zwischennutzer mit Arbeitsräumen und Präsentationsflächen bis zur Jahrtausendwende residieren. Danach sollen die Räume weiteren kulturellen Nutzungsformen offen stehen.

Zurück zum Markt – inmitten parkender Autos steht der **Alte Dessauer**. Nach der zwischenzeitlichen Kriegsauslagerung in das Schloß Mosigkau kam er 1988 wieder auf den Sockel. Etwas verwirrt wirft er seinen Blick auf die neue Betonsachlichkeit. Nicht weniger verwirrt ist in Dessau der Umgang mit diesem „preußischen Helden". Seine Attribute als strenger Landesfürst, aber vor allem als Kriegstreiber und erbarmungsloser Drillmeister machen ihn heute zu einem Streitobjekt. Den einen ist er deswegen nicht ganz geheuer, den anderen taugt er in seiner schnittigen Paradeuniform für alle möglichen Selbstdarstellungen und Werbeaktionen.

Die nächsten Dessauer Sehenswürdigkeiten sind das Rathaus und der Kleine Markt. Auf dem Weg dorthin liegt links das 1995 eröffnete Rathaus-Center. Es mag den Besucher auf den ersten Blick an die berühmten Pariser Passagen des 19. Jahrhunderts oder orientalische Basare erinnern – nur, es fehlt der „auf dem Asphalt botanisierende Flaneur" (23) ebenso wie das orientalische Spiel um die Waren. Dessaus Mangel an verdichteten Stadträumen und öffentlicher Kommunikation kam dem Center entgegen.

„Alter Dessauer“

Das Rathaus-Center ist unbestreitbar ein Magnet und zieht mit seinen 80 Geschäften Menschen aus der ganzen Region zum „Shopping“ an. Wer in diese Glitzerwelt kommt, kann sich auf ein Erlebnis einlassen, das sowohl Anonymität als auch die Lust auf dicht gedrängte Menschenleiber ermöglicht. Nach 20.00 Uhr, wenn der Konsum beendet ist, bricht die Zentrumsinszenierung zusammen, Sicherheitskräfte bewachen den verlassenen und abgeschlossenen Ort. Nur einige Skater und Stadtstreicher wissen dann mit dem Raum zwischen Center und Rathaus noch etwas anzufangen.

Zum einen gleicht es durch seinen halböffentlichen Charakter städtische Defizite aus, zum anderen aber werden der Stadt Kräfte für andere (nicht unter Glas liegende) Stadträume entzogen. Wie ein großer Baum, unter dessen Krone wenig Licht dringt, läßt das **Rathaus-Center** die Läden der unmittelbaren Umgebung im Schatten liegen und veröden. Es ist ein nach innen gerichtetes Konzept, unterstützt durch die geschlossene Architektur, die sich nur nach oben öffnet.

Der **Kleine Markt** ist seit dem Herbst 1989 wieder ein Ort politischer Veranstaltungen. Diese reichen von Auftritten des Bundeskanzlers über das 1.-Mai-Einerlei der Gewerkschaften bis zu linksautonomen Protesten. Außerdem wird der Marktplatz wieder von Händlern genutzt, selbst diese Funktion als Marktplatz war in der DDR eingeschlafen. Vom Kleinen Markt aus läßt sich gut ein Ensemble von Baudenkmalen erschließen:

Kleiner Markt, historische Ansicht

Kleiner Markt - Demonstration am 03.11.1989

das Rathaus, das Pfeifferhaus, das „Palais Waldersee“ und die Zerbster Straße, ein städtebauliches Denkmal der DDR.

Dem heutigen **Rathaus** geht ein Renaissancebau von 1563 voraus. Als dieser Ende des 19. Jahrhunderts nicht mehr den Ansprüchen einer Stadt mit 50.000 Einwohnern entsprach, entschied sich die Stadt für ein neues Gebäude. Aus Kosten- und Heimatschutzgründen wurde 1883 der alte Renaissancebau zunächst nur aufgestockt. Kaum ausgeführt, war der Umbau zu klein, so daß schon 1895 ein kompletter Neubau beschlossen wurde. Das nach Plänen der Berliner Architekten Reinhardt und Süßenguth 1899–1901 errichtete Rathaus dominiert seitdem den Kleinen Markt und überragt den Turm der Marienkirche. Vom alten Rathaus sind noch zwei Portale im Innenhof des Komplexes bewahrt.

Gestalterischer Höhepunkt war das vom Münchner Künstler Bernhard Pankok geschaffene Standesamt, es zählte zu den bedeutendsten Jugendstil-Einrichtungen Deutschlands. Zweimal mußte das Rathaus wieder aufgebaut werden: 1912 nach einem Brand und 1950/51 nach der Kriegszerstörung, bei der auch die Jugendstil-Einrichtung des Standesamts ausbrannte. Wer genau dem 1992 eingebauten Glockenspiel des Turmes lauscht, erkennt vielleicht das Lied des „Alten Dessauers“, den Dessauer Marsch „So leben wir alle Tage“. Die Bauarbeiten am Rathaus gehen weiter, denn nach der „Wende“ wurde es der Verwaltung wieder zu eng und ein Anbau beschlossen. An der gewachsenen Einwohnerzahl lag es diesmal nicht, sank sie doch trotz Eingemeindungen zwischen 1989 und 1996 von 101.000 auf 90.000. Der Anbau wurde zu einem Dessauer Skandal, entschied sich doch der Dessauer Stadtrat 1993 nach langer Diskussion und mit knapper Mehrheit gegen den Entwurf des Architekten Dieter Bankert, der in einem Wettbewerb mit großem Abstand den 1. Preis bekommen hatte. Statt dessen ging der Zuschlag an den zweiten Preisträger, den Berliner Architekten Josef Paul Kleihues, dessen Entwurf mehr Funktionalität, Gediegenheit und vor allem niedrigere Baukosten versprach. Im Gegensatz zu dem fast die Marienkirche erdrückenden Anbau, dessen optischer Höhepunkt allein das gläserne Treppenhaus ist, sah der Entwurf des Bauhaus-Architekten Bankert einen bewußten Akzent zwischen Kirche und altem Rathaus vor. Ein riesiges Portal sollte den Anbau zur Zerbster Straße hin öffnen.

Wer am Rathaus eine Pause machen möchte, ist im **Ratskeller** gut aufgehoben. Hier kann sich der Besucher ein Fragment der ursprünglich reichen Bemalung des Kellergewölbes ansehen und sich auf die anhaltische Küche freuen. Am außergewöhnlichsten ist sicherlich die hiesige Variante von „Cous Cous“: Milchreis mit Bratwurst, brauner Butter, Zucker, Zimt und Apfelmus. Bon Appetit!

„Runder Tisch“ im Rathaus, März 1990

Nur einige Schritte vom Rathaus entfernt liegt auf der linken Seite ein Kleinod Dessaus, das **Pfeifferhaus**. Dem vom Stadtarchiv Dessau herausgegebenen Häuserbuch ist es zu verdanken, daß jeder die Nutzungsgeschichte vom Anfang bis heute verfolgen kann. So ist zu erfahren, daß der fürstliche Jägermeister Christoph Becker 1595 das dreigeschossige Haus mit den drei Speicherböden unter dem steilen Dach erbaute. Weiterhin ist zu lesen, welche Bewohner in den Jahrhunderten bis zur Gegenwart folgten, welche Berufe sie ausübten, wie groß die Kinderschar und wie lang ihre Lebenszeit bemessen war usw. Eine Fülle von wirtschafts-, sozial- und kulturgeschichtlichen Details wird dem Leser unterbreitet. Überhaupt ist das Häuserbuch eine unschätzbare Quelle Dessauer Stadtgeschichte, denn es erfaßt den gesamten innerstädtischen Bereich. Zurück zum Pfeifferhaus. Wie die gesamte Zerbster Straße wurde auch das Pfeifferhaus im Krieg stark zerstört. Der privaten Initiative des damaligen Besitzers, Emil Pfeiffer, ist es zu verdanken, daß das Haus mit dem Portal von 1691 im wesentlichen originalgetreu erstand. Die Arkaden des Pfeifferhauses sind allerdings eine Notlösung, da das Haus für die um vier Meter zurückgesetzte Straße durchbrochen wurde.

Gegenüber dem Pfeifferhaus befindet sich das 1792–95 nach Erdmannsdorff erbaute **Palais Waldersee**. Das Gebäude gilt als eines der wenigen von ihm entworfenen Stadthäuser und fällt in das Schaffen seiner Spätphase. Unter Graf von Waldersee (1763-1823), Kind einer Liaison des Fürsten Franz mit Eleonore Hoffmeier, war das Palais ein wichtiger Ort aufgeklärter Kultur und städtischer Kommunikation. In den hier versammelten Zirkeln der Aufklärung läßt sich eine Vorstellung über die Frühformen bürgerlicher Öffentlichkeit und ziviler Bürgergesellschaft entwickeln. (24) Doch dieses öffentliche Leben kostete einiges, so daß nach dem Tod des Grafen die Witwe das mit hoher Hypothek belegte Haus als Erbe zurückwies. Im März 1945 brannte das bis dahin als „höhere Töchterschule" bzw. Mädchenschule genutzte Haus ab. 1962 bezog die Stadtbibliothek das in den 50er Jahren rekonstruierte und erneuerte Palais.

Die **Zerbster Straße** hat heute durchaus das Potential, die „Flaniermeile" Dessaus zu werden. Allerdings müssen dafür die Anrainer und die Stadtverwaltung noch einiges tun. Den Denkmalschutz hat die Straße der Tatsache zu verdanken, daß sie ein positives Beispiel für einen sozialistischen Wiederaufbau ist, der sich noch weitgehend an den alten Stadtgrundrissen orientierte. Sie ist ein Denkmal des Tastens und Suchens zwischen sozialistischem Stadtumbau und lokalem Traditionsbezug. Dieses sozialistische Gesamtkunstwerk besteht aus zwei konkav zulaufenden Wohnblöcken. Die Erker in Fachkonstruktionen über den Eingängen geben der Straße optische Halt- bzw. Orientierungspunkte. Die Straße sollte dem sozialistischen Zeit- und Aufbaugeist entsprechend fröhlich und lebensbejahend stimmen und die in der DDR propagierte Synthese von Architektur und bildender Kunst beweisen. Also wurden die Dessauer Künstler Benno Butter, Carl Marx, Erich Schmidt-Uphoff, Martin Hadelich und andere mit der Anfertigung von Wandbildern beauftragt. Gewählt wurde die aus Italien stammende Sgraffito-Technik, die als wetterbeständig und volkstümlich gilt.

Pfeifferhaus, 1937/38

Im nördlichen Teil der Zerbster Straße liegt auf der linken Seite das 1752 erbaute barocke **Palais Dietrich**. Unter Fürst Franz beherbergte es 1777–1793 die von Johann Bernhard Basedow (1724–1790) begründete Schule der Aufklärung, das Philanthropinum oder die „Werkstätte der Menschenfreundlichkeit". Mit dem Philanthropinum kam auch der Geist der Freimaurer nach Anhalt, obwohl der Fürst ihre Logen in seinem Reich nicht duldete. Spätestens seit dem „Großen Examen" von 1776 war das Institut so bekannt, daß sich die Größen der Aufklärung (von Kant bis Gleim) zu diesem Experiment bekannten. Doch Basedow gelang es nicht, seine Vorstellung dem Kollegium ausreichend zu vermitteln, was auch seinem cholerischen Charakter geschuldet war. Einmal mußte er fluchtartig und ohne Perücke ein angesehenes Gasthaus verlassen, weil ihm seine aufgebrachte Lehrerschaft Prügel androhte. 1778 verließ Basedow das Kuratorium der Lehranstalt. Er blieb bis kurz vor seinem Tod in Dessau und bezog weiterhin ein großzügiges Gehalt vom Fürsten.

Nach dem Ende des Experiments ging das Haus an eine außergewöhnliche Frau: Henriette Amalie (1720–1793), zehntes und letztes der außerehelichen Kinder des Alten Dessauers und der Apothekersfrau Anneliese Föhse. Wegen einer Liebesaffäre am fürstlichen Hof aus Dessau verbannt, trat sie 1745 in das kaiserlich freiweltliche Stift zu Herford als Kanonisse ein. Dort war sie allerdings selten, denn es zog sie in die Metropole Frankfurt am Main. Dem eng abgesteckten höfischen Leben entflohen, führte sie ihr freies und unkonventionelles Leben weiter. Vor allem aber legte sie einen umfangreichen Kunstbestand an, den sie auf den Auktionen der Frankfurter Kunsthändler erwarb. Zusammen mit dem oranischen Bildbestand ihrer Großmutter Henriette Catharina von Oranien entstand so ein ansehnlicher Fundus.

Dieser Bestand war der wertvollste Teil der Amalienstiftung, die sie nach ihrer Rückkehr 1793 unter Fürst Franz aus ihrem beträchtlichen Vermögen gründete.

Die Amalienstiftung, den Armen der Stadt gewidmet, blieb 1945 im Palais Dietrich, das einem Wunder gleich den Krieg unbeschadet überstand. Danach wurde das Stiftungsvermögen und damit das Palais Dietrich zum Volkseigentum erklärt. Zwischenzeitlich als Schule und Jugendklubhaus „Majakowsky“ genutzt, ist es seit 1991 Teil der Anhaltischen Landesbücherei. Die hier eingerichtete „Wissenschaftliche Bibliothek“ ist eine wahre Fundgrube, besteht sie doch aus den Teilsammlungen vor allem der Behörden-, Hof- und Fürst Georg-Bibliothek. Der Bestand umfaßt Schriften des gesamten Jahrtausends, so die Horaz-Handschrift aus dem 10. Jahrhundert, eine Cranach-Bibel von 1541 und eine Handschrift des Alten Testaments aus dem 15. Jahrhundert, deren zahlreiche Illustrationen Szenen des mittelalterlichen Lebens zeigen: Liebe, Tod, Geburt, Religion, Kampf, Hinrichtung, Menschen bei der Arbeit, beim Essen und Feiern und im Badehaus.

Palais Dietrich - Ehemaliges Philanthropinum - heute Anhaltische Landesbücherei

Einen Kontrast zum 1986-1991 sanierten Palais Dietrich bilden die traurigen Reste des gegenüberliegenden **Kristallpalastes**. Dem 1797 nach Plänen von Erdmannsdorff erbauten „Palais Brankony" mußte das alte „Geist-Hospital" weichen. Danach ging das Haus als Schenkung des Fürsten Franz an seinen Kammerherrn und Reisemarschall Franz Anton Salvator von Brankony über. Die private Beschaulichkeit als Wohnhaus ging 1903 mit dem Verkauf an den Bauunternehmer Friedrich Bolling zu Ende. Der hatte es sich in den Kopf gesetzt, aus dem Palais Dessaus modernste Gaststätte zu machen. Es sollte sein wie der 1854 in London erbaute „Crystal-Palace". Mit den umfangreichen Um- und Ausbauten entstand tatsächlich, wenn auch dem Vorbild um einiges hinterher, Dessaus erstes und größtes Wein- und Bierrestaurant nebst Café. Es war die bürgerliche Konkurrenz zum Volkshaus „Tivoli" und hatte diesem gegenüber den Vorteil der Zentrumslage. Als 1905 der angebaute große Saal feierlich eröffnet wurde, fingen die finanziellen Probleme an. Ein Jahr später ließ sich Bolling als armer Mann nach Amerika einschiffen. So richtig ins Rollen kam Dessaus größtes und beliebtes Vergnügungshaus erst mit dem Boom der 20er Jahre. Von den Bomben des 7. März 1945 fast völlig zerstört, blieben lediglich die Fassade und der große Saal übrig. Dieser wurde bis zum Wiederaufbau des Landestheaters als provisorische Spielstätte und danach durch die Handelsgenossenschaft „Konsum" als Kultur- und Veranstaltungshaus betrieben. Nach der „Wende" kam auch hierfür die Schließung. Seit einiger Zeit kündet das Schild eines Bauunternehmers von der bevorstehenden Rekonstruktion.

Den Weg vom Kristallpalast zur katholischen Kirche säumen rechts u.a. einige Häuser aus der Mitte des 19. Jahrhunderts. Am Ende der Straße war mit dem Zerbster Stadttor die Stadtgrenze erreicht. Zum Verkehrs- bzw. Modernisierungshindernis verkommen, wurde es 1884 abgetragen, die Stadt hatte sich längst über das Stadttor hinaus im gründerzeitlichen Dessau-Nord entwickelt. Teile der ehemaligen Tor-Bekrönung sind auf dem Ziergiebel der Albrechtstraße 5 zu sehen.

Den heutigen Abschluß der Straße markiert die **Katholische Kirche**, vom Kölner Architekten Vincenz Statz 1854 als dreischiffige Hallenkirche mit Sternengewölbe entworfen. Nach der Reformation hatten es die Katholiken in Dessau zunächst nicht leicht. Eine katholische Gemeinde bildete sich im wesentlichen erst durch die italienischen Kaufleute und ihre Familien. Da sie für den Dessauer Handel wichtig waren, konnten sie unter fürstlicher Obhut in der Schloßstraße 1 eine Kapelle einrichten. Allerdings zählte die Gemeinde 1772 in Dessau und den umliegenden Ortschaften gerade 200 Menschen. Die Lage änderte sich, als Fürst Franz 1800 Konzessionen an den Papst machen mußte, um seine in Rom eingekauften „Antiken" ausführen zu können. Der vom Papst verlangte Aufschlag sollte für eine neue katholische Kapelle verwendet werden. Diese wurde 1807 als Franziskuskirche im ehemaligen Betsaal des Philanthropinums in der Poststraße eingeweiht. Zuvor hatte sie Pozzi, selbst Katholik, ausgemalt. Erst mit dem Bau der Kirche St. Peter und Paul hatte die katholische Gemeinde eine eigene Kirche. Ein Grabstein des Paters Menkens (1747–1823) neben der Propsteikirche erinnert noch an die heimatlose Zeit der katholischen Gemeinde. Neben der Kirche steht in der Teichstraße das Hospital

Johanniskirche, um 1940

St. Joseph, dort sind seit 1899 die Grauen Schwestern von der katholischen Wohltätigkeitsanstalt „Zur heiligen Elisabeth" tätig. Den nach ihrer grauen Kleidung benannten Schwestern ging nach dem Zweiten Weltkrieg der Nachwuchs aus, so daß 1972 das Hospital der Caritas übertragen wurde.

Von hier aus geht es nun auf dem kürzesten Weg entlang der Kavalierstraße zur protestantischen Johanniskirche.

Die **Johanniskirche** ist Teil der ersten Dessauer Stadterweiterung, die unter Johann Georg II. seit 1688 nach einem vorgefertigten Plan ablief. Dieser war für die Kirche und die „Neustadt" vom kurbrandenburgischen Ingenieur Martin Grünberg geliefert worden. Durch viele Unterbrechungen und Zwischenfälle wurde die Kirche erst nach zwölfjähriger Bauzeit 1693 fertiggestellt. Es dauerte dann aber noch weitere drei Jahre bis zur Einweihung, denn das reformierte Konsistorium und die lutherische Gemeinde der „Neustadt" mußten sich noch über die Nutzungsrechte und die Verteilung der Kirchensteuern einigen. Bis zu ihrer Zerstörung 1944 wurde die Kirche mehrmals umgebaut. Ihr Wiederaufbau erfolgte 1953–55. Seit 1992 sind in der Kirche die 1990–92 restaurierten Bilder von Lucas Cranach d. Ä. und Lucas Cranach d. J. zu sehen. Die ursprünglich zur Marienkirche gehörenden Bilder waren nach dem Krieg in die Mildenseer Kirche gebracht worden. Da die Bedingungen dort den Bildern auf Dauer nicht sehr zuträglich waren, wurde eine „Rettungsaktion" unternommen:

Neben der großen „Euleorgel" hängt links das Bild „Christus am Ölberg" von Lucas Cranach d. Ä. und rechts die Kreuzigungsszene von Lucas Cranach d. J. An der südlichen Wand vor dem Chor befindet sich ein weiteres Bild von Lucas Cranach d. J: das „Abendmahl".

Das Bild des Abendmahls von Lucas Cranach d. J.

An diesem Gemälde von 1565 läßt sich gut die Einführung des Calvinismus in Dessau verfolgen. Das Bild folgt der Konzeption des Wittenberger Altars von 1546, in dem das mittelalterliche Idealbild der zwölf Jünger um Christus während des Abendmahls in die reformatorische Gegenwart gerückt ist. Es sollte Ausdruck der Nähe zu Christus, dem Ursprung des Glaubens sein. Zum Abendmahl sind bedeutende Reformatoren wie Johannes Bugenhagen und Justus Jonas sowie Fürst Georg III. versammelt. Die besondere Nähe zu Christus ist auf diesem Bild

Lukas Cranach, Epitaph, 1565

jedoch nicht Luther, sondern Melanchthon beschieden. Er sitzt mit gefalteten Händen direkt neben Christus. Seine exponierte Position an der Tafel ist ein Hinweis des fürstlichen Auftraggebers auf die besondere Stellung Melanchthons in Dessau. Melanchthon wurde nach Luthers Tod 1546 das geistige Oberhaupt der Reformation. Im Streit um die Interpretation des Abendmahls versuchte er zwischen den Reformierten um Jean Calvin und den orthodoxen Lutheranern zu vermitteln. Das brachte ihm bei diesen den Ruf als „Kryptocalvinist“ ein, der insgeheim mit Calvin sympathisiere. Nach seinem Tod 1560 hatten es seine Anhänger in Kursachsen, u. a. an der Wittenberger Universität, schwer. Die Sanktionen reichten von Amtsenthebung und Ausweisung bis zu Gefängnisstrafe und Hinrichtung. Im benachbarten Anhalt war die Lage anders. Hier gab es entschiedene Anhänger Melanchthons, voran Fürst Joachim Ernst, so daß Dessau zum Zufluchtsort der Verfolgten wurde. Die Zuneigung der Dessauer Fürsten zu Melanchthon führte 1575/80 zur Weigerung, die Einigungsschriften der Lutheraner zu unterzeichnen. Melanchthon war ihnen darin zu wenig berücksichtigt. Das Brotbrechen in der Marienkirche 1596 markierte den offiziellen Übertritt zum Calvinismus. Ein neuer Geist zog in Dessau ein. Nicht allein, daß die Kirchen und die Liturgie von allem „Überflüssigen“ befreit wurden, auch außerhalb der Kirchenmauern wurde das Leben nüchterner und strenger. Aus der mittelalterlichen Bilderwelt entwickelte sich die abstrakte „Anschauung im Kopf“. (25)

Vor der Johanniskirche hatte die absolutistische Prachtstraße mit dem **Neumarkt** ihren krönenden Abschluß. Die Kirche, auf einer Anhöhe herausgehoben und theatralisch überhöht, war der „point de vue“: Der gesamte Straßenzug der Kavalierstraße war ein feiner Trichter mit einer Breite von 23 m an seinem südlichen und 32,5 m an seinem nördlichen Ende. Von der Kirche aus betrachtet, wirkte die Straße dadurch länger. Die Anlegung des Neumarktes steigerte zusätzlich diese Inszenierung. Der unter Fürst Franz mit Linden bepflanzte Platz wurde zu einer vornehmen Wohngegend. Basedow und andere Lehrer des Philanthropinums, Neuendorf, Erdmannsdorff, der Maler Tischbein und die Malerbrüder Olivier wohnten hier. Im Jahr 1858 wurde das Fürst-Franz-Denkmal eingeweiht, der Fürst wies mit ausgestrecktem und erhobenem Arm entlang der Prachtachse in sein „gelobtes Land“, nach Italien. Seit 1963 steht das Denkmal im Wörlitzer Park; zuvor mußte es vor den Bomben des Krieges und 1949 vor dem Schmelzofen gerettet werden. In letzter Minute konnte ein Brief von Johannes R. Becher, Präsident des Kulturbundes, diese besondere Art der „Abrechnung“ mit dem Feudalismus verhindern. Noch heute träumen in Dessau so manche den Fürsten wie-

Franz vor dem Abtransport

der auf den Sockel, zumal dies längst mit Leopold I. vor der Marienkirche geschehen ist.

Auch der Neumarkt stand der Modernisierung und Verkehrserschließung im Wege. Die Idee zur Umgestaltung gab es schon in den 20er/30er Jahren. Als der Krieg rund um den Neumarkt nur ein Ruinenfeld hinterlassen hatte, wurde die Gelegenheit beim Schopfe gepackt und eine neue Trasse geebnet, die sog. Diagonalstraße (Kavalierstraße). Die zügige Fahrt von Nord nach Süd war nun möglich. Vom Neumarkt sind nur der kleine Platz vor der Johanniskirche und die Reste des Friedhofs mit einigen Grabsteinen geblieben.

Eine vage Vorstellung von der alten Stadtsituation bekommt der Besucher noch in der **Johannisstraße**. Doch auch diese Szene ist stark gefährdet, denn die Baumaßnahmen nach der „Wende" haben schon viele Wunden geschlagen. Gegenüber der Kirche liegen einige interessante Gebäude:

Haus Nr. 13, Erdmannsdorffs Wohnhaus, zwischen 1950 und 1958 Anhaltische Gemäldegalerie bzw. das Museum der Malerei; Haus Nr. 12, das „Bodelschwinghaus", noch in den letzten Jahren der DDR mit Kirchgeldern mustergültig als evangelische Buchhandlung ausgebaut; Haus Nr. 11, das

Schwabehaus in der Johannisstraße

Pfarrhaus" zu St. Marien, 1831–43 nach Pozzis Plänen erbaut.

Auf dem Weg in nördlicher Richtung zum Schwabehaus sind die ganz unterschiedlichen Formen der Sanierung zu sehen: der „Arkaden-Neubau" mit dem „Café Mrosek", links einige sanierte Gebäude und als Kontrast Neubebauung der letzten Jahre. Zuvor mußten einige alte Häuser weichen, gleiches ist für die gegenüberliegende Zeile um das **Schwabehaus** geplant, so der Wille des ausführenden Bauunternehmens. In diesem Haus wohnte der Apotheker, Astronom und Botaniker Samuel Heinrich Schwabe (1789–1875). In seinem kleinen Observatorium nutzte er jede Minute für Beobachtungen. In der Zeit zwischen 1826–1837 brachten sie ihn schließlich zu der Erkenntnis, daß es eine elfjährige Sonnenfleckenperiode gibt. Diese Entdeckung machte ihn in der Fachwelt der Astronomie zu einem berühmten Mann. Die Royal Astronomical Society in London verlieh ihm 1857 ihre Goldmedaille. In der Laudatio des Präsidenten hieß es: „... Denn dreißig Jahre lang hat die Sonne ihre Scheibe über Dessaus Horizont nie gezeigt, ohne Schwabes nie weichendem Teleskop gegenüber zu treten, was durchschnittlich 300 Tage des Jahres geschah... Ich glaube, dies ist ein Beweis von hingebender Beharrlichkeit, die in den Annalen der Astronomie nicht übertroffen wird. Die Energie eines Mannes hat ein Phänomen enthüllt, das 200 Jahre lang selbst den Vermuthungen der Astronomen sich entzogen hatte." (26) Alexander von Humboldt war 1833 bei Schwabe und fand in Humboldts Werk „Kosmos" die besten Worte der Anerkennung für ihn. An seine Grenzen stieß Schwabe, als er Analogien zwischen der Sonnenaktivität und dem irdischen Dasein herstellen wollte.

Mit der gleichen Unermüdlichkeit, wie er die Sonne beobachtete, studierte er die einheimische Pflanzenwelt. Seine „Flora Anhaltina“ ist eine naturkundliche Forschung, wie sie es in dieser Komplexität nicht wieder gegeben hat. Die Arbeit hat längst eine ökologische Brisanz, vermittelt sie doch beim Vergleich des heutigen mit dem historischen naturkundlichen Bestand das Sterben der Natur seit der Mitte des 19. Jahrhunderts.

Katholische Kirche

Der Weg zur letzten Station des Rundgangs, dem **Gasviertel**, wird am Schwabehaus durch die Ferdinand-von-Schill-Straße gekreuzt. Zu früh für Deutschland rief 1809 der hitzköpfige Major von Schill in Dessau zum Aufstand gegen Napoleon auf und rannte mit seinen 500 Husaren in den Tod. Fürst Franz hatte ihn gewarnt, fürchtete er doch um sein Land, das gegenüber Napoleon die Neutralität bewahrte. An der Ecke der gegenüberliegenden Kaserne von 1854, heute Sozialamt, ist nach rechts ein reizvoller Blick auf die Katholische Kirche möglich, links ist der Anblick eher unerfreulich.

Auf dem Weg in Richtung Gasviertel fällt an der Kreuzung Hans-Heinen-Straße / Wolfgangstraße linkerhand ein von großen Bäumen umsäumtes Backsteingebäude auf. In ihm haben heute die Volkshochschule und das Museum für Stadtgeschichte ihr Domizil. Ursprünglich wurde das Gebäude um 1870 als Lazarett errichtet. Später entstand in unmittelbarer Nachbarschaft parallel zur Wolfgangstraße eine Gasanstalt, und fortan hieß das Viertel im Volksmund „Gasviertel“. Die letzten großen Gasbehälter des Werkes wurden bei der Bombardierung Dessaus im

„Gasviertel“ - Unruhstraße, 1996

Frühjahr 1945 stark beschädigt und in den 50er Jahren abgetragen. Der Hans-Heinen-Straße folgend kreuzt links die Unruhstraße, eine der letzten authentischen Industriestraßen in Dessau. Den ehemaligen Fabrikgebäuden des Gasgerätewerks beiderseits der Unruhstraße, der alten Fabrikmauer und der Fabrikantenvilla an der Straßenecke (heute Gasversorgung Dessau), wurde auf Anregung der Stiftung Bauhaus Dessau im Januar 1995 als einmalige Zeugnisse der Industrie- und Städtebaugeschichte der Denkmalstatus zuerkannt. Das heute noch strukturell und baulich weitgehend erhaltene Gebiet ist für die Industriegeschichte Mitteldeutschlands von besonderem Interesse. Hier entstanden wesentliche Entwicklungen auf dem Gebiet der Wärmemeßtechnik, des Motorenbaus und des Gasgerätebaus. Bedeutende Persönlichkeiten wie Viktor von Unruh, Wilhelm von Oechelhaeuser und Hugo Junkers wirkten hier. Das Gasviertel war zudem Geburtsstätte vieler Dessauer Unternehmen und Ort technischer Innovationen. Am 12.3.1855 wurde die Deutsche Continental-Gas-Gesellschaft (DCGG) als erster deutscher Konzern nach englischem Vorbild gegründet. Initiator und erster Direktor war der preußische Baurat Victor von Unruh, der ursprünglich die Gesellschaft in einer preußischen Stadt gründen wollte. Da ihm die preußischen Behörden wegen seiner Aktivitäten in der 1848er Revolution die vielfältigsten Schwierigkeiten bereiteten, ging er ins benachbarte anhaltische Herzogtum. Unruh berief 1856 den mit Verwaltung und Technik vertrauten Wilhelm von Oechelhaeuser in die Direktion. Seit 1857 führte dieser die Direktion allein, ab 1889 übernahm sein gleichnamiger Sohn den Direktorposten. Unter Leitung von Oechelhaeuser sen. und jun. entwickelte sich das Gasviertel zur „Wiege" der Dessauer Industrie. 1872 war die DCGG an der Gründung der Berlin-Anhaltischen Maschinenbau AG (BAMAG) beteiligt, die sich dem Geräte- und Anlagenbau widmete. Bereits 1871 war die DCGG-Tochter „Centralwerkstatt Dessau" gegründet worden, die ab 1921 unter dem Namen „Askania-Werke" firmierte. Die Produktion von Gasgeräten wurde erst nach 1989 an diesem Ort eingestellt. 1890 fand die „Versuchsstation für Gasmotoren von Oechelhaeuser und Junkers" im Südteil des Gasviertels zwischen heutiger Unruh- und Wolfgangstraße in einem gemieteten Pferdestall ihr erstes Domizil. Bereits 1892 wurde der erste Zweitakt-Gegenkolben-Gasmotor mit 100 PS entwickelt. Als „Nebenaufgabe" wurden mit dem Kalorimeter, dem Gasbadeofen (Patent „Flüssigkeitserhitzer") und der „Wasserwirbelbremse" die ersten Junkers-Erfindungen gemacht. Am 21.10.1892 kam es zur Gründung der ersten Junkersfirma „Hugo Junkers Civil-Ingenieur". Nach Lösung des Vertragsverhältnisses mit Oechelhaeuser wurde zur kommerziellen Verwertung der Junkers-Patente am 2. Juli 1895 die „Fa. Junkers & Co." gegründet. Die Firma blieb zunächst im Gasviertel ansässig, bis im Jahre 1896 alle Produktionsabteilungen in das Junkers-Werk in der Albrechtstraße umzogen.

Junkers Gasgerätewerke, an der Stechuhr, um 1920

Als Anfang der 1890er Jahre die Idee einer mit Gasmotoren betriebenen Gasbahn entstand, griff die DCGG diese auf und gründete 1895 die „Deutsche Gasbahngesellschaft mbH" in Dessau, den Vorläufer der Dessauer Waggonbauproduktion. Die 1894 gegründete Dessauer Straßenbahngesellschaft setzte bis zur Jahrhundertwende auf das Weltunikat „Gasstraßenbahn". Wegen gravierender technischer Mängel und häufiger Sicherheitsprobleme wurde die Straßenbahn allerdings bereits 1901 elektrifiziert.

Der Weg entlang der Hans-Heinen-Straße führt den Besucher zunächst an der östlichen Begrenzung des Gasviertels, die zugleich eine Schnittstelle zum Gründerzeitwohngebiet Dessau-Nord bildet, weiter in Richtung Norden. Die heute von einem Autohaus genutzte Fläche diente bis zur Einstellung der Gasproduktion Ende der 20er Jahre als „Ballonplatz". Hier befand sich eine Ballonhalle zur Unterstellung und Befüllung von Gasballons, die von hier aus zu Wettfahrten starteten. An der Humperdinckstraße angekommen, biegt der Besucher nach links in Richtung Güterbahnhof ein und überquert hier die Gleise der Wörlitzer Eisenbahn.

Ein architektonisch besonders interessantes Gebäude befindet sich in unmittelbarer Nachbarschaft zum Güterbahnhofsareal: die orientalisch-maurisch anmutende ehemalige **Eisenwarenhandlung Wilhelm Koch**. Die Fassade ist reich an Ornamentik und figürlichen Darstellungen. Ein Keramikfries in Form von Ginkgoblättern, Figuren der Handelsgötter und ein minarettartiger Eckturm erzählen von fernen Reisen und symbolisieren zugleich Weltoffenheit und weltumspannende Handelskontakte. An das Wohngebäude schließt sich in Richtung Süden ein Fabrik- und Lagergebäude an, das mit seinem Schaugiebel die Ladestraße am Güterbahnhof prägt. Dieses Kleinod der Gründerzeitarchitektur scheint am Rande des Gasviertels einen Dornröschenschlaf zu halten. Auch der gegenüberliegende, sich ca. 280 m von Norden nach Süden erstreckende Güterschuppen liegt heute weitgehend brach. Ursprünglich diente er als Lager und Umschlagplatz für Stückgüter, die mit der Bahn transportiert wurden. Westlich des Gebäudes befindet sich noch heute ein Gleisanschluß, östlich wurden die Güter über die Ladestraße an- und abgefahren. Die Architektur des Gebäudes ist einfach und zweckmäßig, allein am Verwaltungsgebäude in der Sichtachse zur Humperdinckstraße wurde ein größerer gestalterischer Aufwand betrieben.

Alte Eisenwarenhandlung Wilhelm Koch

Nicht weit entfernt in Richtung Süden beginnen die Anlagen des **Wörlitzer Bahnhofes**. Die Dessau-Wörlitzer Eisenbahn wurde 1894 als eigenständige Privatbahn gegründet. Sie verbindet seither Dessau mit den Parkstädten Oranienbaum und Wörlitz. Nach einer Blütezeit in den 30er bis 50er Jahren wurde der reguläre Fahrverkehr zunächst 1967 eingestellt. Proteste von Eisenbahnfans und kommunalen Politikern führten 1982 zur Wiederaufnahme des Bahnbetriebs in der Sommersaison. Bis heute verkehren von Ostern bis zum Oktober mittwochs und an Sonn- und Feiertagen zwei Zugpaare auf der Strecke. Die Reise nach Wörlitz dauert 48 Minuten.

Seit 1993 engagiert sich der Verein zur Förderung der Dessau-Wörlitzer Museumsbahn e.V. für die Erhaltung der Strecke. Durch den Verein wurden inzwischen der alte Lokschuppen sowie das Empfangsgebäude in Dessau weitgehend saniert. Der Lokschuppen wird künftig als Unterstand für einen Museumszug dienen, der derzeit fahrbereit gemacht wird. In den Sommermonaten finden im Lokschuppen gelegentlich Konzerte und andere Veranstaltungen statt. Noch heute kann das Bahngelände mit dem Empfangsgebäude, dem Güterschuppen und dem Lokschuppen ein gutes Bild vom Bahnbetrieb auf Nebenstrecken um die Jahrhundertwende vermitteln.

Auf Initiative des Fördervereins wurde im Erdgeschoß des Empfangsgebäudes ein kleiner Ausstellungsbereich eingerichtet. Dieses Gebäude bildet zugleich den westlichen Abschluß des Denkmalgebiets Gasviertel, in das in den nächsten Jahren das Umweltbundesamt (UBA) angesiedelt werden soll.

Im Jahre 1994 beschloß der Bundestag die Verlagerung des Amtes von Berlin nach Dessau. Ursprünglich war als Standort das Gelände der Hugo-Junkers-Kaserne im Stadtteil Alten vorgesehen. Als im Januar 1995 die alten Industriebauten des Gasviertels einem Kino- und Geschäftszentrum weichen sollten, wurden sie als Alternative für eine erhaltende Nutzung durch das UBA vorgeschlagen. Im Ergebnis eines von der Stiftung Bauhaus Dessau organisierten Architektenworkshops konnte das Kino- und Geschäftszentrum so nach Süden verlagert werden, daß der Denkmalbereich nicht beschädigt wird. Lange Zeit tat sich dann nichts, bis im Herbst 1996 das UBA den Stadtrat aufforderte, Teile des denkmalgeschützten Areals für den Abriß freizugeben. Als Begründung wurden höhere Kosten als für einen Neubau und eine funktionelle Nichteignung angegeben. Im Dessauer Stadtrat gab es nach kontroverser Debatte eine Mehrheit für den Abriß. Daß ausgerechnet die Umweltschutzbehörde den Abriß denkmalgeschützter Gebäude fordert und an deren Stelle einen ökologisch modellhaften Neubau errichten möchte, ging als Skandal durch die Medien. Inzwischen scheint der von der „Initiative gegen den Abriß des Gasviertels" initiierte Protest erste Früchte zu tragen: Politiker aller Couleur beteuern bei Ihren Besuchen ihre Sympathie für das Gasviertel und hoffen auf einen demgemäßen Ausgang des geplanten Internationalen Architektenwettbewerbs. Für die EXPO-Korrespondenzregion wird die UBA-Ansiedlung zu einem Prüfstein: Gilt es in Sachsen-Anhalt doch zu beweisen, wie eine nachhaltige und behutsame Stadterneuerung im Widerstreit der verschiedenen Interessen aussehen kann.

Nach dem kleinen Rundgang durch das Gasviertel schließt sich der Kreis. Nur noch einige Meter entfernt liegt der Ausgangspunkt dieser Wanderung, der Hauptbahnhof.

Wörlitzer Bahnhof

Das Westende

Der Dessauer Westen ist ein Kind der Industrie, mit ihr ist er erwachsen geworden und ergraut. Am Jahrhundertbeginn kamen die großen Werke, später die Kasernen des Massenwohnungsbaus. Seit dem Sterben der Industrie liegt über Dessau-West eine Tristesse wie sonst nirgendwo in Dessau. Wer hierher kommt, stößt auf keine Gartenoase, kein berühmtes Denkmal, nicht einmal auf ein Café oder eine Kneipe, dafür auf verlassene Fabrikgebäude und Häuser. Autos machen die Luft schwer und laut. Wer diesen kurzen Abstecher abseits der Hauptroute macht, läßt sich auf eine Reise ein, die unter die Haut geht. Im Buch „Still wie die Nacht" beschrieb Manfred Bieler 1989 seine kindheitliche „Höllenfahrt" im Dessauer Westen Ende der 30er Jahre.

Dessau ist groß und stinkt nach Hefe. [...] Ich hasse diese Stadt mit ihren hohen Schornsteinen. Ich hasse diese Straßen mit verkrüppelten Bäumen. Ich hasse diese Treppe mit ihren ausgetretenen Stufen. Ich hasse diesen Korridor mit seinen schäbigen Garderobenhaken und der weißen Kommode. Nein, sage ich zu dem großen, leeren, mit Maschendraht umzäunten Hof. Nein, sage ich zu den gelben Rollos, zu alten Tapeten und Gardinen. (Manfred Bieler) (27)

Am Ende der Mariannenstraße liegt rechts auf einem Hügel das ehemalige **Volkshaus Tivoli**, benannt nach den Vergnügungsgärten des alten Rom. In ganz Deutschland schossen nach 1870 mit dem industriellen Boom umsatzorientierte Etablissements wie Pilze aus dem Boden. Vorbilder für diese öffentlichen Vergnügungsstätten waren in England und Frankreich zu finden. Verführerische Namen wie „Eden", „Alhambra" und „Tivoli", oft verbunden mit üppiger orientalischer und exotischer Architektur, waren Ausdruck der Sehnsucht nach einem lustvollen Leben, das man vor allem mit dem Orient verband. Neben der streng regle-

Garagenlandschaft

mentierten Arbeitszeit sollte ein Raum für das neue Phänomen Freizeit geschaffen werden. Ausgerechnet auf einem früheren Galgenberg wurde 1873 der Vergnügungsgarten und das Etablissement „Tivoli" eingerichtet.

Da es wegen Umsatzschwierigkeiten schließen mußte, wurde 1910 von den Sozialdemokraten die Chance der Übernahme und Etablierung eines Volkshauses genutzt. Ab jetzt wurde ein straffes Programm durchgeführt, denn als Alternative zu Kirche und Kneipe sollte das Volkshaus dem modernen Arbeiter Tempel seiner politischen und kulturellen Betätigung sein. Seine Säle seien ein Muster von Solidität und Eleganz! Jedes Bild, das eine Wand schmückt, sei ein schönes Kunstwerk! Man dulde keine häßlichen Plakate, am wenigsten solche geschäftlichen Charakters. „Das Volkshaus soll auf Schritt und Tritt die Seele seiner Besucher den Idealen zuwenden, die das menschliche Gemeinschaftsleben adeln", schrieb Heinrich Peus, führender Dessauer Sozialdemokrat, Internationalist, Genossenschaftler und Propagandist der Volkshaus- und Siedlungsbewegung. (28)

Der Kulturbetrieb war jedoch eher konventionell-bürgerlich. Seine „goldene Zeit" erlebte das „Tivoli" in den 20er Jahren mit

Am Tivoli

regelmäßigen Theater- und Varieté-Veranstaltungen und einem regen kulturellen Arbeiterprogramm. Nach 1933 wurde das Volkshaus durch die Nationalsozialisten geschlossen. Da es weder für die „Kraft-durch-Freude-Bewegung" noch als Kaserne geeignet war, blieb der beliebte Vergnügungsgarten für allerlei Biergeselligkeiten erhalten. Die Bomben brachten das Ende des „Tivoli". Seit dem Wiederaufbau des Hauptgebäudes befindet sich ein Hygieneinstitut in den Räumen.

Ich renne durch die Brennesseln. Er krallt die Fingernägel in meinen nackten Arm. Du Mistfink, du Dreckskerl! keucht er, knufft mich vorwärts und haut mir ins Genick. Ich stolpere. Ich torkele. Warum schlägt er mich? Was habe ich getan? Er treibt mich über die Schienen. Kein Schrankenwärter. Kein Löwenmäulchen. Nur die Blasmusik vom „Tivoli". Warum darf er mich verdreschen, wenn er selber noch in die Hosen macht? Scher dich nach Hause! bellt der Vater, und durch meine Tränen sehe ich ihn ins 'Bräustübl' gehen. (Manfred Bieler) (29)

Bevor es weiter zum Bahndamm hinunter geht, sollte ein Blick auf das Gelände ringsum nicht versäumt werden. Im Hintergrund die leerstehende Brauerei, schräg gegenüber, in kühlem Blau, das neu errichtete Arbeitsamt. Es wurde notwendig, denn Dessau hat nach offizieller Statistik über 20 % Arbeitslosigkeit. Wer am Bahndamm warten muß hat die Gelegenheit, sich auf eine recht außergewöhnliche Sehenswürdigkeit vorzubereiten, nämlich auf das **Schrankenwärterhäuschen**.

Alte Brauerei

Haben Sie hier ein Klo? höre ich die Mutter fragen. Der Schrankenwärter zeigt auf eine kleine Bretterbude und rumpelt die leeren Gießkannen gegeneinander, bis Edith zurückkommt. Manchmal lädt er uns in sein Häuschen ein, serviert Kaffee und Brause in winzigen Henkeltöpfen, und ich bestaune wieder die grünen und roten Lichter an der Schalttafel. Wenn mir Ediths Gespräch mit dem Schrankenwärter zu langweilig wird, gehe ich in den Garten und pflücke Johannisbeeren. Die Tage verschwimmen. Oft weiß ich nicht, ob wir schon seit dem frühen Morgen oder erst seit dem Mittagessen hier sind. Ich habe keinen Hunger. Wenn es sehr heiß wird, lehne ich mich an die schattige Wand des Häuschens und kühle meinen Rücken. Durch das offene Fenster höre ich die Mutter mit dem Schrankenwärter flüstern. Dann stöhnen sie beide. Ja! Ja! hechelt Edith immer wieder, bis ihr plötzlich die Luft ausgeht. Jetzt ist es ganz still. Mir laufen die Tränen über die Nase. War schön, was? fragt der Schrankenwärter. Himmlisch, flüstert Edith, und ich höre das Gummiband ihres Schlüpfers an den Bauch klatschen. Kümmere dich mal um den Jungen, sagt sie. Ich verstecke mich. Nach einer Weile tritt der Schrankenwärter aus dem Häuschen. Er hängt die blaue Uniformjacke mit den glänzenden Knöpfen über einen Tomatenpfahl und ruft meinen Namen. Ich gebe keine Antwort. Ich hasse ihn. Ich möchte ihn umbringen. Am liebsten würde ich ihn in Stücke reißen. Ich hocke hinter dem Johannisbeerstrauch. Der Schrankenwärter kommt auf mich zu. Er sieht mich und grinst. Er hat eine Rodehacke in der Hand und zeigt mir, wie ich jäten soll. Warum machen Sie das nicht selber? frage ich ihn und erwarte, daß er mich totschlägt. Er runzelt die Stirn. Er stülpt die Lippen vor, genau wie der Vater. Ich sterbe vor Angst. Aber das Läutewerk rettet mich. Der Schrankenwärter reißt die Jacke vom Tomatenpfahl und rennt mit flatternden Hosenbeinen ums Haus. (Manfred Bieler) (30)

Türschild

Weiter geht es durch die Elisabethstraße, eine ehemalige Allee, der seit Jahren schon die Bäume abhanden gekommen sind. In der Mitte kreuzt eine Straße, die keine mehr ist, es vielleicht auch nie richtig war.

In meinen Augen ist die Zimmerstraße überhaupt keine Straße. Sie hat kein Pflaster und keinen Bürgersteig, weder Gullys noch Rinnsteine. Sie besteht aus Schlaglöchern und Dreck, aus Reifenspuren und Pfützen, aus verrostetem Schrott und stinkendem Matsch. [...] Die Zimmerstraße stinkt nach Pferdemist, das Treppenhaus nach Bohnerwachs, und im Korridor riecht es nach Mottenkugeln. (Manfred Bieler) (31)

Nur wenige Schritte weiter die **Brauerei**, wie eine mittelalterliche Trutzburg „verteidigt" sie den industriellen Westen. Unvorstellbare Mengen Gerstensafts gingen von der 1897 erbauten Schultheißbrauerei nach Mitteldeutschland und sogar auf andere Kontinente. Auch die uneinnehmbar geglaubte Festung mußte nach der Wende fallen. Hopfen und Malz waren für Dessau 1994 verloren, als sich die von der Treuhand eingesetzte Brauereigesellschaft Paulaner-Salvator-Thomasbräu AG gegen den Dessauer Standort entschied und die Dessauer Braukunst nach München verlagerte. Die Frage nach der Zukunft des gewaltigen Bauwerks traut sich in Dessau kaum jemand öffentlich zu stellen. Doch angesichts des rasant fortschreitenden Verfalls liegt sie in der Luft.

Ich nicke und merke im Weitergehen, wie sich das Pflaster zu drehen beginnt, mal linksherum, mal rechtsherum, mal so, mal so. Das kommt davon, wenn man zuviel Eis in sich reinwürgt, sagt die Mutter vorwurfsvoll und läßt mich an ihrem Kölnisch Wasser riechen, bis die Steine wieder nebeneinanderliegen. Ich stupse mich an der endlosen Mauer der Schultheißbrauerei entlang und summe das Lied von dem Soldaten, der sich nach einem Engel sehnt, weil der liebe Gott ihn vergessen hat. Das ist die Papierfabrik, und dort geht's zur Schule, sagt die Mutter, ehe wir in die Elisabethstraße einbiegen. Meine Schritte werden länger. Ich trabe wie mit Siebenmeilenstiefeln. Nicht so schnell, warnt Edith, als ich vorausrennen will. Doch in der Zimmerstraße gibt sie mir einen Schubs, und ruft: Na los, Tempo! Ich springe. Ich fliege. (Manfred Bieler) (32)

Weiter entlang der Junkersstaße liegt rechts die Papierfabrik und weiter hinten, etwas versteckt, der ehemalige Volkseigene Betrieb (VEB) Zementanlagenbau, aus dem Handwerkerbetrieb Polysius hervorgegangen. Beide Betriebe sind geschlossen bzw. auf wenige Produktionseinheiten geschrumpft. An der Straßenkreuzung Junkersstraße/Rodebillestraße beginnt das Junkers-Wohngebiet Rodebille. Ein Rest der 1944 zerbombten Flugzeugwerke liegt direkt an der Einmündung der Junkersstraße in die Altener Straße, heute Industriebrache des VEB Junkalor Dessau. Die Optimierung der Produktionsbedingungen für Junkers & Co. verlangte, die Rüstungsarbeiter in der Nähe der Flugzeugwerke anzusiedeln. Also entstanden zwischen 1935 und 1940 über eintausend sogenannte Volkswohnungen, in der Mehrzahl zwei Zimmer, Wohnküche und Bad, ca. 50 m^2 für einen erschwinglichen Mietpreis. Die künstlerische Gestaltung des Wohngebietes sollte der Forderung des Reichspropagandaministers Goebbels von 1934 nachkommen, der die Einbeziehung von bildenden Künstlern und Kunsthandwerkern in die Bauvorhaben forderte. So waren südlich der Altener Straße recht unbeholfen traditionalistische Stilelemente wie Holzbalkone über den Eingangstüren und Holzklappenläden im Erdgeschoß das Ergebnis. Über den Eingangstüren sind Tierdarstellungen und zwischen Erzberger Straße und Triftweg eine Gruppenplastik des Dessauer Künstlerehepaars Kieser-Maruhn zu sehen.

Anläßlich des Richtfestes im südlichen, etwas später erbauten Teil der Siedlung verwies ein Redner auf ein vorhandenes Wandrelief, gewidmet einem kinderreichen Familienglück: Mögen sie [die Häuser] eine Heimstätte für eine stattliche Anzahl von Kindern werden, die mit ihren Müttern den freudig von der Werkarbeit heimkehrenden Vater begrüßen, wie es das Sgrafittobild an der Giebelwand des Häuserblocks am Triftweg darstellt. (33)

Als ich ein Kind war und wußte nicht aus noch ein, fragte ich den Mond: Wo ist meine Mutter? Als ich ein Knabe war und wußte nicht aus noch ein, fragte ich die Sonne: Wo ist mein Vater? Seit ich ein Mann bin und weiß nicht aus noch ein, frage ich Nacht für Nacht: Wo ist mein Leben? Hier ist es, hier vor meinen Augen. Es ist das Kind, das ich selber war. Es steigt auf sein Fahrrad. Seit Louises achtzigstem Geburtstag steigt es auf sein Fahrrad und fährt mit der Mutter durch den menschenleeren Triftweg. Nur dort auf dem vergrasten Schotter will es radfahren lernen, weil es sich schämen würde, wenn ihm ein Fremder dabei zusähe. Die Schornsteine der Zementfabrik, der Brauerei und

Frühere Zuckerraffinerie

der Zuckerraffinerie ragen in den blaßblauen Junihimmel. (Manfred Bieler) (34)

Von der Eisenbahnüberführung Richtung Stadtmitte ist ein sehr guter Blick über das westliche Industriegebiet möglich. Unmittelbar auf der rechten Seite sind die Reste der ehemaligen Zuckerraffinerie zu sehen. 1871 als Vorbote der mitteldeutschen Chemieindustrie entstanden, hatte sie jahrelang das Monopol für die Gewinnung von Zucker aus Melasse. Die Aktien warfen höchste Profite ab, die Arbeitsbedingungen gehörten zu den schlechtesten in Dessau. Höchste Profite gab es auch während des Nationalsozialismus mit der Produktion von Zyklon B. Nach der „Wende" kam das Aus für den VEB Gärungschemie. Auf den Trümmern entstand Dessaus modernstes Heizkraftwerk und aus dem ehemaligen Klubhaus, jetzt „Tiffany-Park", dröhnen Techno-Parties. Das Ende der Überführung markiert den Abschluß des Dessauer Westens.

Straßenansicht

Ja, gern, aber dann fahren wir Straßenbahn, wie du versprochen hast, fordere ich, und Edith gibt achselzuckend nach. Es sind bloß zwei Stationen, erklärte sie mir unterwegs. [...] Wir steigen ein. Der Schaffner reißt an der Leine. Die Räder rollen. Die Häuser fahren weg. (Manfred Bieler) (35)

Eine Straßenbahn fährt seit den 60er Jahren nicht mehr. Der Weg zu Fuß in die Innenstadt entlang der Askanischen Straße dauert 10 Minuten.

Das Nordquartier

Zwischen der Mulde und den Mauern der mittelalterlichen Stadt Dessau lag das Gebiet der **Muldvorstadt**, bewohnt von Fischern, Flößern, Teichgräbern, Stellmachern, Schustern, Zieglern, Leinewebern und Tagelöhnern. Im Schatten der Residenz lebten die meist armen und kinderreichen Familien in kleinen, bescheidenen Fachwerkhäusern; erst im 19. Jahrhundert kamen massiv gebaute Häuser hinzu.

Lange Zeit gab es keine festen Straßennamen; Bezeichnungen wie „Uff dem Graben, in der Quergasse daselbst, auf der Breiten Straße und da herum an dem Anger und auf dem Wall" waren mehr Orientierung als offizielle Namen, ein Straßendurchgang wurde mal „Branntwein-, Wagner-, und Salzgäßchen oder auch Himmelbett" genannt. Zum Leben an der Mulde gehörte bis ins 19. Jahrhundert der Kampf mit dem Wasser: am Anger das Hochwasser und in den Wohnbereichen die sumpfige Lage. Seit dem Anlegen der Deiche 1866 ist der Anger, vom außergewöhnlichen Sommerhochwasser 1954 abgesehen, hochwasserfrei.

Ein weiteres „Wasserproblem" konnte erst 1889/94 durch den Bau der städtischen Kanalisation gelöst werden. Bis dahin lief das Abwasser über offene, oft verstopfte Kanäle bis zum „Schwarzen Teich"; die Ausdünstungen verpesteten die Gegend. So ist es nicht verwunderlich, daß die Muldvorstadt als der „Fokus aller epidemischen Krankheiten" galt und die Kindersterblichkeit sehr hoch war.

Die Lage an der Mulde brachte wirtschaftlichen Nutzen. Die ersten Manufakturen Dessaus wurden hier Ende des 17. Jahrhunderts errichtet: 1679 die Glashütte des Italieners Bernardo Marinetti von Venetien, 1693 die Tuchmacherei des Hofjuden Moses Benjamin Wulff und 1697 die Creponfabrik (Tuchmacherei und Färberei) des Johann Nicolaus Zahn.

Am spektakulärsten waren wohl die Unternehmungen des Italieners Carlo Malinverno. Er versorgte nicht nur die wohlhabenden Dessauer mit Südfrüchten, auserle-

Ringstraße, 1990

Kreuzgasse, um 1940

senen italienischen Weinen sowie diversen Gewürzen, sondern er baute die erste Schokoladenfabrik Dessaus.

Um die Mitte des 19. Jahrhunderts galt die Muldvorstadt als die Keimzelle des Arbeiterprotests und der Sozialdemokratie. Der erste Streik in der Meinhardtschen Tuchmacherei wurde blutig niedergeschlagen und ein großerTeil der Streikenden entlassen.

Jedoch, die Zeit der alten Muldvorstadt war abgelaufen. Die Planung des Bauhaus-Architekten Hilbersheimer von 1930 nahm voraus, was wenig später Realität wurde: das Verschwinden der Muldvorstadt. Nach der Kriegszerstörung und der „innerstädtischen Rekonstruktion“ im Rahmen des „IV. Baukomplexes“ von 1974–78 war ein Teil „Alt-Dessaus“ unwiederbringlich verloren. Die Neubebauung nahm keinerlei Bezug auf die räumlichen Verhältnisse der alten Muldvorstadt. „Da die Straßenführung längs der Eingangsseiten der Wohnblöcke erfolgen mußte, kam ein neuer, künstlicher, eigentlich nur auf dem Reißbrett verständlicher Wohngebietsgrundriß zustande...“ (36)

Neubauplanung, 1975

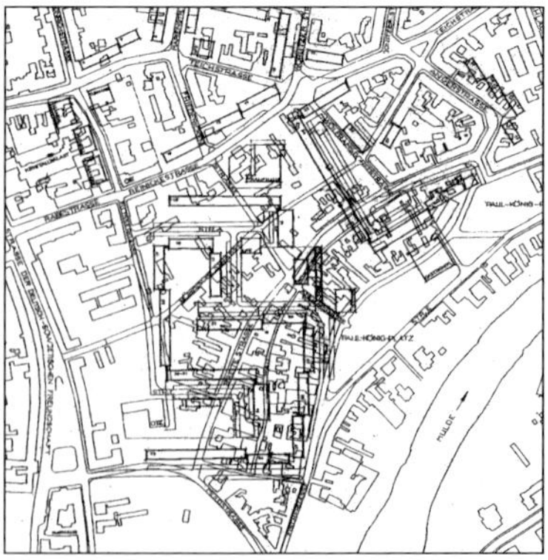

Unmittelbar hinter der ehemaligen Muldvorstadt beginnt **Dessau-Nord**. Als mit dem industriellen Aufschwung Dessaus nach 1870 neue Wohnungen für die Angestellten und Arbeiter fehlten und die Muldvorstadt schon aus allen Nähten platzte, wurde dieses Gründerzeit-Gebiet angelegt.

Dessau-Nord ist jedoch nicht mit den dunklen und stickigen Mietskasernen anderer Großstädte zu vergleichen. Das Viertel hatte von Anfang an eine „grüne Seele“, geprägt durch zwei Bürgergärten bzw. Parkanlagen (Friedrichsgarten und Schillergarten), viele kleine Gärten auf den Höfen und die Baumbepflanzung an den Straßenrändern. So wurde jede Straße mit einer anderen Baumart bepflanzt, in der Karlstraße mit Rotdorn, in der Kurt-Weill-Straße mit Baumhasel und in der Heinrich-Heine-Straße mit Ginkgo.

Auch Dessau-Nord sollte im sozialistischen Städtebau das Schicksal der Muldvorstadt beschieden sein: Es verkam und wurde zu einer verrufenen Ecke, in der noch die letzten Dessauer „Originale“ und „Unangepaßten“ Lebensraum fanden.

Auf Drängen der damaligen Bürgerinitiative „Interessengemeinschaft Stadtgestaltung“ kam es jedoch zu einem in der DDR unüblichen Verfahren: Die Abrißpläne mußten öffentlich gemacht werden! Nach Wochen eines „Dem-Volke-aufs-Maul-Schauen“ wurden die Pläne mit dem Versprechen der

Überarbeitung zurückgezogen. Das war im Frühjahr 1989, und bereits im Herbst waren die Pläne bloße Makulatur.

Seither verändert sich Dessau-Nord: Das Schmuddel-Image ist gewichen, die großen und die kleinen Veränderungen eines recht zwiespältigen Prozesses lassen ein neues Bild entstehen.

Zwar gab es hoffnungsvolle Ansätze einer behutsamen und bewohnerorientierten Stadterneuerung mit öffentlicher Unterstützung, doch letztendlich liegt der Vorrang bei der privaten Sanierung. Wohnungen, Fassaden und ganze Straßenzüge werden aufgeputzt. Wer genug Geld für die neuen Mieten oder Eigentumswohnungen hat, kann bleiben – wer es nicht hat, muß sich woanders eine neue Bleibe suchen.

Bewohner des letzten Hauses in der Böttchergasse, 1975

Der Weg vom Rathaus zum Friederikenbad führt auf der rechten Seite der Muldstraße an einem DDR-Neubaugebiet vorbei, das 1987 als das letzte anläßlich des 775. Stadtjubiläums in Dessau errichtet wurde.

1793 legte Fürst Franz für das Baden an der Mulde bestimmte Badeplätze fest. 1802 wurde in der Nähe des ehemaligen „Gestänges“ ein Badehaus eröffnet, das sogar

Abriß Böttchergasse, 1975

für Frauen offen war. Wenige Jahre später folgte eine Badeanstalt am heutigen Friederikenbad. Vor allem mußte auf Reinlichkeit und die genaue Einhaltung der Verhaltensregeln geachtet werden. Wer die Haare trocken halten wollte, stülpte sich eine Kuhblase über. Nach dem Vorbild der im Rheingebiet um 1780 eingerichteten Badehäuser wurde in Badezellen („Schweinetrögen“) gebadet, die von einem Floß ins Wasser gesenkt wurden. Danach gab es im Gebäude warme Wannenbäder, damals ein Luxus. Nach mehreren Umbauten und der Einrichtung eines stationären Bades beendete schließlich 1965 ein Depot des VEB (K) Stadtwirtschaft die Geschichte der Badeanstalt. Seit der „Wende“ steht es leer und verfällt.

Der weitere Weg entlang der Umgehungsstraße zum Friederikenplatz kreuzt den Rest der winzigen Oststraße. Am Muldufer im Bereich der Oststraße wurden früher die Kinder mit „Dich holt noch der Nickert!“ gewarnt. Nickert war ein böser Wassergeist und sollte die Kinder vor dem Muldeufer abschrecken, an dem schon einige Kinder ertrunken waren. Heute müssen sich Kinder vor allem vor den vorbeirasenden Autos auf der 1994 ausgebauten Umgehungsstraße hüten. Die Straße wäre heute noch breiter, hätte dies nicht die „Bürgerinitiative Dessau-Nord“ verhindert. Aus dem Rathaus dringt jedoch gelegentlich, daß der alte Plan zum weiteren Ausbau der Umgehungsstraße noch nicht vergessen ist.

Vom gegenüber liegenden **Friederikenplatz** ist heute noch der Grundbestand erhalten. Der frühere Anger läßt kaum seine vielen Nutzungen in der Vergangenheit erahnen. Ein Ende des 16. Jahrhunderts dort angelegter Friedhof mußte bereits 1666 wegen der hochwassergefährdeten Lage an der Mulde und wegen Überfüllung durch die vielen Pesttoten im Dreißigjährigen Krieg schließen, ihm folgte nicht weit entfernt der „Ziegelgottesacker“ bzw. „Armesünderfriedhof“. Am 8. Oktober 1706 wurde eine arme Sünderin, nachdem sie wegen Kindesmordes verurteilt worden war, gesäckt und in der Mulde über der Brücke ertränkt; danach „aus dem Wasser gezogen und in einen dabei stehenden schwarzen Sarg mit einer hohen Decke gelegt...“. (37) Dieser Fall weist auf eine weitere „Nutzungsform“ hin: den Anger als Richtplatz. 1645 rollte der Kopf einer Magd, des Kindesmordes beschuldigt. Zuvor wurde ihr eine Begnadigung ausgesprochen; nicht das Wasser der Mulde, sondern das Schwert sollte sie richten. 1706 fand ein großes „Schauspiel“ statt: Ein zweimaliger Deserteur des Leibregiments Leopold I. wurde an der Schießmauer standrechtlich erschossen. Hunderte Menschen wollten sich das trotz der frühen Morgenstunde und klirrender Kälte nicht entgehen lassen.

Unweit dieses Ortes wurden am Muldeufer Anfang des 18. Jahrhunderts Gärten angelegt.

Nach der kurzzeitigen Nutzung als Wochenmarkt während des „Dritten Reiches“ ist der Friederikenplatz im Prinzip ohne Nutzung. In den letzten Jahren wurde mit den „Nordfesten“ ein Neuansatz der Belebung versucht. Nun stehen sich Straßenausbau (-pläne) und kulturelle Nutzungen als Spielplatz, öffentlicher Aktionsraum und Muldepromenade gegenüber. Vom Friederiken-

„Nordfest“ am Friederikenplatz, 1994

platz geht es weiter nach Dessau-Nord. Unterwegs sind noch Reste der Muldvorstadt in ihrer späteren Bebauung zu sehen. Die Lücken zwischen den Häusern wurden in den letzten Jahren gerissen. Bemerkenswert ist das Haus Friederikenplatz Nr. 43 mit den doppelten Sommerfenstern, noble Herren wie Bankiers, Hotelbesitzer und Bauräte wohnten hier. Der sich von anderen Häusern abhebende Eindruck entsteht durch die mit der Fassade abschließenden Fenster, ein Gestaltungsmerkmal, das in der Renaissance in Italien und später im Klassizismus anzutreffen ist. Das äußere Fenster läßt sich nach außen öffnen und im Sommer herausnehmen. Ein Stück weiter markierte das Grüne Tor seit 1753 den Ausgang der Stadt ins „Grüne". Das noch erhaltene Torschreiber-Häuschen von 1861 ist Dessaus letztes Stadttor, das während seiner Nutzung allerdings eher unbedeutend war. Hinter dem Grünen Tor biegt die Umgehungsstraße nach links ab, geradeaus geht es zum Sportplatz. Er ist der verbliebene Teil des 1897 gestalteten Friedrichgartens, der nach 1945 zerstört wurde und verwilderte. Die Straße führt geradewegs nach Dessau-Nord, links die städtische Pumpstation, rechts der Nordklub, 1936 als NS-Jugendheim erbaut.

Es ist nahezu programmatisch, daß am Eingang Dessau-Nords ausgerechnet ein besetztes Haus steht. Dem Einlenken des damaligen Oberbürgermeisters ist es zu verdanken, daß die Räumung des 1992/93 besetzten Hauses in letzter Minute verhindert wurde. Das **AJZ (Alternatives Jugendzentrum e.V.)** versteht sich als Ort des Widerstands gegen rechte Gewalt, Ausländerfeindlichkeit und Neofaschismus. Zum Selbstverständnis gehören hier gemeinschaftliche Wohnformen, politische Informationen, Gespräche im Café oder Infoladen „Volk und Welt", Lesungen, Konzerte und Aktionen innerhalb und außerhalb Dessaus.

Schlachthof

Das Haus wird wesentlich durch Eigenleistungen ausgebaut.

Zum **Schlachthof** geht es rechts an den Werkstätten der Arbeits- und Sozialförderungsgesellschaft vorbei. Nach dem hundertjährigen Jubiläum wurde der Schlachthof 1992 geschlossen und teilweise abgerissen. Die verbliebenen, zum Teil sanierten Gebäude bilden heute den östlichen Wendepunkt des am Bauhaus beginnenden „Städtebaulichen Pfads".

Der Städtebauliche Pfad

Auf Initiative und mit Unterstützung der Stiftung Bauhaus Dessau beteiligt sich Dessau mit dem Städtebaulichen Pfad an der EXPO 2000. Die Wegeführung des Pfads gleicht einer liegenden Acht bzw. dem Unendlichkeitszeichen. Zwischen den beiden Hälften liegen wichtige Orte der Dessauer Stadtentwicklung, so die Meisterhäuser, das Gasviertel, die Marienkirche... Sie werden mit einer Stele hervorgehoben, die je Seitenhälfte einen Spiegel und einen Informationsträger haben. An der Schnittstelle, dem Hauptbahnhof, wird ein „Superzeichen" gesetzt. Für die Gäste soll der Pfad ein „Erlebnispaket" und für die Einheimischen Informations- und Aktionsraum für den Alltag

AJZ-Eröffnungsparty, 1993

sein. Aus strukturellen, organisatorischen und finanziellen Gründen, so die Projektbeschreibung, geht es nur bedingt um Baumaßnahmen. Daher sind räumliche Gestaltungen und interaktive Inszenierungen vor, während und nach dem Jahr 2000 geplant. Insgesamt steht der Prozeß im Mittelpunkt, mit ihm sollen Beiträge eines neuen Werkbegriffs geschaffen werden: die Werkstadt Dessau. (38)

Von der gegenüberliegenden Ecke mit dem Sommergarten des indischen Restaurants „Taj Palace" und der „Löffelstube" geht es durch die Reinickestraße weiter zur Angerstraße, dem nächsten Punkt des Städtebaulichen Pfads.

Als 1988/89 mit der Zerstörung der „Fischerhäuschen" in der Angerstraße der flächenhafte Abriß des südlichen Teils von Dessau-Nord beginnen sollte, kam es zu Interventionen der „Interessengemeinschaft Stadtgestaltung".

IGS – Interessengemeinschaft Stadtgestaltung

Die Auseinandersetzung um Dessau-Nord beendete das seit 1987 relativ unpolitische Dasein einer aus dem Jugendklub „Kreuzberg" hervorgegangenen Gruppe von Denkmal- und Umweltschützern. Durch die Pflege des Israelitischen Friedhofs und das Engagement im Freundeskreis Bauhaus Dessau meinten sie, sich in die Politik der Dessauer Stadtentwicklung einmischen zu können. Ständige Termine im Stadtplanungsamt und eine illegale Einwohnerbefragung in Dessau-Nord zum geplanten Abriß machten die Stadtväter mürbe. So kamen die Kahlschlags-Pläne zähneknirschend auf den Tisch und mußten überarbeitet werden. Die IGS bekam Ärger mit dem Staat, nachzulesen in so mancher Akte der Gauck-Behörde. Als die Gruppe im Mai 1989 an der Auszählung der Stimmen zur Kommunalwahl teilnahm und daraufhin eine Beschwerde wegen Manipulation der Ergebnisse schrieb, im Juni das von ihr initiierte „1. Nordfest" räumen mußte und sich danach der Freundeskreis Bauhaus Dessau von ihr verabschiedet hatte – kam die Hälfte der IGS aus dem Ungarnurlaub nicht mehr zurück. Die „Verbliebenen" waren bald dabei, sich in unendlichen Satzungsdiskussionen und Wahlkämpfen grün-bürgerbewegter Gruppen und Parteien aufzureiben.

Für die kleinen Häuschen war jeder Rettungsversuch vergebens; im Frühjahr 1989 wurden sie abgerissen. Doch die Angerstraße blieb noch einige Jahre nach diesen Protesten Symbol und Ort von Einmischung und alternativer Stadtentwicklung. Aus diesem Grund sollte eine Neubebauung wenigstens kleinteilig und ökologisch sein. In den ersten Entwürfen 1990/91 stand alles, was ein grün-bürgerbewegtes Herz höher schlagen läßt: Nutzerbeteiligung, Lehmbauweise, Wintergärten zur Minimierung von Wärmeverlusten, Wurzelkläranlage, gasbetriebene Wärmepumpen und niedrige Betriebskosten. Doch es blieb beim Entwurf. Mitten in Dessau-Nord lag für die nächsten Jahre eine (Abriß-)Wüste: Anlaß für das jährliche „Wüstenfest im Stadtteilrest".

Zwischen 1990 und 1993 erlebte Dessau-Nord wohl seine ausgelassensten und skurrilsten Feste. Die Straße blieb ein Ort alternativer Ideen: Hier knüpfte das Bauhaus 1993 mit der Initiative zum Projekt „Experimenteller Wohnungs- und Städtebau" (ExWoSt) im Rahmen des gleichnamigen Bundesprogramms an, dessen Ziel kosten- und flächendeckendes Bauen war. Unter Federführung des städtischen Sanierungsamtes begann 1994 das Projekt, unterstützt von Bund und Land. Der hohe Vorfertigungsgrad ermöglichte eine flexible Gestaltung der Grundrisse. Ein extra für das Projekt ausgearbeitetes Computerprogramm ließ die späteren Mieter während der Pro-

Abriß in der Angerstraße, 1989

jektierungs- und Bauphase gleich mitgestalten. Ökologisch ausgestattet wurde das Projekt durch die Begrünung der Dächer und einen erhöhten Wärmeschutz (Wärmerückgewinnungs- und Umluftanlagen). Im September 1995 konnten die ersten Mieter einziehen – und das bei moderaten Mieten und Nebenkosten. Ein anderes Bild entsteht durch die privat „hochgezogene" Häuserzeile gegenüber: Die einst kleinteilige Straße wird durch die dreigeschossige

Fahrradwerkstatt in der Angerstraße, 1989

Bebauung beider Seiten zu einer schattigen Flucht.

Zur nächsten und letzten Station des Abstechers, dem **Kulturellen Informations- und Einwohnerzentrum (KIEZ)** in der Bertolt-Brecht-Straße, sind zwei Wege möglich. Auf einem „Schleichweg", der am Ende der Reinickestraße hinter dem gegenüberliegenden Neubaublock beginnt und durch die Marien- und Teichstraße führt, ist das KIEZ bald zu erreichen. Der andere, etwas längere Weg macht entlang der Jonitzer- und Karlstraße einen kleinen Bogen zum **Lidice-Platz**, benannt nach dem 1942 von den Nazis „ausradierten" Ort in Tschechien. An der Ecke Karlstraße/Kurt-Weill-Straße stand bis 1995 ein prunkvolle Haus, Höhepunkt der gründerzeitlichen Platzanlage. Nach Jahren der Vernachlässigung stand der Abriß für das längst unter dem Namen „Katzenhaus" laufende Gebäude bevor. Proteste zwangen den Eigentümer, kurz vor dem Abriß im Januar 1995 zu einem Kompromiß: Abriß ja, Neubau jedoch nur nach dem äußeren Erscheinungsbild des alten Gebäudes. Die Zukunft wird zeigen, wie sich das Unternehmen an den Kompromiß hält. Vom Lidice-Platz geht es links in die Bertolt-Brecht-Straße, das KIEZ

ExWoSt-Bauten in der Reinickestraße

Kunstaktion auf dem Lidiceplatz, 1993

ist nah und durch die „Flaschenfenster" nicht zu übersehen.

Das KIEZ, gelegentlich auch als „Kind der Wendezeit" bezeichnet, hatte 1988/89 seinen Ursprung in einem gemeinsamen Projekt des Bauhaus Dessau und der IGS. In diesem Haus sollte Dessaus erstes Nutzerbeteiligungsprojekt eine Heimstatt finden. Nachdem sich im Sommer 1989 jedoch die potentiellen Nutzer ein anderes Haus gesucht hatten, besetzten im Frühjahr 1990 ein Architekt und drei Studenten des Bauhaus Dessau das Gebäude und gründeten das „Kommunale Informations- und Einwohnerzentrum". In fünf Thesen wandten sie sich gegen den weiteren Verfall und Abriß Dessau-Nords. Den Bewohnern wurde Beratung zu Fragen im Miet-, Eigentums- und Baubereich angeboten, denn durch den „Sprung" in die Marktwirtschaft kannten sich viele Menschen in diesen Fragen nicht aus.

Das KIEZ entwickelte sich zu einem Treffpunkt und einer Werkstatt verschiedenster Ideen und Projekte, spezialisiert im Umgang mit Materialien, die anderswo im Müllcontainer der DDR-Geschichte landeten. In dieser Entwurfsoffenheit der „Nicht-Mehr-und-Noch-Nicht-Zeit" fanden im KIEZ nicht nur Dessauer, sondern auch interessierte Menschen aus dem Westen einen

Raum für sich. „Da gibt es eine Magie und Mystik, die gibt es im Westen nicht mehr", meinte 1991 ein Zugereister. (39)

Wesentliche Impulse kamen durch die vom Bauhaus Dessau 1992-94 getragenen internationalen „Studios Dessau-Nord". Das reichte von Projekten der Wiederbelebung historischer Plätze über Kunstaktionen, Ausstellungen und eine Ruinengalerie bis zu den „Nordfesten". Aus dem KIEZ wurde zunehmend eine soziokulturelle Einrichtung, so daß es sich bald in „Kulturelles Informations- und Einwohnerzentrum" umbenannte. Das im Krieg teilweise zerstörte Gebäude war das Haupt-Experimentierfeld: am Flaschenfenster, der Hofgestaltung und der 1996 eröffneten Bühne „Nordeingang" unschwer erkennbar. Das Spektrum des KIEZ ist heute recht breit gefächert: das Café bzw. die Kneipe, die Galerie „Materialwaren und Südfrüchte" an der Ecke Bertolt-Brecht-Straße/Oranienstraße, das Studiokino „Outd-Film", der von Sozialarbeitern betreute offene Jugendbereich, die Nordbühne, die Jonglier-Gruppe, die Medien-Werkstatt, das Internet-Café usw.

Gruß aus Dessau-Nord

1995 bekam das KIEZ den „Freiherr-vom-Stein-Preis" der Alfred-Toepfer-Stiftung. Dieser Preis wird Initiativen, Institutionen und Personen verliehen, die sich beispielhaft oder richtungweisend für die Entwicklung des Gemeinwohls einsetzen. Also, wer noch etwas von der „Magie" und „Mystik" des Ostens erleben möchte: rein ins KIEZ!

Am KIEZ, 1995

Dessau-Nord – mit Petruskirche

Die Siedlungen der 20er Jahre in Dessau-Ziebigk

Im Nordwesten der Stadt Dessau, unweit des Bauhausgebäudes, sind die Ursprünge der Dessauer Gartenstadtbewegung in den 20er Jahren auf einem kurzen Rundgang (3-4 km) beispielhaft zu besichtigen.

Die Anfänge der deutschen Gartenstadtbewegung sind eng mit den theoretischen und praktischen Ansätzen der englischen Stadtplaner und Architekten John Ruskin, Raymond Unwin und Ebenezer Howard verknüpft. Die soziale, wirtschaftliche, aber auch die künstlerische Lösung des um die Mitte des 19. Jahrhunderts aufkommenden Wohnungsproblems der wachsenden Industriearbeiterschaft wurde in den Mittelpunkt der reformerischen Bestrebungen gestellt, die 1898 in der Gründung der englischen Gartenstadtbewegung (English Garden City Movement) mündeten. Aufbauend auf diesen englischen Erfahrungen wurde 1902 von H. Kamffmeyer die deutsche Gartenstadtbewegung ins Leben gerufen. Zielstellung war es, sozialreformerische Alternativen zu dem innerstädtischen Wohnungselend der einfachen Arbeiter zu entwickeln. Im Mittelpunkt der damaligen Kritik standen die Mietskasernenviertel der Großstädte, wie z. B. in Berlin, die durch das dortige Konfliktpotential und die unzureichenden hygienischen Zustände als Keimzellen des Arbeiterprotests galten. Um diesen, aber auch noch anderen Problemen der wuchernden Großstädte zu entgegnen, wurden mehrere strategische städtebauliche Maßnahmen wie z. B. die Dezentralisation oder die innere Kolonisation getroffen. Durch die Verbesserung der ländlichen Lebensbedingungen und die Gründung von Klein- und Gartenstädten in dünn besiedelten Gebieten sollte die Zahl der Zuwanderer in die Großstädte verringert werden. Eine zukünftige Auflösung der Großstädte durch die Schaffung von Gartenstädten, die neue in der

Siedlung „Hohe Lache“

Stadt nicht zu findende Qualitäten, wie Selbstbestimmung, Selbstversorgung, Individualität, Erholungswert, Harmonie, Hygiene etc. aufwiesen, war das Streben der deutschen Gartenstadtbewegung.

Besonders die Heimatschutzbewegung, die seit 1904 maßgeblich für die „Rettung der deutschen Heimat" durch die zunehmende Industrialisierung einsetzte, sah in der Entwicklung der Gartenstadtidee die Möglichkeit, eine neue Heimat für die entwurzelte industrielle Bevölkerung zu schaffen. Vorbilder für die formelle Ausgestaltung dieser Gartenstädte waren die deutschen Bauernhäuser sowie die englischen Cottages, aber auch die städtebaulichen Prinzipien des Städteplaners Camillo Sitte. So entwickelten sich in Deutschland viele Gartenstädte, die auch im Zuge der immer stärker werdenden Rationalisierung, Standardisierung und Normierung der Baustoffe eine gewisse Individualität der Siedlungshäuser zu wahren versuchten.

Nach dem Ersten Weltkrieg verschärfte sich das Problem der Wohnungsnot. An die Idee der Gartenstadt wurde wieder angeknüpft, um diese Notlage bewältigen zu können. Auch die Stadt Dessau blieb nicht unberührt von diesen Reformbewegungen im Wohnungsbau, auch nicht vom Wohnungselend der Nachkriegszeit. Gerade in Dessau-Ziebigk sind die Anfänge dieser Reformbewegungen zu finden.

Die hier zu sehenden Beispiele der Dessauer Siedlungslandschaft in Dessau-Ziebigk zeigen deutlich den Widerspruch, in dem die Gropiussiedlung in Dessau-Törten in den 20er Jahren stand. Wenige Städte in Deutschland können sowohl diese Vielfalt und Vielschichtigkeit des Siedlungsbaues als auch ein solches Spannungsfeld zwischen Heimatschutzbewegung und Neuem Bauen aufzeigen.

Auf dem Weg vom Bauhausgebäude zur Ziebigker Straße entlang des Fischereiwegs liegt auf der südlichen bzw. linken Seite die **Wolfener Siedlung**. Ein idealer Ausgangspunkt für die Besichtigung der Siedlung ist die Gaststätte „Kieferneck". Hinter der Gaststätte entfaltet sich beiderseitig des Kiefernwegs die Siedlung.

Neben der Törtener Siedlung, die Walter Gropius 1926–1928 baute, wurde ihm 1928 von den IG Farben Werken in Wolfen/Bitterfeld auch der Auftrag für den Bau einer Wohnsiedlung für mittlere Angestellte des Agfa-Konzerns übergeben. Die Firmenleitung sah, anders als es z. B. in Törten ausgeführt wurde, eine bauliche Hierarchisierung zwischen Beamten- und Arbeiterhäusern vor. Zwei verschiedene Haustypen wurden vom Gropiusschen Baubüro entworfen. Gestalterische Analogien (horizontale Fenster, Reihenbau etc.) waren hier zur Törtener Siedlung zu sehen. Diese Siedlung blieb jedoch nur ein Entwurf, denn während der Projektplanung entschied sich die Firmenleitung überraschend, den Auftrag an einen anderen Architekten zu vergeben. Mit dieser Entscheidung wurde das traditionelle Steildach dem kontrovers diskutierten und kritisierten Flachdach vorgezogen. Ausgeführt wurde diese Siedlung dann schließlich von dem Ing. Richter in sehr konventionellen Formen, in denen die Architekturvorstellungen des bekannten „Heimatschützers" Paul Schmitthenner erkennbar sind. Steildach und traditionelle Fassadengliederung in mehrere Achsen sind die wesentlichen Gestaltungselemente. Lediglich in der Ausführung der Baumassengruppierung sind hier Elemente des Architekten Peter Behrens anzutreffen, denn die versetzte, fast mäanderförmige Ausbildung des Gebäudes weist auf seine Idee der Gruppenbauweise hin, die er 1915 mit dem Bau der Arbeitersiedlung für die A.E.G.-Fabrik in Hennings-

Siedlung „Hohe Lache" - „Achteck", 1922

dorf umsetzte. Infrastrukturell mit Schwimmbecken, Tennisplatz, Wäscherei, Kinderspielplatz, Obstanlage und Zierflächen reich ausgestattet, sollte die Siedlung vor allem die soziale Gruppe der Angestellten ansprechen.

Am Ende des Kiefernwegs leitet rechts die Mohsstraße den Besucher direkt zur Ziebigker Straße. Nach einigen Metern in südlicher Richtung der Ziebigker Straße ist auf der rechten Straßenseite mit dem „Waldkater" der Ausgangspunkt für einen Spaziergang durch die Siedlung „Hohe Lache" erreichbar.

Wolfener Siedlung in Dessau, 1929

Die Siedlung „Hohe Lache" war das erste Projekt des gartenstädtischen Siedlungsbaus in Dessau. Schon 1912 wurden hier die ersten Teile der **Siedlung „Hohe Lache"** durch die Initiative Dessauer Kleinunternehmer gebaut, die Siedlung „Askania", die ab 1919 in die neue Siedlung aufging. Die Siedlung „Hohe Lache" war Beginn einer umfassenderen Wohnungs- und Siedlungspolitik, in deren Folge Dessau als Gartenstadt neu entstehen sollte. So entstand zwischen 1919 und 1928 die Siedlung Hohe Lache, die unter der Entwurfsleitung des Architekten Theodor Overhoff mit Beteiligung anderer Architekten realisiert wurde. Overhoff adaptierte für den Bau dieser Siedlung die Howardsche Gartenstadtidee, was sich formell insbesondere in einer gekrümmten Straßenführung, interessanter Platzbildung sowie in dem Abwechseln von Doppel-, Reihen- und Gruppenhäusern ausdrückt. Die Siedlung erhielt so einen dorfähnlichen

Siedlung „Askania" - Hausgarten, 1916

Charakter. Hierzu kam die Idee der Selbstversorgung, da jedes Haus mit einem ca. 300–400 m² großen Garten ausgestattet wurde, der von dem Worpsweder Gartenarchitekten Leberecht Migge konzipiert wurde. Gestalterisch zeigen diese Häuser eine sehr konservative Ausführung, die ihr Vorbild für den Haustyp des Einfamilienhauses sowie für die Bearbeitung und Bewirtschaftung des Grundstückes im Dorf hat. Einen eher „gefühlsmäßigen Traditionalismus" brachte Overhoff hier zum Ausdruck, und er blieb der malerisch-romantischen Richtung der Stadtbaukunst verhaftet. In der Siedlung finden sich unterschiedliche Raumauffassungen: eine sich um Raumbildung und Raumwirkung auf der konkreten Ebene von Platz und Straße bemühende und ein eher sozialreformerischer Ansatz, der eine planmäßig aufgelockerte und durch Grünzüge gegliederte Stadterweiterung zum Ziel hat. Dem diente der gezielte Ankauf von Grundstücken durch die von der Stadt Dessau gegründete „Stadt und Land GmbH". So konnten größere Grünflächen freigehalten und die Weitergabe von Baugrundstücken an andere Träger mit bestimmten gestalterischen Auflagen verbunden werden. Charakteristisch für die Siedlung sind u. a. eine Abschließung nach Außen hin und die baulich-räumliche Gliederung im Innern, was sowohl durch die Architektur als auch im besonderen durch die besondere Platzbildung erreicht wurde, wobei diese Plätze oft mit Skulpturen der Dessauer Bildhauerfamilie Kieser bereichert wurden. Vom „Waldkater" führt eine gepflasterte Straße in den „Winkel". Der Besucher geht durch einen von turmartigen Wirtschaftsgebäuden gebildeten Eingangsbereich. Es herrscht hier eine eher kleinstädtische Atmosphäre. Architektonisch besonders interessant ist an dieser Stelle die expressionistische Gestaltungsauffassung am Giebel des Wohnhauses, das die Straße nach Süden hin abschließt. Bewegte Backsteinstrukturen gliedern die Fassade. Vom „Winkel" führt geradlinig eine Straße zum Mittelpunkt der Siedlung, dem „Achteck". Der achteckige Platz ist ringsum von Einfamilienhäusern umgeben. Auch hier bilden traditionelle architektonische Details wie Gauben, Erker und Steildach den gestalterischen Grundtenor. Auch an dieser Stelle wird deutlich, daß die formelle Idee des Architekten nicht darauf beruht, die einzelnen Häuser zur Wirkung kommen zu lassen, vielmehr schafft er die Bebauungseinheiten so, daß sie zueinander als Bildgruppen in Beziehung treten und sich dadurch der Gesamteindruck einer Siedlungslandschaft ergibt.

Hinter der nördlichen Durchfahrt des „Achtecks" kann nach nur einigen Metern an der Einmündung zum Waldweg die Besichtigung der Siedlung abgeschlossen werden. Von hier aus ist es rechts entlang nur noch ein kurzer Weg zu den Meisterhäusern, die linksseitig zum nördlichen Ende der Ziebigker Straße und am Anfang der Ebertallee liegen. Wer jedoch die Knarrberg-Siedlung nicht versäumen möchte, sollte hier links abbiegen und am Ende des Waldwegs rechts entlang der „Kienheide" und Elballee in Richtung Kornhaus bis zum Abzweig

Gartensiedlung Ziebigk, 1930

Kirchstraße laufen bzw. fahren. Die zweite Querstraße auf der linken (nördlichen) Seite führt direkt in die Knarrberg-Siedlung.

Ein weiteres wichtiges Beispiel des Dessauer Siedlungsbaus ist die **Knarrberg-Siedlung**. Zwischen 1927 und 1929 wurde sie von Leopold Fischer, einem Schüler des Wiener Architekten Adolf Loos, in Zusammenarbeit mit dem bekanntesten Gartenarchitekten der 20er Jahre, Leberecht Migge, als "Gartensiedlung" errichtet. Bauherr war der von den Gewerkschaften initiierte Anhaltische Siedlerverband, der die ca. 180 Reihenhäuser nordwestlich der alten Ortsanlage Ziebigk bauen ließ (Brunnenstraße, Windmühlenstraße, Knarrberg). Der Bau dieser Siedlung war, ähnlich wie die „Hohe Lache", in den sozialreformerischen Anspruch der Dessauer Siedlungspolitik eingebunden, denn Selbstversorgung und geringe Wohnkosten sollten dem Siedler eine gewisse Autonomie verschaffen, womit zugleich eine „soziale Befriedung" der Arbeiter angestrebt wurde. In wenigen Siedlungen Deutschlands wurde der Ansatz der Selbstversorgung durch rationalisierte Gartenbewirtschaftung so konsequent verfolgt wie hier. Fischer und Migge hatten das Projekt langfristig gemeinsam entwickelt und vorbereitet. In einzigartiger Konsequenz wurden die Gärten der Siedlung, für die Bewirtschaftung vorbereitet, an die Bewohner übergeben: mit mustergültig bepflanzten Beeten, einer Untergrundberieselungsanlage und einer Kompostanlage (zu der auch die Komposttoilette gehörte). Ca. 400 m^2 Fläche waren hierfür vorgesehen. Die zwei Meter hohen Fruchtmauern (Träger von Spalierobst) wurden zwischen den einzelnen Parzellen angelegt, um ein wachstumsförderndes Kleinklima zu schaffen.

Der Rationalismus der Siedlung kam auch in der klar gegliederten, symmetrisch angeordneten Doppelhausreihung zum Ausdruck. Die Wohnfläche der Häuser variiert zwischen 55 m^2 und 86 m^2. Dem stereometrischen Parzellenraster entsprach die architektonische Gestaltung. Sachliche, schlichte und ornamentlose Architektur, die, wie die Gropiussiedlung, mit Flachdächern gebaut wurde, bestimmt den gestalterischen Grundtenor dieser Siedlung.

Nach der Besichtigung der Knarrberg-Siedlung trennen den Besucher (entlang der Ruhrstraße und der Elballee) nur noch einige Minuten Fußweg vom „Kornhaus“ und von den Elbauen. Auf der Terrasse der Gaststätte ist eine wundervolle Aussicht auf die Auen und ein erholsamer Abschluß der Tour durch die nordwestliche Siedlungslandschaft Dessaus möglich.

Siedlungsfest, 1993

Garten in der Knarrberg-Siedlung, 1930

Die Ränder

An die Stadt konnten wir uns nie gewöhnen; einzig versöhnend waren neben dem manierlich gewordenen Bauhaus die aufstrebende Gemäldegalerie, das traditionsbewußte und lebendige Friedrichtheater wie die wunderbare Umgebung der Stadt mit ihren mächtigen Flüssen und den vielen Parkanlagen. [...] und es verging kein Monat, in dem Klee nicht zwischen Floratempel, dem Kletterfelsen und dem künstlichen Vesuv [in Wörlitz] promenierte...(Felix Klee) (40)

Dessau, die Stadt an zwei Flüssen. Als natürliche Grenze bestimmen Mulde und Elbe die Stadtentwicklung von Dessau.

Eine östliche Ausdehnung der Stadt, die auf einem Talsand nur wenig südlich der Mündung der Mulde in die Elbe liegt, war aufgrund der jährlichen Überschwemmungen der Muldeaue ausgeschlossen. Die Wasserstadt in Richtung Waldersee blieb hier der einzige Versuch einer Stadterweiterung. Verkehrsschilder hinter der Muldebrücke mit der Aufschrift „Zufahrt Wasserstadt gesperrt, bitte B 183 Richtung Waldersee benutzen" sprechen noch heute eine deutliche Sprache. Wo einst das Schloß am Flußufer lag, schiebt sich heute der Autoverkehr voran.

Abstand wurde stets auch zur Elbe gehalten. Die Bebauung entlang der Ausfallstraße nach Roßlau endet abrupt hinter dem Betriebsgelände des Dessauer Waggonbaus. Lediglich im brachliegenden Wallwitzhafen und in Dessau-Ziebigk, auf der „Uferpromenade" am Deich entlang des Kornhauses, ereilt die Flanierenden ein Gefühl, am „großen Strom" zu weilen, am fließenden, aber nicht zerfließenden Stadtrand zu sein.

Im Kontrast zur Auenlandschaft der Elbe- und Muldeniederung mit ihren zahlreichen Altarmen und Altwassern stehen die trockenen und dicht mit Kiefern bewaldeten Hochflächen der Oranienbaumer Heide im Osten und der Mosigkauer Heide im Südwesten von Dessau. Nicht weit von der Stadt liegen

Georgium - Am Beckerbruch

hier Ortschaften, die zum Teil ihr dörfliches Gesicht behalten haben: Kochstedt, Alten und Mosigkau. Zur Zeit der Prinzen und Fürsten lebte Dessau durch seine Vorwerke. Wie Satelliten nährten die fürstlichen Gutshöfe das „Mutterschiff", die Residenzstadt an der Mulde.

Die Vorwerke sind Geschichte, oft aufgegangen in den Industrialisierungswellen, Zwischenstationen in der Entwicklung der Siedlungsbänder. Zugleich sind sie heute aber auch Orte, die aufzeigen, daß Dessau ein Umland hat. Die übriggebliebenen Reste gutsdörflicher Kultur ziehen viele Menschen an. Eine Entwicklung zur Vorstadt hat es in den meisten Fällen hier nicht gegeben. Veränderung brachten allenfalls die heranrückenden Funktionen der Peripherie, wie zahlreiche Siedlungsbauprojekte zeigen, und der Bruch mit der ländlichen Arbeitswelt. Die Menschen arbeit(et)en in den rasch wachsenden Industriebetrieben von Dessau und später auch in Bitterfeld. Gegenwärtig füllt sich das räumliche Vakuum zwischen diesen Orten und den brachliegenden Produktionsstätten der niedergehenden Industrie mit einer zeitgenössischen Variante der Vorwerke, den Einkaufs- und Gewerbeparks der „Nachwendezeit". Verkehrstangenten entlang des Stadtrandes setzen neue Zäsuren.

Die Route „Entlang der Ränder von Dessau" ist eine Fahrt zu Orten, die neben der Zeit stehen und sich im Übergang befinden. Wer möchte, kann die Stadt in einem Tag mit dem Fahrrad umrunden oder sich einzelne Facetten dieses allzuoft im Abseits stehenden Gesichts von Dessau selbst zusammensetzen. Mit etwas Zeit lassen sich die zahlreichen verdeckten Gesichter der Orte und „Nicht-Orte" entdecken.

Mulduferrandstraße

Für Paul Klee und Sohn Felix war es nur ein kurzes Stück Weg durch die Wiesen und sie hatten ihr Parkland erreicht. Der Georgengarten und das Schloß Georgium liegen nur einen Steinwurf weit vom Bauhaus entfernt. Gleich hinter dem Seminarplatz, nach Überquerung der Puschkinallee, weisen die ehemaligen Beamtenwohnungen des Schlosses den Weg in das „kleine Wörlitz". Ackerbrachen, Dünenflächen und sumpfige Bruchlandschaft am Rande der Stadt: Dieses waren die Bauplätze der Landesverschönerung des ausgehenden 18. Jahrhunderts.

Ab 1780 entstanden auf Betreiben des Prinzen Johann Georg („Hans Jürge"), 1748–1811, des jüngeren Bruders des Fürsten Franz, der **Georgengarten** und das dazugehörige Schloß. Im gartenkünstlerischen Ausdruck jener Zeit, in der die Natur als Fluidum und Ort für empfindsame und romantische Paradiesverheißungen entdeckt wurde, wuchs ein Landschaftspark, der mehr noch als Wörlitz Raum für die inszenierte, wilde Natur ließ. Das Walddickicht und die Wiesen des Parks werden belebt von nackten Hirtenknaben und Nymphen, Reminiszenzen an antike Naturdichtungen. Ruinen und altdeutsche Eichenwälder säumen den Weg. Später, im Zuge der Industrialisierungsschübe, rückte die Stadt näher an den

Park heran und überformte einzelne Bereiche. Heute ist er ein beliebtes Naherholungsgebiet und bildet die Nahtstelle zwischen der Stadt und den weitläufigen Elbauen.

Unweit des weithin sichtbaren Kuppelbaus, des erst 1887 vom Berliner Baumeister Schwechten gebauten **Mausoleums** der anhaltischen Herzöge, befand sich ursprünglich ein zentraler Zugang zum Georgium. Der Tierpark nahe der Bahnlinie besteht seit Ende der 50er Jahre. Entlang der Querallee zum Park hin taucht dann überraschend und unerwartet das Schloß auf. Ganz anders die asphaltierte Georgenallee. Sie führte als einziger Verbindungsweg von der Stadt zum Park und weiter am Dorf Ziebigk vorbei bis hin zur Elbe. Die Straße teilt den Park in zwei Hälften; zum einen den Bereich des Schlosses, zum anderen das „wildere" und sumpfige Gelände des Beckerbruchs (84 Hektar).

Beide Anlagen sind durch den Triumphbogen (Weißer Bogen) und den Holländischen Bogen (Roter Bogen) miteinander verbunden. Hier finden sich auch mehrere Wasserflächen, die an heißen Tagen Abkühlung für Badende bringen. Mit einer Entschlammung soll die Wasserqualität zukünftig verbessert werden. Eine an dieser Stelle 1928 projektierte Stadthalle wurde nicht realisiert. Überlebt hat lediglich der „aquatische" Teil dieses Projektes, das vorgelagerte, rechteckig gefaßte Wasserbecken. Von der Wallwitzburg aus, die ganz am Rande des Beckerbruchs als künstliche Ruine auf einem Hügel an der Elbe steht, offenbart sich die Landschaftskunst dann in ihren großen Zügen – inszenierte Natur ohne Spielereien. Gebrochen wird die Szenerie nur durch eine echte Ruine, den brachliegenden Wallwitzhafen mit seinen leerstehenden Speichern nur wenige Meter stromaufwärts.

Kleinräumiger ist hingegen der Garten am Schloß, wo sich auch die Anhaltische Gemäldegalerie befindet. Das von Erdmannsdorff entworfene Gebäude, das durch zwei 1893 hinzugefügte Anbauten heute wuchtiger erscheint als das ursprüngliche schlichte „Landhaus" des Prinzen, ist umgeben von kleineren Funktionsbauten. Rechts vom Schloß, hinter der Fassade des Küchengebäudes, liegt der rekonstruierte Küchengarten. Das Blumenhaus war das Reich von Gärtner Johann Friedrich Eyserbeck (1734–1816), der zusammen mit dem jüngeren, später auch in Wörlitz tätigen J. George Schoch (1758–1826) dem Georgium sein Gepräge gab. Etwas weiter hinten befindet sich das Fremdenhaus, welches als Eremitage den Gästen des Prinzen zur Verfügung stand und heute als Ausstellungsraum genutzt wird.

Anhaltische Gemäldegalerie

Schon zu Zeiten des Prinzen Johann Georg beherbergte das „Landhaus" eine ansehnliche Gemäldesammlung. Mit mehr als 2.000 Gemälden ist die Anhaltische Gemäldegalerie die größte und bedeutendste Sammlung alter Malerei in Sachsen-Anhalt. Vertreten sind das 15. bis 19. Jahrhundert, zum Teil mit herausragenden Einzelstücken. Hierzu

Schloß Georgium

zählen Gemälde altniederländischer Meister, Manieristen und Historienmalereien des 17. und 18. Jahrhunderts. Hervorzuheben ist das graphische Erbe jener Zeit, eine Sammlung von Dürergraphiken, Handzeichnungen von Erdmannsdorff sowie das geschlossene Werk der 1796 in Dessau gegründeten Chalkographischen Gesellschaft. Den Grundstock für die Kollektion bildeten die Gemäldesammlung der Prinzessin Henriette Amalie und Teile des Kunstbesitzes des Fürsten Franz von Anhalt-Dessau.

Die Gemäldegalerie befand sich nicht immer in den Räumlichkeiten des Schlosses. Erst Ende der 50er Jahre, drei Jahrzehnte nach ihrer Gründung 1927, bezog die Sammlung unter dem Namen „Staatliche Galerie Dessau" ihr heutiges Domizil. Die Rückführung russischer „Beutekunst" aus der Sowjetunion in die DDR Ende der 50er Jahre hatte die Ausstellungsflächen am alten Galeriestandort in der Dessauer Johannisstraße überfordert. „Dessauer Kunstschätze von der Sowjetunion gerettet", so der Titel der Ausstellung zum Umzug. Im Zuge der Debatte um einen sozialistischen Realismus in den 50er Jahren entwickelte sich die Galerie im Georgium in der Folgezeit auch zum Ort der Dessauer Gegenwartskunst. Künstler wie der ehemalige Bauhäusler Carl Marx oder Erich Schmidt-Uphoff stellten an historischen Orten wie dem Luisium, aber auch in Dessauer Industriebetrieben aus. Die Programmatik war weit gespannt und reichte von den Werken der Chalkographischen Gesellschaft bis zur erzgebirgischen Volkskunstausstellung („Kumpelhände – Künstlerhände").

Verschiedene Sonderschauen in der ehemaligen Hausmeisterwohnung, im Fremdenhaus sowie eine Kindergalerie im Blumenhaus setzten in den vergangenen Jahren Akzente in der zeitgenössischen Kunstlandschaft Sachsen-Anhalts. Dennoch üben die Dessauer Zurückhaltung in Sachen Kunst. Hoffnung wird in die intensive museumspädagogische Arbeit mit Kindern und Jugendlichen gesetzt, die ihre Eltern nach der sonntäglichen Promenade in die Galerie locken sollen.

Der Fürstenaltar *(von Lucas Cranach d. Ä.) – er gehört zu den Höhepunkten bei einem Besuch der Anhaltischen Gemäldegalerie und macht zusätzlich Lust auf einen späteren Besuch der Schloßkirche in Wittenberg. Der Fürstenaltar (korrekte Bezeichnung: Fürstenaltarretabel = Altaraufsatz) ist eine Auftragsarbeit von Friedrich dem Weisen, dem sächsischen Kurfürst (1463–1525), und seinem Bruder Johann dem Beständigen (1486–1532) an Lucas Cranach d. Ä. (1472–1553), damals Hofmaler in Wittenberg. Als Stifter sind die beiden auf den Flügeln des Altarbildes zu sehen. Das Retabel war für die Marienkapelle der Wittenberger Schloßkirche bestimmt. Einige Zeit verbrachte der Fürstenaltar auf der Empore der Wörlitzer Kirche.*
Die in dem Bildnis zu erkennende individuelle Ausprägung der Gesichter der dargestellten Personen gehört mit zu den Höhepunkten der Kunst jener Jahre. Schön ist dies auch bei zwei weiteren Werken der Galerie, Cranachs „Kreuzigung Christi" und der „Anbetung der Hl. Drei Könige" von Hans Baldung (gen. Grien, 1484/85–1545) zu studieren. Noch sichtbar im Madonnenkult des Reliquien- und Ablaßwesens des 15./16. Jahrhunderts verhaftet, kündigen sie bereits das sich wandelnde Weltbild der Stifter und Künstler am Vorabend der Reformation an. Mit der Entdeckung des Individuums am Ausgang des Mittelalters erhielt die Portraitmalerei wesentliche Impulse. Patrizier- und Bürgerfamilien, die auf Repräsentation und Selbstdarstellung bedacht

waren, ließen an verschiedenen Orten eine intensive Auftragsproduktion entstehen. In einem solchen „Werkstattbetrieb", wie er auch in den Wittenberger Cranach-Höfen existierte, büßte die im Fürstenaltar von Lucas Cranach d. Ä. noch vorhandene Eleganz der Darstellung allerdings erheblich ein.

Auch Parks altern, und das macht den Charme des Georgiums aus. Längst sind die Sichtachsen vom Ionischen Tempel zum Kornhaus, zur Pyramide auf dem Gänsewall in Richtung Landhaus, ja bis hin zum Kühnauer Schloß hinter Bäumen, Siedlungen und Bahndämmen verschwunden. Der Beckerbruch scheint an manchen Ecken wilder zu sein als vor zweihundert Jahren.

„Sieben Säulen"

Den westlichen Abschluß des Parks bilden die **Sieben Säulen**, die in vielfältige Blickbeziehungen zum Ionischen Tempel und zum Amaliensitz eingebunden sind. Und jeder zählt sie nach und zählt noch einmal. „Weil's achte sind...", so die Dessauer selbst zum Rechenrätsel, dessen Lösung allein von der Perspektive des Betrachters abzuhängen scheint. Als antikes Vorbild dienten die Ruinen des Saturntempels im Forum Romanum in Rom. Eine Spendenaktion, zu der eine Bürgerinitiative aufgerufen hatte, führte zur Restauration der in die Jahre gekommenen Säulengruppe. Sie markiert nun wieder die Straßenkreuzung am Rande des Georgiums. Derart gartenkünstlerisch aufgeladen und vielleicht mit einigen Landschaftsmalereien und Grafiken aus der Anhaltischen Gemäldegalerie im „mentalen Gepäck", findet die Route entlang der Peripherie ihre Fortsetzung die Ebertallee entlang zum **Amaliensitz**.

Der Standort des hell-gelb gehaltenen Baus, der am Ende der Ebertallee auf der Straße zu stehen scheint, täuscht. Elegant, getreu den Gestaltungsprinzipien des Landschaftsgartens, schwingt das Asphaltband vorbei. Das antike Tempelzitat ist eine Reminiszenz an sein Vorbild im englischen Garten von Stourhead. Zuvor, noch unweit der Sieben Säulen auf der linken Straßenseite, die ehemaligen Wohnstätten der Dessauer Bauhaus-Meister, die auf Hochflächensanden und Wanderdünen gebaut wurden. Mitte des 17. Jahrhunderts hatte Fürst Johann Kasimir (1618–1660) das Gelände zur Erosionsbekämpfung aufforsten lassen. Die Kleine und Große Kienheide, vor 200 Jahren vor der Verödung bewahrtes Brachland, sind heute Landschaftsschutzgebiet.

Wer der Straße folgt, die nun als Burgkühnauer Allee die Ebertallee fortsetzt, und zum **Weinbergschlößchen** kommt, trifft vielleicht die neuen Weinbauern von Kühnau! Geht es nach dem Verein Industrielles Gartenreich, der seit 1997 die Flächen um das 1819 erbaute Weinberghaus gepachtet hat, werden hier schon bald edle und nach ökologischen Prinzipien hergestellte Tropfen fließen: ein Lernort der Gartenkultur. 1818 wurde der erst in jüngster Zeit wieder rekonstruierte Weinberg auf einer Düne am Rande des Kühnauer Sees angelegt. In den beiden darauffolgenden Jahren entstand das Weinberghaus, ein klassizistischer Viersäulentempel des Architekten Carlo Ignazio Pozzi. An den Tempel angefügt steht ein Turmbau, der an den etwa 500 m entfernt liegenden alten Burgort Quina (Kühnau) erinnern sollte. Heute informiert im Weinberghaus die Naturschutzstation des Umweltamtes Dessau mit einer Ausstellung Besucher über die Ökologie der Auenlandschaft. Wer „nach lauer Sommernacht unter Weinreben" zurück nach Dessau möchte, der braucht nur den Markierungen des Radwanderwegs R1 zu folgen, die, am Obelisken bei der Deichdurchfahrt am Ochsenwall vorbei, in die Stadt führen.

Von den Höhen des Weinberges aus schweift das Auge über die Wiesenflächen und Sichtachsen des **Landschaftsparks Großkühnau**. Ein Altarm der Elbe, der langgestreckte Kühnauer See, inspirierte den Erbprinzen Friedrich, es seinen Vorfahren gleichzutun und einen ausgedehnten Landschaftspark anlegen zu lassen. Die Anlage ist der zuletzt ausgeführte Park im Gartenreich. Die schon 1805 begonnenen Arbeiten kamen durch den tragischen Tod des jungen Erbprinzen, der Opfer eines Raubmords im Kühnauer Schloß wurde, während der Napoleonischen Kriege zum Erliegen. Sein Sohn, Herzog Leopold Friedrich IV., ein Enkel des Fürsten Franz, ließ dann in den 20er Jahren des 19. Jahrhunderts das Projekt weiterführen und erst 1860 abschließen. Ein reizvoller Zugang zum Park ist das 1818 von Lorenzo Mattielli mit einer Figurengruppe ausgestattete „Rittertor".

Am **Kühnauer See** entlang geht es weiter nach Großkühnau. Bei dem See handelt es sich um einen Altarm der Elbe, denn bevor sie reguliert und damit ihr Flußbett festgelegt wurde, floß sie durch den heutigen Kühnauer See. Schilf und Auenwald prägen das Gewässer. Eine Besonderheit des Sees sind die am Nordufer liegenden „Zehn Inseln" sowie die Fischerinsel, kleine, künstlich geschaffene Eilande, die wahrscheinlich für den Hochwasserschutz, aber auch aufgrund ihrer Raumwirkung in das Ensemble der Parkgestaltung eingebaut wurden.

Weinbergschlößchen - Eröffnung der „Schule der Gartenkunst", 1997

Durch den fehlenden Zufluß der Elbe kam es zur Verlandung und zu einem extrem hohen Nährstoffeintrag. Im Rahmen einer Sanierung des Gewässers wird versucht, die ursprünglich reichhaltige Wasserflora und -fauna wieder herzustellen. In einem Wassergarten des Biosphärenreservats sollen Besucher diese Vielfalt zukünftig selbst entdecken können. Abgetragen wurde hierbei auch ein Damm aus Trümmerschutt, der den See jahrzehntelang teilte. Diese Wegebrücke ist verschwunden. Dafür wird es eine direkte Wegeverbindung von der Dessauer Kläranlage am Kornhaus am nördlichen Seeufer entlang zum Freibad Großkühnau am westlichen Ortsrand geben. An heißen Sommertagen kann hier ohne Naturschutz-, Denkmalschutz- und Bekleidungsauflagen im See gebadet werden, was nicht nur die Kühnauer, sondern auch die „Städter aus Dessau" ausgiebig nutzen.

Die Elbe und das UNESCO-Biosphärenreservat

Die Elbe weist Besonderheiten auf, die am Rhein heute vergeblich zu suchen sind. Während in den vergangenen Jahrzehnten praktisch alle größeren Flüsse westlich der Elbe begradigt, kanalisiert und teils zu Wasserstraßen ausgebaut wurden, blieb die Elbe seit dem letzten Weltkrieg von umfassenderen wasserbaulichen Eingriffen verschont. Hoch- und Niedrigwasser wechseln in natürlichem Rhythmus einander ab und prägen das interessante Bild des Flusses.

Es darf ohne Übertreibung von einem Wunder gesprochen werden, daß die Elbe als ein naturnaher Fluß, eingebettet in die Talaue, bis heute erhalten geblieben ist – wenigstens in weiten Teilen. Nirgendwo in Deutschland gibt es noch einen auf fast 600 km Länge frei fließenden Strom und sind so große und urwüchsige Auenwälder sowie weiträumige Überschwemmungswiesen erhalten geblieben. Die Artenvielfalt und biologische Mannigfaltigkeit suchen ihresgleichen.

Auf Grund der Größe und Einzigartigkeit wurde 1979 das Gebiet der Mittleren Elbe von der UNESCO, der Umwelt- und Kulturorganisation der UNO, in das weltweite Schutzgebietsystem der Biosphärenreservate aufgenommen. 1988 wurde dieses UNESCO-Biosphärenreservat „Mittlere Elbe" um die Dessau-Wörlitzer Kulturlandschaft erweitert und umfaßt inzwischen über 43.000 Hektar.

Was ist ein Biosphärenreservat? Es handelt sich dabei um ein Großschutzgebiet, das bezüglich Größe und natürlicher Ausstattung international festgelegte Kriterien erfüllen muß. Das Gebiet der Mittleren Elbe um Dessau erfüllt mit seiner für Mitteleuropa einmaligen Stromtalaue, den Auenwäldern, Auenwiesen, Altwässern, den angrenzenden Trockenrasen und Heidegebieten diese hohen Ansprüche. Damit gehört es zu den 300 auserlesenen, die ganze Erde netzartig umspannenden Biosphärenreservaten. Diese umfassen sowohl Naturlandschaften als auch Kulturlandschaften. Das Nebeneinander von Natur und dem wirtschaftenden Menschen ist auch Gegenstand der Forschung. Im Rahmen des Forschungsprogrammes „Der Mensch und die Biosphäre" wird im Biosphärenreservat „Mittlere Elbe" die Natur untersucht, wie sie sich unter dem mehr oder weniger starken Einfluß des Menschen entwickelt. Damit ist konzeptionell auch der Unterschied zu Nationalparks angesprochen, in denen keine landwirtschaftliche Nutzung mehr stattfindet. Ein Biosphärenreservat ist in vier Zonen gegliedert.

Die Kernzone genießt den höchsten Schutzstatus. Alle Eingriffe und Nutzungen, auch das Betreten, sind strikt verboten. Die Natur soll sich darin ungestört entwickeln können. Bei den acht Totalreser-

vaten des Biosphärenreservats „Mittlere Elbe“ handelt es sich zumeist um Auenwälder und Gewässer. Sie nehmen aber lediglich 2 % der Gesamtfläche ein.

Die Naturschutzgebiete innerhalb des Biosphärenreservats, insgesamt zwölf an der Zahl, bestehen aus Wäldern, Wiesen und Gewässern. Sie umfassen rund 15 % der Gesamtfläche des Reservats. Seltene und bedrohte Pflanzen und Tiere haben in den Naturschutzgebieten Rückzugsräume gefunden. In manchen Altarmen haben wärmeliebende Schwimmblattpflanzen ihren Lebensraum. Erwähnenswert sind der Schwimmfarn sowie die eßbare Wassernuß. In früheren Jahrhunderten wurde sie zum Markt getragen; heute ist sie vom Aussterben bedroht. Von den zahlreich vorkommenden Tierarten sei besonders der Elbe-Biber erwähnt. Während er an allen anderen Flüssen Mitteleuropas ausgerottet wurde, blieb an der Mittelelbe die letzte Population erhalten.

In Naturschutzgebieten ist ein Betreten nur auf den Wegen erlaubt. Von Pflegemaßnahmen abgesehen, sind Störungen jeder Art unzulässig. Verkehrsverbot besteht für Motorfahrzeuge aller Art.

Die Zone der Landschaftsschutzgebiete (harmonischen Kulturlandschaft) nimmt mit 61 % der Gesamtfläche den größten Teil des Biosphärenreservats ein. Diese Landschaftsteile sind zwar vom Menschen geprägt, aber dennoch sehr naturnah erhalten. Im Einzelnen handelt es sich um die weiträumigen Landschaftsparks der „Dessau-Wörlitzer Kulturlandschaft“ sowie um landwirtschaftlich genutzte Gebiete, die sich durch eine Vielfalt von Büschen, Baumgruppen, Solitärbäumen und Hecken auszeichnen. Insbesondere die Wörlitzer Anlagen, die jährlich von hunderttausenden Touristen besucht werden, bedürfen ständiger Pflege und konzeptioneller Erörterungen eines „sanften Tourismus“, um sich damit harmonisch in das hohe und höchste ökologische Ansprüche stellende Biosphärenreservat einzufügen.

Die Regenerationszone umfaßt ausgeräumte Agrarlandschaften, die durch intensive Nutzung geschädigt sind. Zur Verbesserung ihres ökologischen Zustands werden Gehölze gepflanzt und Biotope angelegt. Ehemalige Truppenübungsflächen gehören zu dieser vierten Zone.

Zu den im Biosphärenreservat „Mittlere Elbe“ geschützten Tierarten zählen mehr als 40 Säugetiere, darunter Biber, Dachs, Rothirsch, Fischotter, Wasserfledermaus und Wildschwein. Desweiteren nahezu 150 Brutvogelarten und 100 Gastvogelarten, besonders charakteristisch Graureiher, Kormorane, Fischadler und Kraniche sowie bis zu 70.000 Wildgänse aus der Tundra, die hier als Wintergäste Quartier beziehen. Erwähnt werden sollen auch die fast 400 Schmetterlingsarten und eine Vielzahl seltener, oft bedrohter Lurche, Kriechtiere und Insekten. (Ernst Paul Dörfler) (41)

Der **Ort Großkühnau** geht auf eine alte sorbische Siedlung zurück, die im 10. Jahrhundert von den deutschen Königen als Burgward und strategische Befestigungsanlage zur Sicherung der damaligen feudalen Ostexpansion ausgebaut wurde. Die Burg Kühnau lag zu jener Zeit direkt an der Elbe und ging schon bald in den Besitz der weltlichen und geistlichen Feudalherren, der Askanier, über. Als Landesherren führten sie die Siedlungspolitik ein und stützten sich dabei auf Ritter und unfreie Dienstmannen, die eine Vielzahl von Burgen und Festungen entlang von Elbe und Mulde bewirtschafteten und den Zehnten von den „heidnischen“ und christlichen Bewohnern der umliegenden Dörfer erhielten. Die erste Kirche in

Kühnauer Park mit Kirche

Großkühnau wurde bereits um 975 gebaut. Die heute so idyllisch am mit Schilf bestandenen Seeufer liegende **Kühnauer Kirche** wurde allerdings erst in den Jahren 1828–1830 errichtet. Leopold Friedrich ließ sie nach dem Abriß des alten Kirchenbaus unweit des Schlosses unter Mitwirkung des Hofarchitekten Pozzi im neuromanischen Backsteinbau entwerfen. Aus dem alten Gotteshaus stammen auch die beiden Glocken, die zu den ältesten in Deutschland zählen sollen. Als weit sichtbare Landmarke ist die 1979 restaurierte Kirche in verschiedene Blickbeziehungen in die Umgebung eingebunden.

Das **Kühnauer Schloß**, gleich dahinter gelegen, diente nach seiner Fertigstellung 1750 dem „Kühnischen Prinzen", Prinz Albert, als Wohnsitz. So richtig konnte sich niemand mit dem Bau anfreunden, wozu möglicherweise auch der Mord an Erbprinz Friedrich in diesem Schloß beigetragen haben mag. Daran konnte auch eine gestalterische Überarbeitung des Gebäudes durch Pozzi nichts ändern. Später zog das Anhaltische Landesmuseum (bis 1919) in die Räumlichkeiten. Und heute ist das Schloß Sitz der Justizakademie Dessau. Beachtenswert ist der Baumbestand des Schloßgartens. Hinter stattlichen Eiben, Tulpenbäumen und Sumpfzypressen ist das Schloß unweit der Kirche zunächst nicht zu vermuten.

Auf dem Weg durch die schmalen Straßen von Kühnau liegt an der Straßenecke (Burgrainer Straße / Burgkühnauer Straße) der **Landgasthof zur Burg Reina**, bei vielen noch als „Klubhaus der Werktätigen" oder als Becker'scher Gasthof bekannt. Seinen sagenumwobenen Namen erhielt der Ort im Jahr 1862, als in der nahegelegenen Elbe die Ruine der Wasserburg Reina auftauchte. Noch heute sind in trockenen Sommern bei extrem niedrigem Wasser an beiden Ufern zwischen den Orten Kühnau und Brambach Gewölbereste der zwischen 1050 und 1100 gebauten Burganlage zu entdecken. Mehrere große Fluten nach 1300, bei denen sich der Lauf der Elbe nach Norden verlagerte, ließen die Residenz des Rittergeschlechts derer von Reina untergehen. An die glänzenden Zeiten des Dessauer Klublebens in den 70er und 80er Jahren hingegen möchte die heutige „Burg Reina" anknüpfen. Alte DDR-Rockgrößen locken wieder Hunderte in den Großkühnauer Gasthof. Am alten, verlandeten und trockengefallenen Dorfteich vorbei geht es zur Ortsdurchfahrt von Großkühnau und weiter die Kleinkühnauer Straße entlang nach Kleinkühnau.

Portal der Kühnauer Kirche

Schon lange liegen die Totenäcker nicht mehr in der Mitte der Städte. Die letzten Ruhestätten wanderten immer weiter an den Stadtrand. So auch in Dessau, wo mit dem Zentralfriedhof, der gleich am Ortseingang von Kleinkühnau liegt, ein Beispiel für den Versuch einer Zentralisierung des Friedhofs- und Bestattungswesens der Stadt Dessau studiert werden kann. Auf der Grundlage demographischer Berechnungen und Prognosen über die zukünftige Bevölkerungszahl Dessaus, vorausgesagt wurden 130.000 Einwohner für das Jahr 2025, wurde die Friedhofslandschaft Dessaus Mitte der 60er Jahre neu geordnet. Unter Berücksichtigung des wachsenden Flächenbedarfs wurde ein neuer, zentral angelegter Friedhof nach den Anforderungen einer „erneuerten Friedhofskultur [...] der sozialistischen Gesellschaft“ eingerichtet. Die Gestaltung war auf Schlichtheit angelegt, auf Repräsentationen sollte verzichtet werden, bis hin zum Wegfall von Grabhügeln. Die Anlage folgte dem Prinzip eines reibungslosen und technisch abgestimmten Friedhofsbetriebes. Die gesamte neuangelegte „Nekropolis“ am Stadtrand sollte in den vorhandenen Kiefernforst und einen 100jährigen Eichenbestand landschaftlich eingebunden werden. Entstanden ist ein wenig attraktiver Begräbnisplatz, der aber doch zu einem Halt genutzt werden sollte. Nach einiger Suche läßt sich in einem der nach Jahren angeordneten Gräberfelder im hinteren Bereich des Friedhofs der Grabstein des 1991 verstorbenen Bauhäuslers Carl Marx finden. Nicht weit vom Friedhof in Kleinkühnau entfernt kreuzt die Hauptstraße in Richtung Aken und Dessauer Innenstadt die Route. Gegenüber führt die Mosigkauer Straße an den südlichen Ortsrand, wo der Blick unvermittelt in die Ferne schweifen kann, nur gebremst durch die Sicherheitszäune des Dessauer Flughafens.

Junkersveteran

Gleich hinter dem Bahnhof Alten, von Kleinkühnau aus gesehen auf der anderen Seite des Flughafengeländes unweit der Bundeswehrkaserne, haben die Dessauer auf ihre Weise die größte städtische Brache entdeckt. Wo sich einst Junkersmaschinen in die Lüfte erhoben, wächst heute das Gras durch rissig gewordene Start- und Landebahnen, trainieren Hundevereine die Personenverteidigung.

Für die meisten Besucher verbindet sich mit dem Dessauer Flughafen der Name des Luftfahrtpioniers und Unternehmers Hugo Junkers. Bekannt sind die spektakulären Entwicklungen der Junkers Flugzeugwerke in den 20er Jahren, mit denen Dessau weltweit in die Schlagzeilen kam. Noch heute geraten Flugbegeisterte ins Schwärmen, wenn sie von den verschiedenen Flugzeugmodellen aus dem Hause Junkers berichten, die sie enthusiastisch z.B. „Tante Ju“ getauft haben.

Aber auch ein unbequemes Stück Geschichte Dessaus läßt sich am Flughafen entdecken. Nur ungern wird heute von den Montagewerften für die JU-Bomber gesprochen, den sogenannten Fremdarbeitersiedlungen und Zwangslagern in Alten, am Rand der Kienheide und am Zoberberg, die allesamt Bestandteil einer der wichtigsten

Waffenschmieden Hermann Görings im Zweiten Weltkrieg waren. Spuren dieser Barackenlager sind noch zwischen den Kleingartenanlagen zu finden.

Flughafen Dessau und die Dessauer Flugzeugindustrie

1917. Feuchtes Wiesengelände zwischen den Ortschaften Alten und Mosigkau. Am westlichen Rand von Dessau richtet sich Prof. Hugo Junkers ein erstes Versuchsfeld für seine Flugzeugproduktion ein. In Einzelteilen werden die Maschinen zum Testgelände gebracht, bei Wasserflugzeugen sogar bis zum Kornhaus an der Elbe. Bei der rasch voranschreitenden Entwicklung größerer Flugzeugmodelle, insbesondere auch Passagiermaschinen, steigt der Bedarf an befestigten Rollbahnen. Das erste Ganzmetallflugzeug, ein Kabinentiefdecker, startet 1919 zum Jungfernflug. Es folgt ein Rekordflug in 6.750 m Höhe, der erste Transatlantikflug wird vorbereitet. Erst 1926 wird nördlich der Bahnlinie Dessau-Köthen eine Start- und Landebahn aus Beton angelegt und damit die Voraussetzung für die Anbindung an das wachsende Verkehrsflugliniennetz geschaffen. Die industrielle Entwicklungsdynamik jener Zeit muß enorm gewesen sein. Eine 1922 vom Großkraftwerk Zschornewitz nach Magdeburg reichende Überlandleitung wird eigens für den Ausbau des Flughafens verlegt. Zeitliche Analogien gibt es auch in der Betriebsgeschichte beider Industrien: Am 12. Dezember 1915 startet der erste Junkersflug, drei Tage später, am 15. Dezember 1915, nimmt das Braunkohlegroßkraftwerk Zschornewitz seinen Betrieb auf.

In der Folgezeit entwickeln sich die Junkers Flugzeug- und Motorenwerke zu einem der wichtigsten Standorte der Rüstungsindustrie des Deutschen Reiches. Es folgt der Bau ausgedehnter Produktionsanlagen sowie eine Erweiterung des Flughafens. Bis zu 6.600 Zwangs- und Rüstungsarbeiter werden in verschiedenen Barackenlagern im Umfeld des Flughafens untergebracht. In einem westlich gelegenen Waldstück, der „Elsforth“, dient ein beweglicher Schieß-

Postkarte, 1920

stand zum Erproben der Bordwaffen. Nach 1945 liegt das unter militärischer Aufsicht stehende Gelände in weiten Teilen brach, 1979 wird jeglicher Flugverkehr eingestellt.

Start einer „Ju“, 1929

1989. Gleich nach der „Wende“ beginnen Bemühungen für eine Wiederbelebung des Flughafens. Historische Junkersmaschinen weihen im August 1994 eine neu gebaute Landebahn mit einem großen Flughafenfest ein. Ein Förderverein bemüht sich um den Aufbau eines „Technik- und Luftfahrtmuseums Hugo Junkers“ unweit des ehemaligen Zentralgebäudes der Junkers-Werke.
In dem vom Architekten Werner Issel 1934 entworfenen Bau in der Kühnauer Straße residiert heute das Regierungspräsidium und das o.g. Museum. Gleich dahinter befinden sich letzte Reste der Flugzeugproduktion, die übergroßen Betonröhren einer Windkanalstation. Große Hoffnung in die Belebung des Flughafens hegt die Dessauer Wirtschaft. Er soll sich einreihen in die Liste der kleinen und flexiblen City-Airports. In der Diskussion sind bereits Pläne für den Neubau und die Verlängerung von Landebahnen über altes Militärgelände in Richtung Mosigkau. Seitdem die Idee einer Ansiedlung des Umweltbundesamtes am Rande des Flughafens in Alten vom Tisch ist, muß auch über einen solchen „Hausparkplatz“ neu nachgedacht werden.

Südlich von Kleinkühnau scheint diese Geschichte merkwürdig weit weg zu sein. Nur ein alter Flughangar, eine Segelflughalle, die noch aus den Zeiten von Hugo Junkers stammen und nur wenige Meter vom heutigen Flughafentower entfernt liegen, verweisen in jene Zeit. Der 1990 gegründete Fliegerklub Hugo Junkers, hervorgegangen aus einer Gruppe Segelflieger, nutzt die Halle für ihre „schwebenden Vögel“. Wer Glück hat, trifft die Piloten bei der Arbeit an und kann mit ihnen sicher über eine „Inspektion der Tour aus der Luft“ verhandeln, ansonsten geht es am westlichen Rand des Flughafengeländes weiter Richtung Mosigkau.

Nach 1945 nutzte die sowjetische Armee das Gelände über Jahre für Panzerübungen. So bedarf es schon manchmal der ermutigenden Worte der Bewohner der kleinen Siedlung hinter Bergens Busch, um Zweifel am Weiterfahren zu zerstreuen. Hinweisschilder des Bundesvermögensamtes entlang der „Panzerstraße“ machen deutlich: dies ist ein Konversionsgelände, Lebensgefahr! – lediglich touristisches Zukunftsland am Rande der Stadt? Auch der bei nassem Wetter schlechte Wegezustand sollte deshalb nicht zum Verlassen des Pfades ermutigen. Schießstände, Schützengräben und Beobachtungsposten begleiten den nach Südwesten abknickenden Weg, bis eine kleine Brücke über die auch Landgraben genannte Taube anzeigt, daß Mosigkau in Sicht kommt.

Der Name der an der Bahnlinie Dessau-Köthen liegenden Gartensparte „Sonnige Höhe“ stimmt fröhlich. Viele scheinen sich hier im Kleingartengebiet schon länger eingerichtet zu haben. Am nördlichen Rand von

Schloß Mosigkau - Eingangsportal

Mosigkau liegt auch der Bahnhof. Wer möchte, gelangt von hier via Schienenstrang zurück nach Dessau.

Anfang des 18. Jahrhunderts verband das Dorf **Mosigkau** mit der Stadt Dessau nur eine unsichere Wegverbindung durch die sumpfige Taubeniederung. Für Reisende war es üblich, den Pfad über die trockenen Hochflächen der Mosigkauer Heide in die Residenzstadt an der Mulde zu wählen. Zwei landwirtschaftliche Güter prägten zu dieser Zeit das Dorf Mosigkau: das Stubenrauch'sche Gut und das 1704 gegründete fürstliche Vorwerk. Der damalige Regent, Fürst Leopold von Anhalt-Dessau (1676–1747), brachte mit wirtschaftlichem Druck und einer rigorosen Bodenpolitik die Ländereien in seinen Besitz und vermachte diesen wiederum seiner Tochter Prinzessin Anna Wilhelmine (1715–1780) abgabefrei.

Die gute finanzielle Ausstattung als „Freigut" ermöglichte später die Entwicklung des Sommersitzes der Prinzessin vom Gutshof zum **Schloß Mosigkau**.

Der Stadtbus vom Hauptbahnhof in Dessau kommend, hält direkt vor den beiden Orangeriebauten, die den Zugang zum Staatlichen Museum Schloß Mosigkau flankieren. Die Stadt hat ihr kulturelles Erbe entdeckt, die „Vorwerke nähren wieder". Sonderschauen im Schloß und die jährlichen Sommerausstellungen zeitgenössischer Kunst im Schloßpark, bei denen Kunstgrößen wie Bruce Nauman oder Rebecca Horn ausstellten, öffnen den Ort auch für ein breiteres Publikum.

Skulpturengalerie in der Orangerie

Das Schloß, gegliedert durch das nach Norden gewandte Hauptgebäude und zwei Flügelbauten, wurde 1752–1757 wahrscheinlich nach Plänen des in jenen Jahren in Berlin verschmähten „Star-Architekten“ Georg Wenzeslaus von Knobelsdorff (1699–1753), errichtet.

Die beiden Pavillons und weitere Nebengebäude bilden einen Ehrenhof und zugleich die repräsentative Fassade der Anlage. Im Inneren des Schlosses befindet sich einer der wenigen erhalten gebliebenen Gemäldesäle des Barock mit einer sehenswerten Bildersammlung, deren Kern aus dem 17. Jahrhundert stammt. Ein Besuch der „Galerie der Niederländer“, eingerahmt von einer der schönsten Stuckdecken des Rokoko, läßt die Zeit lebendig werden, als der Maler Anthonis van Dyck den vierjährigen Wilhelm von Nassau Oranien als „Kleinen Prinzen“ auf die Leinwand bannte. Die übrigen Räume sind eher schlicht gehalten, wie überhaupt das ganze Schloß angenehm zurückhaltend gestaltet ist.

Der **Schloßpark** erinnert an städtische Palaisgärten. Die umliegenden Guts- und Bauerngärten ließen gestalterische Öffnungen zur umliegenden Landschaft kaum zu. Dicht ist der Park an das Gebäude gerückt. So entstand ein fast intimer, salonhaft wirkender Park, in dem heute nur noch einzelne Elemente an das nach französischen und holländischen Vorbildern gestaltete Original erinnern: Heckenkabinette, ein Goldfischteich und Reste eines Irrgartens. Der Japanische Garten stammt aus dem Jahr 1775. Den Gärtnern Schoch und Eyserbeck galt die Mosigkauer Anlage angesichts der damals modernen englischen Wörlitzer Entwicklungen als „altmodisch“. Immer „en vogue“ war hingegen der einzigartige Bestand an Orangenbäumen und anderen „Citrusfrüchten“, die in den beiden Orangerien die Jahrhunderte überlebten. Einige der Kübelpflanzen sollen noch aus der Zeit der Prinzessin Amalie stammen.

Die unverheiratet gebliebene Prinzessin hatte noch vor ihrem Tode über die Zukunft ihres Besitzes entschieden. „Frauenbewegt“ scherte sie aus den üblichen Erbfolgen aus und verfügte, die Schloßanlage in das „Hochadlige Fräuleinstift zu Mosigkau“ zu überführen. Bis in die 1950er Jahre fand so ein „Frauenhaus für den verarmten Adel“ Domizil im Schloß. Der **Friedhof der Stiftsdamen**, der nördlich der Schloßanlage eingerichtet wurde, vermittelt etwas von der damaligen zurückgezogenen Ruhe des Stiftes. Doch der Eindruck mag täuschen. Als im Jahre 1836 die Tabakbauern in Mosigkau im Vorfeld der bürgerlichen 1848er Revolution gegen neue Steuern auf die Straße gingen, bekamen sie unerwartete Unterstützung durch die Äbtissin des Stiftes, Anette von Gaffley.

Zur Erfrischung ist im Sommer das Freibad am Mühlenteich im Süden Mosigkaus am Rande des **Rößlings** zu empfehlen. Schon seit Mitte der 80er Jahre versammeln sich dort Dessauer „Stadtindianer“, um indianische Kultur zu praktizieren. Längst gehören die Schwitzhütten und Tipis bei den spirituell und nicht zuletzt auch politisch motivierten Treffen zum gewohnten Bild. Für kurze Zeit ist dann „das Indianerdorf“ die sicherlich überraschendste Stadterweiterung, „kleine Fluchten“ und Gegenentwurf zu den nur wenige Kilometer entfernten Industrieanlagen Dessaus.

Die historisch bewährte „trockene Landverbindung“ zwischen **Mosigkau und Kochstedt** weist die Lichtenauer Straße. Das Gebiet zwischen den Orten Mosigkau, Alten und Kochstedt ist seit jeher vom Wasser geprägt. Der Bachlauf der Taube markiert eine von Südosten nach Nordwesten zur Elbe reichende eiszeitliche Rinne der Mulde. Der Zoberberg bildet die südliche Uferkante des Elb-Urstromtals. Mit 76 Metern ist er Dessaus höchste natürliche Erhebung und frühgeschichtliches Siedlungsgebiet, wie Ausgrabungen belegt haben. Die Niederung ist ein quellenreiches Gelände mit einer vielfältigen Tier- und Pflanzenwelt. Kiesabbau, wilde Müllkippen, aber auch Hecken, Äcker und Wiesen prägen das Bild.

Für die Stadtentwicklung von Dessau nach Westen war das Gebiet immer eine Art natürliche Barriere, die aber ihrerseits eine Herausforderung an ingenieur- und siedlungstechnische Erschließungpläne darstellte.

Knapp zwei Jahrzehnte, bevor Hugo Junkers das feuchte Wiesengelände südlich von Alten als Testgelände für die anlaufende Flugzeugproduktion nutzt, hatte für das Bauerndorf Alten das Industriezeitalter begonnen. Den Startpunkt für den rasanten Entwicklungsprozeß setzte 1889 die Ansiedlung einer Zuckerfabrik. Bereits ein Jahr später wurden mit dem Bau des Bahnhofs wichtige Voraussetzungen für die Ansiedlung weiterer Industriebetriebe geschaffen. Im Zuge dieser Industrialisierungswelle wurden aufgrund des stark gestiegenen Bedarfs an Wohnraum die Ränder der Taubeniederung für den Siedlungsbau erschlossen. So sollten beispielsweise Arbeiter des Junkerskonzerns in eine „Gemeinschaftssiedlung“ am Rande von Mosigkau ziehen. Der Siedlungsentwurf von Heinrich Tessenow wurde allerdings nicht realisiert. Statt dessen siedelten auf dem bereits vorbereiteten Grundstück beim Freibad 1945 Werksangehörige, deren Häuser und Wohnungen ausgebombt waren, in Behelfsheimen.

In der Mosigkauer Heide

Rundsiedlung Zoberberg

Die besondere Lage am Rande der Stadt machte auch den Zoberberg aus städtebaulicher Sicht interessant. 1938 ließ die Bauleitung der Luftwaffe im Zuge der Planungen zur Gau-Hauptstadt Dessau bei Kochstedt die **Rundlingssiedlung Zoberberg** mit vierzig Doppelhäusern errichten. Ausgestattet mit Wohnküche, Bodenstube, Stallanlagen und großem Garten sollte sie von Arbeitern, Angestellten und kinderreichen Familien der nahegelegenen Flak-Kaserne bezogen werden. Das damalige städtebauliche Credo der Nationalsozialisten, die mit dem Bau solcher randstädtischer Kleinsiedlungen ihrer Abneigung gegen das großstädtische Leben und mit Nachdruck agrarkonservativen Leitbildern Ausdruck verleihen wollten, liest sich im Anhalter Anzeiger vom 15.07.1938 anläßlich des Richtfestes wie folgt:

Der Blick [...] wird auf der einen Seite über die hübschen, neu entstandenen [...] Häuser streichen, auf der anderen Seite dagegen ruht er auf den Kornfeldern [...]; am Horizont, man möchte sagen am Rand dieser Felder, in einen leichten Dunst gehüllt, liegt Dessau, die große Stadt, mit ihren Schornsteinen, den hohen Häusern und Türmen. Ein schönes Stückchen Erde, das, vielen Dessauern unbekannt, abseits von den großen und lauten Verkehrsstraßen liegt.

Für die in jüngster Zeit am Niederungshang entstehenden Wohnsiedlungen und Eigenheime entlang der Straße scheint eine solche „Top-Lage“ auch heute ihren Reiz nicht verloren zu haben.

Für die meisten Dessauer verbindet sich mit dem **Zoberberg** allerdings das Neubaugebiet „Dessau-Zoberberg“ am Rande von Alten auf der anderen Seite der Niederung. Auf den landwirtschaftlich genutzten Flächen zwischen Alten, Mosigkau und Kochstedt wurden im Zuge des Wohnungsbauprogramms der DDR bis in das Jahr 1995 hinein 20.000 Wohnungen für etwa 60.000 Menschen projektiert. Mit dem Bau der Großsiedlung sollten die städtebaulichen Voraussetzungen für umfangreiche Industrievorhaben im Westen der Stadt geschaffen werden. Hierzu gehörte auch die Errichtung eines Kernkraftwerkes auf dem Hochufer der Elbe bei Rodleben. Dessaus Eintritt ins Atomzeitalter scheiterte allerdings. Weniger anspruchsvoll, aber dennoch tiefgreifend in ihren Folgen waren die ingenieurtechnischen Maßnahmen zum Bau der Großsiedlung. Dauerhafte Grundwasserabsenkungen waren notwendig, um überhaupt in der feuchten Niederung bauen zu können. Mit den Reizen der Landschaft wurde für den neuen Wohnraum geworben. Mit Wohnumfeldverbesserungen wird gegenwärtig versucht, städtebauliche Defizite der Siedlung zu überwinden. In der Nachbarschaft liegt der „Junkers-Gewerbepark", eine typische Stadterweiterung der „Nachwendezeit".

Auch **Kochstedt** gehörte ab 1706 zum Ring der fürstlichen Güter um Dessau. Am Ort des ehemaligen Vorwerkes, gegenüber der heutigen Post, lassen sich noch Spuren der alten Dorfhäuser entlang der Straße finden, mit Lehm verputzte Wände, Bogendächer, kleine Wirtschaftshöfe, Ställe. Das bäuerliche Leben wandelte sich rasch mit der einsetzenden Industrialisierung. Randstädtische Funktionen, wie beispielsweise eine Abdeckerei, wurden nach Kochstedt gelegt, selbst eine Eisenbahnverbindung wurde gebaut (und 1939 eingestellt).

Umfangreiche Siedlungsprojekte nach der Jahrhundertwende, vor allem aber in den Jahren vor dem Zweiten Weltkrieg, veränderten die Bevölkerungsstruktur. Zu dieser Zeit arbeitete die Mehrzahl der Kochstedter bereits in der nahen Stadt. Verschiedene Wohnungsbaugesellschaften errichteten kurz vor dem Krieg in Kochstedt Siedlungen für die Industriearbeiterschaft auf dem „Lande". Das Zentrum des Ortes erhielt im wesentlichen in dieser Zeit seine heutige Gestalt.

Der Wohnungsbau stand auch in Zusammenhang mit der Gründung einer Flak-Garnison im Jahr 1937, die kurz vor dem Ausbruch des Krieges 2.200 Soldaten umfaßte. Das Gelände am Rand der waldigen Mosigkauer Heide wurde bis in die 90er Jahre militärisch genutzt. 1991 zog die russische Armee aus Kochstedt ab, die dort seit 1958 eine Panzereinheit stationiert hatte. 65 Hektar von Kochstedt tragen seitdem den Status eines Konversions- und Sanierungsgebiets. An der Bushaltestelle vor den Toren wird wieder Russisch gesprochen, denn in einigen Gebäuden sind jüdische Kontingentflüchtlinge untergebracht. Am Haupttor grüßt die Musterfamilie eines geplanten Wohnparks von der Plakatwand herunter die Passanten. Diesem Hoffnungsträger der Stadtentwicklung konnte auch die geplante Einrichtung eines Zwischenlagers für schwachradioaktive Abfälle auf dem ehemaligen Kasernengelände keinen Abbruch tun.

Gleich am Ende der Kasernenmauern entlang der Straße in Richtung Dessau findet die Tour auf der **Hohen Straße** ihren Fortgang. Dieses Zwischen- und Niemandsland gehört den „Böhsen Onkelz", wie es Anhänger dieser rechtsradikalen Kultband an einen Beobachtungsstand am alten Autodrom gesprüht haben.

Darunter ein weiteres unmißverständliches Graffito: Nekrophil! Motocrossbegeisterte und Männer mittleren Alters mit Hund bestimmen das Bild. Für viele Dessauer ist dieser Waldweg die geheime, weil für den öffentlichen Verkehr gesperrte, Abkürzung in den Süden der Stadt, eine Verbindung mit fürstlicher und siedlungsgeschichtlicher Tradition, wie zu lesen war. Hinter den Baumwipfeln nur zu erahnen ist die Kuppe des „Scherbelberges". Hierbei handelt es sich nicht um den Hausberg von Dessau, son-

Ehemaliger Truppenübungsplatz in Kochstedt

dern um eine weitere Funktion der Peripherie, die zentrale städtische Hausmülldeponie. Eine Besteigung verbietet sich somit, nicht aber eine Besichtigung. In den letzten Jahren wurde die bis dato recht ungeordnete Deponie in Teilen saniert. Zusammen mit dem Dessauer Umweltamt wird an einer Nutzung der anfallenden Deponiegase in einem Blockheizkraftwerk gearbeitet. Noch keine Lösung hat man allerdings für die Reinigung des verseuchten Grundwassers im Umfeld der Deponie gefunden.

Mehr Beschaulichkeit kündigt schon bald eine Schutz- und Rasthütte mit Wanderwegekarte an. Das **Forsthaus Speckinge** ist erreicht. Erst auf den zweiten Blick erschließt sich, daß die Försterei an der Hohen Straße ein frühes Beispiel für die Umnutzung eines brachliegenden Industriegeländes ist. Denn erst in den 70er Jahren des letzten Jahrhunderts zog hier die grüne Zunft ein. Über einhundert Jahre lang war das Gelände zuvor als Ziegelei genutzt worden. Lehmvorkommen entlang des nahen Landgrabens hatten 1743 den Erbprinzen Leopold Maximilian bewogen, an dieser Stelle die Ziegelproduktion aufzunehmen. Mehrere Generationen von Ziegelmeistern betrieben an den Speckingen einen florierenden Ziegeleibetrieb. 1857 gab der Bau der Bitterfelder Eisenbahn einen Entwicklungsschub. Jetzt konnten die Brennöfen auf Kohlefeuerung umgestellt werden, der Absatz erweiterte sich bis nach Halle und Leipzig. „Ökologische" Bedenken des damaligen Landesherrn, Herzog Leopold Friedrichs, ließen die notwendige Erschließung weiterer Lehmvorkommen scheitern. Er verhinderte das Fällen mehrerer Eichen auf dem neuen Abbaugelände und kritisierte die aufkommende industrielle „Massenproduktion", die die Schönheit der Landschaft verunstalte. Da paßten die nach der Schließung der Ziegelei einziehenden Jagdgesellschaften an den Speckingen weit besser in das Bild dieses frühen Heimatschutzes.

Ohne herzogliche Unterstützung auskommen mußte hingegen in den Jahren nach der „Wende" eine Bürgerinitiative, die den Bau eines Verteilzentrums des Kaufhausriesen „Horten" hinter den Speckingen verhindern wollte. Wiederum richtete sich der Protest gegen das Fällen von Bäumen und die Landschaftszersiedlung. Das Projekt wurde gekippt, und die Platanen entlang der Straße blieben erhalten. So gut wie beschlossen allerdings ist die Realisierung der seit 1978 bestehenden Pläne zum Bau einer Südanbindung von Dessau. In leichter Abweichung folgt die geplante Trasse der traditionellen Süd-West-Verbindung und wird nördlich an den Speckingen vorbeiführen. Zusammen mit dem sich im Südwesten Dessaus abzeichnenden Industrie- und Gewerbegürtel wird sie zukünftig den neuen Dessauer Stadtrand markieren. Die betroffenen Kleingärtner haben sich zur Bürgerinitiative formiert.

Die Wanderwegemarkierungen an der Rasthütte weisen den Weg durch den Wald zur nächsten Station, dem „großen Bruder" der Speckinge, dem Forsthaus der Haideburger Anlagen. Wer früher aus der Stadt fuhr oder durch die weite Mosigkauer Heide wanderte, sah schon aus der Ferne die Turmspitze des Forsthauses.

Jagdhaus Haideburg, um 1930

Dem aus Richtung Leipzig–Bitterfeld kommenden Reisenden war das Gartenreich schon durch den „Haidekrug" angekündigt. In den Haideburger Anlagen stießen die Besucher nicht nur auf ein Jagdhaus, eine Försterei, Gärtnerei und einen Sandsteinhirsch, sondern auch auf einen Ausschank: eine Raststätte für die Besucherströme des Gartenreichs. Dem nach Erdmannsdorff 1782/83 erbauten **Jagdhaus** lag eine besondere Idee zugrunde: Als Ruine erbaut sollte es zugleich ein Wohnhaus sein. „Soll eine alte gothische Kirche gewesen seyn, die an der einen Seite zerfallen, woran ein Haus gebaut ist. Er (Franz) muß es aber auch brav anrußen lassen, damit man das Neue nicht so sehr sieht", witzelte ein Zeitgenosse. (42) Während die Nutzung als Oberförsterei (Forstamt) bis heute geblieben ist, haben die Anlagen den Charakter einer ins Gartenreich integrierten Park- bzw. Gartenanlage verloren. Der erste Einschnitt kam durch den Bau der Eisenbahn Dessau–Bitterfeld. Die Gleise können hinter der Oberförsterei in östliche Richtung über eine kleine Brücke überquert werden. Jenseits der Brücke liegt eine in den 70er/80er Jahren erbaute Siedlung. Wer hier bauen und wohnen konnte, mußte schon ein goldenes Handwerk, viel Geld und/oder einschlägige Kontakte zur „Partei der Arbeiterklasse" haben.

Nicht weit entfernt liegt die **IG-Farben-Siedlung** von 1939/40, erbaut nach dem Architekten Prof. Bruno Paul (Berlin) und dem Gartenbaudirektor Hans Schmidt (Dessau).

„Wunderschön, vor allem im Sommer, ist es an der Alten Leipziger Straße und am Ginsterweg. Tüchtig ist hier draußen, zwischen dem Stadtteil Dessau-Süd und Dessau-Törten gebaut worden [...] und immer noch weiter schiebt sich Dessau nach dem Süden vor", beschrieb 1939 der Anhalter Anzeiger die „Dauerparksiedlung". Diese Ausdehnung der nationalsozialistischen Siedlungslandschaft nach Süden war kein Zufall. Nach einer Planung von 1934/35 sollte in der Mitte zwischen den Industriestandorten Bitterfeld und Dessau eine mustergültige

Vogelsiedlung - Siedlerstelle

„Kleinstadt H" entstehen. Auch wenn das Projekt wegen zu hoher Kosten bis auf die Reichssiedlung in Raguhn nicht realisiert wurde, war das Zusammenwachsen von Bitterfeld und Dessau programmatisch. Schon der Bauhaus-Architekt Hilbersheimer ließ im Plan 1932 entlang der Bahntrasse eine durchgehende „Bandstadt" entstehen. Während in anderen Stadtteilen Dessaus längst schon der Massenwohnungsbau boomte, entstand hier für die leitenden Angestellten der IG-Farben eine kleinstädtisch-agrarisch orientierte Siedlungsidylle. Durch den Übergang der Waldheide zur Stadt glich der Standort für die Einzel- und Gruppenhäuser einem Park. Eine architektonische und gärtnerische Gesamtinszenierung veranlaßte den Anhalter Anzeiger 1939 zu folgendem Lob: „Die Einfamilienhäuser haben eigene Wirtschaftsgärten, wobei ein Terrassengarten vom Hause zum Wirtschaftsgarten hinleitet." Die Wirtschaftsgärten wurden ebenfalls vom Gartengestalter ausgestattet nach biologisch-dynamischen Gesichtspunkten.

Auf dem Weg nach Törten liegen rechts der Naturlehrpfad Kümmerlinge–Alte Leipziger Straße und das 1976 eröffnete Waldbad „Freundschaft". Törten ist eines jener Dörfer im Dessauer Umland, die über Jahrhunderte abseits des städtischen Geschehens eigenständig blieben. Erst die Industrialisierung um die Jahrhundertwende erweckte das Dorf aus seinem Dornröschenschlaf, was zur Folge hatte, daß das Dorf als Stadtteil Dessau-Törten 1923 eingemeindet wurde. Der Höhepunkt des „Dorfes" Törten ist die auf einem hohen Grabhügel gelegene Kirche. Der Grabhügel neben der Kirche wurde angelegt, um die Gebeine der Verstorbenen vom Hochwasser nicht hinwegspülen zu lassen. Wer heute über den Hügel läuft, weiß Jahrhunderte des menschlichen Vergehens unter sich. Die 1228 erstmals urkundlich erwähnte romanische Kirche mußte 1953 nach der Kriegszerstörung neu aufgebaut werden. Da das Dorf bis ins Mittelalter an der Mulde lag und vom Fischfang lebte, bekam sie den Namen des Schutzheiligen der Fischer: St. Petrus. Vom Hügel der Kirche bietet sich ein sehr schöner Blick auf die Aue mit dem südöstlichen Stadtrand.

Unmittelbar hinter dem ehemaligen Dorf beginnen zwei weitere Siedlungen des Dritten Reiches: die Kreuzberg- und Vogelsiedlung. Die Straße führt direkt zur **Kreuzbergsiedlung**. Zweihundert Eigenheime entstanden im Auftrag der Junkerswerke und wurden nach der Fertigstellung den recht gut bezahlten Junkers-Arbeitern übereignet. Sämtliche Häuser waren typisiert: Im Erdgeschoß Wohnküche und zwei Zimmer, im Keller eine Waschküche. In unmittelbarer Nachbarschaft zur Gropiussiedlung gelegen, hielt sie für einen Vergleich in der Presse her: „Vergleicht man das Gesamtbild dieser Siedlung [...] mit dem der Gropiushäuser, so kann man mit Genugtuung feststellen, daß diese neue Siedlungsform mit ihren zahlreichen spitzen Giebeln inmitten einer grünenden Landschaft dem deutschen Schönheitsempfinden viel mehr gibt, als jene viereckigen Kästen, deren Häuserfronten mit hohen oder schmalen Fenstern durchzogen sind."

Die **Vogelsiedlung** hat ihren Beginn noch vor 1933, da die Nationalsozialisten ein bereits 1931 beschlossenes Wohnungsbauprogramm lediglich im Amsel- und Finkenweg weiterführten. Damit war sie das erste Siedlungsprojekt, das als Propaganda der nationalsozialistischen Siedlungspolitik herhalten konnte. „Die Hauptsache ist die Siedlung selbst, die deutschen Charakter trägt, zweckmäßige, schöne Häuser enthält, billig und doch gut ist und genügend Platz für glückliche Menschen birgt. Wir traten in ein solches Haus mit rotem Ziegeldach und begrüßten eine Familie mit zehn Köpfen! Beim letzten Jungen wurde Hindenburg Pate, beim nächsten soll es Hitler werden!“ Für die Fahrt durch die Siedlung gibt es mehrere Möglichkeiten; wichtig ist, daß die Kreuzbergstraße erreicht wird.

Die Kreuzbergstraße und die sie fortsetzende Ludwigshafener Straße führen entlang der Mulde in Richtung Stadtzentrum. Auf halber Strecke kann auf einer kleinen Holzbrücke die Mulde überquert und eine Abkürzung nach Mildensee gewählt werden. Da die Wege im Hinteren Tiergarten nicht immer leicht befahrbar sind und es noch keine ausgewiesene Radwegeverbindung nach Mildensee gibt, ist für Ortsunkundige die Weiterfahrt diesseits der Mulde angeraten. Auf dem unmittelbar neben der Brücke beginnenden ersten Teilstück des zukünftig 4,8 km langen „Mulduferrandwegs“ geht die Fahrt weiter. Unterwegs liegt links das Paul-Greifzu-Stadion, benannt nach einem hiesigen Rennfahrer. Der Weg führt direkt zum historischen Stadtzentrum um Johannbau und Marienkirche: Der „Rand“ liegt hier unmittelbar neben dem Zentrum.

An der nächsten Fußgängerbrücke ist in nur einiger Entfernung flußabwärts das **Muldewehr** zu sehen. Seine ursprüngliche Form war ein etwas weiter flußaufwärts liegendes Gestänge. Zusammen mit der fürstlichen Mühle war es eines der ältesten technischen Anlagen der Stadt.

Das heutige Wehr wurde 1986-89 erbaut, um den Dessauer Grundwasserstand zu halten und die Sohlenerosion der Mulde zu vermindern. Allerdings verhindert dieses rund drei Meter hohe Bauwerk einigen Fischarten das Passieren. Bis Anfang des 20. Jahrhunderts war hier noch Lachsfang möglich. Danach wurde durch das Abwasser der Chemischen Werke in Bitterfeld / Wolfen und anderer Einleiter aus dem einst fischreichen Fluß eine Kloake. Stinkend und teilweise in wechselnden Farben, die von den jeweils eingeleiteten Chemikalien abhängig waren, kam der Fluß in Dessau an. Bei

Wasserturm am Vorderen Tiergarten

Hochwasser wälzte der geschundene Fluß seine giftige Last auf die Auen. Seit 1989/90 die ersten Anlagen in Bitterfeld / Wolfen abgeschaltet wurden, hat sich der Fluß wesentlich erholt. Es wird vermutlich noch einige Generationen dauern, bis die Mulde wieder ihre alte Lebendigkeit erreicht hat. (43)

Wer hinter der Fußgängerbrücke an der inneren Stadtkante weiterfahren und die Tour bis zur Jonitzer Mühle etwas abkürzen möchte, fährt flußabwärts bis zur Autobrücke weiter. Hinter der Brücke zweigt links eine Straße in die „Wasserstadt" ab. Am Ende der Straße – sie ist im letzten Stück eine wunderschöne Pappelallee – muß vor der Jonitzer Mühle nochmals die Mulde überquert werden.

Wer dagegen den kleinen Bogen nach Mildensee nicht scheut, kann seinen Weg von der Holzbrücke aus auf dem Fürst-Franz-Weg (rote Markierung) durch den **Tiergarten** fortsetzen.

Der Tiergarten diente seit Anfang des 17. Jahrhunderts den anhaltischen Fürsten als „Tierpark" und war z.T. eingezäuntes Wildgehege. Die heutige Landschaft des Tiergartens hat ihren Ursprung im Mittelalter. Damals wurden die fruchttragenden Eichen für die Schweinemast freigeschlagen. So entstanden im Laufe der Zeit die für die Dessauer Auen charakteristischen Solitäreichen-Wiesen. Die Pflege dieses „Landschaftsmuseums" ist heute ein recht aufwendiges Unterfangen, da das Mähgut auf Grund seines hohen Schadstoffgehalts als Sondermüll entsorgt werden muß. Die typischen Eichen des Tiergartens sind durchschnittlich zweihundert Jahre alt. Nach einer ca. 2-3 km langen Fahrt auf dem Fürst-Franz-Weg ist die etwas erhöht liegende Kirche von Mildensee zu sehen.

Das ehemalige Dorf **Mildensee** ist heute ein Stadtteil von Dessau. Den Ursprung hat der Ort in den slawischen Dörfern Scholitz und Pötnitz; in der Nazizeit wurden die beiden Dörfer unter dem heutigen Namen zusammengefaßt.

Die neugotische **Pötnitzer Kirche**, 1804-06 nach Plänen von Pozzi errichtet, ist für die verständnisvolle Rezeption ländlicher deutscher Backsteingotik das früheste und schönste Beispiel der deutschen Neugotik. Da es in der damaligen Forschung zur Architektur- und Kunstgeschichte noch keine detaillierten Untersuchungen zur Romanik und Gotik gab, wurde auf das gute ästhetische Empfinden der Architekten gesetzt. Im Ensemble der unter Franz geschaffenen neugotischen Bauwerke ist die Pötnitzer Kirche insofern bedeutend, als sie sich durch einen höheren Grad an Historizität (im Detail) gegenüber den vorher von Erdmannsdorff geschaffenen Bauwerken (Wallwitzburg, Kirche in Riesigk...) auszeichnet. Die einschiffige Kirche entstand durch den Umbau einer spätromanischen basilikalen Konventskirche aus dem 12. Jahrhundert, deren Seitenschiffe abgetragen wurden.

Für den neugotischen Charakter wurden weiterhin Querarme und Chor durch Backsteinformen ergänzt und über der Vierung ein Turm in englischer Weise aufgesetzt. Dabei wurde besonders auf die Wirkung des Turmes in der flachen Landschaft geachtet und ein Kontrast zum nicht weit entfernten klassizistischen **Turm der acht Winde** hergestellt.

In nur einiger Entfernung befindet sich hinter der Kirche ein Landschulheim. Von diesem geht es entlang der Straße weiter zum Scholitzer See und zum Turm der acht Winde. Der 1811-12 auf einem künstlichen Hügel errichtete achteckige Turm war ursprünglich als Mausoleum für den Fürsten

Franz gedacht. Das Vorbild dieses Bauwerks war der „Turm der Winde“ in Athen. Seine zweite Bezeichnung als „Napoleonsturm“ verweist auf die Verehrung, die in Anhalt damals Napoleon entgegengegebracht wurde. Nach dem Sturz Napoleons 1815 wandte sich der Fürst von diesem Grabmahl ab und ließ sich in der Walderseer (bzw. Jonitzer) Kirche eine Gruft bauen. Etwas weiter in Richtung Kleutsch liegt auf der rechten Seite der Hauptstraße das neugotische Landjägerhaus mit seinem tonnenartig gewölbten Bohlenbinderdach.

Nach dem „Turm der acht Winde“ geht es auf der Breitscheidstraße bis zur Oranienbaumer Chaussee weiter. Auf der gegenüberliegenden Seite der sehr stark befahrenen Straße führt die Alte Mildenseer Straße geradewegs nach Waldersee. Mit ihrem Kopfsteinpflaster und den wegsäumenden Eichen vermittelt die alte Straße das Reisegefühl der Postkutschenzeit. Am Ende der Straße erscheint der Rehsumpf, ein Altwasser der Jonitzer Mulde mit Flußbad. Da alle Häuser der Freizeitsiedlung auf Stelzen stehen, ist diese Anlage ein gutes Beispiel für eine dem Fluß angepaßte Bauweise. Die Jonitzer Mulde ist ein Nebenarm der Mulde, der im Tiergarten abzweigt und ein Drittel des Muldewassers aufnimmt. Im Schnittpunkt zwischen Jonitzer Mulde und Rehsumpf liegt nach einigen Metern flußabwärts, am Ende der Alten Mildenseer Straße, das Jonitzer Muldewehr. Das denkmalgeschützte Wehr von 1729 wird derzeit unter Berücksichtigung ökologischer Belange erneuert und ausgebaut. Zusammen mit dem Wehr wurde unter Leopold I. eine Mühle aufgebaut, die sich bis Anfang des 20. Jahrhunderts zu einer der größten Mahlmühlen des Mittelelbegebietes entwickelte. In Folge eines schweren Brandes 1971 und der ausbleibenden Investitionen für einen Neuaufbau wurde die Mühle 1984 stillgelegt. Seit der „Wende“ bemüht sich die neue (und zugleich alte) Besitzerfamilie um die Reaktivierung der Wasserkraftanlage zur Gewinnung von Elektroenergie.

Turm der acht Winde

Hinter der **Jonitzer Mühle**, unmittelbar vor dem Bahndamm, zweigt ein kleiner Weg links bzw. in Richtung Norden zur **Brücke der Dessau-Wörlitzer Eisenbahn** ab. Nach der Eisenbahnbrücke geht es am rechten Muldeufer weiter zum Landhaus. Allerdings kann es unmittelbar nach einem Regen passieren, daß die Räder im Schlamm versinken. Die kurze Fahrt durch eine reizvolle Landschaft endet an der neuen Jagdbrücke und trifft dort auf den Fürst-Franz-Wanderweg. Nach der Brücke ist auf der linken Seite das 1892 errichtete **Landhaus** nicht zu übersehen. Sein Vorgängerbau war ursprünglich ein Jagdbrückenhaus, später kamen Kneipe und Biergarten hinzu. Das waren bis ins 20. Jahrhundert ideale Bedingungen für so manche Schützengesellschaft und in der DDR für den beliebten „Hundesport".

Dadurch galt das Landhaus lange Zeit als abgeschlossen. Erst in den letzten Jahren, unterstützt durch den Bau der Jagdbrücke, entwickelte es sich wieder zu einem öffentlichen Ort. Im Sommer, wenn die Linden des Biergartens blühen, ist das Landhaus ein beliebtes Ausflugsziel.

Von hier aus gibt es zwei Möglichkeiten, die Tour zu beenden. Wer noch etwas in den Gärten und Auen bleiben möchte, kann die Fahrt auf dem Europäischen Radwanderweg R 1 bis zum Kornhaus fortsetzen. Auf dem Weg werden die Waggonbau-Fabrik, der stillgelegte Wallwitzhafen und der hintere Teil des Georgiums passiert.

Waggonbau Dessau

Die 1895 aus der Deutschen Continental-Gas-Gesellschaft ausgegliederte Waggonbau-Fabrik hatte allen Grund, sich bis hart an die Grenze des Naturschutzgebietes auszudehnen, waren ihre Produkte doch bis 1989 Dessaus größter Exportschlager. Die Kühlwaggons wurden bis weit in den Osten verkauft. Chinesische Gastarbeiter wurden hochoffiziell von ihrer Regierung zur Berufsausbildung nach Dessau geschickt, um später in China selbst Waggons herstellen zu können. Nach dem Zusammenbruch der al-

Jonitzer Mühle

ten Märkte durch die Währungsunion 1990 und nach der Privatisierung ging es mit dem Waggonbau bergab. Das Aus kam 1995: Die Deutsche Waggonbau AG (DWA) entschied sich trotz heftiger Proteste der Belegschaft gegen den Dessauer Standort. Das Werk zerfiel in drei Teile. Während eine Auffang- und Qualifizierungsgesellschaft die ehemaligen Waggonbauer umschulen und weiterbilden soll, hat die Industriepark GmbH die leeren Gebäude und Flächen zu vermarkten. Mit der Fahrzeugtechnik Dessau GmbH ist ein Kernbereich geblieben; von den 775 Mitarbeitern vor der Schließung haben dort 180 Arbeit gefunden. „Metropolitan" heißt ihre große Hoffnung. Der extravagante Doppelstock-Schienenbus soll, so die mitunterstützende Deutsche Bahn AG, zunächst zwischen Köln und Hamburg mit 220 km/h durch die Landschaft rasen. Um den Fluggesellschaften Marktanteile abzujagen, sollen noch weitere Verbindungen zwischen deutschen Großstädten hinzukommen. Auch zur EXPO 2000 soll der silbrig-grau blitzende Superzug nicht fehlen.

Pyramide am Gänsewall

Wen es nach so viel „Rand" endlich in die Stadt hineinzieht, kann vom Landhaus den gut ausgebauten südlichen Weg nehmen. Unterwegs kündigen die sog. Waldgärten ein zentrales „Rand-Thema" an, nämlich das der **Schreber- bzw. Kleingärten**. Die nach Daniel Gottlob Moritz Schreber (1808–1861) benannten Gärten sprießen seit 1900 aus dem Dessauer Boden. Sie sollten den Arbeitern und Angestellten Ausgleich zum industriellen Arbeitstag sein und sie von revolutionären Ideen ablenken. Die Möglichkeit der teilweisen Selbstversorgung mit Obst und Gemüse machte die Gärten gerade in Krisenzeiten (Krieg und Nachkrieg) besonders begehrt. Im Dritten Reich wurden die bis dahin selbständigen Garten-Vereine im Reichsbund der Kleingärtner und Kleinsiedler straff durchorganisiert und ideologisiert: „Der Kleingarten macht den Kleingärtner zum zuverlässigen und staatsbejahenden Volksgenossen. Dies verstärkt naturgemäß den Wehrwillen des Kleingärtners." (44) In der DDR blieb die zentralisierte Struktur im Verband der Kleingärtner, Siedler und Kleintierzüchter (VKSK) erhalten. Nach der „Wende" ließ die Begeisterung zunächst etwas nach, denn die Marktwirtschaft machte auch vor dem Gartentor keinen Halt. Zum einen gab es in den Kaufhallen nun Obst und Gemüse in Hülle und Fülle, zum anderen bedeutete die Neuregelung der Besitz- und Trägerverhältnisse sowie der Pachten ein Mehr an Bürokratie.

Heute sind nicht nur am Wochenende viele Menschen in den Gärten anzutreffen, sondern auch in der Woche. Arbeitslose und Vorruheständler finden hier Beschäftigung für den ganzen Tag.

Entlang der Gartenoasen wie „Waldfrieden", „Gänseanger", „Sommerfreunde" und „Frühlingslust" und vorbei am kleinen Waldbad „Stillinge" geht es weiter zur **Pyramide**. Die heute recht desolate Pyramide ließ

Fürst Franz 1779/80 im Zuge der Arbeiten um das hintere Georgium als Wallwachhaus errichten. Das Material des pyramidenähnlichen Aufsatzes wurde 1931/33 ersetzt: aus Holz wurde Beton. Hinter der Pyramide zweigt an der Wegebiegung links ein kleiner Weg in den Schillerpark ab. Zum hundertsten Todestag des Dichters wurde 1905 der ehemalige Gänseanger zu einem großzügigen Bürgerpark umgestaltet. Am Ende des Parks geht es rechts weiter durch die gründerzeitliche Wilhelm-Müller-Straße vorbei an der 1903 eingeweihten Petruskirche zum **Funkplatz**. Das im Jugendstil errichtete gärtnerische Kleinod geht auf den Gartenarchitekten Hooff und den Bildhauer Emanuel Semper, Sohn des berühmten Architekten Gottfried Semper, zurück. Im vorderen Teil ist der „Biberbrunnen" zu sehen und im hinteren, dem Bahnhof zugewandt, ein Bildnis des durch eigene Hand gestorbenen Oberbürgermeisters Funk.

Hinter dem Funkplatz führt ein kleiner Weg durch das „Niemandsland" zwischen den Bahngleisen und den gründerzeitlichen Hinterhöfen durch das Gasviertel zurück zum Dessauer Hauptbahnhof.

Funkplatz - Demonstration der Waggonbauer, 1995

Das Gartenreich der Aufklärung

„Gärtner, Maler, Philosophen, Dichter – geht nach Wörlitz!“ (1), diesem Ruf von Charles de Ligne, einem Parkkenner und Gartentheoretiker des 18. Jahrhunderts, folgten zu seiner Zeit nicht nur die Vertreter der schönen Künste und des Geisteslebens: auch Landwirte und Pädagogen, Ökonomen, Naturforscher und Wissenschaftler strömten aus allen Teilen Europas nach Dessau-Wörlitz, um ein Reformprojekt zu studieren, das in einzigartiger Weise Niederschlag in einer großräumigen Landschaftsgestaltung, dem Dessau-Wörlitzer Gartenreich, fand.

Zum ersten Mal entstanden auf dem europäischen Festland Parks und Gärten im Stile des englischen Landschaftsgartens, wurden landwirtschaftliche Musterbauten, Landschulen und Kirchtürme, Wallwachhäuser und Gartensitze im klassizistischen oder neugotischen Stil erbaut und mit Alleen und Fußwegen in die Landschaft eingewoben.

Die neuen Zeichen und Bilder in der Landschaft markierten die Forderungen der Aufklärungsphilosophie nach neuen Orientierungen an Natur und Geschichte und verwiesen auf einen geistigen Ort in der Zukunft. Die Landschaft wurde zum Ort der Bildung und der Produktion.

Mitten im Siebenjährigen Krieg übernahm der Schöpfer der Wörlitzer Anlagen, Fürst Franz, die Regierungsgeschäfte in Anhalt-Dessau. Seine persönlichen Erfahrungen in diesem Krieg, Armut und wirtschaftliche Rückständigkeit in den zerrütteten deutschen Ländern veranlaßten ihn, sich auf die Suche nach neuen gesellschaftlichen Perspektiven zu begeben. Die von den Theoretikern der Aufklärer formulierten Ideale einer neuen Gesellschaft, in der Freiheit und Glückseligkeit des Einzelnen zur Norm für ein friedliches, menschengerechtes Leben in der Gesellschaft erhoben werden, fanden beim Fürsten begeisterte Aufnahme. Mit

Lageplan des historischen Gartenreiches, 1762-1825 (Ausschnitt)

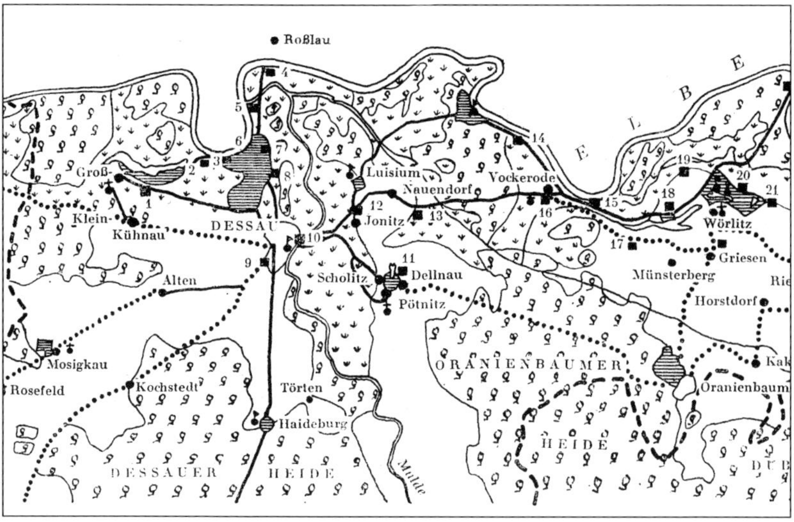

seinem Regierungsantritt begann eine Zeit der Reformen, in der überholte, unerträglich gewordene Zustände verbessert werden sollten.

Ein neuer Gartenstil entsteht: Geschwungene Wege statt barocker Achsen, freiwachsende, malerisch gruppierte Bäume und Sträucher anstatt geschnittener Hekken, Landhäuser statt prunkvoller Schloßanlagen dokumentieren ein neues Naturgefühl, das die „Vision einer zu sich selbst befreiten Natur" artikuliert.

Auf dem Fürst-Franz-Weg

In Dessau-Wörlitz wurde ernstlich versucht, bürgerliche Freiheitsideale mit einem aufgeklärten Absolutismus harmonisch zu verbinden, ein antikisierendes Friedensreich Wirklichkeit werden zu lassen. Damit sollte praktisch ein „dritter Weg" im Epochenübergang beschritten werden. (Michael Niedermeier) (2)

Als Vorbild gilt England, das Land, in dem die wirtschaftlichen und gesellschaftlichen Veränderungen am weitesten vorangeschritten sind. Eine neue Wirtschaftsweise, gewachsenes bürgerliches Selbstbewußtsein und ein gewandeltes Verhältnis zur Natur lassen England zum Ideal modernen Lebens werden. Folgerichtig unternimmt Fürst Franz unmittelbar nach Beendigung des Siebenjährigen Krieges seine erste Reise nach England. Ihn begleitet der junge Architekt Friedrich Wilhelm von Erdmannsdorff, mit dem ihn seit seinem 16. Lebensjahr eine innige Freundschaft verbindet.

Nach diesem Englanderlebnis schloß sich mit dem Bau des Englischen Sitzes neben dem alten Schloß eine erste Umgestaltungsmaßnahme an. Auf weiteren Reisen durch Europa studierten die beiden Freunde die neuesten Entwicklungen in Philosophie, Wirtschaft und Handel, Kunst und Pädagogik, in der Landschaftsgestaltung sowie Architektur. Den Epochenumbruch verinnerlichend, folgen sie den Gepflogenheiten der jungen, bürgerlichen Intellektuellen, Wissenschaftler und Künstler, Dichter und Philosophen, die ihre Unzufriedenheit mit den deutschen Verhältnissen, ihr Aufbegehren zum Ausdruck bringen, indem sie Deutschland verlassen. Winckelmann, Lessing, Herder, Goethe oder von Erdmannsdorff gehören zu den ersten deutschen Reisenden, die in Italien Anregung und geistige Zuflucht finden.

Dort begegnen Fürst Franz und Erdmannsdorff dem Begründer der klassischen Archäologie und Kunstwissenschaft, Johann Joachim Winckelmann (1717 - 1768). Das intensive, ein halbes Jahr dauernde Studium der Kultur des Altertums unter seiner Anleitung begründet die Geburtsstunde des kontinentalen Klassizismus. 1769 beginnt das Reformgespann den Bau des Wörlitzer Landhauses, das als erstes klassizistisches Bauwerk auf dem europäischen Festland gilt. Der Besuch des Fürsten Franz und seiner Frau Luise bei Jean-Jacques Rousseau (1712-1778) während der dritten großen Bildungsreise (1775) wirkte sich ebenso nachhaltig auf das Dessauer Reformwerk

Wörlitzer Park - Fürst-Franz-Denkmal

aus. Die Rousseau-Insel am Eingang zu den Wörlitzer Anlagen - an markanten Punkten im Gartenreich als Motiv in Form eines Pappel-Rondells immer wieder aufgegriffen - versinnbildlicht das Bekenntnis zur neuen, von Rousseau formulierten Naturphilosophie. Auf den Reisen werden Franz, Luise und Erdmannsdorff von Persönlichkeiten aus dem Kreis der Dessauer Reformer begleitet. So sind die in England gesehene Kultur- und Gartenlandschaft, die wiederentdeckte Antike, die gotische Architektur und der antike Traditionen aufnehmende Palladianismus, die französische Aufklärungsphilosophie und die Wirtschaftsweise und Landeskultur von Holland und der Schweiz letztendlich wesentliche Impulse für eine Neuordnung des Lebens nach den Prinzipien von Natürlichkeit, Menschlichkeit und Einfachheit.

Die Hauptpflicht eines Regenten ist und bleibt, Sorge zu tragen für den ganzen Menschen, für die Entwicklung der menschlichen Natur, Wirkung und Beschäftigung der Kräfte und Fähigkeiten, Befriedigung seiner Bedürfnisse, Zurecht- und Sicherstellung menschlicher Zustände und Verhältnisse. (Fürst Franz nach Friedrich Reil, 1845) (3)

Die Zusammenführung von sozialen Maßnahmen und pädagogischem Programm, von Maßnahmen zur Modernisierung der Landwirtschaft und Hebung der Landeskultur bildeten das Fundament für ein auf Erneuerung des Lebens und Gestaltung der Landschaft zielendes Reformwerk. Erziehung zur Arbeit und Beschaffung von Arbeit wurden dabei als dringlichste Aufgaben angesehen, um Armut und Hungersnot zu beseitigen.

Schloß, historische Ansicht

Der Einführung neuer ertragreicherer landwirtschaftlicher Bewirtschaftungsmethoden und Betriebsweisen galt alle Aufmerksamkeit. Das entsprach der physiokratischen Lehre, wonach der Grund und Boden und deren Produkte den wahren Reichtum eines Staates bilden und der wiederum nur durch den Ackerbau vervielfältigt wird. Trotz Bevölkerungsexplosion und Land-Stadt-Wanderung entledigte sich die europäische Menschheit in eben diesen Jahren des 'Würgegriffs', der in aller Geschichte bis dahin ihr Leben periodisch bedroht hatte: der Hungersnot. (Wolfgang Hartdwig) (4)

Abschaffung der Brache, Kleeanbau und Stallfütterung ermöglichten die Erweiterung der Viehhaltung sowie die Einführung neuer Ackergeräte. All das waren Maßnahmen, die auf das Studium der Landwirtschaft Englands und der Schweiz zurückgingen. Vorreiter dieser landwirtschaftlichen Modernisierung waren die fürstlichen Domänen und Vorwerke. Dort verbreitete sich der Fortschritt wesentlich schneller als auf den Bauernwirtschaften, da diese weitgehend bewußt von den feudalen Fesseln befreit wurden und auch durch ihre Betriebsgröße besser wirtschaften konnten. Die größten Erfolge wurden auf jenen Gütern erzielt, auf die Fürst Franz einen direkten Einfluß hatte, wie z.B. auf die Domäne Wörlitz. Unter Georg Karl von Raumer, der die Wörlitzer Domäne von 1776 - 1796 leitete und den eine enge Freundschaft mit dem Fürsten verband, wurde Wörlitz zur Musterwirtschaft. Die angestrebte Einheit von Landschaft, Architektur und Landwirtschaft konnte hier verwirklicht werden.

Solche Mustergüter oder Experimentierwirtschaften hatten den Zweck, neue naturwissenschaftliche Erkenntnisse für die Landwirtschaft nutzbar zu machen. In den Wörlitzer Anlagen selbst wurde der Bereich um das Gotische Haus, das Wohnhaus des Fürsten seit den 1780er Jahren, zu einer Art Landwirtschaftsschau umgestaltet: Obstbau und Seidenraupenzucht, Viehhaltung und Ackerbau wurden in die Parkanlagen integriert. Eine auf Nützlichkeit und Rationalität zielende Landwirtschaft brachte eine neue Auffassung von „Arbeit“ hervor und mündete schließlich in der Vorstellung einer „arbeitenden Geselligkeit“.

Die „Experimentellen Werkstätten“ waren zugleich pädagogische Einrichtungen, die das Kernstück einer auf bürgerliche Bedürfnisse orientierten pädagogischen Reform bildeten. Mit der Gründung des „Philanthropinums“ im Jahre 1774 wurde die von Basedow geforderte Erziehung von natürlichen, freien, sich allseitig entfaltenden Menschen, die, ausgestattet mit fortschrittlichem Wissen und praktischen Fähigkeiten in einer modernen Welt bestehen konnten, als Versuch gestartet.

Johann Bernhard Basedow wurde 1771 von Fürst Franz nach Dessau geholt. Er galt zu dieser Zeit bereits als einer der radikalsten und ideenreichsten Persönlichkeiten der aufgeklärten Pädagogik Deutschlands. Mit seiner programmatischen Schrift, dem „Elementarwerk“, schuf er die theoretischen Voraussetzungen für die Reformierung des „sich in feudaler Erstarrung befindliche(n) veraltete(n) Erziehungs- und Unterrichtswesens im Sinne des Bürgertums“. Das Ausbildungsprogramm am Philanthropinum beinhaltete neben dem theoretischen Unterricht in Naturwissenschaften, Technik und modernen Sprachen auch Turnunterricht, handwerkliche Ausbildung und Arbeit im Garten des Philanthropinums. Der Gefühls- und Geschmacksbildung dienten lange Ausfahrten in die „arkadische Gartenlandschaft“ und malerische Spaziergänge in den neugeschaffenen Parkanlagen. Die großen Turnfahrten, aber auch die Wanderungen zum Drehberg bei Wörlitz, vereinten beides: Eine an bürger-

Wörlitzer Park, Gärtnerei und Palmenhaus

lichen Tugenden orientierte rationale Aufklärung verschmolz mit der Ausbildung der Empfindungen für das Naturschöne.

Doch zurück zum Philanthropinum: Nach seiner Gründung im Jahre 1774 stand nunmehr eine Erweiterung der Erziehungsabsichten auf breite Volksschichten an, die sich mit der Berufung von Carl Gottfried Neuendorf und der von ihm initiierten Landschulreform verband. Die Eröffnung eines Lehrerseminars in Wörlitz (1779), die Gründung der Hauptschule in Dessau (1785), die Einrichtung von Schulen für die Kinder der ländlichen Bevölkerung ab 1785, die „Verordnung wegen Einführung der neuen Schulordnung" (1787) waren weitere Eckdaten der pädagogischen Reform. Die Schulen in Griesen und Riesigk, die wiederum nach Entwürfen von Erdmannsdorff gebaut wurden, repräsentierten mit ihren im Palladio-Motiv gestalteten Fassaden einen Teil des Bildprogramms der Wörlitzer Anlagen. Sie legen noch heute Zeugnis ab von der damals auf ökonomische Modernisierung wie ästhetische Gestaltung gleichermaßen angelegte Erziehung.

1764 begannen die Umgestaltungsmaßnahmen in Wörlitz, 1817 - im Todesjahr von Franz - wurde das Luisenmausoleum in Jonitz fertiggestellt. Armenhaus und Philanthropinum, Wörlitzer Ökonomie und Grabmal am Drehberg, Wörlitzer Landhaus und die Schulen in Griesen und Riesigk sind nur einige Beispiele die noch heute dokumentieren, wie über ein halbes Jahrhundert ein Gesamtkunstwerk entstand, in dem historische Denkstellen mit Experimentierorten in die vorhandene Auenlandschaft eingefügt und mit einem Netz aus Wegen und Blickbeziehungen, malerischen Alleen und gestalteten Deichen verwoben wurden. Entlang der Wege durch das Gartenreich entstanden Zeichen und Monumente, die historische Bezugslinien aufgriffen und progressives Gedankengut als pädagogisches Programm vermittelten.

Basedows geplantes Großphilanthropinum, 1771 (Ausschnitt)

Unterrichtsszene - Aus Basedows „Elementarwerk"

Wörlitzer Park mit Teichanlagen

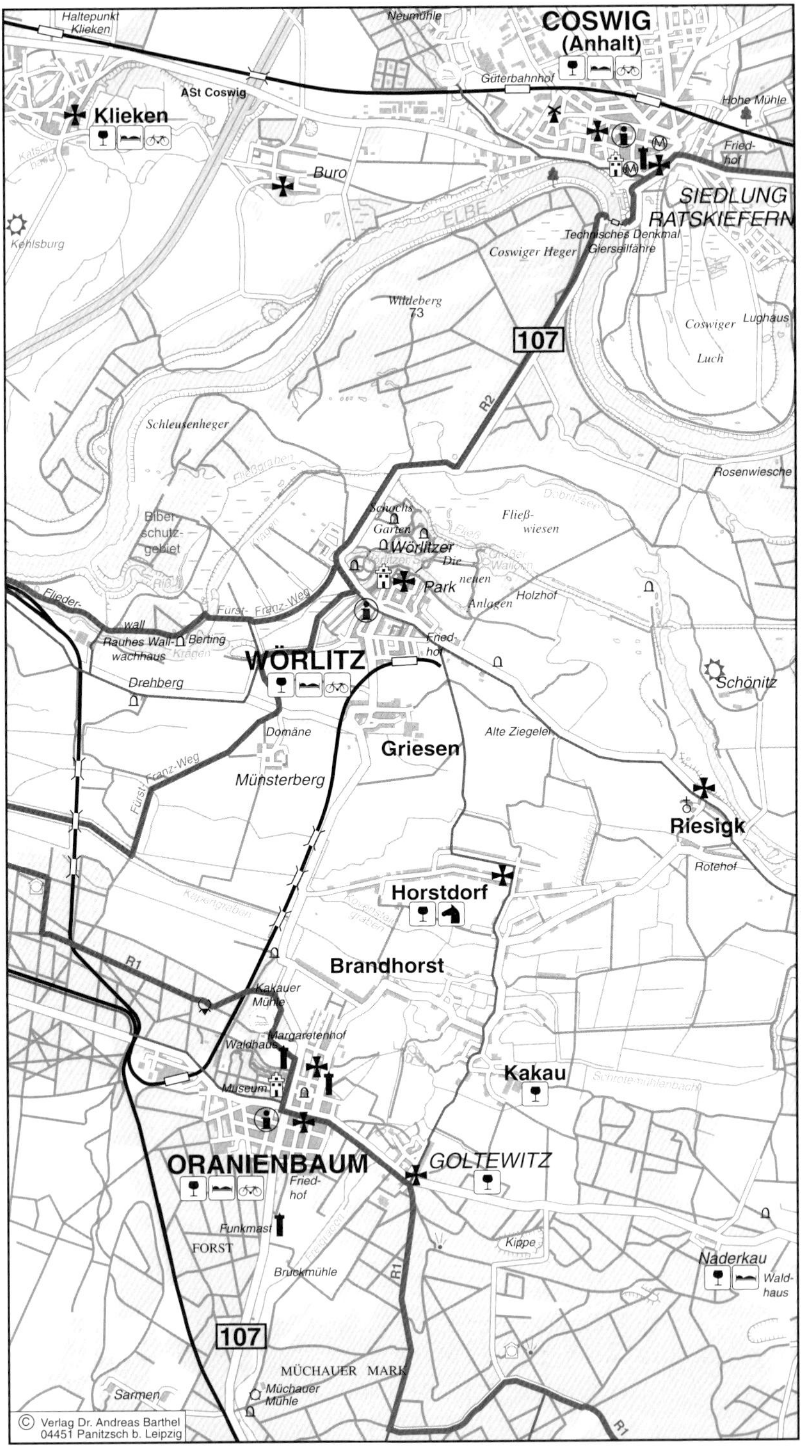
Haltepunkt Klieken
Neumühle
COSWIG (Anhalt)
Güterbahnhof
ASt Coswig
Klieken
Hohe Mühle
Fried-hof
Buro
SIEDLUNG RATSKIEFERN
ELBE
Kehlsburg
Technisches Denkmal Gierseilfähre
Coswiger Heger
Wildeberg 73
107
Coswiger Luch
Lughaus
R2
Schleusenheger
Rosenwiesche
Fließgraben
Schochs Garten
Fließ-wiesen
Biber-schutz-gebiet
Wörlitzer Park
Die neuen Anlagen
Holzhof
Fürst-Franz-Weg
Rauhes Wall-wachhaus
Berting
Fried-hof
WÖRLITZ
Drehberg
Schönitz
Domäne
Alte Ziegelei
Griesen
Münsterberg
Fürst-Franz-Weg
Riesigk
Rotehof
Horstdorf
R1
Brandhorst
Kakauer Mühle
Margaretenhof
Waldhaus
Kakau
Museum
Schrotemühlenbach
ORANIENBAUM
GOLTEWITZ
Fried-hof
Funkmast
Kippe
FORST
Naderkau
Bruckmühle
R1
Wald-haus
107
MÜCHAUER MARK
Sarmen
Müchauer Mühle
R1
© Verlag Dr. Andreas Barthel
04451 Panitzsch b. Leipzig

Die Hauptstraße des Gartenreiches

Die ehemalige Hauptstraße des Gartenreiches begann am Dessauer Stadtschloß und führte über die Jonitzer Mühle, Luisium, Sieglitzer Berg, Vockerode und den Fliederwall nach Wörlitz.

Der **Dessauer Schloßkomplex** und die Marienkirche gehören zu den Gründungsbauten der Marktsiedlung „Dessowe". Gebaut auf einer Sanddüne im ansonsten durch Hochwasser gefährdeten Flußbereich der Mulde, spielte sich hier über viele Jahrhunderte das wirtschaftliche Leben der Stadt ab.

Fürst Franz erfaßte die für das Leben der Stadt existentielle Bedeutung dieses Bereiches am Flußufer und schuf mit der Umgestaltung des Lustgartens, des Diepold und der Neuen Promenade im Vorderen Tiergarten eine Folge von interessanten Räumen und Bauwerken, die über verschiedene Sichtbeziehungen miteinander in Verbindung standen. Das typische „Weiterreichen von Blicken" als wesentliches Gestaltungselement im Gartenreich wurde hier eindrucksvoll zelebriert. Beispielhaft nahm er vorweg, was sich später in den weiteren Anlagen auf der Hauptstraße des Gartenreiches entwickeln sollte.

Für die Tour nach Wörlitz muß der Reisende heutzutage zunächst die **Muldebrücke** überqueren und sofort nach Verlassen der Brücke links abbiegen.

An dieser Stelle befand sich ursprünglich ein Pappel-Rondell, das wie ein Signal den Beginn der Hauptstraße des Gartenreiches markierte und mit dem Pappel-Rondell auf der Rousseau-Insel am Eingang zu den Wörlitzer Anlagen in Korrespondenz stand.

Lustgarten am Dessauer Stadtschloß, 1920

An diesem Rondell nahmen drei Wege nach Wörlitz ihren Anfang: der nördliche über Vockerode, der mittlere über den Promenadenwall, der südliche über den Kapendamm und den Münsterberger Wall.

Der mittlere Weg, der Promenadenwall, war Ende des 18. Jahrhunderts der bevorzugte Spazierweg Richtung Wörlitz. Da dieser jedoch, wie die gesamte Anlage des Diepold, Ende der 30er Jahre im Zusammenhang mit dem Bau des Autobahnzubringers Ost zerstört wurde und auch der südliche Weg mehrere Unterbrechungen hat, bleibt heute nur der Weg durch die Wasserstadt, um nach Jonitz und in den Luisengarten zu kommen. Hier wird die Straße von einem sog. Unterweg begleitet. Die Unterwege wurden des öfteren im Gartenreich angelegt, damit der Fußgänger geschützt vor den gefährlichen Kutschen und im Schatten der Bäume die Straßen passieren konnte. Kurz vor Waldersee ist an der Jonitzer Mühle noch einmal eine Brücke zu überqueren.

Von der Jonitzer Mühle führt der Weg in nordöstlicher Richtung auf einer Kastanienallee zum Südtor des **Luisiums**. 1762 angelegt, ist dieser Park ein frühes Beispiel der Landesverschönerungen des Fürsten Franz. Vom Südtor führt ein Weg zum klassizisti-

Luisium - Blick zum Mausoleum

schen Schlößchen des Parks - und gibt dem Besucher einen schönen Blick zum nahe gelegenen Gestüt oder zum Schlangenhaus frei. Jeweils im neugotischen Stil gehalten, unterstreichen diese Gebäude den intimen, privaten Charakter des Luisium-Parks.

Der Luisium-Park wurde auf dem Gelände des einstigen „Vogelherds" angelegt. In das Zentrum eines achtstrahligen Jagdsterns ließ Fürst Franz, durch Erdmannsdorff, ein kleines klassizistisches Schlößchen erbauen. Ganz im Stile der neuen Zeit hebt es sich völlig von den sonst üblichen herrschaftlichen Schlössern ab und verdient dadurch wohl eher die Bezeichnung eines Landhauses. 1774 schenkte der Fürst - aus Anlaß der Fertigstellung des Rohbaus - den Garten seiner Gattin, der Fürstin Luise. Neben den 3-4 km langen Schneisen nach Norden sei vor allem auf den Blick nach Süden hingewiesen. Er wird markiert durch einen Weiher, in dem sich das Schlößchen spiegelt und von einem Turm im Hintergrund angezogen, dem Turm der Jonitzer Kirche. 1816 ließ Fürst Franz diesen Turm neu bauen. In seinem Fuß befindet sich das Mausoleum für das Fürstenpaar. Äußeres Zeichen dafür ist der Obelisk anstelle des Kirchturms, „ein ins Monumentale gezogener klassizistischer Grabstein". (5)

Vom Schlößchen Luisium führt der Weg weiter in Richtung des neugotischen Osttores vorbei am Römischen Triumphbogen und der dahinter erscheinenden Skulptur einer Frau, dem **Verschleierten Bildnis zu Sais**.

Alles, was verhüllt ist, alles Geheimnisvolle, trägt zum Schrecklichen bei und ist deswegen der Erhabenheit fähig. Von dieser Art ist die Aufschrift, welche man zu Sais in Ägypten über dem Tempel der Isis las. „Ich bin alles, was ist, was gewesen ist, und was sein wird. Kein sterblicher Mensch hat meinen Schleier aufgehoben." Eben dieses Ungewisse und Geheimnisvolle gibt den Vorstellungen der Menschen von der Zukunft nach dem Tode etwas Grauenvolles [...] Friedrich Schiller, 1793 (6)

Luisium - Bild zu Sais

Vom Osttor des Luisiums gabelt sich der Weg: fährt der Reisende Richtung Südosten, gelangt er wieder auf die Straße, die über Naundorf zum Schwedenhaus - einer um 1782 im neugotischen Stil erbauten und inzwischen zerstörten Raststätte an der Walldurchfahrt - und dann weiter nach Vockerode führt. Richtung Nordosten stößt er auf den Fürst-Franz-Weg und kann nunmehr über die Löbben- und Kapenwiesen, vorbei am Forsthaus Leiner Berg bis zum **„Sieglitzer“** durch eine wunderschöne Auenlandschaft mit den für diese Landschaft typischen Solitäreichenwiesen und Altwassern weiterfahren.

Sieglitzer Berg - Burgtor

Gelegen auf einer Sanddüne in unmittelbarer Nähe zur Elbe und mit einem natürlichem Wald ausgestattet, nutzte der Fürst diese exponierte Lage, um einen Park mit ganz eigenem Charakter entstehen zu lassen. Drei Tore durchbrachen das ihn umgebende Wildgatter. Ihre Ausbildung in drei verschiedenen Baustilen knüpft an das bereits an anderer Stelle begonnene Bildungsprogramm an: Nach Dessau zu steht ein Tor im schlichten Barock, im Süden das klassizistische Tor und im Osten, gewissermaßen am Ausgang des Sieglitzer Berges, das Burgtor im neogotischen Stil. An die Solitüde, das wichtigste Gebäude im Park, erinnert nur noch eine Ruine.

Die abseitige Lage dieses Parks mag ein Grund gewesen sein, daß die Gebäude mehr und mehr verfielen bzw. bewußt zerstört wurden. Der Weg an der Höhenkante zur Elbe hin führt den Wanderer in die vielfältige Bilderwelt dieser Anlage ein. Im Bogen des neugotischen Walltors ist schon der in der Sonne funkelnden Dianentempel zu sehen.

Die Plastiken von Diana und dem Hirten am Übergang vom Sieglitzer Waldgebiet zur offenen Landschaft markieren einen regional interessanten Bereich, in dem die Elemente Fluß und Aue, Wald und Feld, Deichbau und Obstbau zusammentreffen. Überhaupt scheint dieser Ort ganz besonders der Fruchtbarkeit und kultivierten Landnutzung gewidmet zu sein. Diana galt in der griechischen Mythologie als jungfräuliche Göttin der Geburt, des Todes und der Jagd. Im Mittelalter wurde sie vor allem als Schutzpatronin der Entrechteten verehrt. Nach ihr ist der Dianentempel benannt, ein zu den sogenannten Wallwachhäusern zählendes Gebäude, die entlang der Deiche im Dessau-Wörlitzer Gartenreich gebaut worden sind. Sie dienten der Unterbringung der Geräte für die Deichpflege und während der Zeit der Obstreife den Pächtern der Obstbäume als Unterkunft.

Gegenüber - gewissermaßen als Pendant dazu - künden die Autobahn und die Schornsteine des Kraftwerkes im nahegelegenen Ort **Vockerode** von den gewaltigen Veränderungen, die seit etwa 70 Jahren mit der Industrialisierung dieser Region einhergingen.

Mitten im Dessau-Wörlitzer Gartenreich und in direkter Berührung zur Elbe gelegen, bildete Vockerode bereits im historischen

Kirche und Kraftwerk Vockerode

Gartenreich einen wichtigen Schnittpunkt an den verschiedenen Wegen nach Wörlitz. Der Bau des Vockeroder Braunkohlenkraftwerks und der Bau der Autobahnbrücke über die Elbe in den 30er Jahren dieses Jahrhunderts markieren den Beginn des Wandels vom Fischerdorf zur Industriegemeinde. Das Kraftwerk prägt mit seiner terrassenförmigen Architektur und den vier Schornsteinen - in ganz besonderer Weise das Bild dieser Landschaft und verändert völlig alle vertrauten Maßstäbe und Proportionen.

Einmal zum Industriestandort geworden, folgten immer neue Eingriffe, die als Zerstörungen des Gartenreiches und der Auenlandschaft gewertet werden müssen. Heute stehen die Schornsteine des Kraftwerks neben den neugotischen Kirchtürmen, die Reste der ehemaligen Gewächshausanlage neben dem Dianentempel am Elbwall. Diana und Hirte am Sieglitzer Berg befinden sich in Nachbarschaft zu den Flächen einer großräumigen, intensiv genutzten Agrarlandschaft.

1994 wurde der letzte Dampfkessel des Kraftwerks außer Betrieb gesetzt. Die ehemalige Gewächshausanlage wird inzwischen als Gewerbegebiet erschlossen, auf dem Gelände des Kraftwerks steht ein Spannbetonwerk, der historische Ortskern verwaist, am Ortsrand entstehen dagegen neue Wohngebiete. Das Kraftwerk ist inzwischen unter Denkmalschutz gestellt.

Hinter dem Kraftwerk führt der seit fünf Jahren wieder durchgängig passierbare Wanderweg vorbei, der im Rahmen einer „Arbeitsbeschaffungsmaßnahme“ (ABM) neu gestaltet wurde. Als **Fliederwall** setzt sich der Weg auf dem Elbwall fort und vereint nochmals alle Gestaltungsprinzipien, die dem Reisenden bisher begegnet sind: Auf dem Wallweg, einige Meter über der Ebene, bezaubern die Weiten der eichenbestandenen Wiesen auf der einen und die durch Menschenhand geformte Landschaft auf der anderen Seite. Die Rekonstruktion des Fliederwalls organisiert bewußte Durchblicke aus dem Gehölzsaum der Blütensträucher: am ersten Dammknick lugt der Kirchturm von Wörlitz hervor, auf der rechten Seite ist in der Ferne der Drehberg zu sehen, am Fuße des Walls dagegen die Wasserfläche des Krägen mit den Anlagen, die an seinem Ufer gestaltet wurden. Auch hier markieren Brücken,Treppen und Grotten herrliche Aussichten in die Umgebung und es fällt dem Besucher schwer, einem dieser beiden Wege den Vorzug zu geben. Ist es oben auf der Dammkrone wohl eher das Gefühl über die weite Landschaft zu fliegen, sind es am Dammfuß entlang des Unterweges dagegen die Wechsel von offenen Wiesenflächen zu schattigen Waldstücken, das nahe Wasser mit seiner eigenen Fauna und Flora, der Weg, der kunstvoll an das Wasser heran- und wieder wegführt, die die jeweiligen Reize ausmachen. Wird der Unterweg gewählt, sind es die vielen Details und die mannigfaltigen Sichtbeziehungen, die eine dichte Folge von Bildern hervorbringen: das Rauhe Wachhaus mit der Brücke aus Raseneisenstein, die Grotte mit Blick auf den Drehberg, die Anlage am Berting-Wachhaus mit der rekonstruierten Weinberganlage.

Am **Wallwachhaus Berting** endet der Fliederwall. Nun ist es nur noch ein kurzes Stück, bis eine Pappelallee mit der Aussicht auf die Rousseau-Insel den Wörlitzer Park eröffnet. Zuvor ist rechts der Drehberg zu sehen. Wer sich diesen Ort nicht entgehen lassen möchte, folgt der Richtung Vockerode und Dessau abbiegenden Straße.

Den **Drehberg** zu entdecken, gelingt heute nur noch denjenigen, die bereits von diesem

Wallwachhaus Berting

geheimnisvollen Ort gehört und eine gute Wegebeschreibung erhalten haben. Von Anfang an stand der Drehberg als Solitär und geheimnisvolles Zeichen in der Landschaft. Der Drehberg gehört zu den besonderen Orten im Dessau-Wörlitzer Gartenreich. In einzigartiger Weise verdichten sich hier die in die Vergangenheit der Antike projizierten Vorstellungen von einem anderen Leben mit zeitgemäßen philosophischen Gedanken, aber auch mit „realpolitischen" Maßnahmen.

Die auf die antike Kultur der Feste und Todesfeiern zurückgehende Verschmelzung von Grabmal und Festspielort fand ihre Entsprechung in Gestalt und Funktion der Anlage: Das fürstliche Grabmal, auf einem künstlichen Hügel angelegt, wurde von zwei Ringwällen umgeben, die wiederum eine Laufbahn - einer Arena gleich - für Wettläufe und Pferderennen einschließen. Ein merkwürdiger, von Wällen umgebener Hügel erinnert an seine ursprüngliche Bedeutung. Zwischen 1779 und 1799 fanden hier alljährlich am Geburtstag der Fürstin am 24. September die Drehbergspiele mit sportlichen Wettkämpfen und volkstümlichen Belustigungen für die Bewohner der umliegenden Dörfer statt. Damit gilt das Drehbergfest als Vorläufer der olympischen Spiele in der Neuzeit. Wenn Basedow in seinem Methodenbuch 1770 die dringende Empfehlung zu „jährlich auf öffentliche Kosten zu veranstaltende Lustbarkeiten für die Jugend" ausspricht, kann man ohne weiteres der Einschätzung folgen, daß diese Feste als wirksames Volkserziehungsmittel gedacht, ja auf das Heruntersteigen des Fürsten zu seinen Untertanen angelegt waren. Sich angesichts des Todes mit dem Leben zu beschäftigen, sich als geschichtliches Wesen zu begreifen, dem Tod den Schrecken zu nehmen, indem er in das Leben einbezogen wurde (Tod als Schlaf).
Nachdem das einstige Grabmal mit seinem weithin in der Landschaft sichtbaren Grabgebäude schon kurz nach dem Tode von Fürst Franz abgerissen worden ist, liegt der Drehberg heute versteckt hinter einer Behelfsheimsiedlung aus den 40er Jahren. Einen direkten Weg zum Drehberg hat es nie gegeben.

Seit 1989 werden die Drehbergfeste gemeinsam vom Dessauer Gymnasium Philanthropinum und dem Bauhaus Dessau wiederbelebt. Sie verstehen sich als praktischer Beitrag zur Erhaltung und Reanimation des Denkmals Drehberg sowie einer neuen Sinnfindung.

Den Blick auf Wörlitz gerichtet, taucht auf dem letzten Abschnitt des Weges zunächst der Eichenkranz auf, gefolgt von der Gartenbibliothek und dem Forster-Pavillon, bis die Mauer des Eisenhart überleitet zur Rousseau-Insel.

Drehbergfest, 1995

Drehberg

Das Irdische Paradies -

Ein Spaziergang durch den Wörlitzer Garten

Der **Wörlitzer Park** wurde von dem Architekten Friedrich Wilhelm von Erdmannsdorff, den beiden Landschaftsgärtnern Schoch und Neumark und dem Fürsten Leopold Friedrich Franz von Anhalt - Dessau zwischen 1769 und 1807 erbaut.

Kaum ein anderer Ort führt so anschaulich in die Vorstellungswelt der Aufklärung ein. Denn Natur war der Ort, der die aufklärerischen Forderungen nach Gleichheit, Freiheit und Brüderlichkeit begründete und der Spaziergang durch die zivile Natur, durch Landschaft, war ein emanzipatorisches Vorhaben, dem hier nun nachgegangen werden soll. Dieser Ausschnitt der Gartenanlagen soll hier vorgestellt werden und neugierig machen, den Garten zu erkunden und die eigene Erzählung zu spinnen.

Das Schöne und das Nützliche

Die Verbindung des Schönen mit dem Nützlichen, die ästhetische und erzieherische Kultivierung der inneren Natur und die ökonomisch technische Beherrschung der äußeren Natur war die Programmatik der Aufklärung, die im Landschaftsgarten des Wörlitzer Parks ihre Ausgestaltung fand. Die Wahrnehmung des Naturschönen entsprang einem wissenschaftlichen Blick auf die Welt, der Natur als eine gesetzmäßige Einheit.

Natur wie ein Buch lesen zu können und ihre Zeichen zu deuten, setzte einen geschulten und distanzierten Blick voraus. Natur wurde so zu einem von der Gesellschaft abgetrennten Bereich. In die Lücke dieses Bruchs trat das Naturschöne, die Ästhetisierung von Natur zur Landschaft, durch das die Trennung überwunden werden sollte. Vorbild der Landschaftsgestaltung war die

Wörlitzer Park - Sichtfächer

Poussin - Le printemps ou Le paradis terrestre, 1660-1664 (Ausschnitt)

Landschaftsmalerei des 17. Jahrhunderts, insbesondere Nicolas Poussin und Claude Lorrain sind hier zu nennen, die mit Anleihen bei der antiken Mythologie eine ideale Natur wie auf einer Theaterbühne inszenierten. Landschaft war also nicht die Perspektive derjenigen, die das Land bewirtschafteten, sie war der Blick des Städters, der Gelehrten, der Bürger, Staatsbeamten und Adligen auf das Land. Diese Schicht der Gebildeten und Aufklärer war es auch, die den Geist des Reformabsolutismus in Dessau trug und die nach Wörlitz kam, um den Garten zu bewundern.

Spaziergänge und Bildungsreisen

Ein wichtiges Mittel der aufklärerischen Bildung war der Spaziergang durch die freie Natur, womit vor allem die kultivierte Landschaft gemeint war. Er wurde von den Dessauer Reformpädagogen wie Johann Basedow oder Karl Phillip Moritz als ein Erziehungsmittel entwickelt. Im Spaziergang sollte der Körper ertüchtigt und nützliches Wissen erworben werden, vor allem diente er der Kultivierung der Empfindungen und der Ausbildung bürgerlicher Innerlichkeit. Landschaft wurde zu einem Projektionsraum der bürgerlichen Seele: in der Anlage des Gartens mit ihren Sichtachsen, Blickbeziehungen und Atmosphären wurde die neue Form der Naturwahrnehmung entworfen und im Spaziergang eingeübt.

Der Erfolg dieses Bildungsvorhabens zeigt sich auf heutigen Ansichtskarten, Kalenderblättern, Stimmungsbildern in den Wohnzimmern und Reiseprospekten. Sie vervielfältigen immer noch die Blicke und Empfindungen, die der Landschaftsgarten erstmals in Szene setzte. Seine Naturwahrnehmung ist den Menschen heute zur Gewohnheit geworden.

So ist auch Mitte des 18. Jahrhunderts der Beginn der touristischen Unternehmungen zu verzeichnen, die damals nur einer privilegierten Minderheit vorbehalten blieben. Die bürgerlichen und adligen Bildungsreisenden suchten die Orte und „erfanden" die Ansichten, die heute noch immer wichtige Attraktionen der Reisewelt sind: Die Schweizer Alpenlandschaft mit ihren rauhen Zerklüftungen galt als Ort des Erhabenen und des demokratischen Mittelalters, ihre reizvollen Ansichten wurden auch zuhause wieder gefunden und einige Mittelgebirge nach der Schweiz benannt. Gereist wurde auch nach Italien, um dort die

Eisenhart und Eichenkranz, Stich von J.G. Böttger, 1801 (Ausschnitt)

Stätten der Antike zu besuchen, nach Paris, das als Inbegriff der mondänen Kultur galt und nach England, das Musterland des industriellen Aufschwungs und der Landschaftsgärten. Auch der Fürst von Anhalt - Dessau unternahm mit Erdmannsdorff mehrere Bildungsreisen und sammelte in England und Italien jene Eindrücke, die dann in der Gestaltung der Gartenanlagen und mit den Kleinarchitekturen dem heimischen Publikum vorgestellt wurden. Die Eiserne Brücke über den Georgenkanal der Neuen Anlagen informierte über den industriellen Fortschritt und die Brückenbaukunst in England, die felsige Grottenlandschaft in Schochs Garten ahmte die Alpen nach, das Gotische Haus zitierte als Architekturbeispiel verschiedene italienische und englische Baustile und auch der Vesuv wurde in den Neuen Anlagen des Wörlitzer Parks inszeniert. Selbst die Exotik der Südsee fand im Wörlitzer Park ihren Platz: In einem Pavillon wurde eine Sammlung mit ethnografischen Studien der fremden Völker der Südsee ausgestellt. Georg Forster brachte sie von den Expeditionen des Weltumseglers Cook mit und schenkte sie dem Fürsten von Anhalt.

Die Bildungsreisen des 18. Jahrhunderts waren motiviert durch eine weitaus größere Unternehmung, der wissenschaftlichen Erforschung und Repräsentation der Welt. Die geographische Kartographierung, die Erfassung der Fauna und Flora nicht nur der heimischen Gefilde sondern auch Afrikas, Asiens und der Südsee, waren Teil der kolonialen Eroberung und Unterwerfung fremder Kulturen. Sie wurden dann in der aufklärerischen Pädagogik und Naturphilosophie wie bei Rousseau als „wilde Völker“, die noch unverdorben im Naturzustand lebten, idealisiert.

Rousseauinsel

Von der Rousseauinsel zum Pantheon: eine Reise durch das Leben

Die Rousseauinsel: Die Utopie des Spiegels

Der erste prägende Eindruck, dem die Besucher aus Dessau kommend begegnen, ist die Nachbildung der Gedenk- und Begräbnisstätte von Rousseau in Ermenonville. Inmitten eines Pappelhains steht eine Urne auf einer kleinen Insel, hinter der sich ein Fächer mit mehreren Sichtachsen ausbreitet und Bezüge zu der gesamten Gartenanlage herstellt. Die Rousseausche Philosophie wurde damit als ein wichtiges Leitmotiv des Gartens ausgewiesen.

Der Wörlitzer Landschaftsgarten war ein Ort der Erinnerung und der Utopie: Seine Stimmungsbilder und Mustergärten erinnerten an das „Goldene Zeitalter" der antiken Mythologie, an jenen Zustand der Freiheit und Gleichheit, in dem der Mensch noch mit der Natur versöhnt war und nahmen das Paradies auf Erden vorweg. Im Spaziergang durch den Garten transformierte sich der Mensch zum Bürger, indem er die niederen Leidenschaften in die Tugend der vernünftigen Liebe wandelte.

Nach Rousseau war es Aufgabe der staatlichen Herrschaft den Menschen zum Bürger zu erziehen, sein eigennütziges Streben nach Konkurrenz, Besitz und Macht in die Liebe zum Gemeinwesen und den Dienst am Allgemeinwillen, den der Staat verkörperte, zu lenken. Erst so konnte eine zivile Natur, der Naturzustand als ein gesellschaftlicher Zustand verwirklicht werden. Rousseau trat also keineswegs für ein „Zurück zur Natur" ein. Der Rousseausche Erziehungsauftrag an den Staat entsprach dem paternalistischen Selbstverständnis des Fürsten, der sich auch gern als „Vater Franz" von seinen Untertanen bezeichnen ließ.

Gellertbüste im Labyrinth

Das Labyrinth: Die Erziehung zur Tugend

Im Spaziergang durch den Garten Neumarks soll die Gesellschaft der Aufklärer und die neue Form der Naturwahrnehmung vorgestellt werden, um dann auf den Wegen des Schochschen Gartens ihrer Inszenierung und Verwandlung zu folgen.

Der Weg zum Neumarkschen Garten führt rechts über eine Brücke an der Rousseau-Insel vorbei zum Labyrinth, das -ebenfalls rechts- am unteren Rand zur Straße hin angelegt ist. Das Labyrinth stellt ein Sinnbild des Lebenswegs des Fürsten dar. Die pädagogische Absicht der Sichtachsen, die das Gartenreich überziehen und im Wörlitzer Garten häufig auftreten, findet hier ihre Ausdeutung: Vorbild für die Wandlung zum Bürger war der Fürst, der erste Diener des Staates, dessen Regeln und Sichtweisen der Einzelne sich im Spaziergang durch die freie Natur zu eigen machen sollte.

Zwei Nischen im Innern des Labyrinths ehren die beiden Moralphilosophen Gellert und Lavater. Letztgenannter war berühmt für seine physiognomischen Ausdeutungen des menschlichen Verhaltens und der Gesichtszüge. Beide Philosophen werden als Lehrer und Vorbild des Fürsten genannt, deren Lehren ihn vor verderblichen Verwirrungen bewahrten und den Weg zur Tugend wiesen.

Zum Weg in die Verderbnis führt ein Gang unter einer Brücke mit der Inschrift „Wähle Wanderer Deinen Weg mit Vernunft" hindurch. Am äußersten Rand des Gartens liegt eine Grotte mit der Inschrift „Hier ist die Wahl schwer aber entscheidend". An ihrem Ende erscheint das mythologische Bild der Leda mit dem Schwan, in den sich Zeus verwandelte, um Leda zu verführen. Doch einige Schritte zuvor zeigt ein schwacher Lichtstrahl den Weg durch einen engen dunklen Gang in das Elysium und das Glück.

Unschwer sind die Moralphilosophie Lavaters und Gellerts wie auch die Reformpädagogik Basedows in den Gartenanlagen wiederzuerkennen. Im Mittelpunkt ihrer Überlegungen stand die Entfaltung der natürlichen Anlagen des Menschen und die Schulung seiner Einbildungskraft. Denn die äußeren Sinneseindrücke prägen sich unserer Seele ein, beeinflussen die Urteilskraft und verfestigen sich zu Gewohnheiten. Deshalb galt es, der verwirrenden Vielfalt der Sinnlichkeit ein Ziel zu weisen, sie einem moralischen Urteil zu unterwerfen und in sittliche Bahnen zu lenken. In den Erziehungsbüchern Basedows wurden Regeln des Benehmens, Sehens und Aussehens aufgestellt und mit

Grotte im Labyrinth

einer reichlichen Bebilderung versehen, die das „richtige" und „falsche" Verhalten vorbildhaft vor Augen führten.

Mit der Moralisierung der Einbildungskraft in der Pädagogik entstand eine imaginäre Form des Sehens und eine innere Wahrnehmung, in der sich die Sinneswahrnehmungen mit einer ausgedehnten Vorstellungs- und Gefühlswelt verbanden. In der Kultivierung der Empfindungen folgten die Menschen weniger ihren spontanen Regungen, vielmehr lernten sie sich gemäß den sozialen Erwartungen zu verhalten und ihre Gefühle mit den Augen der Anderen zu kontrollieren. Das Paradoxe war, daß gerade das, was als innerstes und einzigartiges Gefühl galt, ein anerzogenes Verhalten war und vielfach kopiert wurde.

Beispielhaft dafür ist der erste Reiseführer durch die Wörlitzer Anlagen, der von August Rode, Erzieher und Beamter am Hofe des Fürsten, verfaßt wurde. Die Erinnerungen, Bilder und Empfindungen, die sich bei den Besuchern und Besucherinnen einstellen sollten, wurden auf das detaillierteste beschrieben. Die Kettenbrücke im Garten Schochs ist nach Rode: „Ein Anblick, der die Einbildungskraft trifft und den Geist nach China zaubert, wo die Menschen zuerst luftige, durch reißende Ströme geschiedene Felsenwände durch dieses Mittel vereinigt haben. Aus dieser weiten Entfernung wird die Seele sofort durch das nahe Geräusch des auf einem ausgebreiteten Getreidefeld arbeiteten Landmannes in unsere vaterländischen Fluren zurückgeholt." (7)

Der Südseepavillon: Georg Forster und die Gesellschaft der Aufklärer

In der Nähe des Elysiums im Garten Neumarks findet sich der Eisenhart, ein felsiger Untergrund. Dort steht eine Bibliothek, in der Schriften zum Garten- und Obstanbau studiert werden konnten und der Südseepa-

Forsterpavillon

villon, der die ethnographische Sammlung Georg Forsters aufbewahrte. Georg Forster war Mitglied in einer aufklärerischen Gesellschaft, dem Mainzer Jakobinerclub, der an die republikanischen Traditionen der Französichen Revolution anschloß und der in Mainz die erste Republik auf deutschem Boden gründete.

Die aufgeklärten Gelehrten organisierten sich in Geheimbünden und Sozietäten, um der Zensur zu entgehen, das Ideengut der Aufklärung und das naturwissenschaftliche, ökonomische und technische Wissen der damaligen Zeit zu verbreiten. So gehörte auch Lavater der helvetischen Gesellschaft an, Karl Phillip Moritz einer Freimaurerloge, Basedow war Mitglied in einem Illuminatenorden und Campe gründete eine Patriotische Gesellschaft zur Förderung von Industrieschulen. Die freimaurerischen Rituale bilden einen wichtigen Hintergrund für das Verständnis des Wörlitzer Parks, allerdings ist in der Freimaurerei nichts Obskures zu sehen. Die aufklärerischen Vereinigungen und Geheimbünde sind als die frühen Formen der bürgerlichen Öffentlichkeit und Vorläufer des Vereins- und Parteiwesens in Deutschland anzusehen. Ihre Mitglieder praktizierten im Umgang untereinander den Austausch zwischen Freien und Gleichen, doch nach „unten“ hin grenzten sie sich ab. Frauen und die handarbeitenden Klassen, nahezu die gesamte Bevölkerung also, waren von der Mitgliedschaft ausgeschlossen. Ausnahmen bildeten der Lesezirkel um Klopstock in Hamburg und der Mainzer Jakobinerclub, in den auch Handwerker aufgenommen wurden.

Die Roseninsel: Der Fürst und der Bürger

Von dem Neumarkschen Garten besteht die Möglichkeit, mit der Fähre zur Roseninsel überzusetzen, die etwas oberhalb der Rousseau-Insel liegt. An der Inselspitze steht eine Linde mit einer Bank, vor der sich die Oberfläche des Sees wie ein Spiegel ausbreitet. Rechts liegt der Wörlitzer Landsitz des Fürsten und die offiziellen Institutionen, die Synagoge und die Kirche St. Petri, hinter der die Fürstin Luise ihren Wohnsitz hatte. Auf der linken Seite liegt der Schochsche Garten, der erst nach den Überschwemmungen von 1771 mit der Rekonstruktion der Deiche und des Gartens angelegt wurde. Dort präsentierte sich der Fürst als ein Privatmann und Bürger, der sich im Gotischen Haus dem Gartenbau widmete, physiognomische Studien seiner Ahnen betrieb und mit der Tochter des Gärtners eine „Ehe zur linken Hand“ lebte.

Die Wolfsbrücke: Der imaginäre Blick

Der Spaziergänger betritt den Garten über eine Brücke, die über einen Kanal führt. Die Bäume, die den Kanal säumen, stellen eine seitliche Rahmung des Blickes her. Mit der Einführung von drei abgestuften horizontalen Ebenen im Garten jenseits des Kanals wird nicht nur die Landschaftsmalerei der damaligen Zeit imitiert, sondern eine faszinierende Tiefenwirkung erzeugt, die gleichsam einen fotografischen Blick vorwegnimmt: Der Blick wird auf den Tempel der Venus, der am äußersten Rand des Gartens auf den Deichanlagen steht, fixiert. Die Sichtachse läßt so einen imaginären Binnenraum entstehen, in dem die Relationen zwischen Nah und Fern, Innen und Außen verschwimmen. An der Schwelle des Gartens erscheint dem Spaziergänger das Ziel seines Weges vor Augen und es entschwindet wieder im Vorübergehen. Das Bild soll sich in die Seele der Menschen einprägen und sie durch die gewundenen Wege und die mannigfaltigen Eindrücke des Gartens leiten.

Der Tempel der Flora: Die sinnliche Liebe

Im Innern von Schochs Garten wird die Vorstellungswelt der aufgeklärten Antikenrezeption ausgebreitet, deren Symbolik die Mustergärten und Architektur überlädt. Der Venustempel erscheint wieder in der Mitte des Gartens als Teil einer Zusammenschau mehrerer Bilder, die ein Kornfeld umgeben. Die folgende Sequenz, der nun nachgegangen wird, ist eine Nachahmung der englischen Gartenanlage in Stourhead und stellt eine weitere Allegorie der Reise durch das Leben dar. Sie beginnt mit dem Tempel der Flora, Göttin der Geburt und der Fruchtbarkeit, und endet beim Pantheon in den Neuen Anlagen. Flora symbolisiert die irdische Liebe und mit dem Kornfeld gemeinsam stellt sie die diesseitige Welt dar. Auch der „Landmann”, der das Korn mäht, ist stimmungsvolle Beigabe der Szenerie des Ackerbaus.

Floratempel

Die romantische Partie: Metamorphosen

Die sich anschließende felsige Grottenlandschaft stellt ein Initiationsritual vor: Der Mensch wird zum Bürger in das freimaurerische Ideengut eingeweiht und in den brüderlichen Bund der Vernunft aufgenommen. Der Weg der Prüfungen beginnt mit einer Kettenbrücke, deren rasselnde Geräusche und Schwankungen das Gefühl des Schauderns erwecken sollen. Auch jetzt wird nochmals das Motiv des labyrinthischen Entscheidens aufgenommen: Der Spaziergänger kann den Weg an der Oberfläche nehmen oder den Gang durch ein unterirdisches Grottensystem wählen. Dann zieht er sich in die Einsamkeit der Eremitage zurück und im beobachtenden Blick auf das freie Feld nimmt er Abschied

Kettenbrücke

von der diesseitigen Welt. Durch einen unterirdischen Gang gelangt er von der christlichen mittelalterlichen Welt in die antike Welt, zum Sitz des Mystagogen, der schon bei Cicero als Führer durch die Geheimnisse der Landschaft von Eleusis erwähnt wird. Sie wird in der heiteren Stimmung des folgenden Tals inszeniert. Die Eleusischen Gefilde waren Stätten der athenischen Staatsreligion, in dem Auserwählte in den Kult der Demeter, einer chthonischen Muttergottheit, eingeweiht wurden. Das Ritual unterlag der Schweigepflicht und nur durch Anschauung war es möglich, ihres Geheimnisses, und damit der Aussicht auf ein glückliches Leben im Jenseits teilhaftig zu werden.

Die Metamorphose der irdischen zur himmlischen Liebe findet im Gang durch die folgenden Grotten der Elemente-Luft, Wasser und Feuer- statt und endet am Tempel der Venus: Die letzte und größte Grotte ist die des Vulkanos oder Hephaistos, in die durch eine Öffnung an der Decke ein Lichstrahl vom darüberliegenden Tempel fällt. In der antiken Mythologie war Vulcanos der Gott des Feuers und der Schmiede, der die Künste und das Handwerk hervorbrachte und als deren Schutzgott er verehrt wurde. Er ist Gatte der Venus, der Göttin der Schönheit und der Kunst. Im 18. Jahrhundert wurde Vulkanos auch als ein Symbol der metallverarbeitenden Industrie verwandt, und in einer der Grotten war ein technisches Wunderwerk der damaligen Zeit, ein Automatenmensch, ausgestellt. Die Erde ist als Element nicht symbolisiert: Demeter bleibt analog dem eleusischen Mysterienkult ungenannt und ist als die materiale Umhüllung der Grotten, als Erde, präsent.

Der Venustempel: Der Bund der Freien und Gleichen und die himmlische Liebe

Das Feuer war Metapher für einen doppelten Verwandlungsprozess: die Verwandlung der Erde und des Metalls (das in Verbindung mit dem Feuer zur Kunst wurde) sowie für die Läuterung und Wiedergeburt des Mysten. In der Überwindung seiner niedrigen Begierden und der Bindung an die Erde, reinigt er seine Seele und wird eingeweiht in die Künste und die Wissenschaften. Er ist nun aufgenommen in den brüderlichen Bund der Gleichen und Freien und tritt am Ende seines Gangs durch die Unterwelt an das Licht in den Tempel der Venus, der vernünftigen Liebe, ein.

Dort befindet er sich auf dem Deich zur Elbe hin, an der Grenze zwischen der kultivierten und der wilden, ungebändigten Natur. Es entbietet sich der Blick des Erhabenen, wie er auch in der Philosophie Kants als Inbegriff der Landschaft auftaucht: von einem sicheren Punkt aus der bedrohlichen Macht der Naturgewalten innezuwerden und sie genießen zu können, da man ihre Macht nicht mehr zu fürchten hat. Erst die technische Beherrschung der Natur ermöglicht ihren ästhetischen Genuß.

Der Landmann, der den Acker bestellte, blieb an die Naturgewalten gebunden. Mit der Überwindung der körperlich-sinnlichen Bindung an die Erde wurden auch diejenigen überwunden, die das Land bewirtschafteten.

Das Monument: Die Familie und das Gesetz

Die nächste Station der Sequenz auf den Deichanlagen im Schochschen Garten, das Monument, ist zu Ehren der Familie errichtet. Es ist den väterlichen Vorfahren und dem Sohn des Fürsten gewidmet und steht damit für die Genealogie des anhaltischen Fürstengeschlechts, für die Generationenfolge ein. Da sich der Zugang zu Macht und Besitz nur über den Namen des Vaters weitervererbt, bleiben sowohl die mütterliche Linie als auch die Demeter in den Grotten der romantischen Partie ungenannt. Das väterliche Gesetz begründete die Ordnung des Staates, die Autorität des Fürsten und seine Herrschaft über das Territorium. So stellt auch eine Sichtachse den Bezug zum Landsitz des Fürsten her.

Das Pantheon: Das Reich der Menschen, der Götter und der Unterwelt

Die letzte Station der Sequenz des Lebensweges bildet das Pantheon, das etwas weiter auf dem Elbwall in den Neuen Anlagen zwischen der Elbe und einem See, dem großen Walloch, liegt.

Das Pantheon, das ebenso wie das römische Vorbild dem Götterhimmel geweiht ist, nimmt nochmals alle Motive des Weges auf und stellt eine dreigeteilte Welt vor: das Reich der Menschen, der Götter und der Unterwelt. Am Eingang führt eine kleine steinerne Wendeltreppe hinauf zu einem Bogengang. Die Kuppel der Rotunde schmückt ein Fries mit Fresken der Göttin Athena, Schutzherrin von Staat, Recht und Wissenschaft. Als Friedensgöttin förderte sie den Ackerbau, das Handwerk und die häusliche Wirtschaft, denn sie brachte den Griechen den Wagen- und Schiffbau, den Pflug und den Rechen, den Webstuhl und das Spinnrad. Mit Apollon verband sie das Flötenspiel.

Im Hauptsaal stehen die Marmorskulpturen der neun Musen, die die klassischen Künste vertreten, und des Apollon, dem Anführer der Musen. Er ist Gott der Sonne und der Musik, des Weissagens und heilenden Wissens. Er repräsentiert die göttliche Inspi-

Schochs Garten - Monument

ration des Wissens und der Kunst, die zwischen der Natur und dem Menschen, dem Leben und dem Tod, der irdischen und der unterirdischen Welt verbindet. Eine Treppe führt hinunter in die ägyptische Unterwelt, die in Verbindung mit den Allgewalten der Natur steht, dem Nil bzw. der Elbe, deren Naturkraft befruchtend aber auch zerstörerisch wirken kann.

Nicht nur metaphorisch, sondern auch räumlich ist der untere Saal mit der Elbe durch eine Grotte verbunden, die zum See des Großen Walloch und der Toteninsel führt. Im Zentrum der Unterwelt steht Isis, Göttin der Fruchtbarkeit und der Zerstörung. Ebenso wie der Nil wird sie zum Ursprung des Wissens und des Lebens erklärt. Durch ihre heilende Kraft hat sie ihren toten Gatten Osiris wieder zum Leben erweckt, so daß er weiterhin als Richter über das Totenreich herrscht.

Doch der Ursprung des Wissens und des Lebens bleibt ungewiß: Isis wurde in der Aufklärung, wie etwa bei Schiller oder Novalis, aber auch auf der nahegelegenen Domäne am Luisium, als die verschleierte Göttin zu Sais dargestellt. Hinter dem Schleier der Isis verbarg sich die Wahrheit, aber auch der Tod für den, der den Schleier lüftet. Kein Sterblicher also konnte jemals die Wahrheit über den Ursprung des Lebens mitteilen.

Pantheon

Mit dem Versuch des Landschaftsgartens, die zivile Gesellschaft in Natur zu begründen, schien gleichzeitig die Einsicht aufzukommen, daß Sinn und Bedeutung des Lebens letztendlich nicht aus der Natur erwachsen oder sich aus ihr ablesen lassen. Ja auch, daß eine Versöhnung mit Natur nicht möglich ist, da immer etwas Fremdes und nicht Erkennbares verbleibt. Mit ihrer Absicht, das Sinnliche und das Vernünftige zu verbinden, thematisierte die Aufklärung in ihren Bildern auch die Abhängigkeiten von der Fruchtbarkeit der Natur und ihrer Ressourcen, den Tod als das Hereinbrechen der Natur in das Soziale und untergründige Emotionen: Bilder, die heute eher befremden und als irrational empfunden werden. Bezeichnend ist vielleicht, daß heute zwar die schönen Aussichten auf den Stimmungsbildern erscheinen, doch die dunklen Untergründe aus den Darstellungen des Naturschönen verdrängt werden.

Renaissance als Reformation

Die Elbe-Stadt des 16. Jahrhunderts ist das „protestantische Rom“. Aber Wittenberg ist ganz anders als Rom. Das macht Wittenberg zu Wittenberg. Während sich das nachantike Rom wechselnd in der Maske machtgieriger Heiligkeit und rituell geheiligtem Caesarismus darstellt („Caesaropapismus“), ist im reformatorischen Wittenberg von 1500 bis 1540 keine organisierte Macht, sondern ein Netzwerk von Menschen tätig. Diese vitalen einzelnen besitzen in ihrer Lebendigkeit, in ihren Widersprüchen und in ihrer Vielfalt Shakespearsche Züge.

Es sind nicht Machthaber oder Heilige, sondern nachdenkliche Menschen. Dies ist Renaissance. Sie kam nicht von Rom, sondern aus Mittelitalien (vor allem aus der intelligenten profanen Kultur in Florenz) über die Alpen - und Wittenberg ist der Ort, wo sich die Menschlichkeit am deutlichsten entfaltete. Auch wenn Bauten und Bilder meist anders aussehen, sind die Strukturen ähnlich.

Renaissance ist Stadtkultur, intelligenter Umgang mit der Welt, in der nun der einzelne ernstgenommen wird. Und der einzelne auch die anderen ernst nimmt. In dieser stark lebensweltlich orientierten Kultur entfalten sich die Reformatoren. Ihre außerordentliche Wirkung besteht darin, daß sie die Welt akzeptieren. Sie sind keine Katastrophiker.

Spätere Strömungen innerhalb des Protestantismus, vor allem nach der Katastrophe der weitgehenden Zerstörung dieser Stadtkultur im 30jährigen Krieg, haben die Lebensweltlichkeit der Reformatoren oft weitgehend vergessen. An ihre Stelle setzten sie Leidensklage und Entsagung, sogar Weltverachtung. Dies führte u. a. zur Reduktion auf reine Theologie und zum Desinteresse an sozialgeschichtlicher Forschung.

Bei den Reformatoren steht das Wort Gottes in den Schriften stets in engem Zusammenhang mit der Zuwendung zur Welt.

Markt mit Stadtkirche und Rathaus

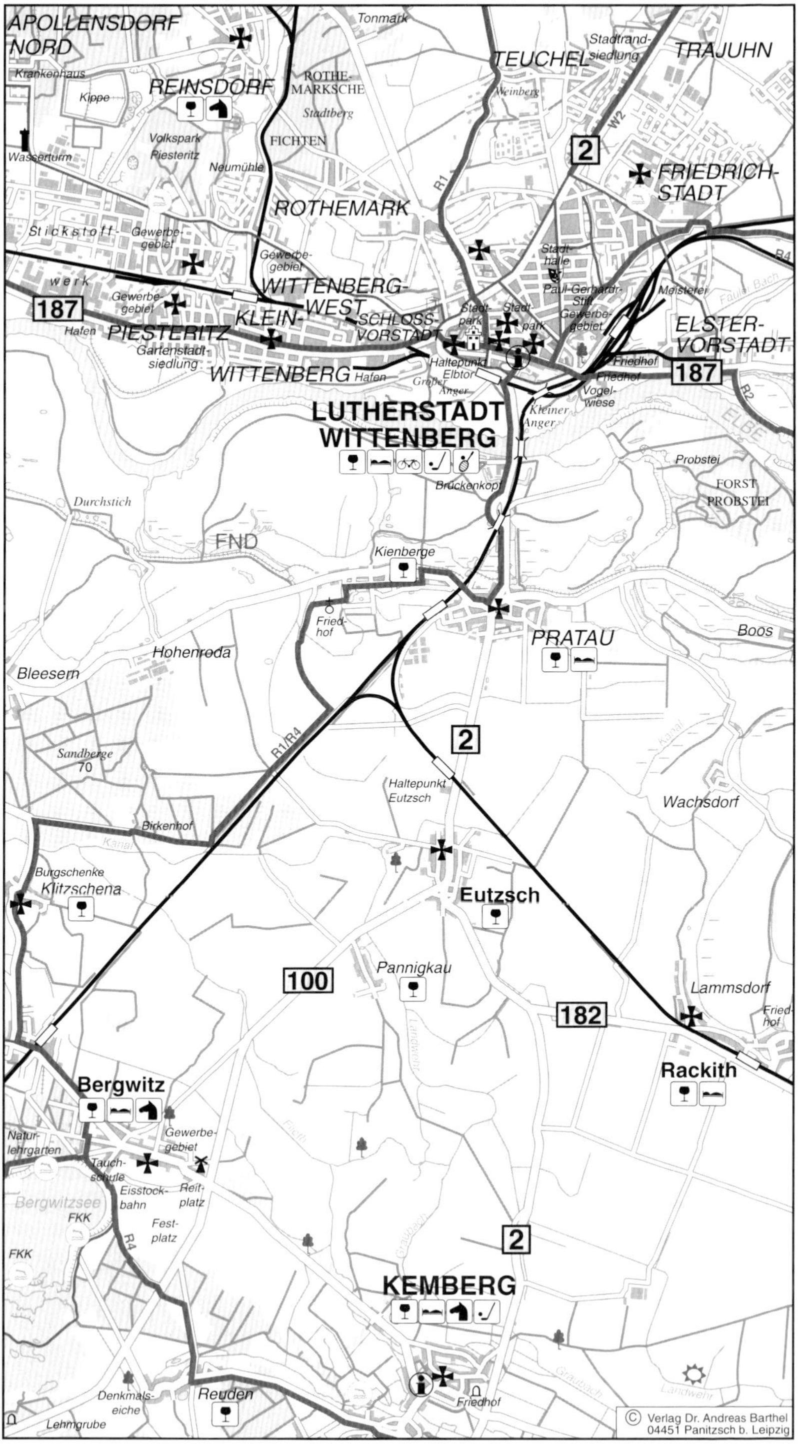
APOLLENSDORF NORD
REINSDORF
ROTHE-MARKSCHE
Stadtberg
TEUCHEL
Stadtrand-siedlung
TRAJUHN
Tonmark
Krankenhaus
Kippe
Volkspark Piesteritz
Neumühle
FICHTEN
Weinberg
Wasserturm
ROTHEMARK
FRIEDRICH-STADT
Stickstoff-werk
Gewerbe-gebiet
WITTENBERG-WEST
KLEIN-WITTENBERG
SCHLOSS-VORSTADT
Stadt-halle
Paul-Gerhardt-Stift
Meisterei
ELSTER-VORSTADT
187
Hafen
PIESTERITZ
Gartenstadt-siedlung
Stadt-park
Haltepunkt Elbtor
Großer Anger
Friedhof
Vogel-wiese
Kleiner Anger
LUTHERSTADT WITTENBERG
ELBE
Probstei
FORST PROBSTEI
Brückenkopf
Durchstich
FND
Kienberge
Fried-hof
PRATAU
Boos
Hohenroda
Bleesern
R1/R4
Sandberge 70
2
Haltepunkt Eutzsch
Wachsdorf
Birkenhof
Kanal
Burgschenke Klitzschena
Eutzsch
100
Pannigkau
Lammsdorf
182
Landwehr
Rackith
Bergwitz
Natur-lehrgarten
Gewerbe-gebiet
Tauch-schule
Eisstock-bahn
Reit-platz
Bergwitzsee
FKK
Fest-platz
R4
KEMBERG
Denkmals-eiche
Reuden
Friedhof
Lehmgrube
Graubach
W2
R1
R2
Faule Bach

Ein Lebensgefühl, das aus dem mediterranen Raum kam.

So ist diese Reise eine Einladung, die Renaissance in Gestalt der Reformation kennenzulernen. Darüber hinaus gibt es viele Zündpunkte, an denen diese Reise aktuelle Brisanz hat. Der Reisende wird das an den konkreten Orten ohne Fingerzeige selbst entdecken.

Aus einer Sicht- und Denkweise, wie sie in Frankreich als „Mentalgeschichte" entwickelt wurde, konnte gelernt werden, auf die langen, insgeheimen Fäden über Jahrhunderte hinweg zu achten. Der lange Faden der Reformation wurde in der protestantischen Entwicklung oft überlagert, in vielerlei Weise, aber er verschwand nicht.

Seine Struktur tauchte wieder auf, als eine wohlgemeinte, aber nicht wohlmeinende Diktatur ein bedrückendes demokratisches Defizit schuf. Als es immer fühlbarer wurde, vor allem in den 80er Jahren, entdeckten in der DDR viele einzelne erneut diesen Faden: und so wurden zahlreiche Räume der Kirche, ohne heroische Züge, zum Trainings-Feld für moderne Demokratie genutzt: jährliche Synoden, Freimütigkeit ohne Polemik, Arbeitskreise, Magna Charta der gewaltfreien Revolution, 1981 „Schwerter zu Pflugscharen", kulturelle Veranstaltungen, Lesungen u. a.

Im Wiedererleben dieses langen Fadens wurden Stadtkultur und Reformation erneut lebendig. Im evangelischen Bereich (ohne die Frage nach Christ oder Nichtchrist zu stellen) entstand ein neues Netzwerk mit vielen Gruppen, nirgendwo in organisiertem, geschweige denn abgesprochenem oder verschwörerischem Zusammenhang. Dies spielte für 1989 eine entscheidende Rolle.
Stadtkulturell-reformatorisches Denken setzte statt auf Gewalt auf Vertrauen. Am deutlichsten wird dies in Wittenberg, in der Gruppe der „Jungen Erwachsenen" und um das „Kirchliche Forschungsheim". So hat diese Zivilisiertheit, die weitreichende Kultur der Friedens-Bewegung, zweimal Weltgeschichte gemacht: im 16. und im 20. Jahrhundert. Zweimal wurde Wittenberg der Beweis für die Macht der Ohnmächtigen - durch den Diskurs in Netzwerken.

Solche Diskurse werden heute auch in Wittenberg weitergeführt, auf den Plattformen der Evangelischen Akademie, einer aufgeschlossenen Stadtverwaltung, im Kirchlichen Forschungsheim, in der Cranach-Stiftung und von weiteren. Mit dieser Netzwerkkultur arbeitet in der Region auch die Stiftung Bauhaus Dessau.

Die Wittenberger Stätten der „Reform" (wie das italienische Wort weit genauer sagt) sind auf einem einfachen Weg erlebbar: Vom Schloß über den Markt zur Universität und zum Lutherhaus. Und zurück zum Markt und zur Stadtkirche.

Aus inneren und äußeren Gründen konzentriert sich unsere Reise durch Wittenberg auf die „Reformation als Renaissance".

Schloßkirche mit der Thesentür von 1858

Damit soll nicht vergessen werden, daß es spannende weitere Felder gibt. Die preußisch-imperiale Verbiegung des Protestantismus im 19. Jahrhundert. Die Industrie-

Epoche. Und die EXPO 2 000 Sachsen-Anhalt, die auf diesem vorgeprägten kulturellen Feld einen ihrer Höhepunkte entwickeln kann.

Es gibt sechs Expo-Projekte in und um Wittenberg: Das Biosphärenreservat an der Elbe - als Nachdenkstätte über die Ressourcen. - Die Cranachhöfe - als Forum für kulturelle und künstlerische Bildung. - Wasser in der Stadt (Röhrwasser-Projekt) - als Renaissance eines vergrabenen Elements. - Der Elbehafen - als Dokument des architektonischen Erbes der Industriekultur. - Die Siedlung Piesteritz - als neue Stadt in der alten Stadt; und als planerisch-architektonische Gestaltung zwischenmenschlicher Beziehungs-Felder in der Industrie-Epoche. - Die Hunderwasser-Schule - als Aufschrei der hier inkriminінierten, dort übersehenen Phantasie als Produktivkraft.

Die protestantische Stadt

Gründung. Das Gebiet um das heutige Wittenberg wird den Slawen abgenommen: Ost-Kolonisation. Markgraf Albrecht wirbt 1159/1160 Siedler an: aus dem Rheinland und vor allem aus Flandern. Auf dem weißen Sandberg (Wittenberg) über der Elbe legen sie einen Ort an.

Die Burg. König Lothar von Supplinburg setzt 1134 Albrecht den Bären zum Markgrafen der Nordmark (Altmark) ein. Er läßt wohl die Burg anlegen. Der Bau (nicht erhalten) ist Bezugspunkt eines Verwaltungsbezirks (Burgward): militärisch, zivil, religiös.

Aus dem askanischen Herrschafts-Gebiet entsteht durch Erbteilung 1260 das Herzogtum Sachsen-Wittenberg. Albrecht II. erhält dieses seinerzeit unbedeutende Gebiet. Die Burg wird Residenz.

Der Landesherr engagiert die Bürger dadurch, daß er den Ort 1293 in den Rang einer Stadt erhebt. Pflichten: Finanzierung, Errichtung und Bedienung einer Festung - rund um die Ansiedlung. Neben der Burg bildet der Ort eine zweite Festung. Als Ausgleich dafür Rechte: eine Selbstverwaltung in Teilbereichen.

Kurfürst. Im Konflikt zwischen Ludwig dem Bayern und Karl von Luxemburg schlägt Herzog Rudolf I. (regiert 1298 -1356) sich auf die Seite des Erfolges und erhält als Lohn vom Kaiser Karl IV. 1355 die Würde eines Kurfürsten.

Städtische Autonomie. Heer und Repräsentation kosten Geld. Ständig in Finanznot, verkaufen die Fürsten Rechte an die wirtschaftlich aufsteigende Stadt (u. a. 1330 Münz-Recht, 1332 untere Gerichtsbarkeit, 1415 Stapelrecht, 1441 hohe Gerichtsbarkeit). Dadurch gewinnt sie immer mehr konkrete Freiheiten.

Wittenberg wird aber weder eine Freie Stadt, unabhängig vom Landesherrn, noch eine Reichsstadt, nur dem Kaiser unterstellt, sondern bleibt eine Landesstadt. Der Landesherr hat ein Vetorecht bei grundsätzlichen Entscheidungen der Selbstverwaltung.

Wechsel der Herrschaft. Albrecht III. hat keine Kinder - so fällt 1422 das Lehen an Kaiser Sigismund zurück: dieser gibt es dem Wettiner Friedrich dem Streitbaren - zum Lohn für Dienste im Krieg gegen die Hussiten - und gegen viel Geld. Ihre Residenz ist Leipzig.

Nach der Erbteilung von 1485 wählt Kurfürst Friedrich III. der Weise die Burg zum Sitz der ernestinischen Linie. Und so wird Wittenberg erneut Residenz.

Städtebauliche Entwicklung und Muster. Es gibt mehrere Wellen der Stadt-Entwicklung: Die Burg (vor 1180), die Residenz (1260), ihr repräsentativer Ausbau (um 1500), die Universität (1502 ff), die Reformation (1517 ff). Jedes Mal modernisieren Bürger ihre Häuser.

Unmittelbar vor der Burg (Schloßplatz) entwickelt sich ein Straßenmarkt: für diesen Nutzwert baucht sich die Straße dreieckig aus (Schloßstraße/Coswiger Straße). Der Ort wächst nach Osten - über die Straßenkreuzung mit der Elbstraße, die zum Flußufer führt.

Der Ausbau scheint vom Landesherrn konzipiert zu sein. Das Rückgrat und seine Struktur ist die Handelsstraße (Magdeburg-Lausitz-Böhmen) parallel zur Elbe: vom Coswiger Tor von Westen nach Osten (Schloßstraße, Lange Straße, später Collegienstraße genannt).

Sie besitzt eine erstaunliche Breite: wie ein Anger ist sie aufgeweitet (vergleiche Dessau und Tangermünde). Dies deutet daraufhin, daß sie, zumindest zeitweilig, zum Straßenmarkt bestimmt ist.

In der Mitte: ein rechteckiger Platz (Markt). Östlich hinter einer Zeile von Verkaufsständen (seit 1530/1540 Häuser) befindet sich der (einst) ummauerte Bereich des Kultes und der Toten: die Stadtkirche und der Friedhof.

Im östlichen Stadtbereich ist parallel zur Hauptstraße eine zweite Straße angelegt: der Holzmarkt und die Mittelstraße.

Es gibt drei Orden mit bescheidenen Bauten: Franziskaner, Antoniter und Augustinereremiten. In der Stadtentwicklung relativ spät gekommen, müssen sie sich mit Grundstücken am Rand begnügen.

Die Stadt ist nicht groß: 1513 wohnen in 382 Häusern rund 2.100 Einwohner. Die neue Universität (1502) zieht Menschen an. Dies löst einen Bauboom aus. Er verändert vor allem den Bereich östlich vom Markt. In 30 Jahren, bis um 1530, verdoppelt sich die Bevölkerungszahl auf über 4.500 Menschen. Nun ist Wittenberg eine stattliche Mittelstadt.

Die Residenz: das Schloß

Wofür steht das Schloß?
Für einen Fürsten, der als einer der wenigen in Deutschland begriff, was die Feelings der neuen Zeit waren: Zurückhaltung, Wachsen lassen, Toleranz, Moderation.
Das Schloß ist zunächst ein Dokument eines Zivilisationsprozesses: Eine Militäranlage saugt Kultur auf.
In seiner Ausstattung steht es als einer der Höhepunkte weitausgreifender Entfaltung der menschlichen Lebensmöglichkeiten und Phantasien.
Die entleerten Mauern stehen aber auch für eine furchtbare Zerstörung. Eine große Kultur wird durch Militär mit ungeheuerlicher Rücksichtslosigkeit vernichtet.

Kulturelles Interesse. Kurfürst Friedrich III. (1464-1525) wird bereits von Zeitgenossen der Weise genannt. Mit Bildung versehen, vor allem mit Offenheit, macht er als junger Mann eine Pilgerreise nach Jerusalem, lernt Venedig und seine Welt kennen, entwickelt Interesse für Kunsthandwerke und Künste. Diese kulturelle Prägung hat weitreichende Folgen.

Ausbau der Residenz (1489/1509). Drei Gründe, die Residenz auszubauen. Wer etwas gelten will, muß dies zeigen. Und besonders in dieser Zeit. Der Impuls dazu wird verstärkt: von Burgund - und von Italien. Hinzu kommt, daß sich in dieser Zeit die Territorien zu Großflächen-Staaten stabilisieren und strukturieren.

Friedrich muß auch die Würde des Kurfürsten repräsentieren. Friedrichs Bruder Albrecht hat seine Residenz in Meißen bereits gebaut (1471/1485).

So legt Friedrich seine Burg an der Stadtmauer neu an. Albrecht und Friedrich finanzieren ihre Landesburgen aus den gleichen Quellen: aus den reichen Erträgen ihrer Silber-Bergwerke.

Einfluß der Stadtkultur. Die bürgerlichen Standards erreichen die Höfe und beeindrucken sie. Friedrich ist Beispiel für einen Fürsten, den die Umgangsformen der Stadtkultur tiefgreifend berühren. Seine Regierungsweise ist geprägt von bedächtiger Diskussion mit vielen Menschen, von Zurückhaltung gegenüber der Gewalt, von Toleranz - dies sind Tugenden, die in der Stadtkultur entwickelt wurden.

Konjunktur-Förderung. Sein Sekretär Georg Spalatin: „Denn er war ein friedlicher Fürst und der es dafür hielt, daß man viel armen Leuten damit dienet, wenn man bauet." Tatsächlich bekommen Bauleute und Handwerker in Wittenberg und in anderen Städten viel zu tun.

Der Neubau. Zuerst entsteht der Flügel an der Elbe (1489/1494 von Baumeister Klaus Roder). Anschließend wird im Westen der Mittelflügel gebaut (1494/1495 Hans Meltwitz aus Torgau). 1496/1497 wächst der Nordflügel (Schloßstraße): die Schloßkirche.

1509 ist der nordwestliche Schloßturm vollendet. In diesem Jahr wird der Bauprozeß abgeschlossen. Gesamtkosten: 32 466 Gulden.

Die Konzeption heißt: Landesburg, Teil der Stadtfestung, Repräsentations-Residenz und Verwaltungssitz.

Sie liegt am Übergang zwischen zwei Epochen. Die Residenz zeigt Züge einer mächtigen Festungsanlage: sie führt sich nach außen abweisend auf und richtet sich nach innen. Ursprünglich umgibt ein Wassergraben die gesamte Anlage. Einst müssen die Stadtbewohner, wenn sie zur Schloßkirche gehen, über eine Brücke laufen.

Zugleich erscheint jedoch ein Moment der Öffnung: eine reiche Repräsentation, die natürlich bewundert werden soll (der Umbau zur preußischen Zitadelle hat dies weitgehend zerstört). „Burg des Jupiter" nennt Andreas Meinhardi 1508 die Residenz. (1)

Im Innenhof wird ein Experiment vorgeführt: virtuoses Bauen. In den Ecken steigen schräg Arkaden-Geschosse auf (erhalten). In ihnen liegt jeweils das Treppenhaus, das die Geschosse verbindet.

Funktionsbereiche. Das westliche Erdgeschoß hat Wirtschaftsräume, vor allem für das Kaminholz. Im Erdgeschoß des Süd-Flügels haben die Bediensteten einen großen Aufenthaltsraum, im Winter zum Aufwärmen. Es erfordert Vorstellungskraft, sich auszumalen, wie es bei einem so umfangreichen Hauswesen dort zugeht.

Im vornehmen Obergeschoß (Nobelgeschoß) breitet sich der große Saal für die Staatsinszenierungen mit ihren Ritualen aus. Im zweiten Obergeschoß wohnt in vielen Räumen die Fürstenfamilie. Die Bediensteten und Hofbeamten leben mit ihren Familien in der Stadt.

Der gesicherte Nordwest-Turm verwahrt im Archiv die wichtigen Urkunden. Denn Rechte sind an den Besitz eines konkreten Pergaments geknüpft (wie später Aktien-Besitz).

Ausstattung der Residenz. Es gibt viele Aufträge für die Ausstattung des Schlosses. Der wichtige und außerordentlich vielseitige

Gestalter ist Lucas Cranach d. Ä. mit dem größten Werkstattbetrieb nördlich der Alpen.

Die Gäste, denen dieser Glanz des Fürsten-Hauses gezeigt wird, sollen staunen, überrascht sein, in viele Welten gelockt werden. Sie erleben dramatische Figuren wie Herrscher-Allegorien, Helden, Tugenden, und vor allem Geschichten. An die Stelle ritueller Starre ist, unter niederländischem Einfluß, die Lust am Theater getreten: die szenische Aufbereitung der überlieferten Geschichten.

Nebeneinander bestehen mehrere Welten: die christliche, deren farbigstes Geschehen im Alten Testament gefunden wird, und die antik-heidnische.

Oft wird Gläubigkeit betont - als Alibi, um die in der italienischen Renaissance wiederentdeckten vorchristlichen Lebensqualitäten entfalten zu können. Neben eine christliche Weltflucht tritt die Lust am Hier und Jetzt. Vieles ist nördlich der Alpen neu.

Von der fulminanten Ausstattung blieb nichts erhalten. Das meiste zerstörte Preußen durch den Umbau zur Militärfestung (Zitadelle, 1819).

Das Vorschloß. Östlich vor dem Chor der Schloßkirche entsteht nach dem Hauptschloß das niedrigere Vorschloß (1515 ff. Ecktürme nicht ausgeführt). Leitung: Hans (Meltwitz) aus Torgau (1494/1521) und Hans Zinkeisen von Torgau (1521/1525). Nach 26 Jahren ist der Schloßbau weitgehend vollendet.

Der Nordflügel, teils drei, teils zwei Geschosse, ist ebenso hoch und ähnlich gestaltet wie die vornehmen Bürgerhäuser in der Stadt.

Torwachen. Dann folgen, auch noch im Ostflügel (nicht erhalten), im Erdgeschoß die Transportmittel: Pferdeställe und Kutschen. Wer mit der Bürokratie des Landes zu tun hat, findet sie in den vielen Zimmern des Obergeschosses.

Der Südflügel (nicht erhalten) dient in zwei Geschossen als Zeughaus für militärische Ausrüstung. Und im Westen arbeitet die umfangreiche Küche für das Burgpersonal und den Kurfürsten.

Schloß mit Schloßkirche

Weltpolitik. Friedrich der Weise ist des Heiligen Römischen Reiches Kurfürst und Reichsmarschall, Herzog von Sachsen, Landgraf von Thüringen, Markgraf von Meißen. Er macht Weltpolitik. Früh tritt er für die Reichsreform ein. 1500 ist er Vorsitzender im Reichsregiment.

1518 will Kaiser Maximilian I. noch zu seiner Lebzeit die Nachfolge sichern: ein Enkel soll Kaiser werden - Karl von Spanien. Er sucht die sieben Kurfürsten dazu zu bringen, diesem Vorschlag zuzustimmen. Diese aber fürchten, daß der Kaiser zu mächtig wird, wenn er zugleich Spanien und das Reich regiert. Friedrich verweigert seine Unterschrift.

Damit wird er für den Papst interessant, der sich ebenfalls quer stellt. Dies nutzt der Kurfürst zugunsten des Wittenberger Professors Martin Luther. Einige Zeit lang ist die Kurie zu jedem Zugeständnis bereit: Der Kurfürst könne einen seiner Freunde nach eigener Wahl - also selbst Luther - benennen und der Papst würde ihn zum Kardinal machen.

1519 wird der Nachfolger des gestorbenen Kaisers gewählt. Die Mehrheit der Kurfürsten wählt den sächsischen Landesherrn, Friedrich den Weisen, zum Kaiser. Er aber lehnt die Wahl ab: er fühle, daß er sich auf zu wenig Hausmacht stützen könne. Was wäre geschehen, wenn er Kaiser geworden wäre? Und nicht Karl V. - ein Gegner der Reformen.

Nach der Wahl hat Friedrich der Weise für den Papst keine politische Bedeutung mehr. Nun eskaliert seine Mühe, sich Luthers zu bemächtigen. Rom fordert vom Kurfürsten seine Auslieferung. Dieser lehnt ab. 1521 verhängt der Papst über Luther den Bann. Auf dem Reichstag in Worms 1521 beugt sich Luther nicht. Die Räte Friedrichs des Weisen lassen ihn auf seinem Rückweg zum Schein, mit seinem Wissen überfallen und in Sicherheit bringen - insgeheim auf die Wartburg. Nicht alle Fürsten und Stände sind willens, in ihren Gebieten die kaiserliche Acht über Luther anzuwenden. Die Reformation ist nicht aufzuhalten, weil sie in der Praxis in breiter Weise vom Volk in den Städten eingeführt wird.

Der Jurist Georg Spalatin (1484-1545), Sekretär des Fürsten, gehört zu den Reformatoren. Durch seine Vermittlung kommt der erste Bund zwischen Reformation und Landesfürstentum zustande. Viel kritisiert, wird dies jedoch das Fundament zum Überleben des äußerst gefährdeten Protestantismus, den der Haß des Kaisers und die wütende Gegenreformation verfolgt.

Nachfolge. Friedrich der Weise stirbt 1525. Zu seiner Beisetzung in der Schloßkirche hält Martin Luther die Grabrede. Nachfolger ist sein mitregierender Bruder Johann der Beständige (1468-1532). Unter ihm hat die frühe Reformationsbewegung ihre besten Jahre.

Während Friedrich oft laviert („der Fuchs von Sachsen“), im wesentlichen moderiert, aber offen und fair ist, unterstützt sein Bruder direkt, fühlt sich als Freund und Schüler Luthers und betreibt die Reformation als seine Sache – schon in den Jahren der Mitregentschaft und dann vor allem in den sieben Jahren seiner Kurfürstenzeit.

Schon 1520 drängt er darauf, eine Kirchenordnung zu entwerfen. Bei dieser Arbeit spielt Georg Spalatin eine große Rolle. Sie drängen den wiederholt aufgeforderten, aber zögernden Luther, Vorschläge zur Neugestaltung des Gottesdienstes zu machen.

Johann gründet 1531 – und führt dann zusammen mit dem Landgrafen Philipp von Hessen – das Schutzbündnis der protestantischen Fürsten und Stände: den Schmalkaldischen Bund.

Pluralismus. Es gäbe in Europa keinen modernen Pluralismus, wenn der Protestantismus untergegangen wäre. Der Pluralismus in der Ebene der Religion ist eine der Dimensionen des Pluralismus der modernen Welt.

Die große Krise. Die nächsten Jahrzehnte sind die Zeit der großen Krise. Johanns Sohn, Friedrich der Großmütige (+1554), führt den Schmalkaldischen Bund, zusammen mit dem Landgrafen Philipp von Hessen. Im Schmalkaldischen Krieg (1546/1547) wechselt der evangelische Albertiner Moritz von Sachsen (Schimpfname: „Judas") zu Kaiser Karl V. über - das entscheidet den Krieg. Der Kaiser nimmt 1548 dem gefangenen Ernestiner die Kurwürde und gibt sie dem Albertiner Moritz von Sachsen. Wittenberg verliert die Funktion der Residenz. Und das Schloß seine Ausstattung : Johann Friedrich darf seinen beweglichen Besitz ins Exil mitnehmen.

Als dauerhafter Faktor für die Stadtkultur erweist sich nicht die Macht, sondern die Bildung: die Reformation. Sie trägt zum erneuten Aufstieg bei: durch die Universität und die Druckwerkstätten. 1550 kommen mehr Studenten als zu Luthers Zeiten.

Lutherdenkmal auf dem Markt

Die Schloß- und Universitätskirche

Wofür steht die Schloß- und Universitätskirche?
Ein mit Magie überfrachteter Ort setzt eine Dialektik in Bewegung. Die Magie wird von der frühen Aufklärung bestritten.
Diese Aufklärung kommt aus Italien - aus demselben Land wie die Macht, die die Magie zementiert.
Preußen instrumentalisiert Spuren der Aufklärung und macht aus ihnen neue Reliquien.
Der Ort ist eine Aufforderung, über die Steine und Bronzen hinaus den Geist zu bedenken, der die Körper schuf.

Der geistliche Komplex. Die Burg hat eine Kapelle. Zu ihr gehört ein Stift (seit 1346 nachweisbar), das allen Heiligen gewidmet ist. Es hat eine Anzahl von Geistlichen. Sie wohnen nördlich der Kirche in einer Gasse (Pfaffengasse). An der Nordwestseite des Platzes liegt die Propstei: das Haus des Stifts-Vorsitzenden. Später kommt ein dritter Funktionsbereich hinzu: die Ritualstätte der Universität.

Collegienstraße

Die Schloßkirche gehört zum Ausbau des Schlosses. Erst wird der Fürsten-Sitz errichtet, dann als sein Nordflügel: die Schloßkirche (1496/1503). 1503/1507 wird unter dem Dach ein virtuoses Netzgewölbe (Konrad Pflüger, zuvor Albrechtsburg Meißen, Peter-Pauls-Kirche Bautzen, Thomas-Kirche Leipzig) eingezogen. Im Typ folgt die Kirche der Tradition von Hofkapellen (Sainte Chapelle in Paris).

Kirchen-Fassade. Rund um das Schloß läuft einst der Festungsgraben. Eine Brücke führt zur Kirche. Die Ankommenden sehen deren Nordseite als Fassade gestaltet. Vor ihren Augen steigen Strebepfeiler auf. Edel im Material und elegant in ihrer Glätte wirken die sorgfältig behauenen Steine. Die staunenden Leute sind beeindruckt vom transparenten Filigran der Fenster. Dünnste Elemente – in einer Virtuosität, die von Goldschmieden stammt – bilden kunstvolles Maßwerk.

Innenraum. Die Besucher treten in einen großen Saal ein (im 19. Jahrhundert stark verändert, ursprünglicher Zustand in einer Zeichnung von Siebenauer, um 1730, überliefert). Ihr Blick geht zu den Emporen. Sie zeigen ihnen, daß sie in einer Hof-Kirche stehen. Denn dort hat der Hofstaat, je nach Rang, seine Plätze. Dies wurde in uralter Tradition, die auf Byzanz und auf die Antike zurückgeht, ausgeformt.

Ausstattung. Um 1508/1509 läßt der Fürst die Kirche in größerem Maße ausstatten. Er macht eine Anzahl von Stiftungen: für Altäre mit jeweils einem Gehalt für ihre geistlichen Versorger. 1519 hat die Kirche 19 Nebenaltäre. An ihnen werden im Jahr rund 9 000 Messen gelesen, die von einzelnen Familien bestellt und bezahlt sind. Die Zahl steigt ständig. 1519 sind es 1 138 gesungene Messen und 7.856 gesprochene. 40.932 Kerzen werden 1517 verkauft. Diese Messen ernähren 81 Personen im Allerheiligen-Stift.

Martin Luther begegnet diesem Vorgang fast Tag für Tag. Er denkt darüber nach, wird herausgefordert, handelt - mit weitreichenden Folgen.

Heute ist die Fülle an Kunstwerken in aller Welt verstreut. Erhalten blieben Grab-Denkmäler: Vor dem Altar für die Brüder Friedrich und Johann sowie für Martin Luther und Philipp Melanchthon.

Die Reliquien-Sammlung. Reliquien stammen aus dem Grabkult. Wer in ihre magische Nähe kommt, erhält Ablaß von angedrohten zeitlichen Sündenstrafen. Herzog von Sachsen Rudolf I. (1298-1356), der sich als Söldnerführer in Frankreich verdingt, bringt einen Dorn mit: aus der Dornenkrone Christi stammend. Damit beginnt eine Reliquien-Sammlung. Der Kurfürst und sein Bruder tragen zusammen, was immer sie bekommen. Reliquien ziehen Pilger an. Diese Reisen sind ein Wirtschaftsfaktor. Sie bringen Geld in den Ort.

1505 verschickt der Papst ein Rundschreiben im ganzen Reich: er fordert dazu auf, Friedrich dem Weisen Teile ihrer Reliquien zu geben.

„Der Heimtumskomplex bildet ein schwer entwirrbares Knäuel unterschiedlichster Motive: Atavistische Volksgläubigkeit und Sorge um das Seelenheil mischten sich mit Sammelleidenschaft und Prestigebedürfnis, mit politischem, kommerziellem und etatistischem Kalkül - umstrahlt gleichermaßen vom Schein der Heiligkeit, der kostbaren Fassungen und der künstlerischen Gestaltung“ (Berthold Hinz). (2)

Zu den Reliquien gehören u. a. ein Stück des brennenden Dornbusches von Moses, Ruß aus dem glühenden Ofen, in den Nebukadnezar drei Männer werfen ließ, ein Stück vom Rock Christi, den es in Trier gibt, ein Nagel, mit dem Christus ans Kreuz geschlagen wurde, Dornen aus seiner Dornen-Krone, Öl aus den Lampen der fünf klugen Jungfrauen, Teile vom Kreuz Christi, Haare und Milch der Madonna und eines der unschuldigen Kinder, die König Herodes umbringen ließ.

Jede Reliquie wird in einer Fassung aufbewahrt und vorzeigbar gemacht. Auch nach Luthers Sturmlauf sammelt der Fürst weiter: die 5.005 Reliquien von 1509 haben sich 1520 auf 19.013 vermehrt.

Die Reformation zerstört den Wirtschafts-Faktor „Reliquien-Tourismus". 1523 werden sie zum letzten Male ausgestellt.

Nach dem Tod Friedrichs des Weisen (1525) läßt Kurfürst Johann der Beständige die Reliquien unter strengster Geheimhaltung nach Torgau bringen: ein Goldschmied zerlegt sie, Gold und Silber werden in die Coburger Schmelze gebracht und verkauft. Mit dem Erlös von 24.739 Gulden in Gold tilgt der Landesherr einige Schulden.

Die Universitätskirche. Aus den Einnahmen des Allerheiligen-Stifts wird auch ein Teil der Personalkosten für die Universität bezahlt. Diese Finanzierungskonstellation führt dazu, daß die Schloßkirche eine dritte Funktion erhält: sie wird Universitätskirche - als Festsaal, Stätte der Disputationen an zwei Kathedern und feierlichen Doktorpromotionen. Martin Luther wird hier 1512 promoviert.

Die Haupttür ist auch Anschlagstelle der Universität. Daher schlägt der Universitäts-Professor für die Auslegung der Bibel, Dr. Martin Luther, an dieser Stelle seine 95 Thesen über Buße und Ablaßhandel an, mit denen er zu einer wissenschaftlichen Disputation über ein theologisches Thema auffordert. Wichtigste These (Nr. 36): „Jeder Christ, der wirklich bereut, hat Anspruch auf völligen Erlaß von Strafe und Schuld, auch ohne Ablaßbrief." Die Theologie hätte Luther wohl nicht in Konflikt gebracht. Der Zündpunkt: dieser Mönch tastet einen Pfeiler der Macht an - die Wirtschaft.

Luther erlebt die kirchliche Geldwirtschaft auf ihrem Höhepunkt: neben der Stadtkirche vor allem hier im Allerheiligen-Stift. Der Widerspruch: Reliquien-Magie und frühe Aufklärung der Reformuniversität. Er geht auch quer durch die Personen, am auffälligsten im Kurfürsten Friedrich dem Weisen.

Jahrelang quält sich der Mönch Luther mit dem anerzogenen Sündenbewußtsein. Er sucht und findet einen festen Punkt: in der Bibel. Um 1517 hat er sein „Turmerlebnis" in der Studier-Stube des Hauses: Gott ist gnädig, wenn der Mensch glaubt. Mehr bedarf es nicht. Er muß sich nicht den Himmel erkaufen - nach dem Motto des Ablasses: „Sobald das Geld im Kasten klingt, die Seele in den Himmel springt." Der gläubige Mensch lebt dann auch in diesem Glauben. Aus diesem inneren Sinn folgen gute Werke - aber nicht, um sich den Himmel zu erkaufen.

Diese Gedanken sind nicht Luthers Erfindung. Er greift eine jahrhundertealte, als ketzerisch inkriminierte These der deutschen Mystik auf: Das ewige Leben ist umsonst - ist Gnade, die Gott jedem schenkt.

Ein weltweiter Konflikt bricht aus. Anlaß ist eine Person: der marktschreierische, erfolgreiche Ablaßhändler Johann Tetzel (um 1465-1519). Aus Wittenberg laufen viele Menschen zu ihm zum nahen Jüterbog.

Warum trifft Luthers Aktion 1517 am Portal der Schloß- und Universitätskirche nicht unmittelbar auf den Unmut des Kurfürsten? Der Dominikanermönch Tetzel dient seinem Konkurrenten: dem Erzbischof Albrecht von Brandenburg, Mainz und Magdeburg. Dieser muß wegen unerlaubter Ämter-Häufung dem Papst 29 000 Gulden zahlen und ebenso großes Korruptions-Geld, um die Kurfürsten zu seiner Wahl als Kanzler des Reiches zu gewinnen. Dafür machte er beim Augsburger Bank- und Handelshaus der Fugger Schulden. Und weil eine Hand die andere wäscht, gibt ihm 1515 Papst Leo X. den Vertrieb des Ablasses zum Neubau der römischen Peters-Kirche. Von den Einnahmen muß er die Hälfte nach Rom schicken, die andere Hälfte darf er behalten.

Der Kurfürst erlaubt in seinem Territorium keinen Ablaßverkauf. Und sieht es ungern, wenn jemand Geld über die Landesgrenze trägt.

Professoren und Studenten der Universität begleiten Luthers Angriff mit Sympathie. Zur öffentlichen Disputation meldet sich allerdings niemand. Auch die Bischöfe halten sich zunächst bedeckt oder lassen Kommissionen und Gelehrte prüfen.

Tetzel gerät in größte Wut. Er disputiert 1518 öffentlich an der Universität Frankfurt/Oder. Das Gerücht geht um, er habe Luther mit dem Tode gedroht. Tetzels Dominikaner-Orden sieht Geschäft und Ansehen geschädigt: er erreicht in Rom, daß ein Ketzer-Prozeß gegen den frechen Mönch der Augustiner-Konkurrenz eröffnet wird. Das Geschehen wird dramatisch.

Wilhelm-Weber-Haus (Schloßstraße 10) Haus zur „Goldenen Kugel". Das Traufenhaus (16. Jh.) ist der Standardtyp des Hauses in der Stadt. Es ist Geburtshaus von Wilhelm Eduard Weber (1804-1891). Seit 1831 Physik-Professor in Göttingen, entwickelt er eine Theorie des Magnetismus, entdeckt die Stromstärke und errechnet ein Maßsystem für die Elektrizität, das einige Zeit nach ihm benannt wird (später nach Ampère). Mit Kohlrausch bestimmt er die Geschwindigkeit des Lichtes. 1837 protestiert Wilhelm Weber mit sechs Kollegen („Göttinger Sieben") dagegen, daß König Ernst August willkürlich die Landesverfassung des Königreiches Hannover außer Kraft setzt. Der König bewirkt ihre Entlassung. 1849 wird Weber wieder eingesetzt. Das Haus ist Sitz der Wilhelm-Weber-Gesellschaft.

Markt mit Blick auf Schloßkirche

Markt und Rathaus

Wofür stehen Markt und Rathaus?
Für konkrete, erlebbare Stadt-Qualitäten, die zu allen Zeiten von vielen, aber nicht allen Menschen geschätzt wurden.
Die Ausdehnung ist überschaubar.
Die Dimensionen sind menschlich.
Dies schafft auch Intimität.
Die wichtigen Straßen sehen aus wie Plätze.
Wohltuend ist, daß die Verkehrsplanung die Autos draußen hält.
Es gibt eine Anzahl von Cafés.
Rasch fühlt sich der Besucher als ein Teil der Stadt.
Rundherum: eine Fülle von interessanten Bauten.

Mit einem großen Teil von ihnen verbinden sich Bedeutungen.
Platz und Straßen lassen das Gefühl der Intensität entstehen.
Die räumliche Dichte mit solchen Gestalt-Qualitäten schafft Orte, die im Gedächtnis bleiben, gern aufgesucht werden und das Gefühl menschlicher Zusammenkunft geben.
Gemeinschaft stellt sich in Symbol-Bauten dar. Dies gelingt nur, wenn sie in einem erfahrbaren Zusammenhang stehen.
Und sinnhaft ausdrucksstark sind.

Märkte. Der Straßenmarkt durchzieht fast die gesamte Stadt. In der Mitte erscheint ein zweiter Typ: der bewußt geplante rechteckige Platz. Die beiden Markttypen gehen ineinander über.

Stück für Stück erkauft sich die Stadt vom Landesherrn Rechte, die ihre Bewohner begünstigen und Wittenberg als Standort attraktiver machen: 1380 Ermäßigungen beim Brückenzoll und auf Fähren im Territorium, 1415 das Stapelrecht, nach dem durchreisende Kaufleute ihre Ware anbieten müssen, 1455 Abgabenfreiheit auf der Elbbrücke. Die Stadt setzt dem Markt Regeln: Maß, Gewicht und Qualität.

Zünfte. Erst vereinigen sich die Bäcker (1317 erwähnt), dann Fleischer, Tuchmacher, Schuhmacher und Gerber, später Schneider, Kürschner und Händler. Schließlich, mit mehr und mehr technologischer Entwicklung: die Handwerker, die mit harten Materialien umgehen (Messerschmiede, Böttcher u. a.), zuletzt die Tuchhändler (1356). Zehn Produzentenorganisationen in Form von Zünften! - das sind erstaunlich viele für eine so kleine Stadt.

Die Zünfte sind Wirtschaftsverbände, sozialkulturelle Gemeinschaften, gegenseitige Hilfe, von Geburt bis zum Tod.

Gebäude. Auf dem Marktplatz steht rundherum frei: das Rathaus. Im 16. Jahrhundert werden fast alle Häuser modernisiert oder neu gebaut (später zum Teil erhöht und verkleidet.) An der Ostseite zwischen Platz und Kirche verschwinden um 1530/1540 die Verkaufs-Buden zugunsten der ausdrucksvollen Häuserzeile vor den Stadttürmen.

Der Rat. Im Rat sitzen nur die vermögendsten Bürger. 1317 gibt es 16 Ratsmannen. Sie sind in drei Räten zu je sechs Mitgliedern tätig (seit 1504 je acht). Der „regierende" (auch „sitzende") Rat führt ein Jahr lang die Geschäfte. Zweitens gibt es den „alten" (auch „abgehenden") Rat des Vorjahres. Und drittens den „neuen" Rat, der im nächsten Jahr regiert. Der Vorsitzende jedes Rates ist als Erster unter Gleichen einer der drei Bürgermeister. Der Rat tagt dienstags, donnerstags und samstags.

Viertelsvertreter. Die Stadt ist in sich außerordentlich überschaubar untergliedert: in vier Viertel (Coswiger Viertel, Markt-Viertel, Jüden-Viertel, Elster-Viertel). In jedem wählen die Männer den Viertelsmeister sowie zehn Vertreter, die ihre Interessen vor dem Rat vertreten.

Stadtschreiber. Seit 1449 wählt der Rat den Stadtschreiber: er verwaltet die Urkunden, verhandelt für die Bürger und hat weitere Aufgaben. Ein Amt auf Lebenszeit. Verbunden sind Verwaltungstätigkeiten und diplomatische Missionen.

Das Gehalt: jährlich 28 Gulden, 6 Groschen, freie Wohnung und Feuerholz sowie Geschenke am Neujahrstag. Wohl aufgrund eines interessanten Buches (1508), das Studenten für die Stadt warb, erhält der Universitäts-Dozent Andreas Meinhardi (um 1475-1525/1526) diese Stelle.

Am Lutherdenkmal

Regulative. Der Rat mischt sich ins Wirtschaftsleben ein. Er setzt Regeln zum Produzieren (Handwerksordnung, Abgaben, Vererbung des Berufes) und um den Umfang und die Güte der Versorgung zu sichern. Er schützt die Bürger: damit die Gewerbezweige, die sich zu Verbänden (Zünften) zusammengeschlossen haben, sie als Verbraucher nicht übervorteilen. Und er schützt vor Betrügereien auf dem Markt.

Neubau des Rathauses (1523/1535). Die Zünfte drängen auf Neubau, sie wünschen sich gute Verkaufsräume. Und Säle für Feste, Zusammenkünfte und Hochzeiten. Der Gedanke entwickelt sich parallel zur Entstehung der neuen repräsentativen Fürsten-Residenz. Zwölf Jahre baut die Stadtgemeinschaft (Conrad Krebs, Bauleiter Bastian Krüger, Lukas Cranach d. Ä. sind beteiligt).

Stadtzeichen. Der Bau zeigt, daß die Stadt im Laufe einer Generation in die Reihe der großen Städte aufgerückt ist: durch Residenz, Universität, Reformation und Druckwesen. In Stadtansichten rückt das Rathaus auch von weither in den Blick. Kauf-haus. Das Gebäude dient, wie überall üblich, mehreren Zwecken. Der östliche Teil des Erdgeschosses, das wie ein Sockelgeschoß aussieht, ist Kaufhaus: für die Stände der feineren Gewerbe. Dafür zahlen sie Pacht. Sie finanziert das Rathaus. Hier legen in den gewölbten Räumen in zwei großen Räumen Tuchmacher, Schuster und Kürschner ihre Waren aus. Das Erdgeschoß nimmt weiterhin auf: Brotbänke, sieben Gewölbe für die Nadlermeister, später auch Läden für Kleinhändler, den Ratskeller und die Folterkammer. Sichtbar blieben einige (zugemauerte) Eingänge.

Im Nobelgeschoß liegt der Festsaal. Hier feiern die wohlhabenden Familien ihre Hochzeiten und Bälle. Für die Gerichtsstube malt Lucas Cranach d. Ä. 1516 ein Tafelbild: es zeigt den Leuten anschaulich die zehn Gebote (heute im Museum Lutherhaus). Abgesehen von den Kellern sind alle Innenräume 1926/1928 neu gestaltet worden.

Zweite Bauphase. 1563 stürzt ein Teil des Rathauses ein - das ist kein geringes Unglück. Der Wiederaufbau (1570) ist eine Chance, die Repräsentation zu steigern. Auf die Dachkante werden vier Schmuckgiebel gesetzt (Maurer Franz Freiwald, Steinmetz Hans Gröbel).

Drei Jahre später (1573) wird zum Markt hin anstelle des eingestürzten Treppenturmes eine Loggia errichtet (Georg Schröder aus Torgau). Mit dem Blick nach Italien. Zeichen des Gerichtes. Sechs allegorische Figuren erinnern an Ideale des Regierens und des allgemeinen Verhaltens: Glaube, Hoffnung, Weisheit, Liebe, Tapferkeit und Geduld.

Vier weiße Steine vor dem Portal markieren die Pfosten für die hölzerne Hinrichtungsbühne. Grausamkeit vor aller Augen (zuletzt 1761).

Am Markt

Universität (Collegienstraße 61)

Wofür steht die Universität?
Entwicklung der Gesellschaft erfordert Bildung.
Lernen stellt immerzu Sinn-Fragen.
Melanchthons Antrittsvorlesung enthält wichtigste Herausforderungen an unsere Zeit.
Er spricht über die Rhetorik.
Sie ist Kommunikation.
Kommunikation veranlaßt den Gedankenproduzenten, genauer nachzudenken. Nicht mehr mit Autoritäten um sich zu werfen und an Glauben zu appellieren, sondern zu argumentieren. Nachschauen, was genaue Worte sind: sie führen zum Wesen der Inhalte.
Diese Brisanz schafft die dramaturgische Ebene, die den Zuhörer neugierig macht und in Spannung hält.
Die Wittenberger Reformuniversität steht für Offenheit und weite Bezüge: Die ober- und mittelitalienische Stadtkultur kommt mit ihrer Intellektualität (Humanismus) nach Wittenberg und entfaltet sich hier.
Der Ort zeigt, wie labil der Prozeß der Bildung ist. Wenn nicht unaufhörlich daran gearbeitet wird, tritt an ihre Stelle die Kaserne.

Gründung. 1502 läßt Kurfürst Friedrich der Weise eine Universität gründen. Sie entwickelt sich zur bedeutendsten in Deutschland.

Die Orientierung an der Antike und ihrer Sprache drückt sich im Namen aus: sie heißt „die Leucorea". Das ist die Übersetzung von Wittenberg ins antike Griechisch: leukós = weiß, óros = Berg (lateinisch Albiorena). Andreas Meinhardi, 1508: „Wenn Provinzen und Reiche keinen Mangel an gebildeten Männern gehabt hätten, wären sie dann solchen Katastrophen ausgesetzt gewesen, wie sie auch heute noch zu erleben sind? ... Schauen wir uns die Verwaltung und die Finanzen an, so werden wir erkennen, daß es an weisen und umsichtigen Männern mangelt. ... Obwohl dies [die Universität] viel Geld kostet, erhöht er weder die Steuern, noch erpreßt er jemanden durch Tribute, nicht die kleinste Unterstützung verlangt er von seinen Untertanen." (3)

Übersicht. Wittenberg ist die erste Universität in Friedrichs konsolidiertem Großflächenstaat. In den gehobenen Schichten gehört es zum Standard, die Söhne zum Studieren zu schicken. Die Universität ist einer der ersten Versuche, so etwas wie eine Infrastruktur zu entwickeln. Der Landesherr benötigt qualifizierte Mitarbeiter in den Verwaltungen. Am Übergang vom späten Mittelalter zur frühen Neuzeit ist Wittenberg als erste Universität nördlich der Alpen offen für Reformen - und bewegt entscheidend die Reform des Bildungswesens. Mit dieser Gründung erhält auch die Stadt einen Strukturwandel - mit stärksten Entwicklungsimpulsen. Die Universität verändert sie weit durchgreifender als die Residenz. Die Universität durchsetzt die Stadt mit mehreren Stätten.15 Jahre nach ihrer Gründung wird die Universität ein Teil einer weltweiten Auseinandersetzung: der Reformdiskussion, deren Kern die protestantische Reformation ist.

Gliederung. Die Rangfolge der Fakultäten spiegelt immer noch die frühe Bildungsgeschichte: Theologie, Jurisprudenz, Medizin, Artistische Fakultät. Letztere hat den niedersten Rang, ist aber die Grundlage für die anderen Bereiche. Sie bildet am umfangreichsten aus - und am innovativsten. Dies geschieht in den Sieben Freien Künsten der Spätantike: Grammatik, Arithmetik, Geometrie, Musik, Astronomie, Dialektik und Rhetorik.

Leucorea

Von den italienischen Intellektuellen (Humanisten) in Mittel- und Oberitalien werden entscheidende Impulse übernommen.

Künstlerische Leistung steigt auf. Die „gekrönten Dichter" werden mit den Graduierten der Artistischen Fakultät gleichgestellt. In der bildenden Kunst spiegelt sich dies in Wittenberg in der hohen Anerkennung des hier tätigen Künstlers Lucas Cranach d. Ä. und seiner Söhne.

Eine neue Weise des Umgangs mit der Sprache ist angesagt: Genauigkeit und sorgfältig recherchierter Kontext, also historisches Denken. Der Buchdruck verbreitert die Zugangsmöglichkeiten und läßt verstärkte Kontrolle über Texte zu. Daraus entsteht die Philologie, erst für die antiken, dann für christliche Originaltexte. Und weil es um Sprache geht, werden Lehrstühle für Hebräisch und für Griechisch eingerichtet.

Konflikt. Andreas Meinhardi beschreibt 1508 den Konflikt: Die Reformuniversität ist geprägt vom Kampf zwischen der alten scholastischen Tradition der Wissenschaft, als unedle Künste bezeichnet, und dem neuen Humanismus, der die wahrhaft edlen und freien Künste darstellt. Der „via antiqua", die mit den Methoden von Thomas von

Aquin und Johannes Duns Scotus arbeitet, wird die „via moderna" entgegengestellt. Natur-Phänomene sollen nicht aus göttlichen oder dämonischen Kräften erklärt werden, sondern naturwissenschaftlich.

An der Universität soll gelernt werden, daß die besten Güter die Güter des Geistes sind. Die neue Bewegung hat also eine Spiritualität. Daraus soll Frieden für die Gemeinschaft hervorgehen.

Es gibt harten Streit zwischen den Professoren. Daher bleiben viele nur kurze Zeit. Die Universität ist pluralistisch: Neben der Reform gibt es noch lange die Vertreter der alten Lehren.

Universitäts-Reform. Wittenberg ist die erste deutsche Universität, an der die Lehre im Grundstudium in wesentlichen Teilen an „Humanisten" vergeben wird. Denn der Kreis um Luther und Melanchthon hält dies für die Grundlage, um in den höheren Fakultäten sinnhaft studieren zu können: statt sich scholastisch auf Autoritäten zu verlassen, nun humanistisch textkritisch und mit eigenem argumentierenden Urteil zu arbeiten. Melanchthon wird der wirksamste Bildungsreformer.

Die Collegien (1503 und 1509). Am Ende eines großen Grundstücks, an der Stadtmauer, entsteht 1503 das erste Gebäude: das alte Collegium (Schloßbaumeister Konrad Pflüger). Offensichtlich wird es an dieser Stelle rasch hochgezogen: in Erwartung eines weiteren Baues, der an der Straße repräsentieren soll. Sechs Jahre später (1509 von Konrad Pflüger) wird es als neues Collegium errichtet.

Im unteren Teil liegen die Hörsäle. Hier halten Melanchthon und Luther ihre Vorlesungen. Melanchthon vor 600 Studenten des Grundstudiums (Artistische Fakultät) und Luther vor 400 Studenten der höheren Fakultäten. Die beiden Obergeschosse sind Studentenheim: mit Studentenzimmern. Der Hof zeigt, daß der Gebäudekomplex nach innen gerichtet ist.

Portal (um 1565). Im Durchgang zum Hof (links von Nr. 62 a) wurde um 1900 ein Portal eingefügt (von einem Haus am Markt). Im Giebel fällt, vor einer Sanduhr, ein nackter Mann sterbend auf einen Totenschädel. Die Inschrift intensiviert die dramatische Szene zum Zuschauer hin: „Heute mir - morgen dir" (Hodie michi - cras tibi).

Probleme. Wittenberg hat im 16. Jahrhundert die meisten Studenten in Deutschland. Gefühle der Fremdheit gegen Bildung entstehen, gespeist aus unterschiedlichen Quellen: Minderwertigkeitskomplex, Neid, Angst vor Intelligenz.

Der alte Luther bei Tisch: „Die ärmsten Jungen sind im Studium die fleißigsten. Die reichen Junkerlein, die der Beutel und der Vorrat drückt, studieren nicht." Und er spottet: „Medizin macht krank, Mathematik schwermütig, Theologie zum Sünder." „Ein Jurist muß haben einen stählernen Kopf, silbernen Beutel und bleiernen Arsch."

Wittenberg wird durch den Zustrom an Studenten, von denen ein großer Teil wohlhabend ist, ebenfalls wohlhabend. Auf der anderen Seite müssen die Bürger mancherlei in Kauf nehmen, was ihnen fremd ist und bleibt: Nächtlichen Lärm auf den Straßen und Zechgelage. Hinzu kommen verbotenes Glücksspiel und Dirnen.

Manche Studenten bringen die neuesten Moden mit, sich zu kleiden. Das schafft denen, die über Studenten lamentieren, Konjunktur: Tuchmachern, Gewandschneidern und Kürschnern.

Spekuliert wird mit Mieten und Häusern. Um die Lebenshaltung vor allem der Studenten zu sichern und dadurch die Universität attraktiv zu halten, erläßt Kurfürst Johann Friedrich Gesetze, die Leistungen, Preise und Luxus regulieren sollen.

Viele Studenten brechen das anstrengende Studium ab. Oft gehen sie dann in Druckereien und arbeiten dort als Gesellen oder Korrektoren.

Auflösung. Der preußische König Friedrich Wilhelm III. verfügt 1816 die Vereinigung der Universität mit der Universität Halle. Die Lehre geht nach Halle. Als „Pflaster" erhält Wittenberg das Prediger-Seminar.

Das alte Collegium und ein östlicherVerbindungsflügel sind Nachbauten. An die Stelle der Universität setzt Preußen eine Kaserne. Mit einer eigentümlichen Fassade (1842): Erinnerung an ein Großbürger-Haus der Renaissance in Florenz, den Palazzo Pitti.

Leucorea, Portal (Detail), um 1565

Lutherhaus (Collegienstraße 54)

Wofür steht das Lutherhaus?
Luther ist stark von der Mystik beeinflußt. Stichworte: Ablehnung der Institution, direktes Gespräch. Die Freiheit des Christenmenschen.
Er macht daraus öffentliche Forderungen.
Luther ist ein außerordentlicher Anreger.
In den entstehenden Konflikten kursiert die Frage: Was davon ist machbar?
Trotz der Zwei-Reiche-These entsteht ein politisches Programm.
Mehr kann ein Haus nicht umgewandelt werden als das Kloster zum Lutherhaus.
An die Stelle der Heiligen und der Fürsten treten Menschen. Lebendige Menschen mit vielen Widersprüchen. Das Theater „Luther rufen" im Lutherhof konnte dies am besten durchschaubar machen.
Hier lebten Menschen, die den Figuren Shakespeares ähnlich waren: in der äußersten Spanne zwischen Angst und Umarmung der Welt, Weisheit und Schurkerei (Bauernfrage, Wiedertäufer, Judenfrage), Haß und Liebe, Höhepunkt des Lebens und Einbruch.
Die Mühe, Luther sauber zu waschen, ist sinnlos. Aber Sinn macht es, ihn als Menschen zu lesen - damit ist die Renaissance in Nordeuropa angekommen.
Katharina von Bora gibt Hinweise zur Frauenemanzipation.
Der Kern der Reformation wurde auch im Protestantismus wenig verstanden, fast überhaupt nicht sein Zusammenhang mit Stadtkultur. Aber ein Verständnis macht die Reformation auch für Nichtprotestanten und Nichtchristen äußerst interessant.

Im Hof hinter dem langen Gebäude des Collegium Augusteum/Evangelisches Predigerseminar (Heim für kurfürstliche Stipendiaten, 1580 von Hans Irmisch, 1781/1802 von Christian Adolf Franck umgebaut).

Augustinereremiten. In Wittenberg gibt es drei Orden: Franziskaner, Antoniter und Augustinereremiten.

1256 entstand, nach Franziskanern, Dominikanern und Karmelitern, der vierte Bettelorden: die Augustinereremiten. 1299 gab es in Deutschland 80 Niederlassungen. Das Kloster Herzberg richtete in Wittenberg vor 1414 ein Terminierhaus (Aufenthaltshaus) ein.

„Luther rufen", Theateraktion 1997

Das Augustinerkloster. Für die theologische Abteilung der neuen Universität (1502) gewinnt der Fürst diesen Orden, der jahrhundertelang als relativ reformoffen gilt. Schlüsselfigur ist der Gründungsrektor der Universität: der Prior Johannes von Staupitz (um 1469-1524), ein guter Prediger und ein welterfahrener Mann aus adliger Familie, später einflußreich am Hof. Er bringt Mönche aus Erfurt mit, zum Teil als Professoren. Ihr Kloster wird zwei Jahre nach Universitätsgründung (1504) gebaut. Beim Terminierhaus, vor dem östlichen Stadttor, auf dem Gelände des Armenspitals.

Die Bauplanung. Das Gebäude soll in der üblichen Weise gebaut werden: eine Anlage mit vier Flügeln um einen Innenhof mit Arkaden. Zunächst wird der bestehende Flügel errichtet: mit zwei Geschossen.

Im südlichen Ostteil liegt der Speisesaal der Mönche (Gewölbe 1565). Wie üblich arbeitet die Küche im Erdgeschoß. Weil der Turm der Stadtmauer geheizt werden kann, entsteht dort im ersten Geschoß der Gemeinschaftsraum der Mönche - auch als Aufwärmkammer in der kalten Jahreszeit. Im darüberliegenden, ebenfalls heizbaren Raum erhält der Theologieprofessor sein Studierzimmer. Erst arbeitet Johannes von Staupitz darin, dann sein Nachfolger Martin Luther (vermauerter Durchgang im Museum Lutherhaus sichtbar). Es ist möglich, daß Luther seinen kargen Wohnraum mit Strohmatraze in der Zelle vor diesem Studierzimmer hat.

Die Studenten finden im südlichen ersten Obergeschoß einen großen und einen kleinen Hörsaal.

Veränderung der Planung. Dann wird das herkömmliche Schema des Klosters aufgegeben. Der Typus eines öffentlichen Gebäudes erscheint: Schon 1507/1508 verändern die Augustiner, vielleicht vom Kurfürsten angeregt, die Konzeption. Der bestehende Flügel wird erweitert: zu einem Konventshaus. Zur Finanzierung steuert der Kurfürst 400 Gulden bei. 1517 wird das lange Haus aufgestockt. Dann sieht es so aus wie das sechs Jahre später begonnene Rathaus.

Martin Luther. Das Gebäude ist tiefgreifend mit dem Leben von Martin Luther verbunden.

Wer ist dieser gefeierte und zugleich außerordentlich umstrittene Mann? Er wird 1483 in Eisleben geboren. Die Eltern sind Aufsteiger. Im Kupferbergbaugebiet betreibt der Vater einen Schmelzofen.

1497 wird der 16 jährige nach Magdeburg geschickt: in die „Schule der Brüder vom gemeinsamen Leben", die sich an den Mystikern orientiert. Im Intellektuellenkreis um Johannes Braun gerät er in den Einfluß des aus Italien stammenden Humanismus.

1501 geht Luther zum Studium nach Erfurt: zunächst in der Artistischen Fakultät. 1505 erhält er den Titel Magister artium.

Der Blitz, der auf dem Weg im freien Feld, nahe dem Dorf Stotternheim neben ihm einschlägt, schockt ihn: zwei Wochen später (1505) tritt er in den Orden der Augustinereremiten ein. Und wechselt sein Studium: statt Jurisprudenz nun Theologie. 1507 wird er zum Priester geweiht. Dann studiert er weiter.

In intellektuellen Kreisen gerät er in eine folgenreiche Diskussion, die von italienischen „Humanisten" mit dem Blick auf die antiken Autoren in Gang gesetzt wurde: über die Bedeutung der Wortgenauigkeit (Philologie) und der genauen Sprachweise (Rhetorik).

Nikolaus Marschalk überträgt die wissenschaftsmethodischen Anforderungen auf die Theologie. Damit beginnt er seinen offenen Streit gegen die Scholastik - vor allem auf dem Gebiet der genauen Sprache. Dies führt zu einer neuen Wissenschaftsmethode.

An die Stelle der Berufung auf ungeprüfte Autoritäten und deren autoritativ vertretene Interpretationen setzt der Humanistenkreis die genaue Untersuchung. Ihr Motto: „Ad fontes" - zu den Ursprüngen - um sie von den interessenbedingten späteren Überlagerungen freizuschaufeln.

In Wittenberg. Johannes von Staupitz, auch Generalvikar der deutschen Augustinereremiten, richtet die neuen wissenschaftsmethodischen Anforderungen auf die Bibel. Luther wird dies radikalisieren, im Zusammenspiel mit seinem Freund Philipp Melanchthon.

Staupitz ruft 1508 seinen jungen Ordensbruder: er soll das Lektorat der Augustinereremiten im Fach Philosophie übernehmen. Der junge Mann zieht in eine Zelle des neugebauten Klosters - in das Gebäude, wo er sein Leben bis zu seinem Tod (1546) verbringen wird.

Parallel zur Lehrtätigkeit studiert Luther weiter Theologie. 1509 wird er nach Erfurt zurückgerufen. Aber Staupitz versetzt ihn 1511 erneut nach Wittenberg. Dort lanciert er Luther 1512 zum Nachfolger im Lehramt. Er promoviert den 28jährigen: unmittelbar danach übergibt er ihm seine Professur.

Luther trägt nun keinerlei scholastische Theologie vor, sondern konzentriert sich unter humanistischem Impuls auf die urchristlichen Quellen. In antischolastischer Opposition will er eine Theologie entwickeln, „die den Kern der Nuß, das Mark des Weizens und das Mark der Knochen untersucht" (1509 an Johann Braun). Er liest die Bibel nicht wie ein autoritatives Gesetzbuch, sondern denkt nach. Staupitz hatte diese Radikalität in seinem Orden auf den Weg gebracht. Der Konflikt mit Rom entsteht über den Ablaßhandel .

Die Reformbewegung. Die Reformation, die Luther in Gang setzt, ist keine organisierte Macht, sondern hat eine andere Struktur: Leitbild sind die informellen Zirkel von Intellektuellen (Humanisten), die in

Kirchliches Forschungsheim gegenüber der Lutherhalle

freier und nachdenklicher Weise miteinander Austausch pflegen. Daraus geht die demokratische Strömung innerhalb der evangelischen Kirche hervor. Viele Menschen mit eigenen Vorstellungen bilden ein Netzwerk. Luther und andere Schlüsselpersonen, miteinander befreundet, sind keine Befehlshaber, sondern im wesentlichen Impuls- und Ratgeber. Dieser Rat verpflichtet niemanden. Jeder soll selbst nachdenken und entscheiden. Keiner ihrer Sätze ist ein Dogma.

Um 1520 stellt die Reformbewegung die Klöster und das Zwangszölibat in Frage. Seit 1521 ziehen die Mönche aus diesem Gebäude aus, nehmen sich in der Stadt eine Wohnung, arbeiten dort meist als Handwerker oder in den Druckwerkstätten. Viele heiraten. Seit 1524 wohnen nur noch Luther und der Prior Eberhard Brisger im Gebäude. Sie nehmen zeitweilig Glaubensflüchtlinge auf.

Beide bieten das Kloster mit seinen Einkünften dem Kurfürsten an. Kurfürst Johann der Beständige schenkt 1532 Luther das ganze Anwesen: „als Freihaus nebst Klostergarten daran.“ So entsteht das legendäre Lutherhaus.

Luthers spätere Frau Katharina von Bora (1499-1552) stammte aus einer verarmten Adelsfamilie. Der Vater gab sie 1509 im Zisterzienserinnen-Kloster Marienthron in Nimbschen (bei Grimma) ab.

In der Nacht des 7. April 1523 brachte der Torgauer Ratsmann Leonard Koppe, Fischlieferant des Klosters, zusammen mit Luthers Freund Gabriel Zwilling, auf seinem Planwagen heimlich zwölf von den Nonnen aus dem Kloster. Unter ihnen Katharina sowie Margarethe von Staupitz, Schwester von Luthers Mentor Johann von Staupitz .

In Wittenberg werden sie begeistert begrüßt. Auf die Entführung von Nonnen stand Todesstrafe, aber sie wurde von evangelischem Terrain aus durchgeführt. Kurfürst Friedrich der Weise antwortet auf die Beschwerde der Äbtissin: „Nachdem wir nicht wissen, wie es um die Sache steht ... und wir uns auch bisher dieser und dergleichen Sachen nie angenommen haben, so lassen wir es bei der Verantwortung dafür bei den Jungfrauen selbst bleiben.“ (4)

Luther sagt in einer rasch gedruckten Schrift, die Aktion solle auch andere ermutigen, ihre Töchter aus den Klöstern zu holen. Luther später: „verfluchte Klosterei.“

Katharina kommt im Hause Cranach unter. Eine enge Freundschaft entwickelt sich mit dessen Frau Barbara, die später die Patenschaften für alle Kinder übernimmt.

Die Heirat. Vor Luther haben schon zahlreiche Priester und Nonnen geheiratet. Er selbst, inzwischen 40 Jahre alt, denkt zunächst nicht an Ehe. Die selbstbewußte Katharina ergreift Initiative. Luther zögert: Sie erscheint ihm stolz und hochmütig. Außerdem stammt sie aus dem Adel.

Unerwartet auch für engste Freunde traut am 13. Juni 1525 Johannes Bugenhagen das Paar im Haus. Die Heirat bringt eine ungeheuerliche Gerüchteküche und Spottschriften auf unterster Ebene in Gang - und dies über Jahrzehnte. Die Hochzeit bezeichnet Luthers völligen Eintritt in das bürgerliche Leben. Als erstes wirft Katharina den verfaulten Strohsack ihres Mannes aus seiner Mönchszeit heraus.

Lebensverhältnisse. Die ersten Zeit lebt das Paar in wirklicher Armut. Dann setzt Georg Spalatin beim Kurfürsten durch, daß aus dessen Kasse ein Jahresgehalt von 200 Gulden für Luther und für Melanchthon gezahlt wird.

Sechs Kinder. Zwei sterben früh. Johannes tut sich mit dem Lernen schwer. Magdalena erkrankt 1542 tödlich und stirbt mit 13 Jahren in des Vaters Armen - das bewegt ihn sehr lange. Seit 1529 leben die sechs Kinder von Martin Luthers gestorbener Schwester im Haus. Und Katharinas „Muhme Lene", die kurz nach ihr aus dem Kloster floh.

Hauswirtschaft. Katharina Luther, zunächst ohne Erfahrung, dirigiert umsichtig und energisch das umfangreiche Hauswesen. Sie macht das Kloster bewohnbar und ist unentwegt am Umbauen.

Zur Wohnung gehört ein Wirtschaftsteil. Im Brauhaus stellt sie selbst leichtes Bier her, das tägliche Getränk. Es gibt eine Badestube mit einer Wanne. Und Ställe mit viel Vieh: Geflügel und Schweine. Insgesamt rund zehn Bedienstete arbeiten hier, darunter ein Kutscher, der Schweinehirt Johann und die Köchin Dorothea sowie zeitweilig Tagelöhner.

Im Gebäude wohnen wie in einem Studentenheim (Burse) viele junge Leute in Kost und Logis bei Katharina.

Nicht nur Einkommen, sondern auch die Wirtschaft Katharinas machen die Familie wohlhabend, wenn auch das Bargeld stets knapp ist.

Zeitlebens beansprucht Luther keinen Gulden aus seinen Schriften, die meist Bestseller sind und verzichtet dadurch auf ein Vermögen.

Räume. Nördlich vom kleinen Hörsaal liegt die Stube der Familie Luther (Lutherstube, 1535/1538 eingebaut, Kachelofen 1602, Schrank um 1670). Dahinter, nach Norden, folgt das Elternschlafzimmer.

Die Mahlzeiten nimmt die Familie im Erdgeschoß ein: im ehemaligen Speisesaal der Mönche (Refektorium). Es ist ein niedrig wirkender Raum mit einem weiten, flachbogig gespannten, kunstvollen Gewölbe (einst nicht so glatt und sauberst wie heute überrestauriert).

Luther hat viele Gäste. Teilweise sind die Gespräche bei Tisch seit 1529 von Studenten mitgeschrieben.

Garten. Luther ist ein Freund des guten Lebens. Er liebt auch den Garten hinter dem Haus (zugänglich). Hier läßt er sich eine Kegelbahn einrichten. Seine Schriften haben zahlreiche Metaphern zum Garten. Er meditiert über das Wunder der Schöpfung. Später wird der Garten ein wichtiges Bildthema der Reformation: Lucas Cranach d. J. malt ein außerordentlich spannendes Bild für die Stadtkirche .

Wohl in Verarbeitung ihrer Herkunft ist Katharina besessen vom Landerwerb. Luther schreibt ihr ironisch: „An die reiche Frau von Zulsdorf."

Teilnahme. Es gibt Indizien, daß Katharina an Luthers Denktätigkeit kommentierend und diskutierend teilhat. Oft spricht sie bei Tischgesprächen mit. Das ist ungewöhnlich für ihre Zeit, wo dies als Männersache gilt. Häufig wird Katharina um Rat gefragt.

Katharina spricht gern und viel, auch außer Haus. Das findet nicht immer Luthers

Lutherhalle

Zustimmung, der in der Öffentlichkeit eine traditionelle patriarchalische Einstellung zu Frauen hat.

Sie ist eine selbstbewußte und energische Frau (Cranach-Werkstatt, Porträt 1528, Museum Lutherhaus). Luther redet sie manchmal mit „Herr Käth" an - ironisch und zugleich respektvoll.

Katharina ist bei vielen Leuten umstritten. Luther appelliert an seine Freunde, sie zu schützen: gegen die Rache des Teufels und seiner Anhänger.

Pest. Als 1527 und 1535 die Pest ausbricht, weigert sich Luther, aufs Land zu fliehen. Er nimmt sogar Kranke auf. Und Katharina pflegt sie. 1537 versorgt sie die körperlich und seelisch zusammengebrochene Kurfürstin Elisabeth von Brandenburg in ihrem Haus. Nach Luthers Tod erlebt Katharina mit den Kindern sieben unvorhersehbare elende Jahre.

Das Reformationsgeschichtliche Museum, 1877 eröffnet, ist das größte zur Reformationsgeschichte.

„Luther rufen": zu den Quellen der Reform(ation) heißt das Theater-Festival, das seit 1996 jeden Sommer im Hof des Luther-Hauses stattfinden soll. „Schauspiel unter dem freien Himmel." Autor ist Harald Müller, die Regie hat Peter Ries.

„Warum das Theater?" - Peter Ries: „Nichts kann besser zeigen, was Reformation im Kontext ist: Die Feelings. Die Fragen. Die Zusammenhänge. Die Dramatik. Die Inszenierungen. Stadt als Theater - das ist Stadt-Theater. Und Reformation des Theaters. Denn das Theater hat diese Reformation nötig." (5)

Friedrich Schorlemmer, der 1996 die Confessio Augustana spricht: „Das Gespräch ist das Mittel, um zur Welt-, Selbst- und Gotterkenntnis zu gelangen und unsere Konflikte gütlich, also friedlich auszutragen. Keine falschen oder faulen Kompromisse, aber auch keine rechthaberische Kompromißlosigkeit mit allen Folgen! ... Jene ars sermonis (Kunst des Gespräches) hat das doppelte Ideal der erholsamen, geselligen Fröhlichkeit und der rücksichtsvollen Konzilianz. Die Symposionkultur lebt vom Respekt vor dem anderen und der Hintanstellung der eigenen Bedürfnisse. Dazu gehört eben das Verbot der Rechthaberei oder auch der „Links-Haberei." (6)

Die Kraft dieses Theaters besteht darin, das es das Spektrum der Personen mit ihren Brüchen und Widersprüchen zeigt. Damit setzt es sich gegen einen Zeitgeist, der sich dies ständig vom Hals halten will, weil er auf kurzatmige, sogenannte stringente Funktionalität orientiert ist. Es läßt erfahren, daß im einen auch immer das andere ist. Und daß dies sowohl schmerzt wie bewegt. Dies ist unauflösbar.

So kann es für den Historiker auch keine zwei Epochen geben, die eine der Magie und die andere der Vernunft, wie meist Mittelalter und Neuzeit dargestellt werden, sondern immer nur die Gleichzeitigkeit des einen wie des anderen und ihre Dialektik.

An der Figurenkonstellation der Reformation und vor allem an der Figur des widersprüchlichen Luther läßt sich die eigentliche Lektion lernen. Und zeigen, wie schlecht sie bis heute verarbeitet ist.

In ihr steckt der Kern eines möglichen Entwurfs einer wirklich modernen, menschlichen, freien, produktiven Gesellschaftlichkeit: der Umgang des einen mit dem anderen, der auf eine andere Weise geschehen muß als über die alten bereinigenden Machtmechanismen und über einen reduktiven Gebrauch von Einsicht, der sich durch Ausschließen sogleich seine Einsichtsfähigkeit wieder abschafft.

Diskurs. Das Stichwort für produktives Verhalten sowohl in der einzelnen Person selbst wie in der Gesellschaft heißt Diskurs. Im Protestantismus gab es unentwegt den mit viel Verzweiflung behafteten Versuch, das ungereimte und explosive Dasein des Martin Luther nach katholischem Muster zur Heiligkeit zu stilisieren. Je mehr er betrieben wurde, desto mehr rief er aus der Sache Widerspruch hervor.

Zurück zu den Quellen heißt: diese Widersprüchlichkeit gut besehen und aus ihr gestaltende Kräfte zu beziehen. Daß da ein Mensch ist, der nicht zu einem Heiligen auf einem Altar oder Denkmal gereinigt sein kann, sondern einem Akteur in einem Shakespeare-Stück gleicht.

Seine Wirkung beruht darauf, daß er die innere ungereimte Vielfalt gesellschaftlicher Komplexität als Person auslebt.

Vielleicht waren viele katholische Figuren ähnlich, ehe sie von der Macht vereinnahmt wurden, um als Narkotisierer der Menschheit zu dienen. Und damit beginnt ein anderer Ökumene-Diskurs. Dies könnte die Mauer zwischen den sogenannten Christen und sogenannten Nichtchristen öffnen und einen Diskurs entstehen lassen.

Die Produktivität der Reformfiguren am Anfang des 16. Jahrhunderts könnte zeigen, wie schöpferisch ein wirklicher Diskurs sein kann, wenn wir darin den Kern aller Reform sehen. Arbeit, sich die Freundlichkeit der Welt so zu erschließen, daß das eigene Gesicht freundlich wird. Diskurs setzt darauf, daß das Ohnmächtige wirksam wird. Die Reform ist eine unendliche Aufgabe.

Die Luthereiche

Wofür steht das Geschehen unter der Luthereiche?
Für den Mut einzelner Menschen, den mächtigsten und rachsüchtigsten Institutionen entgegenzutreten.
Die Eiche steht für die öffentliche Tat.
Wenn morgen die Welt untergeht: Heute einen Baum pflanzen.

Die Verbrennung. Östlich vom Luther-Haus liegt vor dem früheren Stadttor der Ort eines dramatischen Geschehens (Luthereiche).

Der Papst belegt Luther 1520 mit dem Bann. Draufhin zieht Luther am 10. Dezember morgens um 9 Uhr mit Studenten vor das Stadttor. Wo die Kleider der ansteckenden Kranken des Leprosen-Hospitals verbrannt werden, machen sie ein Feuer: Luther wirft das Dekret des Papstes hinein. Dieser Umgang mit einem sakrosankt erklärten Dokument ist eine Herausforderung an eine Weltmacht. Luther später am Tisch: „Hätte ich nicht gebissen, hätte der Papst mich gefressen."

Unter der Luthereiche

Melanchthonhaus (Collegienstr. 60).

Wofür steht das Melanchthonhaus?
Für eine menschliche Reform der Hochschulen - damals wie heute.
Für ein Kernstück einer Reform: das Zusammenleben von Lehrenden und Lernenden. Mit wechselseitiger Achtung voreinander. (Gropius inszenierte dies 1919 im Bauhaus in Weimar und Dessau.)
Das Melanchthonhaus steht für großzügige Gastlichkeit.
Für das Stichwort Intensität in Studium und Diskussion, ohne die es keine kulturelle Entwicklung gibt.
Für Bescheidenheit mit großer Wirkung.
Für die größten Kräfte im Kleinen, das zum Großen wird.
Für eine Kultur, die nach denkerischer Klarheit sucht und sich darüber sozial mitteilungsfähig macht (Kommunikation).
Für den Zugang zu anderen Kulturen durch die Aneignung von Sprachen in genauem Kontext.
In diesem Haus ist aus Italien der Geist der Renaissance angekommen.

Philipp Melanchton (1497-1560) wird als Philipp Schwarzerdt in Bretten geboren. Sein Onkel, Johannes Reuchlin, verteidigt die nichtbiblische jüdische Literatur und muß deshalb einen langen Inquisitionsprozeß durchstehen. Reuchlin veranlaßt den Neffen zum Studium der Sprachen. Eines Tages übersetzt er dem Jungen seinen Namen ins Griechische - als Humanisten-Taufe: so wird aus Schwartzerdt Melanchthon.

Berufung. Friedrich der Weise plant die hochkarätigste Professorenberufung: Johannes Reuchlin. Aber dieser fühlt sich zu alt und empfiehlt den 21jährigen Philipp

Melanchthonhaus nach der Sanierung 1997

Melanchthon, der gerade sein Studium in Tübingen beendete. Der Kurfürst beruft den Unbekannten zum Professor für griechische Sprache. Sein Aussehen weckt Erstaunen: ein kleines, „schmächtiges Männlein".

Am 28. August 1518 hält er seine berühmt gewordene Antritts-Rede: „Über die Verbesserung des Unterrichts der Jugend." Er wirbt dafür, Sprachen zu lernen, insbesondere die „... Lateinische, damit ihr, wenn ihr die Philosophen, die Theologen, die Geschichtsschreiber, die Redner, die Dichter lest, bis zur Sache selbst vordringt, nicht ihre Schatten umarmt."

Melanchthon ist der Mann der Renaissance: Er plädiert für Klarheit. „Wenn wir nämlich gewisse Richtlinien des sprachlichen Ausdrucks nicht gründlich lernen, können wir weder unsere eigenen Gedanken darlegen, noch die Schriften aus früherer Zeit verstehen."

Seine Leitvorstellung: „Habt Mut zum Wissen!" Die Vorlesung, die den Kern des Bildungsprogramms des deutschen Humanismus enthält, fasziniert ihre Zuhörer. An diesem Tag werden Melanchthon und Luther Freunde.

Das Haus. Bei seiner Heirat (1520) kauft er an dieser Stelle, zwischen Universität und Kloster, ein bescheidenes kleines Haus mit einem Grundstück.

Sechzehn Jahre später (1536) läßt er das kleine Haus abreißen und dieses große Haus bauen (Hofgebäude 1945 zerstört).

Wasserleitung. Ein weiteres Geschenk erhält Melanchthon nach 1558: die sieben Eigentümer der Wasserleitung „Altes Jungfernröhrwasser" schenken dem berühmten Gelehrten den teuren achten Anschluß. (Der Brunnen im Hof funktioniert heute noch, im Museum Melanchthonhaus ist ein Stück der hölzernen Leitung ausgestellt.)

Die Fassade. 1536 sieht die Fassade einfach aus, erst nach 1550 erhält sie, auch im Hof, den Staffelgiebel. Das vornehme Gebäude symbolisiert den aufrechten Gang: schmal, mit drei Geschossen sehr hoch, von einem Schaugiebel noch höher gemacht. Die Fenster sind großzügig und licht. Jedes ist in seiner oberen Hälfte von Stabwerk umrahmt. Die Fensterteilung: ein stehender und ein liegender Balken, dazwischen einst ein Netz an bleiernen Fassungen für kleine runde, undurchsichtige Gläser. (1604 zweigeschossiger Torbau).

Oft liegt der Nutzen neben der Schönheit. Der Eingang ist ein Portal: Die Sitze an den Seiten spiegeln die tägliche Kommunikation am Haus. Es entsteht viel Unterhaltung vor der Tür. Auch die Bediensteten reden miteinander. Die Wertschätzung der Personen spricht der Baldachin über dem Sitzenden aus - früher war er ein Würdezeichen für Heilige und Könige – jetzt zeigt er, welches Selbstbewußtsein die Menschen gewonnen haben. Den Bogen des Portals krönt virtuos gestaltetes Stabwerk. Hoch oben im Giebel entfaltet sich, ebenso wie in mehreren weiteren Häusern in der Stadt, ein kunstvolles Spiel der herkömmlichen Würdestereotypen: Pilaster, Kapitelle und Bögen.

Organisation. Das Haus mit seinen elf Zimmern ist der Spiegel von drei Organisationsbereichen. Sie verschränken sich ineinander: das Hauswesen um die Familie, die stille Tätigkeit des Gelehrten und die weiten Bezüge zu Studenten, Professoren und Gästen.

Das Erdgeschoß hat einen durchlaufenden Gang zum Hof. Vorn liegt die Stube, in der Mitte die Küche mit ihrer großen Feuerstelle und hinten eine ebenfalls heizbare Kammer (Kamin) - wohl alltägliches Aufenthalts- und Eßzimmer des Gesindes und der Familie.

Mitten im Haus führt von der Küche aus eine Treppe ins erste Geschoß: in einen ausgedehnten Vielzweckraum. Zur Straße hin kommt Melanchthon in seine Studierstube (hier stirbt er 1560). Zum Hof hin liegen eine große und eine kleine Kammer.

Vom Mittelraum führt an der Seite eine Treppe ins zweite Obergeschoß - zu einem weiteren Vielzweckraum. Vorn gibt es eine große und eine kleine Kammer, hinten ein Zimmer für die Studenten („Scholaren-Zimmer“) und eine kleine Kammer. Das Mobiliar versucht den (verlorenen) ursprünglichen Bestand seit 1897 frei zu rekonstruieren.

Familie. Der junge Gelehrte wohnt einige Zeit in einer Wohngemeinschaft. Luther sorgt sich um die Gesundheit des Freundes, stellt ihm die Ehe als beste Fürsorge dar, wirbt für ihn ein Mädchen, verstärkt seine Überredung beim widerstrebenden Freund, der glaubt, die Ehe halte vom Studium ab. Erst lehnt Melanchthon ab, dann zögert er, schließlich läßt er sich darauf ein. 1520 heiratet er die gleichaltrige Katharina Krapp (1497-1548), die Tochter des Gewandschneiders und Bürgermeisters Hans Krapp. Nach 17 Jahren Ehe ziehen sie in das neue Haus ein (1536). Sie haben vier Kinder: Anna (1522), Philipp (1525), Georg (1526-1529) und Magdalena (1531).

Melanchthon ist kein einfacher Mensch, er selbst wirft sich als Hauptfehler den jähen Zorn vor. Doch wird er auch als fürsorglicher Vater angesehen. Die Familie hat manche Probleme. Lieblingstochter Anna heiratet

Giebel des Melanchthonhauses

sehr früh, mit 14 Jahren, einen Studenten des Vaters, Georg Sabinus - und wird mit ihm unglücklich. Als Mutter von sechs Kindern stirbt sie mit 24 Jahren. Melanchthon macht sich Vorwürfe und leidet schlaflose Nächte .

Mit Philipp kommt er nicht zurecht. Der Sohn verbindet sich mit Margaretha Kuffner aus Leipzig. Gegen ihr geheimes Verlöbnis wettert Luther öffentlich von der Kanzel. Die Mutter hat Vorbehalte gegen die Braut. Margaretha kämpft. Aber es kommt nicht zur Hochzeit.

Die Familie nimmt Hausschüler auf: Studenten, die Katharina versorgt und die Melanchthon, der für dieses Modell wirbt, als Lehrer selbst betreut - mit Kursen einer „schola domestica“. Einmal wurden, so schreibt Melanchthon stolz, an seinem Tisch elf verschiedene Sprachen gesprochen.

Bezüge. Im Scholaren-Zimmer ist der Treffpunkt des Lehrers, der das Leben mit Studenten liebt, und vieler Studenten. Hier lassen einige ihre Erinnerungszeichen anbringen.

Arbeitsweise. Philipp Melanchthon ist von Jugend auf arbeitsbesessen, schont sich nicht und wird daher oft krank. Der Arbeitstag ist geprägt von Intensität und Ausdauer. Der Gelehrte studiert frühmorgens von 3 bis 7 Uhr. Dann betet er mit der Familie. Um 8 Uhr beginnt er nebenan, im Neuen Collegium, seine Vorlesung.

Garten. Katharina Melanchthon baut mit ihren Kindern im langen Garten, der bis zur Stadtmauer reicht, Gemüse, Salat, Obst und Kräuter an. Als ein kurfürstlicher Erlaß gebietet, die Wiesen an der Stadtmauer zu schonen und deshalb jeder Familie nur eine Ziege zugesteht, kämpft sie um ihre drei Ziegen. Sie trägt vor, sie müsse in ihrem gastlichen Haus zahlreiche Studenten und Besucher mitverpflegen. Der Kurfürst gibt ihr eine Sondererlaubnis.

Im Sommer diskutieren Melanchthon und Luther häufig im Garten. Unter zwei Eiben am steinernen Tisch. Der Gelehrte hat ihn aus seiner früheren Wohnung mitgebracht - es ist zu lesen: „P Melanchthon/1511“.

Cranachhaus (Markt 4)

Im frühen 16. Jahrhundert läßt sein Besitzer, der erste Rektor der Universität, Medizin-Professor Martin Pollich von Mellerstadt, das Haus neu bauen (1771 umgestaltet). Er richtet hier eine Apotheke ein. Wahrscheinlich erheben sich einst über der Traufe zwei Schmuckgiebel (nach Kupferstich von Gabriel Bodenehr).

Vor 1532 erwirbt der unternehmende Maler und Designer Lucas Cranach d. Ä. dieses Haus. Auch als Geldanlage. 1550 bringt Cranachs jüngste Tochter das Haus als Mitgift in die Ehe mit Caspar Pfreundt, der Mitarbeiter bei Cranach ist.

Hof. Eine Durchfahrt führt in einen stattlichen, an allen Seiten umbauten Hof (Westflügel 1892 abgerissen). In solche Höfe können viele Menschen gehen, sie sind also zumindest teilweise öffentlich. Und die Hintergebäude haben Ansehen. Darauf weist die Tatsache hin, daß es hier einen stattlichen Renaissance-Giebel gibt. Im ersten Gebäude arbeitet einst wohl eine Druckwerkstatt.

Medium Druck. Als sich die spätmittelalterliche Stadtkultur entfaltet, zerstört sie das Bildungsmonopol der Kirche. Daher wächst die Nachfrage nach Texten. Mühsam werden sie von Hand kopiert. Um die Herstellung

Cranachhof in der Schloßstraße

von Texten zu rationalisieren und die Verbreitung zu verbilligen, wird ein neues Medium entwickelt: der Buch-Druck.

Damit steigen Qualität und Präzision des Nachrichtentransportes. Daraus entstehen neue Impulse: für die Bildung und für die Umgangsweisen in der öffentlichen Diskussion.

Sebastian Brant (Das Narrenschiff, Basel 1494) kommt es vor, als wären die Städte voll von Büchern. Aber daß es auch viele Leute gibt, die sie nur besitzen, aber zuwenig oder überhaupt nicht lesen. Und daß viele sie nicht verstehen. Und andere Leser zu „Phantasten“ werden.

Das Medium Druck verbreitet mit Flugblättern, Kalendern und Büchern sowohl Aufklärung wie allerlei magische Praktiken. Im Kampf gegen Machtautoritäten, in der Entwicklung des Selbstbewußtseins und in der Bildung der Individuen, in der Epoche der Renaissance und der Reformen, spielt der Zugang zum Wissen die größte Rolle: Er geschieht durch die Vervielfältigung.

Die Reformation verdankt ihre Wirkung dem Medium der Vervielfältigung. Der Druck verbreitet ihre Ideen in einem bis dahin einzigartigen Ausmaß und Schnelligkeit. In Konsequenz wird Wittenberg in diesem Bereich des Studiums der wichtigsten christlichen Quellentexte die führende Drucker-Stadt in Europa.

Der Cranachhof (Schloßstr. 1/Elbstr.)

Wofür steht der Cranachhof?
Für eine bis dahin einzigartige Entfaltung kultureller Produktivität.
Cranach ist der „Chef-Designer“ seiner Zeit. „Kein Zeitgenosse erreicht ihn in der Anzahl der Bilder (nahezu jeder Gattung), in der Verwirklichung neuer Themen und Sujets und bisher unbekannter Gefühlswelten, in der Entwicklung neuer ikonographischer Systeme (als Maler der Reformation) und als Präzeptor einer ganzen Kunstprovinz!“ (Bertolt Hinz) (7)
Für die Wechselbeziehung von aufgeklärter Gesellschaft und aufgeklärter künstlerischer Tätigkeit.
Für Geschäftssinn: er beliefert die Freunde mit ausgezeichneter Innovation und die Feinde mit jeder gewünschten Stereotype.
„Nicht ‚Außenseiter der Gesellschaft‘, wie man den Habitus der Künstler seit der frühen Neuzeit auch charakterisierte, sondern ihr Insider zu sein, war Cranachs Art und Stärke.“ (Bertolt Hinz) (8)
Cranach stellt sich in den Dienst einer Vision.
Er entwickelt eine protestantische Bildsprache.

Hofmaler. Innerhalb der Repräsentationskonkurrenz hat Kurfürst Friedrich der Weise den energische Willen, seine Residenz ausgezeichnet zu gestalten. Weil er seine anspruchsvollen Aufträge nicht weiter in die großen Kunstzentren Nürnberg und Antwerpen vergeben will, teilweise auch zu Hof-Künstlern des Kaisers, beruft er 1504 den 34jährigen Lucas Cranach d. Ä. zum Hofmaler.

Das komplexe Gebäude. Kurz vor 1512 erwirbt der Maler ein zentrales Grundstück - in ausgezeichneter „Lauflage" und mit hohem Prestige besetzt: an der Ecke Schloßstraße/Elbstraße. Wahrscheinlich hatte hier früher der Vogt seinen Sitz. Angeblich läßt Cranach alles abreißen und ein neues Haus bauen.

Es ist größer und höher als alle anderen privaten Häuser. Hinter dem Vorderhaus liegt ein ausgedehnter Hof, den an allen vier Seiten Gebäude umstehen. Es heißt, dieser Komplex habe 84 heizbare Zimmer besessen. Als Ausweis der Wohlhabenheit seines Besitzers zeigt die Fassade an der Schloßstraße einst zwei kleine Giebel mit Voluten (Kupferstich 1755).

Die meisten Räume sind Werkstätten. In ihnen arbeiten viele Menschen an unterschiedlichen Aufträgen für Schlösser, Kirchen, Bürger und Adlige.

Cranach wird zum wichtigen Mitarbeiter der Reformation: er investiert Talent und Organisationsfähigkeit in Bilder, die vervielfältigt werden - in Holzschnitte und Kupferstiche. Meist werden sie in Bücher eingefügt. Im Vorderhaus läßt er eine Druckerei einrichten.

Umfang der Aufgaben. Cranach bedient nahezu alle Anforderungen: sowohl die umfangreichen Ansprüche an Handwerker-Maler wie an Künstler. Offensichtlich macht er jede Arbeit. Sein Ansehen besteht darin, daß er den gesamten Bereich der Repräsentation beherrscht: nach einem modernen Begriff ist er der Chef und Hauptentwerfer einer umfassenden „Designwerkstatt" für alles, was der Kurfürst braucht.

Im wesentlichen geht es darum, die Residenzen des Fürsten auszustatten. Dazu gehören Farbgebung und Behänge von Wänden („Tücher", vor allem für das Jagdschloß Lochau), selbst der Anstrich von Häusern. Und eine Fülle von Ausstattungsstücken: Kuchenformen, Kannen, Leuchter, Sanduhren. Hinzu kommen Zäune. Selbst Schlitten. Hinzu kommen Ausstattungen für Feste: in Räumen und auf Plätzen. Cranach entwirft Tuche und Hofgewänder. Und für den Karneval Masken und Kostüme.

Unternehmer. Cranach ist ein vielfältiger Unternehmer. Er handelt mit Sandsteinen. Und mit Farben. 1520 kauft er das Privileg, im Vorderhaus (Schloßstraße 1) eine Apotheke zu eröffnen: darin läßt er mit der Hilfe von Angestellten Gewürze verkaufen. Cranach handelt auch mit Wein. Er macht eine Schankwirtschaft auf.

Vor allem aus den unternehmerischen Erwerbszweigen mit ihren Einkommen finanziert Cranach den Kauf umfangreicher Grundstücke und großer Häuser.

Ansehen. Nach Dürer und neben Matthias Grünewald ist Lucas Cranach d. Ä. in seiner Epoche einer der wichtigen deutschen Künstler. Keiner ist gleichzeitig so vieles: Handwerker und Künstler, Händler, Unternehmer, Ratsherr, Bürgermeister, Freund und Propagandist von Martin Luther.

In Italien stellten ausgezeichnete Künstler den Anspruch, nicht mehr Handwerker

Wendeltreppe im Cranachhaus

zu sein, sondern ebenso angesehen zu werden wie Wissenschaftler und Intellektuelle. Cranachs Vorgänger beim Kurfürsten Friedrich dem Weisen, der Italiener Jacopo de´ Barbari, hatte in einer Schrift („de la ecelentia de pitura") den Wert der Malerei formuliert: sie verdiene es, gleichberechtigt zu den Artes liberales, den Freien Künsten gezählt zu werden - weil sie eine intellektuelle Tätigkeit sei.

Dieser Prozeß ist im künstlerischen Gebiet ein Parallelvorgang zu dem, was in der Wittenberger Reform-Universität mit den profanen Wissenschaften geschieht. Tatsächlich ist der intelligente Cranach auch in der Universität hoch anerkannt. Der Rechtsprofessor Dr. Christoph Scheuerl hält 1508 in der Schloßkirche eine Lobrede („Eloge") auf ihn (1509 gedruckt).

Fähigkeiten. Cranach schafft in seinen Darstellungen eine Synthese: von religiösen Inhalten und von konkreten Personen sowie konkreten Situationen. Die Figuren in den biblischen Geschichten werden zu Abbildungen konkreter Personen.

Er hat den Mut, ein Tabu zu brechen: Er macht seine bürgerlichen Zeitgenossen zu Figuren, die selbstbewußt einen Platz einnehmen in den einst unantastbaren sakralen Themen. Nun treten sie in den öffentlichen Versammlungsräumen der Kirchen auf Altarbildern und in Erinnerungstafeln (Epitaphe) auf.

Die Zeitgenossen schätzen, daß er preziös und modisch malt: den Reichtum des Stofflichen. Und Schmuck. Und teure Kostüme. Auch die Kleider sind nun zeitgenössisch. Mit Cranachs Bildern zieht die Welt in die Kirchen ein. Gerühmt wird die Lebendigkeit der Darstellung. Gern malt er lebensgroße Menschen.

Als aus Italien die „Lust am Körper" über die Alpen an die Elbe kommt, als für viele Menschen der unbekleidete Körper nicht mehr als sündhaft gilt, als die Lust des Anschauens, des Bewunderns und auch des Begehrens zugelassen wird, malt Cranach seit 1506 viele schöne Frauen.

Kunstsoziologische Bedeutung. Kein nordalpiner Maler des Jahrhunderts hat eine so deutliche kunstpolitische Prägung in einem Fürstenstaat entwickelt. Seine Wirkung reicht außerordentlich weit. Für fast jede Stadt in der Umgebung liefert die Cranach-Werkstatt einen Altar. Er ist die uneingeschränkte Schlüsselfigur im visuellen Gewerbe.

Stadtkirche

Wofür steht die Stadtkirche?
Für Türme als Orientierungszeichen in der Landschaft.
Für Theater vor der Kirche und seine Verstetigung durch Skulpturen.
Für unterschiedliche Zugänge zur Sinn-Stiftung.

Stadtkirche, Ostansicht

Für die Halle als Mehrzweck-Versammlungsraum.
Für die die Halle als Ausdruck einer egalitären Gesellschaft.
Für das Spektrum der Reformation.
Für die Reflexion, die über das Wort läuft (Predigt).
Für eine neue Bilderwelt.
Für das Selbstbewußtsein von Menschen, unmittelbar mit Christus zu sprechen und sich, ähnlich wie die Apostel, mit ihm darzustellen (Abendmahl-Bild). Mystik. Soziale Kommunikation.
Für den Aufbruch.
Für Utopie: die Vision einer sozialkulturellen Gemeinschaft (Karlstadt).
Für die symbolische Reportage (Weinberg-Bild).
Für den Garten (Weinberg-Bild). Dessau-Wörlitzer Gartenreich und Industrielles Gartenreich.
Für das Bildgedächtnis an Menschen, die auch nach dem Tod unter den Menschen bleiben sollen (Epitaphien).
Für die Umnutzung eines alten Baubestandes mit minimalem Aufwand zu einer protestantischen Predigtkirche.
Für die Judenpogrome im Mittelalter – bis hin zum „Dritten Reich".

Agglomerat. Die gesamte Kirche ist das typisch mittelalterliche Agglomerat von Bauten. Unterschiedliche Generationen mit unterschiedlichem Geist der Zeiten geben ihnen unterschiedlichen Ausdruck. Einheitlichkeit ist ein Maßstab, der erst im späten 19. Jahrhundert entsteht.

Die innere Halle. Die tendenzielle bürgerliche Gleichheit der Menschen in der Stadtkultur soll sich in der Form der Halle ausdrücken. Daher wird die Basilika um 1411/ 1439 umgebaut. Daran arbeiten die Bauleute 25 Jahre lang. Nun erhalten die seitlichen Räume (Seitenschiffe) größere Ausdehnung. Es entsteht ein Raum, der nicht nur hoch, sondern auch breitgelagert ist. Die Gewölbe trennen nicht mehr, sondern sind eine schwingende Artikulierung der Decke. Der Gegensatz: achteckige dicke Pfeiler - feinen Rippen. Neben dem Hauptaltar entstehen (wenigstens) 13 Nebenaltäre.

Die lutherische Reformation hat in der Stadt Wittenberg ihren dramatischen Aufbruchsort. Die Stadtkirche ist ihr wichtigster öffentlicher Symbolpunkt. Dieser Aufbruch löst den einzelnen Menschen und die Gemeinde aus der Abhängigkeit der kirchlichen Hierarchie. „Alle Gläubigen sind Priester" - dieser Satz verändert grundlegend die Verhältnisse. Die Individuen erhalten eine zentrale Stellung - in ihrem Eigenwert und in ihrer Position gegenüber den Institutionen.

Dies ist ein Gedanke, der zwei Wurzeln hat: eine nordalpine und eine italienische – der italienischen profanen Renaissance. Er stammt aus derTradition deutscher Mystiker (Meister Ekkehard, Johannes Tauler u. a.). Und er wird von den Impulsen verstärkt, die aus der italienischen profanen Aufklärung des 15. Jahrhunderts (Renaissance) über die Alpen kommen. Er verändert nicht nur die herkömmliche Religion, sondern auch als Kultur sehr stark die Gesellschaft. In Deutschland bedeutet die frühe Reformation auch zutiefst Renaissance.

Die Altar-Bilder drücken dies aus und sind darin typische Bilder von Renaissance und Reformation. Lucas Cranach d. Ä. hat das mittlere Bild gemalt (vor 1539), sein Sohn Lucas Cranach d. J. später (1547) das Bild darunter (Predella), die Seiten-Flügel und die Darstellungen auf der Rückwand.

Die wichtigsten Themen der neuen Auffassung des Glaubens sind zu sehen. In den dargestellten Personen ist anschaulich und in Lebensgröße, im Raum wie auf einem Platz, ein Kernkreis der Reformatoren anzutreffen. Auftraggeber der beiden Maler sind die Vorsteher des „gemeinen Kastens", d. h. der Armenfürsorge. Alle sind in genauer Sprache abgebildet (Porträts): als Figuren des lebendigen Geschehens „hier und jetzt" und als selbstbewußte Bürger. Die Maler haben den Mut, keine Person mehr in die Mitte zu stellen, weder Christus noch den Fürsten (ganz rechts) - dies entspricht der gleichrangigen Struktur des Netzwerkes vieler Freunde .

Im Sommer sitzt vor der offenen, spannenden Landschaft unter einer Arkade eine Personengruppe um einen breiten runden Tisch und unterhält sich. Das biblische Abendmahl ist zugleich ein Gelage, das im Augenblick stattfindet. Vater Cranach zeigt seinen Sohn Lucas d. J.: er ist im Augenblick hereingetreten, um Luther etwas zum Trinken zu bringen. Links neben Luther sitzt der Drucker Hans Lufft, der 1534 die erste Gesamtbibel druckte . Auch der Maler läßt sich sehen.

Der linke Flügel (von Lucas Cranach d. J.) zeigt eine weitere lebensnahe Szene: Philipp Melanchthon tauft ein Kind (tatsächlich hat er nie getauft). Lucas Cranach Sohn malt seinen Vater - sehr persönlich und menschlich, umgekehrt wie im „Abendmahl": der Alte steht mit dem Handtuch bereit, das getaufte Kind abzutrocknen.

Der rechte Flügel (ebenfalls von Lucas Cranach d. J.) zeigt eine weitere wichtige Szene: Stadt-Pfarrer Johannes Bugenhagen hört die Beichte.

Bugenhagendenkmal

Die Wittenberger Reformation hat **drei Phasen:** Inkubation, Konflikt und Institutionalisierung.

Die erste Phase der Reformation: Ende 1517 bis Mitte 1521. Schriften Luthers. Das Wort tritt ins Zentrum der Versammlungen der Gemeinde: Die Predigt von der Kanzel.

Die Kanzel. Der junge Luther hatte Angst, auf die Kanzel zu gehen. Sein Mentor Johannes von Staupitz zwang ihn zum Predigen. Dann bittet ihn der Rat, von der Kanzel der Stadtkirche zu predigen. Zunächst weigert er sich, ist aber 1514 als Prädikant tätig.

Seine damalige Kanzel stand am vorderen Nordpfeiler des Hallenraumes (zum Teil erhalten im Museum Lutherhaus). Sie zeigt in Bildreliefs den Zuhörern die Welt der Gelehrsamkeit: In großen Studierzimmern lesen Gelehrte im Sitzen auf einem schrägen Pult aufmerksam in einem Buch.

Woher stammt Luthers Wertschätzung des Wortes? Er nimmt den Kern der Mystik auf, stellt sich „den handelnden Gott als redenden Gott vor, der in das Innere der Menschen eindringen will." (9)

Lucas Cranach d. J. malt Luther 1547 als Prediger - im Unterteil (Predella) des Hochaltares. Unter den Zuhörern: Luthers Frau

Katharina von Bora mit dem ältesten Sohn Johannes („Hänschen") und der langbärtige Vater Lucas Cranach d. Ä. sowie neben ihm Caspar Cruziger. Auch alle anderen Dargestellten sind wohl Porträts von Zeitgenossen.

Kirchentyp. Damit der Prediger gut hörbar ist, gilt es, die Entfernungen zu den Zuhörern zu verkürzen: mit Hilfe von Emporen kommt fast die doppelte Zahl an Menschen der Kanzel näher.

Die evangelische Vorstellung vom Versammlungsraum der Gemeinde geht von der Predigt aus - also von Kanzel und Emporen (1810 von Carlo Ignazio Pozzi aus Dessau erneuert). Daraus entwickelt sie ihren Kirchentypus: nicht mehr Kult-Kirche, sondern Wortkirche. Meist werden Kirchen mit wenig Aufwand umgenutzt.

Studentenunruhen. Das nächste Ereignis der Reformation hat zunächst kaum etwas mit ihr zu tun. Der Landesherr, an zivilem Umgang interessiert, verbietet Studenten, in der Öffentlichkeit Waffen zu tragen. Die Studenten diskutieren über Rang und Ehre. Heftige Unruhen. Mehr als 800 junge Leute stürmen die Häuser der Polizei, der Stadtknechte und bedrohen das Haus des Richters. Dann ziehen sie vor die Propstei und das Schloß. Der Landesherr läßt die Stadt mit Truppen besetzen.

Luther wird körperlich bedroht - ein Schock; daher haßt er lebenslang den Aufruhr, sieht darin das Werk des Teufels - die Apokalypse.

Das Armenwesen. Die Reform entwickelt die These: Die reichen Leute müssen, um in den Himmel zu kommen, nicht mehr den bettelnden Armen etwas geben. Aber die Armen darf man nicht umkommen lassen. Und so hat die christliche Gemeinde die Pflicht, für sie zu sorgen. Sie sammelt in Gottesdiensten. Und organisiert eine wirksame Fürsorge: dies nennt sie den „gemeinen Kasten". Daraus wird auch ein Armenarzt finanziert, der arme Kranke unentgeltlich besucht. Und das Altenheim im verlassenen Franziskanerkloster.

Der Rat gibt 1520 dem Tischler Christoff Kleinschmid den Auftrag, eine Truhe mit Eisenbeschlägen anzufertigen - für die gesammelten Gelder: den „gemeinen Kasten" (heute im Museum Lutherhalle).

Zweite Phase der Reformation. Mitte 1521 bis Ende Januar 1522. Radikalisierung und Antiklerikalismus. Abriß alter Strukturen und Aufbau neuer. Neue soziale Kräfte treten hinzu: die Gemeinde. „Unruhen" von Bürgern und Studenten.

Luther ist auf der Wartburg. Die Führung geht an seinen Ordensbruder Gabriel Zwilling über, einen charismatischen Prediger, an Philipp Melanchthon, in dem Luther immer seinen Stellvertreter sieht, und an den Universitätsprofessor Andreas Karlstadt. Kaltstadts ganzheitliche Idee: die „vollkommene christliche Stadt", die ein „christlicher Rat" führt.

Erster Massenaustritt aus einem Kloster (13 Augustinermönche). In einigen Nächten werden Häuser von Priestern gestürmt. In der Stadtkirche hindern Studenten und Bürger mit Steinwürfen die Priester, das Marienoffizium abzuhalten. Sie wollen den Messen ein Ende setzen, die von einzelnen Familien finanziert werden. Spottverse am Franziskanerkloster. Für die Nacht wird ein Sturm auf das Kloster angekündigt. Der Rat verhindert ihn, indem er das Kloster bewachen läßt.

Vierzig Edelleute und Studenten ziehen mit Pauken und Pfeifen und Waffen durch die Straßen. Sie wollen das Kloster stürmen. Der Rat der Stadt versucht, die „Übeltäter" zu fassen. Er läßt verhaften.

Aber dagegen organisiert sich nun die Gemeinde - in Versammlungen und Treffen. Ein Schwurverband entsteht, der sie emotional zusammenschweißt: Mit Ritualen: Bannerlauf, Trommelschlag, Aufzug in Waffen. Ein Bürgerausschuß wird gebildet. Den Vorsitz haben die Viertelmeister. Sie tagen und treten vor den Rat.

Der Kurfürst veranstaltet im Schloß eine Bürgerversammlung: Die Leute sollen sich an die Ordnung halten. Die Gemeinde empfindet dies als Hinhaltetaktik. Sie sagt: „Unsere Forderungen kommen von Gott, die Fürsten können sie nicht mehr unterdrücken."

Aktionen gegen Klöster und Priester. Ein Besuch der „Zwickauer Propheten" bleibt ohne Folgen - so radikal, daß sie Pfaffen und Mönche totschlagen, wollen die Leute nicht sein.

Am 25. Dezember 1521 hält Karlstadt in der Stadtkirche vor rund 2.000 Menschen seine erste evangelische Predigt: ohne Robe und Gesang. Die Laien erhalten Brot und Wein in die Hand.

Sie dringen „ungestüm" zum Rat und übergeben Forderungen. Täglich tagt der Rat. Er unternimmt nun alles, um die geforderten Reformen durchzuführen, notfalls ohne Genehmigung des Hofes. Ein fünfköpfiger Ausschuß wird gebildet, mit den Wortführern Andreas Karlstadt und Philipp Melanchthon.

Der erste größere Bildersturm der deutschen Reformation: Am 10. Januar 1522 macht Gabriel Zwilling, der mehrmals vehement gegen die Bilder predigt, „mit etzlichen monchen" im Hof des Augustinerklosters ein Feuer: mit sämtlichen „holzern altaria ... und sonst allen andern taffeln, gemalten und geschnitzten bilder, Crucifixe, fannen, kertzen, leuchter" u. a. Die Häupter werden abgeschlagen: den Skulpturen „Christi, Maria und andern bildern". Und „all gemel in der Kirchen" werden vernichtet. Dies läßt sich als eine psycho-soziale Befreiungstat von der eigenen Vergangenheit verstehen. (10)

Ende Januar 1522 verabschiedet der Rat einstimmig eine neue Stadtordnung. Es nimmt auf und verschränkt reformatorische und soziale Forderungen. Freie Predigt des Gottes-Wortes. Abschaffung der Privatmessen. Das Abendmahl für jeden, der es begehrt. Schließung der Kneipen, in denen ungebührlich getrunken wird, und der zahlreichen Bordelle. Die Klöster müssen geräumt werden. Reform des Gottesdienstes: er verliert seinen sakramentalen Charakter. Weitere Normen regeln das bürgerliche Leben.

Am 6. Februar 1522 werden in der Stadtkirche die Bilder gestürmt. Einige wurden zuvor in Sicherheit gebracht.

Dritte Phase der Reformation. Seit Februar 1522. Von der Wartburg zurückgekehrt, wendet sich Luther gegen Gewalt. Vieles geht ihm zu weit. Er möchte die alten Formen der Messe und des Austeilens des Abendmahls. Und daß keine weiteren Bilder entfernt werden.

Er kann nur Empfehlungen geben und sein Charisma einsetzen. Der Landesherr fordert, daß einiges zurückgenommen wird. Er drängt auf Verhandlungen: ein runder Tisch findet außerhalb statt - in Eilenburg.

Die Anführer der Wittenberger Bewegung, Karlstadt und Zwilling, werden kaltgestellt. Die Reform der Messe wird insgesamt bejaht und in gemäßigte Bahn gelenkt, die sich dann geordnet nennt.

Gabriel Zwilling verläßt freiwillig die Stadt. Karlstadt verspricht, nicht mehr zu predigen. Weitere Kompromisse. Zähneknirschend stimmt der Kurfürst dem Verhandlungsergebnis zu. Umfangreiche Diskussionen.

Friedrich der Weise verhält sich geschickt: macht keinen Gebrauch von seinem

Bestätigungsrecht für die Stadtordnung, verlangt auch die alte nicht, nimmt dem Rat keine Kompetenzen, straft nicht.

Die Anhänger Karlstadts sind enttäuscht. Im März sagt Valten Bader: der „Doctor Martinus und Christiann Baier Doctor. Bürgermeister" wären unehrenhaft und es „wert, das man sie auß der stat Jagen solte." (11) Dafür erhält er ein Bußgeld. Heftige Debatten. Krisenstimmung.

Insgesamt aber geht der Prozeß der Reform ziemlich glatt. Die Eliten müssen nicht ausgetauscht werden. Im Gegensatz zu vielen anderen Städten kommen keine neuen, zuvor nicht ratsfähigen Gruppen in den Rat. Die Reformation ist nun in die Landes-Herrschaft eingebunden.

Das Sozialwesen („Gemeiner Kasten") wird vorbildlich für weite Teile Deutschlands. 1524 werden ihm die beiden Spitäler unterstellt. Die Bruderschaften lösen sich auf. Ihr Vermögen geht an die Armenkasse. Ebenso die Einkünfte des Pachtlandes der Klöster. Dies alles geschieht offensichtlich in stillem Übereinkommen zwischen Stadt und Hof.

Totengedächtnis. Im südlichen Chorraum sind am Pfeiler ergreifende Erinnerungen zu lesen: Für Magdalene (1531-1556), die Tochter von Katharina und Philipp Melanchthon. Daneben für die andere Magdalena (1529–1542), die mit 13 Jahren gestorbene Tochter von Katharina und Martin Luther.

Nachdem die Reformation die Gedächtnis-Messen und die Nebenaltäre beseitigt hat, drückt sich die Erinnerung an die Hinweggegangenen stark in Epitaphen aus, z. B. in der Erinnerung an den Drucker Hans Lufft. Der Chor versammelt Beispiele, die in Umfang und Qualität ziemlich einzigartig sind. In ihnen zeigt die deutsche Renaissance einen Höhepunkt an themenreicher und konkreter Phantasie. Autor ist vor allem der Sohn von Lucas Cranach d. Ä.: Lucas Cranach d. J.

Die Judensau. Jüdische Mitbürger. Am südöstlichen Außenpfeiler des Chores ist hoch oben ein Relief (um 1290): die sogenannte Judensau (Inschrift 1570).

Nach 1250 wandern Familien jüdischen Glaubens zu. Die meisten ziehen in die östliche Straße hinter dem Rathaus (Jüdenstraße). Weil die Zünfte sie nicht aufnehmen, bleibt ihnen weitgehend nur der Handel und der Geldverleih. 1304 werden alle Juden vertrieben. Später dürfen sie zurückkehren. Zweite Judenverfolgung: Kurfürstin Margarete bringt 1440 den Kurfürsten Friedrich den Sanftmütigen (!) dahin, sie „auf ewige Zeiten" ausweisen zu lassen.

Das Bild diffamiert die Juden auf der untersten Ebene: Männer schauen dem unreinen Schwein in den Bürzel.

1523 hatte Luther eine Schrift betitelt: „Daß Jesus Christus ein geborener Jude sei." 1543 steckt er dann in alten Vorurteilen. Er wettert gegen die Praktiken der jüdischen Kabbalisten, die er für abergläubisch hält, wendet sich jedoch gegen Gewalt, also gegen Pogrome, will aber Juden unter dem Eindruck der Endzeitstimmung bekehrt oder ausgewiesen sehen. Melanchthon vertritt unter dem Einfluß seines um die jüdische Überlieferung außerordentlich verdienten Lehrers Johann Reuchlin eine tolerante Haltung.

Unter dem Bild wird 1988 eine bronzene Gedenkplatte (Wieland Schmiedel/Jürgen Rennert) angebracht: zur Erinnerung an die „Reichskristallnacht" 1938.

Die Siedlung Piesteritz

Am westlichen Stadtausgang von Wittenberg findet der Besucher ein städtebauliches Kleinod. Die ehemalige Werkssiedlung der Stickstoffwerke ist im Begriff, in neuem Glanze wiederhergestellt zu werden. Ein Lehrbuch des Siedlungsbaus in diesem Jahrhundert wurde hier im Ersten Weltkrieg geschaffen.

Hinter der Piesteritzer Anlage verbirgt sich der Übergang zu einem neuen Wirtschaftsmodell - der Kriegswirtschaft bzw. des sogenannten Etatismus (d. h. der umfassenden, zielgerichteten Einflußnahme des Staates auf die private Wirtschaft). Piesteritz erscheint als eines der ausgereiftesten Symbole von nationaler Bedeutung. Hier verknüpften sich staatlich gelenkte Wohnungs-, Wirtschafts- und Regionalentwicklungspolitik im Zuge des Übergangs zur Kriegswirtschaft. Geistiger Vater dieser sogenannten „Neuen Wirtschaft“ war Walther Rathenau.

Mit Beginn des Weltkrieges und der Errichtung der englischen Blockade schnitt sich Deutschland von überseeischen Düngemittelimporten ab. Die Lebensmittelversorgung wurde zu einer strategisch entscheidenden Frage im Krieg. So fiel 1914 der Entschluß, Stickstoffwerke zu errichten. Die um 1910 von der AEG im Bitterfelder Raum erworbenen billigen Braunkohlevorkommen boten die günstige Voraussetzung für die sehr energieaufwendige Stickstoffherstellung.

In der Nähe von Bitterfeld, in Zschornewitz, wurde ein Braunkohlegroßkraftwerk errichtet, das den Strom zu dem 20 km entfernt an der Elbe zu bauenden Stickstoffwerk liefern konnte. 1916 begann die Produktion. Um eine so anspruchsvolle Aufgabe für den Staat erfüllen zu können, wurde eine besondere Sorgfalt bei der Auswahl der Architekten und Planer an den Tag gelegt. Den Ausgangspunkt bildeten die beim Bau der

Siedlung Piesteritz

Gartenstadt Staaken (bei Berlin) gesammelten Erfahrungen. Als Generalbeauftragter hatte hier Georg Haberland, jüdischer Kommerzienrat und Direktor der Berlinschen Bodengesellschaft (BBG), erfolgreich fungiert.

Mit der Gestaltung der Siedlung Staaken wurde der Architekt Paul Schmitthenner, einer der einflußreichsten Traditionalisten, beauftragt. Er hatte den jungen Schweizer Architekten Otto Rudolf Salvisberg in die Entwurfsarbeiten einbezogen.

Zur Realisierung des Vorhabens in Piesteritz wurde erneut Haberland die Generalauftragnehmerschaft übertragen. Auf sein Wirken muß letztlich die Ausprägung des Charakters der Siedlung wesentlich zurückgeführt werden (einschließlich möglicherweise einiger Details, wie der repräsentativen hohen Vorgärten).

Seine langjährigen Kontakte zu Friedrich Gerlach, seit 1911 Professor für Städte bau an der TH Danzig und vorher Stadtbaurat in Berlin-Schöneberg, mögen für Haberland der Grund dafür gewesen sein, diesem erfahrenen Städtebauer die Aufgabe der Siedlungsplanung zu übertragen. Er brachte den gesamten Fundus der zeitgenössischen Städtebaudebatte in diese Planung ein, z. B. hohe, geschlossene Randbebauung und nach innen niedriger werdende Bauformen; im Zentrum Plätze und Grünanlagen sowie Gemeinschaftseinrichtungen.

Neben dem erfahrenen Planer betraute Haberland den jungen Architekten Salvisberg mit der architektonischen Durchbildung der Anlage. Dieser verwirklichte mit dem Bau der Siedlung sein erstes großes Werk. Eine konservative Grundhaltung, d. h. ein Verpflichtetsein gegenüber der Tradition, natürlichen und kulturellen Gegebenheiten prägten ihn. Obwohl er in den zwanziger Jahren in den Kreis der weltbekannten modernen

Siedlung vor der Sanierung, 1992

Architekten „aufstieg“, blieb er im Grunde dieser in Piesteritz dokumentierten Haltung verbunden. Aus Staaken brachte er einige Gestaltungsmotive mit (Torbögen, Giebelvarianten, Materialkombinationen u. ä.), die er in Piesteritz, stets im Zusammenspiel mit dem Gesamtplan, weiterentwickelte. Dies betrifft die vielfältige Dachlandschaft, liebevolle Detailausbildung, kleinteilige Formensprache, material- und werksgerechte traditionelle Konstruktion sowie handwerkliche Durchbildung.

Haberland fand in Jatzow und Müßigbrodt geeignete ortsansässige Ingenieure und Bauleiter sowie im Königlichen Baurat Janisch, dem Architekten der Stickstoffwerke, einen wichtigen Partner für die Umsetzung der Entwürfe.

Im Frühjahr 1916 begann vom westlichen Rand her der Bau der Siedlung.

Zunächst wurde entlang des „Krummen Weges“, der „Coswiger Straße“ (heute „Dessauer Straße“) und am „Kurzen Hagen“ gebaut. Es folgten der „Gartenweg“ und die „Lange Zeile“. Dann erst entstand der zentrale Bereich um den Marktplatz (heute „Karl-Liebknecht-Platz“) und schließlich bis 1919 die Baugruppe „An der Stiege“. Weitere sechs Jahre vergingen, ehe 1925 das letzte noch fehlende Gebäude der Siedlung errichtet wurde: an der Stelle der vorgesehenen evangelischen Kirche das Rathaus des Ortes Piesteritz nach Plänen von Salvisberg.

Die ursprüngliche Planung sah die Verwendung von sieben Haustypen vor. Damit war eine große gestalterische und soziale Differenzierung beabsichtigt. Fünf Reihenhaustypen galten für Arbeiterwohnungen, ein Typ für Angestellte und zwei für leitende Angestellte.

Prinzipiell unterscheiden sich die Haustypen durch den Zugang zur Küche und der Anordnung des Bades. Die Modifikation der Arbeiterwohnungen ergibt sich im Grundriß weiterhin durch Hinzufügen von Zimmern bzw. Kammern in den Obergeschossen sowie durch Vergrößern der Hausbreiten und -tiefen (zwischen 4,6 und 6,9 m bzw. 5,75 und 9,0 m, mit Wohnflächen zwischen 56 und 75 m^2, im Durchschnitt 67,5 m^2).

Die „Küche-Stube-Wohnung" wird im Erdgeschoß um Spülküche mit Bad sowie Stallanbau erweitert. Bad und Toilette sind getrennt, wobei die Toilette im ersten Obergeschoß plaziert ist.

Die Häuser der Angestellten weisen nicht nur größere Breiten und Tiefen auf (mit Wohnflächen zwischen 72 und 142 m^2, Durchschnitt 102 m^2). Vor allem handelt es sich um einen anderen Grundrißtyp, die gereihte bürgerliche „Villa" (eigentlich repräsentativeres Arbeiterhaus): Treppenhaus mit gesondertem Zugang zur Küche, ohne Stall, mit moderner Toilette und Bad als Einheit (im Obergeschoß) sowie mit Bodenraum.

Die Häuser für die leitenden Angestellten stellen im Grunde Villen dar, die „lediglich" aus städtebaulichen Gründen mit den anderen Häusern verbunden wurden.

Die „ältesten Villen" in der „Dessauer Straße" 151 bis 154 tragen den Charakter von Landhäusern, mit Stall und Waschküche (im Keller), was auch in der plastischen Gestaltung der Rückfassade zum Ausdruck kommt.

Die Häuser zeichnen sich durch vornehme, aber dezente Gestaltung aus. Diese finden sich am „Stillen Winkel", besonders „Am Dreieck" und an den Siedlungseingängen an der „Dessauer Straße".

Nach der Sanierung, 1997

Die Anordnung der Haustypen folgte einer Hierarchie im Unternehmen. Die städtebauliche Lage gewährleistete eine soziale Kontrolle. Diese Differenzierung kann bis in die baulichen Details verfolgt werden – so heben sich die Verzierungen der Türen analog der Baustruktur voneinander ab.

Doch nicht nur ihre architektonische Qualität verleiht dieser Anlage eine besondere Bedeutung. Sie kann im regionalen und im siedlungshistorischen Zusammenhang betrachtet als das Pendant zur Gropius-Siedlung in Dessau-Törten angesehen werden. Darüber hinaus ist sie ein markantes Beispiel, wie dem dramatischen Umbruchprozeß nach der „Wende" in einer gemeinschaftlichen Aktion im Sinne von Bewahrung kultureller Besonderheiten, sozialer Verträglichkeit und mustergültiger Erneuerung begegnet werden kann.

Wer den Umstrukturierungsprozeß der letzten Jahre in Piesteritz verfolgt, dem zeigt sich die kulturelle Kraft, die diese Anlage besitzt, welche als wichtiges Moment ihrer Erhaltung und sozialverträglichen wie denkmalgerechten Erneuerung wirkte. Noch im September 1991 sollten der Siedlung der Denkmalcharakter genommen werden und die Wohnungen einzeln verkauft werden. Das sozial-kulturelle Ende der Anlage wäre vorgezeichnet gewesen, wie es zahlreiche Beispiele in den alten Bundesländern und inzwischen auch im Osten bestätigen. In dieser Zeit wurde am Bauhaus Dessau ein regionaler „Arbeitskreis Siedlungen" gegründet, der als eine Plattform der regionalen Siedlungserneuerung fungiert. Er bildete das Gremium, über welches einerseits in einer bemerkenswert unbürokratischen Art „über Nacht" der Denkmalstatus für die Siedlung gegenüber dem Eigentümer (Stickstoffwerke AG) erneuert werden konnte und andererseits allgemeine Ziele der Erhaltung der Siedlung erarbeitet wurden. Damit war es der Kommune, der Werkssiedlungsgesellschaft und anderen Partnern möglich, Untersuchungen und Erneuerungsansätze zu initiieren, die nunmehr erste praktische Resultate zeitigen.

Mit der Gesamtprivatisierung der Siedlung 1994 durch die Tochterunternehmen der Bayernwerke AG wurde der „besondere Fall" Piesteritz sanktioniert. Die Idee des Erneuerungsarchitekten von 1995, Piesteritz als autofreie Siedlung zu entwickeln, verleiht der Anlage eine neue zukunftsweisende Dimension. Damit konnte die Piesteritzer Siedlung als erstes Projekt auf die Liste der EXPO 2000 in der Korrespondenzregion gesetzt werden.

Siedlung - Gartenseite

Die Städte an der Elbe: Coswig und Roßlau

Von Piesteritz führt die Bundestraße 187 bzw. der R 2 weiter nach Coswig und Roßlau. Unterwegs liegt auf der linken Seite im kleinen Dorf **Griebo** eine romanische Feldsteinkirche. Es ist kaum zu glauben: diese recht unscheinbaren Kirchen, die es zwischen Bitterfeld, Wittenberg und Dessau zahlreich gibt, sind die ältesten Bauwerke der Region! Sie wurden während der Ostexpansion des Deutschen Reiches vom 10. bis 12. Jahrhundert erbaut. Als Bollwerke der Zivilisation östlich der Elbe und der zwangsweisen Christianisierung der Slawen dienten sie nicht allein als „Gotteshaus“, sondern auch als Schutz vor kriegerischen Auseinandersetzungen und Treffpunkt für Handel und Geschäft. Entsprechend dem additiven Prinzip romanischer Baukunst wurden die Kirchen einheitlich erbaut: Westturm - Schiff - Chor - Apsis.

Die Stadt **Coswig**, auch „Tor zum Fläming“ genannt, liegt zwischen dem sanft herabfallenden Südhang des Flämings und der Elbe. Die 1137 als Burgward errichtete Stadt lag an der alten Heeresstraße Wittenberg-Magdeburg. Sie war die älteste Besitzung der Askanier am rechten Elbeufer und deshalb von strategischer Bedeutung. Zu einem anhaltischen Machtzentrum konnte sich die Stadt jedoch nicht entwickeln. Das rechtselbische Gebiet war längst zwischen Brandenburg und Sachsen-Wittenberg aufgeteilt. Mit der Lage an der Heerestraße war nicht nur Handel, sondern auch Krieg verbunden. Im Schmalkaldischen Krieg zerstörten 1547 spanische Söldner des katholischen Kaisers Karl V. die Stadt. Ein knappes Jahrhundert später wurde die Stadt im Dreißigjährigen Krieg sowohl durch die protestantischen als auch kaiserlich-katholischen Kriegsparteien derart zerstört, daß 1637 der erneute Ausbruch der Pest reichte, die Einwohnerschaft fast auszulöschen. Erst ein halbes Jahr später bezogen wieder Menschen den Ort Namens „Coswig“ und begannen einen neuen Anfang städtischer Entwicklung. Den größten Impuls der Stadtentwicklung bekam Coswig durch die Industrialisierung im 19. Jahrhundert: Papierfabrik (1870), Zündholzfabrik (1878), Westfälisch-Anhaltische-Sprengstoff-AG, WASAG (1891), Anhaltische Farbenwerke (1894). Seit der Erweiterung der Schwefelsäurefabrik und der Inbetriebnahme des VEB Chemiewerk Coswig (1960) ist die Stadt mit dem Aufstieg und Niedergang der Chemieregion verbunden.

Kurz hinter dem Ortseingang, am Ende der Wittenberger Straße, führt links eine Straße zur **Gierseilfähre**. Auf dem jenseitigen Elbeufer beginnt das Dessau-Wörlitzer-Gartenreich. Die Gierseilfähren sind hervorragendes Bespiel für eine Technologie, die nicht gegen die Natur, sondern mit ihr arbeitet. Die Fähre ist mit einem Seil verbunden, das auf dem Flußgrund befestigt ist. Allein mit Hilfe wechselnder Schrägstellung wird die Fähre durch die Strömungskraft ohne großen Lärm und Fremdenergie von Ufer zu Ufer bewegt. Die Gierseilfähre gehört zweifelsohne zu den schützenswerten Besonderheiten der Region. Während diese Fähren an vielen Flüssen in den alten Bundesländern, aber auch schon in Sachsen durch Motorfähren ersetzt sind, konnten sie in Sachsen-Anhalt erhalten werden. Bei Eisgang und Hochwasser muß die Fähre geschlossen werden.

Empfehlenswert ist es, den Weg zur Innenstadt von der Elbe aus zu wählen. Auf dem Weg, der von der Zufahrt zur Fähre in

Elbfähre Coswig

Richtung Stadt abzweigt und durch die alten Wohngebiete der Unter- und Oberfischerei führt, ist der Markt bald erreicht. Hier erschließt sich das historische Zentrum mit Rathaus, Kavalierhaus, Nikolaikirche, Klosterhof und Schloß.

Die **Nikolaikirche** ist von verschiedenen Baustilen geprägt: romanische Basilika (1150), frühgotischer Ausbau (1240) und barocke Erneuerung (1699-1708). Die Ausstattung der Kirche kommt größtenteils aus dem Barock. Aus der Renaissance stammen noch das Chorgestühl, die Emporen und die Gemälde Lucas Cranach d. J. : Gethsemaneszene mit Stifterbildnissen und die Auferstehung Christi. Ein weiteres Gemälde („Abendmahl") wird der Cranach-Werkstatt zugeschrieben. 1272 ging die Kirche an das im gleichen Jahr gestiftete, angrenzende Augustinerinnen-Kloster. Das 1527 nach der Reformation geschlossene Frauenkloster wird heute als Kulturzentrum „Klosterhof" genutzt.

Die „Frauenfrage" im Mittelalter

Es war nicht selbstverständlich, daß Frauen in Klöster gehen konnten. Die christlichen Orden waren zwar schon seit Jahrhunderten für Frauen offen, doch in der Praxis blieb der Zugang für Frauen schwierig. Klöster dienten anfangs vor allem Frauen des Adels als eine Art „Pension". Im 11./12. Jahrhundert änderte sich die Situation, es drängten zunehmend auch Frauen aus den mittleren Ständen in die Klöster. Die Beweggründe dafür waren komplex und individuell verschieden: Klöster gewährten den Frauen eine gewisse Autonomie, soziale Sicherheit und Bildung. Gegenüber dem Ehestand, der für die Frauen meist dikriminierend war und sie in Abhängigkeit von einem einzelnen Mann brachte, war das Kloster eine alternative Lebensform. Außerdem fiel in einer Zeit des „Frauenüberschusses" für viele Frauen die Ehe als „Versorgungsinstitut" aus. Weiterhin bot sich ihnen ein offizieller Raum, um die eigene, weibliche Spiritualität zu leben. Das 12./13. Jahrhundert war die Zeit einer ausgeprägten weiblichen Religiösität und Mystik. Die von der offiziellen Kirche oft auch unterdrückte weibliche Theologie, der u.a. „erotische Überspanntheit" vorgeworfen wurde, beeinflußte auch Frauen, die keinen Zugang zu einem Orden fanden - die Beginen. Diese freiwilligen religiösen Frauengemeinschaften schufen sich eigene Regeln, die sich wie die Ordensfrauen am Speculum Virginum („Jungfrauenspiegel") orientierten: Demut, Liebe und Keuschheit. Den Beginengemeinschaften fehlte nur das lebenslange Gelübde - und die offizielle Anerkennung durch die katholische Kirche. Während ein Teil in fahrenden Gemeinschaften lebte, waren die meisten Frauen in Beginenhöfen bzw. -häusern seßhaft. Weil sie sich religiös frei von der offiziellen kirchlichen Dogmatik fühlten und als weibliche „Produktionsgemeinschaften" auch eine Kon-

kurrenz für die Handwerker darstellten, fand sich seit dem 14. Jahrhundert eine kirchlich-weltliche Allianz zur Verfolgung der Beginen. Der Ketzerei und der Hexerei beschuldigt, starben viele auf dem Scheiterhaufen. Im Zuge der Reformation wurden die letzten noch verbliebenen Beginenhäuser aufgelöst. Lediglich in Belgien und Holland konnten sie sich als Konvente noch bis ins 20. Jahrhundert halten.

Das den Markt prägende Gebäude ist das 1569 errichtete **Rathaus**. Die Volutengiebel an den Schmalseiten und das rundbogige Hauptportal mit Sitznische lassen das Rathaus unschwer als ein Produkt der Renaissance erkennen. In der Schloßstraße ist etwas weiter rechts ein nächstes Bauwerk der Renaissance anzutreffen: das um 1600 erbaute ehemalige **Kavalierhaus** (heute Sparkasse). In der neben dem Kavalierhaus einmündenden Domstraße stand die Synagoge der ehemaligen jüdischen Gemeinde und das Geburtshaus von Hermann Cohen (1842-1918), jüdischer Philosoph und Begründer der „Marburger Schule" des kritischen Idealismus.

Gegenüber dem Kavalierhaus erhebt sich an der Elbe das 1666/67 auf den Fundamenten einer alten romanischen Burganlage erbaute barocke **Schloß**. Sowohl der zur Elbe als auch der zur Stadt gewandte Giebel ist mit plastischem Schmuck versehen. Von der Terrasse des Schlosses konnte die Aussicht auf den gegenüberliegenden Wörlitzer Winkel und auf die vorbeifahrenden Schiffe genossen werden. Nach der fürstlichen Nutzung wurde das Schloß 1874 bis 1956 als Gefängnis, seit 1961 als Staats- bzw. Bundesarchiv genutzt.

Nikolaikirche - Epitaph

Kurz vor dem Elbeübergang in Richtung Dessau liegt die 1215 erstmals urkundlich erwähnte ehemalige Ackerbürgerstadt.

Mehrmals wurde **Roßlau** in den letzten Jahrhunderten von der großen Politik gestreift. Als sich im Dreißigjährigen Krieg an der Elbe Wallenstein und Ernst von Mansfeld gegenüberstanden, wurde die Stadt am Ende fast vollständig zerstört. Es war ein blutiger „Sieg" Wallensteins: von seinen 12.000 Soldaten fanden 7.000 den Tod. Dreihundert Jahre später wurde die Stadt während der Nazizeit kurzerhand von Dessau eingemeindet und damit Teil der Gauhauptstadt.

Unmittelbar hinter dem Ortseingang ist auf der linken, der Elbe zugewandten Seite hinter efeubewachsenen Bäumen und Mauern ein Roßlauer Kleinod versteckt: die alte **Wasserburg**. Das auf slawischen Anlagen im 12. Jahrhundert erbaute und 1836 im romantischen Geschmack erneuerte Gebäude ist noch recht gut erhalten. Das barocke Jagdschloß kam 1740 hinzu. Die Burg wird nach Jahren des Leerstands nach der „Wende" seit einiger Zeit vom Nordlicht e.V. gemietet. Dieser aus Berlin übergesiedelte Verein versucht, zusammen mit einheimischen Jugendlichen über Veranstaltungen und Selbsthilfe-Projekte (z.B. Ausbau der Wohnungen) aus der Burg ein Zentrum für alternative Kulturarbeit zu entwickeln.

Gegenüber der Burg führt eine kleine Straße (Am Schloßgarten) direkt bis zum Markt mit Rathaus und Marienkirche. In der Kleinen Marktstraße 6 kann auch Roßlau auf den Klassizismus verweisen. Das Gebäude der ehemaligen **Brauerei** wurde vom klassizistischen Baumeister Gottfried Brandhauer (1790-1837) errichtet. Weitere Spuren des in Köthen sehr erfolgreichen Baumeisters sind in Roßlau am Alten Friedhof mit den Pylonen (Pyramidenstümpfe) und am ehemaligen Innungshaus in der Hauptstraße 110 zu finden. Nach dem Gerüsteinsturz beim Turmbau der katholischen Kirche in Köthen wurde Brandhauer 1830 kurzzeitig verhaftet und aus dem fürstlichen Bauamt entlassen. Ein beruflicher Neubeginn in Roßlau mißlang ihm, so daß er die restlichen Lebensjahre in völliger Armut verbrachte.

Nach der „Wende“ wurde Roßlau um zwei Attraktionen reicher. Westlich der Meinsdorfer Straße erbauten elf Investoren aus acht europäischen Ländern das **Europadorf**. Ein sehr gelungenes Beispiel für die Neunutzung einer alten Fabrikanlage ist am Ende des Mühlengangs die Ölmühle.

Für die Identität Roßlaus sind die **Werft** und der Hafen, die kurz vor der Elbbrücke in Richtung Dessau auf der rechten bzw. westlichen Seite liegen, von besonderer Bedeutung. Seit der „Wende“ reißt das Bangen um volle Auftragsbücher nicht ab. Eine Chance für die Werft liegt in der Entwicklung eines flachgehenden Binnenschiffs. Im Hintergrund der Diskussionen um den Ausbau der Elbe für größere, tieferliegende Schiffe und eine ganzjährige Befahrbarkeit der Elbe, bietet die Werft eine Alternative an: Nicht der Fluß wird den Schiffen, sondern die Schiffe werden dem Fluß angepaßt. Dieses Vorhaben steht auf der Projektliste der EXPO 2000 Sachsen-Anhalt.

Hinter der Elbüberquerung schlägt rechts das 1788/89 von Erdmannsdorff errichtete **Elbzollhaus** eine Brücke nach Dessau.

Wasserburg - Roßlau

Eine Reise in die Zwischenzeit

Juni 1995: Die Kantine wird seit drei Jahren nicht mehr genutzt. Übriggebliebene Möbel stehen bezugslos und zufällig im Raum. Ein aufgegebener und vergessener Ort. Noch ist kein Fenster eingeschlagen. In den Küchenräumen liegen Besteck, zerbrochenes Geschirr, zerdellte Töpfe und Reste von Lebensmitteln umher.

In dem Raum nebenan ist der Boden übersät mit wertlos gewordenem Papier: Formularen, Brigadebüchern, Arbeitsschutzkontrollbüchern, Kisten voller wertloser Essenmarken. Der Betrachter kann sich hier in eine Reise in die jüngste Vergangenheit verlieren.

Juni 1996: Die Kantine ist „rückgebaut" und die Erde eingeebnet. Das Nutzlose ist weggeräumt. Erstes Grün sprießt aus der Erde.

Ein Bild, typisch für die Geschichte des 1991 stillgelegten Braunkohle-Tagebaus Golpa-Nord und für andere Orte entlang der hier beschriebenen Reise von Wörlitz über Oranienbaum, Ferropolis, Zschornewitz nach Bitterfeld. Orte, deren Namen jeder für sich und auf denkbar unterschiedliche Art und Weise weit über die Region hinaus bekannt sind. Der Weg zwischen Oranienbaum und Zschornewitz, an dem zwei gegensätzlich gestaltete Landschaftsräume, das historische Dessau-Wörlitzer Gartenreich und die Bergbaulandschaft, unvermittelt zusammentreffen, läßt diesen Kontrast deutlich erleben.

Es ist eine Reise in eine Zwischenzeit, in der der Niedergang der Braunkohleepoche dieser Region deutlich zu Tage tritt und sich gleichzeitig das ersehnte Neue ankündigt. Der Reisende wird ein differenziertes Bild dieser Region entdecken, charakterisiert durch beherzten, endgültigen Abschied vom Gewesenen, aber auch durch Trauerarbeit, verknüpft mit Visionen, Aufbrüchen, Hoff-

Golpa-Nord, am Tagebaurestloch bei Gräfenhainichen

nungen und auch Ängsten vor dem noch unbekannten Neuen.

In dieser Phase, in der Ideen beginnen Gestalt anzunehmen, in der neue Projekte motivierende Kraft entwickeln, in der aber auch die nüchterne Umsetzung bereits etablierte Projekte abrupt aus der Welt der Visionen auf den Boden der Realität führt; in dieser Phase wird der Reisende hier stets mehr als ein Bild entdecken. Beinahe jeder Ort der Region ist überlagert von vielen Bildern, von zurückliegenden als auch von zukünftigen, aus denen, fast täglich wechselnd, mal das eine, mal das andere in den Vordergrund tritt.

Im Tagebaurestloch Golpa-Nord

Kakau
Schrotemühlenbach
Museum
ORANIENBAUM
Friedhof
GOLTEWITZ
Funkmast
FORST
Kippe
Schleesen
Bruckmühle
Freigraben
R1
Naderkau
Waldhaus
107
Gartenmühle
MÜCHAUER MARK
Müchauer Mühle
R1
Bommsdorfer Hof
Pabsthaus
Pabst-Ziegelei
Kippe
Aufgefüllter Tagebau
Ferropolis
(Denkmal)
Ausstellung
Jüdenberg
ehem. Tagebau
Golpa - Nord
(in Sanierung)
Sandgrube
Zschiesewitz
Tor
Soldatenfriedhof
Halde
Mühlgraben
STROHWALDE
100
Festwiese
Friedrichsche Mühle
Buchdruckmuseum
ehem. Stammschäferei
V2
Wasserturm
Vehsenmühle
Buchholz
Halde
Hainmühle
Buchholzmühle
Paul-Gerhardt-Haus
Birnbaummühle
Halde
Siedlung Zschornewitz
Friedhof
Reha-Zentrum
GRÄFENHAINICHEN
Aschesee
Halde
Wohnpark "Am Barbarasee"
MESCHEIDE
Barbarateich
Kraftwerksdenkmal (Museum)
Restloch Sachsenburg
Fahringsmühle
125
Halde
Zschornewitz
ehem.
Tagebau
Gröbern
107
Sachsenburgkippe
Außenkippe Gröbern
Breitewitz
Untermühle
Bahnhof Burgkemnitz
Heidekräutergarten
Jösigk
Waldpark
Schießplatz
Schloßpark
Gröbern
Gesundbrunnen
Hohe Jöst
134
Feuerwachturm
Rastplatz
Burgkemnitz
© Verlag Dr. Andreas Barthel
04451 Panitzsch b. Leipzig
ALTPOUCHER FORST

Kurz vor besenrein

Von Wörlitz aus führt die Route zunächst nach Oranienbaum. Entweder folgt der Reisende den Nebenstraßen und Wirtschaftswegen über die Dörfer Griesen, Horstdorf, Kakau und Brandhorst oder er wählt die direkte Verbindung über die Bundesstraße B 107.

Die Geschichte der Stadt **Oranienbaum** begann am Tag der Hochzeit von Henriette Catharina von Nassau-Oranien (1637-1708) und Johann Georg II. (1627-1693) von Anhalt-Dessau im Jahr 1659. Die Prinzessin von Oranien, um deren Hand der englische König zuvor vergebens geworben hatte, verließ die Niederlande, das damals reichste und fortgeschrittenste Land Europas und zog nach Anhalt-Dessau, einem kleinen, durch den Dreißigjährigen Krieg verschuldeten und zurückgebliebenen Kleinstaat. Sie erhielt vier Dörfer als Hochzeitsgeschenk. Darunter befand sich Nischwitz, das aus einem von der Fürstin Agnes von Anhalt-Dessau 1645 errichteten Wohngebäude, geschützt durch Wall und Graben, mit Wirtschaftshof, Bedienstetenhäusern und einem unvollendeten Bethaus bestand. Mit Catharinas Geld entstanden in den folgenden Jahrzehnten ein Schloß, ein Park und eine kleine Stadtanlage.

Marktplatz - Skulptur eines Orangenbäumchens

Die kulturellen Neuerungen, die Catharina einführte, brachten Anhalt-Dessau einen erheblichen wirtschaftlichen und kulturellen

Oranienbaum - barocke Schloßanlage

Aufschwung. So ließ die „ausländische" Fürstin im Elbe-Mulde-Überschwemmungsgebiet Deiche anlegen, bei deren Bau niederländische Erfahrungen genutzt wurden.

1673 erhält der Ort Nischwitz den Namen Oranienbaum, der auf den Orangenbaum als Wahrzeichen des Hauses Oranien zurückgeht. Ab 1683 machte sich Catharina daran, Oranienbaum zu einem ihren Bedürfnissen entsprechenden Sommersitz auszubauen, während ihr Gatte als Generalfeldmarschall für Brandenburg in den Krieg zog.

Mit den umfangreichen Bauaufgaben zur Anlage des Schlosses und der mit ihm ein gestalterisches Ensemble bildenden barocken Stadt- und Parkanlagen betraute die Fürstin den niederländischen Architekten Cornelis Ryckwaert. Er entwarf für Oranienbaum das regelmäßige, rechtwinklige Straßenraster mit dem zentralen, auf die Schloßachse ausgerichteten, quadratischen Marktplatz. Das **Schloß** hat nach holländischem Vorbild einen zweigeschossigen Mittelbau und zwei angegliederte, kurze, eingeschossige Seitenflügel. Die offene, dreiflügelige Gliederung des Baukörpers, ursprünglich aus Frankreich stammend, löste den bisherigen wehrhaften Charakter der Schloßbauten ab. Die Anlagen und die Gartenterrassen bilden ein korrespondierendes System aus Bauwerk und Garten. Ein Wassergraben, ein holländisches Element, umschließt das Schloß.

Den zweigeschossigen Ausbau der Seitenflügel, die quadratischen Kavalierhäuser und die langgestreckten Wirtschaftsflügel mit den ursprünglich zur Stadt hin offenen Passagen entwarf nach Ryckwaerts Tod 1693 der anhaltische Baumeister Johann Tobias Schuchart. Er setzte Ryckwaerts Grundgedanken der zur Stadt hin geöffneten Schloßanlage fort. Der ursprünglich das Schloß vollständig umgebende, heute jedoch nur noch rückwärtig vorhandene, barocke **Garten** weist mit der Betonung der Querachsen holländische Einflüsse auf.

Schloß Oranienbaum - Stadtseite

Zu Catharinas Zeiten setzte sich der Park aus acht Gärten zusammen: dem vom Wassergraben umgebenen Garten am Schloß, dem Küchengarten, dem Kanalgarten, dem Labyrinth, dem Inselgarten, dem Fasanengarten und dem Wildpark. Eine Eremitage im Wald nordwestlich des Parks bot Gelegenheit, „einem oft unerträglich erzwungenen Zusammensein – der schwer auf ihnen lastenden Gemeinschaft zeitweise zu entfliehen". (1)

Schloß Oranienbaum - Parkansicht

Im Schloßgarten

Die umfangreichen Baumaßnahmen gingen einher mit landwirtschaftlich-gewerblichen Neuerungen wie z. B. dem Bau eines Brauhauses, der Einführung der Leinen- und Tuchweberei und dem Branntweinbrennen. Auf Henriette Catharina gehen ebenfalls der Anbau und die Verarbeitung von Tabak zurück. Die Tabakproduktion behielt noch bis in die jüngste Zeit ihre Bedeutung. 1695 erhielt Oranienbaum das Marktrecht und durch Gewerbe und Handel einen zusätzlichen Aufschwung.

Nach dem Tod ihrer drei Schwestern erbte Henriette Catharina zahlreiche Gemälde von außerordentlicher künstlerischer Bedeutung. Sie selbst gab weitere Bilder in Auftrag. Einige dieser Gemälde bildeten den Grundbestand der heutigen Sammlungen in den Schlössern Mosigkau, Georgium und Wörlitz. Nach dem Tod ihres Mannes übernahm sie 1693 die Landesregentschaft. Gerade hier im armen Anhalt-Dessau konnte sie als Fürstin unumschränkter, absoluter herrschen, als ihr dies in den Niederlanden möglich gewesen wäre. Dort lagen bereits bürgerliche Interessen im Widerspruch mit den herrschenden feudal-absolutistischen. Das Stadtbild Oranienbaums mit dem Schloß als eindeutigem Mittelpunkt ist Ausdruck absolutistischer Machtverhältnisse in Anhalt-Dessau. Stadt und Marktplatz sind klar zurückgesetzt, gewissermaßen Vorhof der Schloßanlage.

Fast das ganze 18. Jahrhundert blieb Oranienbaum abseits gartenkünstlerischer Neuerungen. Der Sohn Catharinas, Fürst Leopold I., hatte wenig künstlerische Neigungen. Doch er setzte den Ausbau der Stadt fort, entwässerte den Wörlitzer Winkel und legte auf dem gewonnenen Land neue Ortschaften an. Erst Catharinas Urenkel, Fürst Franz, veranlaßte neben den zahlreichen, epochemachenden Bauwerken und Gartenanlagen zwischen Dessau und Wörlitz auch im Park von Oranienbaum bedeutende Erweiterungen.

In den Jahren 1793 bis 1797 ließ er durch Johann Christian Neumark den Inselgarten des Oranienbaumer Parks und ein Stück des angrenzenden Waldes in einen anglo-chinoisen Garten umwandeln. Glanzstücke sind das chinesische Teehaus und die fünfgeschossige **Pagode** nach Vorbild der Pagode von William Chambers in Kew Gardens.

Ein wesentliches Motiv für die Umgestaltung des Oranienbaumer Parks war vermutlich der Wunsch, das Bild des Exotischen in den Garten einzufügen. Dieses Bild in den europäischen Garten zu integrieren, brachte das ferne China zwar nicht näher, aber es schuf die Brücke zur Imagination; es lud ein, sich selbst für Augenblicke in die Ferne zu projizieren.

Der chinesische Garten war aber auch Ausdruck für die Unvoreingenommenheit der Aufklärung gegenüber fremden Kulturen. Der Orient wurde mitunter sogar als die Wiege der Aufklärung und der Philosophie betrachtet, und das fremde, unerreichbare China war verbreitet das Synonym für das Land des glückseligen Volkes. Der Philosoph Voltaire bewunderte China als Land, wo Konfuzius und seine Schüler „sechshundert Jahre vor unserer Zeitrechnung [...] die Menschen gelehrt haben, wie man ein glückliches Leben führt". (2)

Nach Konfuzius legitimiert sich ein Herrscher durch hohe Bildung und durch die ihm angeborene Moral als Zentrum und Spitze der Macht. Diese verpflichtet ihn jedoch zugleich als Vorbild und zur Verantwortung für das ganze Volk. Gemeinsam ist der Lehre des Konfuzius und dem Selbstverständnis des dem aufgeklärten Absolutismus verpflichteten Fürsten Franz, daß die Grundfesten der bestehenden Herrschaftsstruktur nicht angetastet wurden. Der chinesische Garten kann als Ausdruck eines harmonischen Gesellschaftsmodells interpretiert werden, bei dem die moralische Vollkommenheit des Herrschers seinen Machtanspruch rechtfertigt, während die bereitwillige Unterordnung dem Volk Wohlergehen widerfährt. Vielleicht war, vier Jahre nach Ausbruch der Französischen Revolution, der Verweis auf ein Gesellschaftsmodell, das die Rolle des Fürsten legitimiert, das Hauptanliegen dieser Parkumgestaltung?

Den **Marktplatz** von Oranienbaum ziert heute nicht etwa eine Fürstenstatue, sondern eine Sandsteinvase mit der metallenen Nachbildung eines Orangenbäumchens. Das Bäumchen ist Zeichen sowohl der Herkunft Henriette Catharinas, als auch für die in Oranienbaum kultivierten Orangen- und Citruspflanzen. Schon zur Zeit der Fürstin Agnes soll ein Orangenhaus zur Überwinterung der aus China stammenden Citrus- und Orangenbäumchen (Apfelsine = Apfel aus China; lat.: Citrus sinensis; holländ.: appel sina) existiert haben.

Dieses Pflanzenreich wurde in den folgenden Jahren mehrmals vergrößert, und in den Jahren 1812–1818 ließ Fürst Franz durch Ignazio Pozzi die 175 Meter lange **Orangerie** erbauen.

1822 berichtete der Hofgärtner Klewitz, daß in einem Jahr 2.452 Früchte geerntet wurden. Eine andere Quelle gab 1838 über 300 Stämme an. Später erreichte der Bestand sogar 550 Bäumchen. Die Orangerie Oranienbaum war ohne Zweifel eine der bedeutendsten in Deutschland. Im zwanzigsten Jahrhundert verringerte sich der Pflanzenbestand zusehend. 1961 schließlich ging der noch verbliebene Bestand mit teilweise sehr alten Pflanzen durch einen Kulturfehler fast vollständig verloren. Damit ging auch die Zahl der Gärtner zurück, die den Umgang mit Zitruspflanzen noch beherrschten.

Die Orangerie bildete den Abschluß im Aufbau des umfangreichen Ensembles von Stadt, Schloß, Park und **chinesischem Garten**. Bis heute sind Dimension und Struktur der barocken Stadtgründung nachvollziehbar.

Pagode im chinesischen Garten

In der Orangerie

Die zeitgenössische gartenkünstlerische Innovation kommt einmal mehr aus dem europäischen Ausland. Nach dem Vorbild von Chaumont-Sur-Loire in Frankreich, wo seit 1992 jährlich ein Gartenfestival ausgetragen wird, fand im Sommer 1997 erstmals das **Oranienbaumer Gartenfestival** statt. Doch im Unterschied zu dem gut ausgestatteten französischen Vorbild, bei dem mit Beteiligung von Gartenarchitekten, Gärtnern, aber auch Künstlern, Filmemachern u. a. nach neuen, zeitgemäßen Gartenbildern gesucht wird, beschränkt sich das Gartenfestival von Oranienbaum bislang im wesentlichen auf das Thema Gartendenkmalpflege. Im Mittelpunkt steht dabei die in den Jahren 1993 bis 1997 grundlegend restaurierte Orangerie, in der inzwischen auch wieder 200 Zitruspflanzen wachsen.

Im Stadtbild zeigen sich heute einzelne historische Häuser und der Marktplatz komplett restauriert. Oranienbaum vermittelt das Bild eines Ortes, der sich aufmacht, seine verschlafenen Winkel, an denen sich die erhofften Touristen eventuell stören könnten, gründlich auszufegen.

Oranienbaum auf der Landstraße L 132 in Richtung Schleesen und Radis verlassend, führt die Route über das weithin flache Land zunächst nach Goltewitz. Kurz hinter dem Ort geht es rechts auf einem asphaltierten Waldweg in Richtung Deponie **Goltewitz**, an dieser vorbei hinauf auf einen 30 Meter hohen, steil ansteigenden Berg. Dieser Berg ist keine natürliche Erhebung, sondern eine Kippe, entstanden 1958–62 beim Aufschluß des Tagebaus Golpa-Nord.

Oben angekommen bieten sich alternativ zwei Wege: entweder folgt der Reisende der asphaltierten, direkt über die Kippe führenden Straße oder er folgt (empfehlenswerter) dem Panorama-Rundweg in südlicher Richtung bis zur nur 50 m entfernten Aussichts-

Tagebaufolgelandschaft (Golpa-Nord)

plattform. Hier bietet sich ein Blick zurück auf Kirche, Schloß und Pagode in Oranienbaum, auf das mächtige Kraftwerk Vockerode, auf den Kirchturm von Wörlitz, auf die Stadt- und die Schloßkirche und auf die chemischen Werke von Wittenberg. Dem Reisenden, der zuvor die Wörlitzer Anlagen und den Oranienbaumer Park besichtigt hat, zeigt sich hier – am Übergang zur Bergbaulandschaft – deutlich der Dimensionensprung zwischen den „historischen" Landmarken und den neueren, nicht selten als gegensätzlich interpretierten Zeichen, die auf die Landnutzung der jüngeren Geschichte verweisen. Besonders markant erscheint aus dieser Perspektive das Braunkohlekraftwerk Vockerode mit seinen 140 Meter hohen Schloten, unmittelbar am Ufer der Elbe liegend.

Nach diesem Rückblick auf das historische Gartenreich führt die Reise nun direkt hinein in die Bergbaulandschaft, zunächst zum **Aussichtspunkt „Heideblick"**. Hier öffnet sich ein zweites Panorama, jedoch nicht auf Heidelandschaft, sondern auf überwiegend jungen Forst – wiederverfülltes Tagebaugelände – und auf eigentümliche, aus dem Forst herausragende Stahlgebilde. Der Weg führt wieder hinunter von der Kippe und stößt auf den Europäischen Radwanderweg R 1. Auf einer weiteren Anhöhe nach ca. 1 km, am Waldrand, verläßt die Route den R 1 wieder, biegt nach rechts ab und führt an den Grubenrand des Tagebaus Golpa-Nord. Hier zeigt sich dem Reisenden das Panorama von Ferropolis. Es bieten sich dem Betrachter, abhängig von seiner Ankunft vor oder nach der Flutung, zwei verschiedene Ansichten.

Bootsfahrt in Golpa-Nord

Kommt der Reisende erst nach der Jahrtausendwende an diesen Ort, liegt Ferropolis inmitten eines Sees. Von einem kleinen Ausflugsboot wird der Reisende über den See gesetzt. Der Kapitän wird das Boot in gebührendem Abstand an der Vogelschutzinsel vorbeilenken und von den Anstrengungen berichten, die aufgebracht wurden, um diesen einstigen „Landschaftsschaden" wieder harmonisch in die Natur zu integrieren. Er wird erzählen von den Tieren, die sich inzwischen hier eingefunden haben, die der Besucher aber voraussichtlich wegen des einzuhaltenden Abstandes nicht sehen können wird.

Vielleicht führt die Bootsfahrt auch vorbei an den **Schwimmenden Gärten von Golpa-Nord** – einer Gartensiedlung mit einer Vielfalt an schwimmenden Gartenlauben und schwimmenden Beeten, bepflanzt mit blühenden Wasser- und Sumpfpflanzen. Diese Kultur ist außerhalb Europas uralt und beispielsweise beim Madan-Volk im Tigris-Euphrat-Gebiet anzutreffen.

Berühmt sind ebenso die „Chinampas", die schwimmenden Gärten der Azteken, wie sie auch Max Frisch beschrieben hat: „Die Indianer, das Blumenvolk, flochten Flöße aus Rohr, luden Erde darauf und Tang, pflanzten sogar kleine Bäume und ruderten diese blühenden Inseln umher; daher der Name: die schwimmenden Gärten". (3)

Schwimmender Garten

Durch diese Kulturen angeregt sind auch die Gärtner von Golpa-Nord ausgesprochen experimentierfreudig. Ständig erproben sie die Kultivierung weiterer Gemüse- und zahlreicher anderer Nutzpflanzen auf den schwimmenden Beeten. Ihre Beete sind nur lose verbunden mit den an langen Leinen verankerten Gartenlauben. Und so gefällt es dem Wind, sich ein Spiel daraus zu machen, die Gärten mal in diese, mal in jene Richtung über den See zu treiben, die Nachbarschaften in der Gartensiedlung täglich neu zu ordnen und die Gärten selbst unablässig zu verändern; sozusagen mit jedem Windstoß die Gartenbilder neu zu gestalten. So wird denn der Reisende, wann immer er nach Golpa-Nord kommt, niemals das gleiche Bild auf dem Wasser entdecken.

Schließlich wird das Boot anlanden in **Ferropolis – der „Stadt aus Eisen"**.

Nach einer 1991 am Bauhaus Dessau geborenen Idee wurden hier fünf stillgelegte Bergbaugroßgeräte, Kohlebagger und Abraum-Absetzer aus dem Tagebau Golpa-Nord vor deren geplanter Verschrottung bewahrt und als Projekt der Weltausstellung EXPO 2000 Sachsen-Anhalt zu einer Veranstaltungsarena gruppiert. Hier „sprechen" diese fahrenden Maschinen von der Konstruktionsleistung der Ingenieure und wekken die Faszination der Technik. Sie erinnern aber auch an die Bedrohung, als welche sie nicht nur von den Bewohnern des durch den Tagebau Golpa-Nord devastierten Dorfes Gremmin wahrgenommen wurden. Diese Maschinen brachten den Verlust örtlicher Geschichte, oder auch, wie Oskar Schlemmer den vorherrschenden Zeitgeist der 20er Jahre dokumentiert, „Tod der Vergangenheit, dem Mondschein und der Seele". Er charakterisiert damit u. a. auch treffend den Beginn des großindustriellen Braunkohleabbaus:

„Vernunft und Wissenschaft ‚des Menschen allerhöchste Kraft' sind die Regenten, und der Ingenieur ist der gelassene Vollstrecker der unbegrenzten Möglichkeiten. Mathematik, Konstruktion und Mechanismus sind die Elemente und Macht und Geld die Diktatoren der modernen Phänomene aus Eisen, Beton, Glas, Elektrizität. [...] Gegründet auf Naturgesetzen sind sie das Werk des Geistes zur Bezwingung der Natur, gegründet auf die Macht des Kapitals ein Werk von Menschen gegen Menschen." (4)

Ferropolis ist nicht nur ein Museum, sondern auch ein Zeichen für eine andere Art von Bergbausanierung: Die zum Abbruch vorgesehenen Bagger wurden mit den ur-

Ferropolis, 1997

sprünglich für die Verschrottung bereitgestellten Mitteln gesichert und für neue Nutzungen vorbereitet. Anstatt des üblichen „Rückbaus", dessen Ergebnis zumeist in einem sauberen, ausgekehrten „Nichts" besteht, wurde auf diese Art ein Anknüpfungspunkt für Neues geschaffen. Aus diesem Grund wurde das Projekt im Frühjahr 1997 mit dem „Freiherr-vom-Stein-Preis" ausgezeichnet.

Ferropolis versteht sich als Impuls für ein verändertes Denken und Handeln im Umgang mit Natur und Landschaft. Um diesem Anspruch Rechnung zu tragen, finden hier im Jahr 2000 im Rahmen der Weltausstellung und in deren Vorfeld zahlreiche Workshops, Festivals und Konzerte statt. Vielleicht entdeckt auch der Reisende in Ferropolis eine bunt und vielschichtig zusammengesetzte Gesellschaftsstruktur, Basis für ein pulsierendes städtisches Leben, Garant für Veränderungen und Bollwerk gegen Langeweile ? (5)

Erreicht der Reisende Ferropolis vor der Jahrtausendwende, befindet er sich inmitten der auf den ersten Blick sehr befremdenden, doch gleichermaßen anziehenden Tagebaugrube. Blickt er vom Grubenrand hinunter auf den ca. 25 Meter tiefer liegenden Grund des künftigen Sees, erschließt sich dem Blick noch nicht, was ein Spaziergang durch die Tagebaulandschaft erleben läßt.

Erst die Möglichkeit, an geführten Spaziergängen durch den Tagebau teilzunehmen, läßt das Außergewöhnliche entdecken, öffnet sich dieses ansonsten für „Unbefugte" verbotene Betriebsgelände als Landschaft. Der Zutritt ist nur bei geführten Touren erlaubt, die stets auf der Halbinsel Ferropolis beginnen (Informationen, Termine und Vermittlung bietet das Reisewerk Industrielles Gartenreich an, s. a. Serviceteil). Ferropolis ist in Richtung Jüdenberg zu er-

Ferropolis, 1997

reichen. Der Weg verläuft zunächst entlang der Grube und biegt nach ca. 500 Metern rechts zum Rand der Aufforstung ab, um in einem langen Bogen um die Tonkippe Jüdenberg zu führen. Der abgelagerte Ton wurde im Tagebau Golpa-Nord als Nebenprodukt mit abgebaut. Hier lohnt sich ein Blick auf die Plateaufläche der Kippe, die noch heute den Prozeß des Schüttens nachvollziehen läßt. Die kleinteilige, durch Hügel und Tümpel strukturierte Topographie wird schnell zu einem Labyrinth, und das Begehen ist nicht ganz ungefährlich.

Nach Zschiesewitz erreicht der Reisende Jüdenberg, wo er der B 107 nach links Richtung Gräfenhainichen folgt, bis er ca. 800 Meter hinter dem Ortsrand und nach Überquerung einer Eisenbahnüberfahrt links in die Zufahrt nach Ferropolis einbiegt.

Hier im Eingangsbereich zur Halbinsel bietet sich die Gelegenheit, eine Ausstellung zahlreicher Lokomotiven und Wagen des Bergbaus zu besichtigen sowie mit einem Pendelzug nach Ferropolis zu fahren.

An den Kohlebaggern und Absetzern ist noch viel zu arbeiten, ebenso an der Gestaltung der Veranstaltungsarena. Abriß, Sanierung und Neubau prägen noch das Bild. Besucher werden von Mitarbeitern der Ferropolis-Entwicklungswerkstatt über das Gelände geführt. Die Bagger sind, abhängig von den aktuellen Umbauarbeiten, nur eingeschränkt und nur mit Helm begehbar. Über verwinkelte Gitterroste und steile Treppen führt der Weg nach ganz oben. Dort, 30 Meter über der Erde, bietet sich ein weites Panorama über die Grube und die Region.

Ein großes Loch, das wandert - Die Funktionsweise eines Tagebaubetriebs

Die Braunkohlevorkommen lagern meist in Flözen in relativ geringer Tiefe, wodurch diese im offenen Tagebaubetrieb – über Tage – abgebaut werden können. Vor Aufschluß des Abbaufeldes muß das Grundwasser weiträumig durch Abteufen von Grundwasserbrunnen (Pumpen) abgesenkt werden, da der Kohleabbau nur trocken und nicht unter Wasser erfolgen kann. Danach wird in einem bestimmten Bereich des zu erschließenden Tagebaus, dem Aufschlußfeld, die Erdschicht über dem Kohlefeld mit Schaufelradbaggern und Eimerkettenbaggern abgeräumt. Die abgebaggerte Erde – der Abraum – wird dabei gewissermaßen beiseite – auf Halde – gelegt. Nach dem Abbau der Kohle in dem Aufschlußfeld werden der Abraumabtrag und die Kohleförderung an einer Seite des Aufschlußfeldes seitlich fortgesetzt, gleichzeitig an der entgegengesetzten Seite des Aufschlußfeldes der neue Abraum über die langen Förderband-Ausleger der Absetzer fortlaufend innerhalb des bereits ausgekohlten Tagebaubereichs verkippt. Der Tagebau beginnt sich gewissermaßen zu bewegen. An der einen Seite frißt er sich weiter in die Landschaft hinein. Gleichzeitig füllt er hinter sich das ausgekohlte Tagebauloch mit Abraum wieder auf. Ein Tagebau läßt sich beschreiben als ein großes Loch, das wandert. Entsprechend dem fortschreitenden Kohleabbau vergrößert sich das Hohlvolumen der Grube zusehends, so daß mit Ende der Kohleförderung ein sogenanntes Restloch, ein nicht mit Abraum wiederverfülltes Loch entsprechend dem Volumen der geförderten Kohle und der Aufschlußhalde, verbleibt. Nach Einstellen der Grundwasserabsenkung durch Abpumpen würde sich hier durch das allmähliche Wiederansteigen des Grundwassers ein See bilden. Zumeist wird dieser Vorgang durch Hinzuleiten großer Wassermengen – durch Fluten – wesentlich beschleunigt.

Spaziergangsaktion in Golpa-Nord, 1995

In Ferropolis begannen 1995 die geführten Spaziergänge durch den Tagebau. Zunächst werden alle Teilnehmer auf die unterschiedlichen Bodenverhältnisse und das erforderliche feste Schuhwerk hingewiesen. Jeder erhält einen Spaziergangsausweis, dann beginnt der Abstieg. Mehr und mehr verschwindet beim Hinabsteigen in die Grube die Außenwelt hinter dem Tagebaurand. Abseits ausgebauter Wege führt die Route durch dünenartige, mit kleinen Birkenhainen bestandene Bereiche oder auf verwinkelten Pfaden durch ein Labyrinth aus spitzen Abraumkegeln, vorbei an kleinen, mit Schilf besäumten Tümpeln. Manchmal führt der Pfad auch über letzte Reste des Kohleflözes.

Entlang der Route reihen sich kleine inszenierte Stationen, wie zum Beispiel die „Allée d'électricité“ oder das „Tal des ewigen Feuers“, die jeweils auf eine landschaftliche Besonderheit hinweisen. So reiht sich Bild an Bild, und mehr und mehr vermittelt sich das zuvor negativ besetzte Kohlengrubenloch als eine Landschaft mit ganz eigenem Charakter. Spätestens, wenn die Spaziergänger an einen der in der Grube vorhandenen Seen gelangt sind und die Tour mit einem Ruderboot fortsetzen können, empfinden sie die außergewöhnliche Landschaft. Die zahlreich zu entdeckenden Fährten von Hase, Reh und Fuchs oder auch die kleinen Sandtrichter der Ameisenlöwen, die Nisthöhlen der Uferschwalben in den Steilböschungen und brütende Schwäne unterstützen das landschaftliche Empfinden, ebenso das im Sommer allgegenwärtige Quaken der Frösche und das Rauschen breiter Schilfstreifen.

Während der Führung sind **Gartenexperimente** zu sehen, die auf eine Veränderung der Wahrnehmung und auf neue Nutzungen für die Tagebaulandschaft zielen. Vornehmlich sind dies Gärten, die mit möglichst einfachen Mitteln und unter Einbeziehung der bereits bestehenden landschaftlichen Qualitäten als individuelle Orte und vorübergehende Schöpfungen entstehen. So sind die „Transitorischen Gärten“ ein Versuch, die stark dynamischen Sukzessions- und Erosionsprozesse der Tagebaulandschaft in das Gartenbild zu integrieren. Das erste Experiment sind die schwimmenden Gärten, die noch vor der Flutung angelegt werden. Sie steigen bei der Flutung mit dem ansteigenden Wasserspiegel auf.

Die ersten, noch sehr vereinzelten Gartenexperimente entstanden im Sommer 1995. Spaziergangs- und Gartenfreunde kamen in der Folge mehr und mehr, und im

Gartenexperiment

Februar 1997 gründete sich der Spaziergangs- und Gartenfreundeskreis „Wir sind die Pumpe“. Dieser vergibt an Interessierte „Garten-Claims auf Zeit“: Mit einem vom Freundeskreis ausgegebenen und in dessen „Grundbuch Golpa-Nord“ eingetragenen „Claim-Brief“ in der Hand, können sich Freunde des experimentellen Gartenbaus zu ihrer persönlichen Nutzung und Gestaltung ein Stück Land innerhalb von abgegrenzten Claimland-Arealen in der Grube Golpa-Nord abstecken. Mit dem „Claim-Summer“ 1997 wurde die Grube Golpa-Nord erstmals für einen größeren Kreis experimentierfreudiger Gärtner geöffnet. Doch auch für Poeten, Maler und Eremiten bietet die Grube viel freien Raum. Sich für einige Zeit auf die Tagebaulandschaft einzulassen läßt sich vergleichen mit dem Gehen in der Wüste.

[...] moses hatte nicht die absicht, in der wüste zu bleiben. im gegenteil. ebensowenig zarathustra. johannes war auch am fürstenhof kein fremder, und mohammed war alles andere als ein prinzipieller asket. trotzdem blieben sie der wüste verhaftet. man besuchte sie. war man einige zeit in ihr, entwickelte sie sich zu einer art spiegel, zu einem reflektor.

Gartenexperiment

Experimenteller Tabakanbau in Golpa-Nord

in der gesellschaft agiert man immer nach außen, aus sich heraus. man bewegt sich in einem feld von menschen, institutionen, regeln und sitten. immer sind andere im spiel, die guten und die weniger guten, die höheren und die niedrigeren. immer ist man gefordert, einen ort des gleichgewichts und der schwerelosigkeit gibt es nicht. in der wüste ist man allein. die gedanken kommen zurück. sie beschäftigen sich mit einem selbst. und selbstbeschäftigung ist moral.
[...]
eine kultur, zu der die wüste gehört, muß andere merkmale haben als die, die einen nie aus dem kessel des gesellschaftlichen drucks entweichen läßt. (Otl Aicher, 1982) (6)

Zunehmend sind Stimmen zu hören, nach denen die Flutung aufgehalten oder zumindest die Grube nur langsam oder teilweise geflutet werden soll. Und schon sind alle wieder mittendrin in einer von gegensätzlichen Interessen geleiteten Auseinandersetzung. Schließlich kosten das ständige, künstliche Trockenhalten der Grube viel Geld und auch Energie, was in letzter Konsequenz das Graben neuer Kohlengruben erfordert. Doch kann eine solch außergewöhnliche Landschaft, die sich zu einem Kristallisationspunkt erster, vorsichtiger Neuerungen entwickelt hat, geflutet werden? Vielleicht liegt gerade hierin die außergewöhnliche Qualität dieser Landschaft, daß sie uns ihre unabwendbare Veränderung so unübersehbar vor Augen hält, uns Landschaft als veränderlich begreifen läßt und uns die Zwischenzeit als das Kostbare vermittelt.

Zuletzt bleiben noch zwei Fragen: Wie lange noch „früh genug“ ist, um die trockene Tagebaulandschaft erleben zu können und ab wann Besucher per Boot nach Ferropolis übersetzen müssen?

Zu Redaktionsschluß dieses Buches bereitet die Lausitzer und Mitteldeutsche Bergbau-Verwaltungsgesellschaft (LMBV) den Flutungsbeginn für den Tagebau Golpa-Nord im Juli 1998 vor. Gleichzeitig suchen verschiedene Akteure vor Ort gemeinsam mit Landespolitikern nach einem Weg für die LMBV, die Flutung bis Ende 2000 aufzuschieben.

Die Energiearbeit

Ein Besuch von Ferropolis oder ein geführter Spaziergang durch die Tagebaulandschaft von Golpa-Nord zeigen deutlich: Die Kohle ist aus! Doch bleibt die Frage: Wo ging die Kohle hin? Diese Frage zu beantworten war im laufenden Bergbaubetrieb ein Leichtes. Interessierte brauchten nur den schwer beladenen Kohlezügen zu folgen und gelangten ans Ziel. In der Schienenfahrzeugausstellung nahe der zentralen Zufahrt zu Ferropolis sind einige dieser Lokomotiven und Waggons zu sehen. Die Signalhörner der Loks, die zusammen mit den quietschenden Kohlebaggern zu einer ganz eigentümlichen Geräuschkulisse des Grubenbetriebs beitrugen, sind verstummt. Nur noch Spuren der industriellen Geschichte führen als Wegweiser durch die Landschaft südlich von Ferropolis. Und doch gab es eine Zeit, als sich hier zahlreiche Bergbaugruben auftaten, Millionen von Tonnen Abraummaterial bewegt wurden, Kippen, Halden und Aschedeponien entstanden und, wie in Golpa-Nord, ganze Dörfer verschwanden. Alte Fotoaufnahmen zeigen die Zschornewitzer Umgebung ohne Erhebungen und mit Kiefernwald bestanden. Eine auf den Kopf gestellte Landschaft.

Übriggeblieben als „Insel im Tagebaumeer" ist die nur drei Kilometer von Ferropolis entfernt liegende Ortschaft Zschornewitz.

Eine Fortsetzung der Reiseroute von Ferropolis aus entlang dem **Pfad der industriellen Wandlung** ist eine faszinierende Erkundung der Welt der Energieerzeugung und des Bergbaus. Entwurfsergebnisse eines internationalen Wettbewerbs für Studenten der Architektur und Landschaftsplanung zur Zukunft von Zschornewitz und der umliegenden Berbaufolgelandschaft hatten 1994 im Bauhaus Dessau die Idee eines thematischen und gestalterischen „Lernpfades" durch die Bergbaufolgelandschaft entstehen lassen. (Ein Faltblatt mit Tourenbeschreibung dokumentiert das Projekt.)

In einem etwa acht Kilometer langen Landschaftsstreifen, der von der Baggerstadt

Braunkohletagebau und Kraftwerk Zschornewitz, 1936

Ferropolis bis zur südlich von Zschornewitz liegenden Außenkippe Gröbern reicht, gilt es, nicht nur die Geschichte der industriellen Ära, sondern ebenso den Wandel und Ansätze der Erneuerung für die Zeit nach der Industrie zu entdecken. Noch gibt es kein Leitsystem, das die Reisenden zu den unterschiedlichen Wege- und Themenstationen führt. Aber auch auf eigene Faust ist es möglich, die Landschaft zwischen der Kohle und dem ehemaligen Ort der Energieerzeugung zu erkunden, Einblicke bzw. „Ausblicke" in Projekte der Erneuerung zu erhalten.

Gleich gegenüber der Zufahrt zum Gelände von Ferropolis an der B 107 weisen ein flacher Damm sowie die Reste einer Fernheizungstrasse den Weg zur ehemaligen Energiezentrale in Zschornewitz. Über diese Versorgungsleitung wurden die Betriebsanlagen im Tagebau Golpa mit Wärmeenergie beliefert. Rund um Zschornewitz, wie in der gesamten Region, gehörten die grünen Leitungsschlangen jahrzehntelang zum prägenden Element in der Landschaft. Nach der erst jüngst durchgeführten Demontage soll die schnurgerade Trasse für die Druckleitung zur Flutung des Tagebaus Golpa-Nord mit Wasser aus der zwölf Kilometer entfernten Mulde genutzt werden. Der schmale Pfad auf der linken Seite der Trasse wächst langsam zu. Seit der Stillegung des Tagebaus sind immer weniger „Berufspendler" mit ihrem Fahrrad auf dieser Strecke unterwegs. Mit etwas Geschick ist der Weg aber leicht zu finden. Er führt dann etwa einen Kilometer weit bis zu den Gleisen der Oranienbaum und Golpa-Nord mit Gräfenhainichen verbindenden Grubenbahn.

Kurz vor der Bahnlinie verläßt die Route die Versorgungstrasse und folgt nach rechts einem Feldweg, der die Bahn nach wenigen Metern quert. Bei der Schienenverbindung handelt es sich um eine zentrale Etappe der **Regionalbahn**, die im Rahmen der Weltausstellung EXPO 2000 Dessau, Ferropolis und Zschornewitz verbinden soll. Mit etwas Glück kreuzt an dieser Stelle gerade ein „Demonstrations-Triebwagen" den Weg. Ihre öffentliche Premiere hatte die Bahn 1995 zum ersten Aktionstag in Golpa-Nord, bei dem Hunderte von Besuchern im „Golpa-Express" aus Dessau zum Grubenspaziergang eintrafen.

Längst verschwunden sind hingegen die Gleisanlagen eines **Kohlebunkers**, dessen Betonfundamente links zwischen Birken verborgen am Wegesrand liegen. Kohlelieferungen für das Zschornewitzer Kraftwerk, die aus dem in Richtung Wittenberg aufgeschlossenen Tagebau „Roberts Hoffnung" bei Bergwitz kamen, wurden hier von 1935 bis 1955 zwischengelagert und umgeladen. Eine Beschäftigungs- und Sanierungsgesellschaft hat die Anlage gesichert und die Nutzungsgeschichte auf einer Informationstafel dokumentiert. Der neuangelegte Schotterpfad stößt nach einigen Biegungen wieder auf die linkerhand liegende Fernheizungstrasse. Keine Landwirtschaftsflächen mehr, sondern Wald bestimmt die Szenerie. Besonders reizvoll ist der Waldrand im

Alte Bahngleise zum Kraftwerk Zschornewitz, 1993

Übergang zur Bachaue des Furthmühlenbachs. Obwohl begradigt, fließt der Bach hier einige Meter in seinem alten Bachbett genau am Rande ehemaliger Gruben und Bergbaukippen. Die Bergleute sprechen von „unverritztem" Gelände, wenn, wie hier, der Boden „natürlich ansteht". Aufgrund der künstlichen Wasserhaltung des Bergbaus hat sich der Wasserhaushalt in der gesamten Region grundsätzlich verändert. Viele Bachläufe speisen sich aus dem Sümpfungswasser der Gruben und sind deshalb in ihrer Qualität eingeschränkt. Erhebliche Auswirkungen, die zum Teil nur schwer eingeschätzt werden können, wird auch die geplante Flutung der Gruben auf die Gewässer haben. Eine „Wasserkreuzung" ganz besonderer Art wird an dieser Wegequerung des Furthmühlenbachs entstehen. Über die Köpfe der Passanten hinweg wird der „Fluß" zum Teil in verrohrter Form über den Bach in Richtung Golpa-Nord fließen.

Erhebungen, wie sie hinter dem Bach zu sehen sind, sind zumeist Hinterlassenschaften des Bergbaus. Die **Z-Kippe** gehört zu den ältesten Bergbauformationen der Umgebung. Bereits 1919 wurde sie aus Abraum der umliegenden Kohlegruben als Halde aufgeschüttet. Der Abraumberg ist heute mit dichtem Robinien- und Birkenwald bestanden. Der grobe Schotterweg führt schräg am Kippenfuß hinauf und überquert wiederum alte Gleise. Nach etwa 200 Metern zweigt etwas versteckt ein Stichweg, der alte Maschinistenweg, nach rechts ab und taucht ein in die Wildnis der Halde. Steil, fast wie in einem Hohlweg, geht es hier zu Fuß die Böschung hinauf und bereits nach kurzer Zeit über einige Stufen in gleicher Weise wieder hinab.

Der **Aschesee** ist erreicht. Je nach Jahreszeit und Wetterlage liegt er da: grau und bleiern schwer, grünlich schimmernd und

Aschesee

pelzig oder staubig und fast weiß, so daß es in den Augen blendet. An den Rändern ragen versunkene Bäume aus der Fläche. 30 Mio. m^3 Rückstände aus Braunkohleverbrennung und Filteraschen wurden seit 1935 über eine Rohrleitung aus dem nahen Kraftwerk Zschornewitz und seit 1957 per Zug aus dem Kraftwerk Vockerode in diesem bereits 1912 aufgeschlossenen und bereits ausgekohlten Tagebau Golpa III deponiert. Ein alter Waggon steht noch an der Spülstation. Im Schichtbetrieb rollten hier die Aschezüge aus Vockerode zur Abfertigung heran. Die oft noch heiße Asche wurde mit Wasser aus den Waggons gespritzt und auf der Deponie verspült. Alles, auch die Aschearbeiter, waren mit Aschestaub bedeckt.

1994, mit der Stillegung des Kraftwerks Vockerode, wurde der Betrieb eingestellt. Die etwa drei Kilometer lange und 220 Hektar große, ursprünglich 20–30 Meter tiefe Grube war fast gefüllt, „ordnungsgemäß und technisch im Plan". Heute ist das Gelände eine brachliegende Deponie und eine „Aschealtlast". Am Fuß des „Spültisches" haben sich bizarre Ascheformen ausgebildet. Die technischen Anlagen sind dem Verfall preisgegeben, zerschlagene Apparaturen und leere Bierdosen liegen herum. Verbotsschilder warnen vor einem un-

Gartenexperiment auf dem Aschesee

befugten Betreten des Betriebsgeländes. Und in der Tat birgt die Asche unberechenbare Gefahren in sich. Gegenwärtig wird an einer Wegequerung des Aschesees auf einem der Aschedämme, die der Leitung der Spülasche dienten, gearbeitet. Zukünftig wird es möglich sein, bei einer Wanderung über die Asche die bizarre Gestalt und auch Schönheit dieser Landschaft direkt auf sich wirken zu lassen. Bereits heute gibt es geführte Spaziergänge, die zu bestimmten Terminen vom Kraftwerksdenkmal aus beginnen.

Die „Annäherung“ an den **Aschesee** beinhaltet immer auch kritische Auseinandersetzung mit den Hinterlassenschaften der Kraftwerksgroßtechnologie und die Suche nach zeitgemäßem Umgang. Abseits der Erforschung umwelttechnologischer Verfahren zur Sicherung und Sanierung der Deponie haben in den letzten Jahren Studiengruppen verschiedener Hochschulen Gestaltungsvorschläge zum Umgang mit der Brache entwickelt. Interessante Impulse gingen beispielsweise von einem Entwurf aus, der auf der Asche die Anlage von sogenannten „Garten-Räumen“ vorsieht. Auf ungewohnte Weise wurden gartenkünstlerische Perspektiven für die Problemfläche eröffnet und gänzlich neu definierte Örtlichkeiten auf der Deponie geschaffen. Abzuwarten bleibt, wie solche Ideen mit den Plänen der Kraftwerksgesellschaft für eine Fortführung des Deponiebetriebs in Einklang gebracht werden können.

Da der Zutritt zum Aschesee bislang nur mit ausdrücklicher Genehmigung möglich ist, bietet sich für die Route zur Ortschaft **Zschornewitz** nur der Rückweg bis zum Ausgangspunkt am Fuß der Z-Kippe an. Der befestigte Fahrweg führt von dort durch Kippenwald und über einen Bahnübergang bis zu den ersten Siedlungshäusern in der Beethovenstraße. Weiter geht es entlang der Hauptstraße vorbei am alten Ortskern in das Zentrum des etwa 3.500 Einwohner zählenden Ortes.

Rechterhand sind die Anlagen der Elektroschmelze zu sehen, eines der letzten noch produzierenden Betriebe in Zschornewitz. Unter hohem Energieaufwand und, wie die

Anwohner beklagen, mit erheblichen Emissionen wird hier unter anderem Bauxit bzw. Korund geschmolzen und zu Schmirgelstoffen verarbeitet.

Wie in vielen kleineren Gemeinden in der Region, so ist auch die Geschichte von Zschornewitz eng mit der monostrukturierten Industrialisierung verknüpft. Nach dem Niedergang der Großindustrie gestaltet sich der Neuanfang schwer. Alte Industrieflächen, ein sanierungsbedürftiger Wohnbestand und die brachliegende Bergbaulandschaft, die Zschornewitz vollständig umgibt, hemmen die Entwicklung.

Der gigantische Kraftwerkskomplex, der lange Zeit das Leben im Ort bestimmte, ist nur noch in Resten vorhanden. Das **Kraftwerksdenkmal Zschornewitz** erinnert an 80 Jahre Energiegeschichte. Nach Anmeldung an der Pforte ist es möglich, unter sachkundiger Begleitung von ehemaligen Kraftwerkern die Geschichte des Braunkohlekraftwerks zu erfahren.

Zschornewitz: Großkraftwerk im Energieverbund

Es war die Allgemeine Elektrizitäts-Gesellschaft (A.E.G.), die kurz vor dem Ersten Weltkrieg auf der Suche nach kostengünstig zu erschließenden Kohlevorkommen für den rasch expandierenden Strommarkt Berlins und des Mitteldeutschen Industriegebiets den Grundstein für ein Projekt legte, das Kraftwerksgeschichte schreiben sollte. Das damals nur 274 Einwohner zählende Dorf wurde Ausgangspunkt für den Aufbau eines großräumigen Energieversorgungssystems, mit dem die A.E.G. ihre Monopolstellung in der Energiebranche sichern wollte. Ein Jahr bevor Walther Rathenau von seinem 1915 verstorbenen Vater Emil Rathenau die Präsidentschaft des Unternehmens übernahm, forcierte er als Leiter der Kriegsrohstoffabteilung in Berlin die Entwicklung strategischer und rohstoffsichernder Projekte zur Stützung der deutschen Kriegsführung. Als Resultat dieser Politik entstanden die Stickstoffwerke in Piesteritz bei Wittenberg, wo unter anderem Grundstoffe für die Herstel-

Großkraftwerk Zschornewitz, 1930

lung von Sprengstoff produziert wurden. Die notwendige Energiebasis für dieses Werk sollte, so wurde 1915 in Berlin entschieden, mit dem Bau des Großkraftwerkes Zschornewitz auf den „Kohlefeldern bei Bitterfeld“ geschaffen werden.

Hierzu erwarb die A.E.G.-Tochter Elektrowerke AG (EWAG) 1913 das bereits bestehende Braunkohlewerk der Golpa-Jeßnitz AG und die zum Teil erschlossenen Braunkohlefelder um das westlich von Zschornewitz gelegene Dorf Golpa. 1915 kam die Grube „Sachsenburg“ südlich von Zschornewitz hinzu. Alle diese Orte verschwanden später durch den vorrückenden Bergbau. Nach Plänen des Ingenieurs Georg Klingenberg, dem Nachfolger Walther Rathenaus im Vorstand der A.E.G., begannen im März 1915 die Bauarbeiten für das Kraftwerk und einige Monate später für eine angegliederte Siedlung. Mit der Architektur beauftragt war das Büro Walther Klingenberg & Werner Issel. Nach dem damaligen neuen Gestaltungsanspruch im Kraftwerksbau folgend war es ihr Ziel, mit dem Kraftwerk Zschornewitz eine Synthese von ingenieurtechnischen Anforderungen und architektonischer Form zu bilden.

In ihrer Architektursprache griffen die Architekten auf funktionale Gestaltungselemente zurück. Auf landschaftliche „Verbrämungen“ oder „Theaterfassaden“ für Industriebauten, wie sie sie in den Jahren zuvor noch die Heimatschutzbewegung vertrat, wurde in Zschornewitz zugunsten einer klaren Funktionsästhetik verzichtet. Die Faszination des Funktionalen reichte bis hin zur Aufgabe des Gedankens an eine anzustrebende Harmonie eines solchen Industriegebäudes mit der es umgebenden Landschaft. Zschornewitz gilt historisch als einer der ersten Orte, an dem studiert werden kann, wie mit einem Großkraftwerksbau als dramaturgischem Element Landschaft monumentalisiert wurde.

Nach nur neun Monaten Bauzeit nahmen die ersten Turbinen am 15. Dezember 1915 ihren Betrieb auf. Selbst die Explosion der nahen Salpeterfabrik 1917, auf dem Gelände der heutigen Elektroschmelze, konnte das Kraftwerksprojekt nicht mehr gefährden.
Mit 438 MW Leistung, 100 Kesseln und 16 Turbinen gehörte Zschornewitz 1929 zu den größten Braunkohlekraftwerken der Welt. Es sollte eine „Erfolgsstory“ auf Zeit sein. Schon 1915 war bekannt, daß die Kohlevorkommen nur für etwa 60 Jahre vorhalten würden. Insbesondere die Jahre nach der kriegsbedingten Demontage 1945 waren ein steter Kampf darum, die Produktion aufrecht zu halten. Kurz vor der wirtschafts- und energiepolitisch sowie umwelttechnisch bedingten Stillegung des Kraftwerkes im Jahr 1992 wurde auf Initiative des Bauhauses Dessau der historische Kern des Kraftwerkes unter Denkmalschutz gestellt. Ein Abriß großer Teile der Anlage konnte allerdings nicht verhindert werden.

Kraftwerksdenkmal

Kraftwerksdenkmal

Nach dem Abriß wesentlicher Teile des alten Kraftwerks (Kesselhäuser, Schornsteine, Teile der Maschinenhalle) macht das Industriedenkmal heute einen fragmentarischen und skurrilen Eindruck. Das Energieunternehmen VEAG, Eigentümerin des Geländes, sieht sich vor neue Aufgaben gestellt. Wie kann ein Kraftwerksdenkmal sinnvoll genutzt werden, ohne allein dem konventionellen Modell eines Museums zu folgen? In Zusammenarbeit mit der Gemeinde, einem Freundeskreis ehemaliger Kraftwerker und der Stiftung Bauhaus Dessau konnten erste Erfahrungen einer kulturellen Nachnutzung des Gebäudeensembles gesammelt werden. Ausstellungen und Konferenzen, Jazz in der Maschinenhalle oder Kino in der Schaltwarte, dies sind nur einige Anlässe, bei denen sich das Denkmal zeitweise zum „Kulturkraftwerk“ wandelte. Weitergehende Überlegungen knüpfen an die Geschichte und den Mythos der Elektrizität an und fordern angesichts des weltweit wachsenden Ressourcenverbrauchs und der daraus resultierenden Umweltschäden eine neue Kultur der ressourcenschonenden Energieerzeugung. Die Idee eines Energie-Spar-Werkes auf dem ehemaligen Kraftwerksgelände eröffnet hierbei die Vision eines Innovationszentrums für umweltverträgliche Kraftwerks- und Energiesysteme. Eine Option, die angesichts der weiterhin vorgesehenen Ansiedlung eines Abfallwirtschaftszentrums mit Müllverbrennungsanlage auf dem brachliegenden Gelände - gegen die sich auch eine Zschornewitzer Bürgerinitiative wendet - eine bedenkenswerte Entwicklungsperspektive aufzeigt.

Weitgehend erhalten geblieben ist die zusammen mit dem Kraftwerk errichtete **Werkssiedlung Kolonie Zschornewitz**. Die A.E.G. hatte die beiden Architekten W. Klingenberg und W. Issel sowie später den Dresdener Architekten Gustav v. Meyenburg beauftragt, in unmittelbarer Nähe zum Kraftwerk Wohnungen für die Beschäftigten des Werkes zu errichten. In mehreren Bauabschnitten entstand so ab 1915 eine Siedlung mit ein- bis zweigeschossigen Gebäuden, die gartenstädtische Züge trägt. Schmale und gewundene Gartenwege und Hausgärten bestimmen das Bild. Das Kraftwerk und die Kolonie verbindet eine zentrale städtebauliche Achse, die in fast „industriebarocker“ Form die enge Bindung von Werk und Wohnort auch gestalterisch manifestierte. Unterstrichen wurde dies in der Vergangenheit noch durch die hochaufragende Kulisse der Kühltürme und Schornsteine des Kraftwerks. Die beständig niedergehende Asche wie auch die Kühlturmnebel waren allgegenwärtig.

Den sozialen Hierarchien im Werk entsprechend wurden verschieden aufwendig gestaltete Haustypen ausgeführt. Die Villen der Direktoren befanden sich mit Abstand am westlichen Ortsrand.

Zusammen mit dem Kraftwerk wurde auch die Kolonie 1992 unter Denkmalschutz gestellt. Bemühungen der Gemeinde, freier Planungsbüros, einer Bürgerinitiative sowie des Bauhauses Dessau um eine denkmalgerechte und sozialverträgliche Sanierung und Erneuerung des Gebäudebestandes trugen

Wohnkolonie Zschornewitz

dazu bei, daß der Kernbereich der Kolonie 1996 Bestandteil der Planungen zur Expo 2000 wurde.

Ein Rundgang durch die Kolonie Zschornewitz

Ein guter Ausgangspunkt für einen kleinen Spaziergang durch die Kolonie ist das Tor zum Kraftwerk. Zu sehen sind die Giebelwand der ehemaligen Maschinenhalle, die Stümpfe der Stahlstützen und ein kleiner Teil des Maschinenhauses: Nur zu erahnen ist die ursprüngliche Dimension der Anlage. Der Blick in entgegengesetzter Richtung folgt der zentralen Achse bis zum Klubhaus. Hinter dem Ledigenwohnheim, welches die Straße überspannt, befanden sich um einen kleinen „städtischen" Platz wichtige Funktionsbauten wie z. B. ein Gasthof, Geschäfte und die Verwaltung der Kolonie.

Nur wenige Schritte von den Torhäusern entfernt führt der Ringweg in den ältesten, von Issel und Klingenberg gestalteten Teil der Kolonie. Die ursprünglich direkt hinter den Kühltürmen liegenden Gebäude verloren durch Sanierungsarbeiten leider viele typische Gestaltungsmomente. Etwa auf halber Strecke der einen Bogen beschreibenden Straße zweigt nach links ein kleiner Weg ab und führt zur sogenannten Nitro-Kolonie am Nordweg und Schumannplatz, in der die Arbeiter der Salpeterfabrik wohnten. Zahlreiche Gebäude wurden durch die Explosion der Anlage 1917 beschädigt. Wer etwas vom heutigen Lebensgefühl und der Atmosphäre in Zschornewitz erleben möchte, sollte von hier zum Platz an der Straße des Friedens gehen. Schräg gegenüber einem bereits denkmalgerecht sanierten Doppelhaus und unweit eines sanierten Trafo-Häuschens befindet sich „Karlis Imbiss", Treffpunkt ehemaliger Energiearbeiter. Auch die sachsen-anhaltische Umweltministerin Heidrun Heidecke und ihr Kollege Wirtschaftsminister Klaus Schucht sollen hier schon bei „Hochprozentigem" über die Zukunft von Zschornewitz diskutiert haben. Das alte Holzhaus gleich daneben ist das ursprüngliche Büro der Bauleitung zum Aufbau der Kolonie.

Ein Stück weiter, entlang der Straße des Friedens, führt rechts die Carl-von-Ossietzky-Straße direkt in das Innere der Siedlung. Hier ist die ursprüngliche Gestaltung der verschiedenen Arbeiterhäuser der Kolonie am besten nachzuvollziehen. Nicht weit entfernt zweigt linkerhand ein Gartenweg ab und führt zu einem weiteren Trafohaus, dem in Privatinitiative entstandenen Koloniemuseum und zugleich kleinstem Muse-

Trafohäuschen

um Sachsen-Anhalts. Auf 3,89 qm informiert der ausgediente Transformatoren-Pavillon über die Geschichte der Siedlung und die heutige Sanierung (Schlüssel bei der Gemeinde). Gleich hinter dem Ledigenwohnheim stößt der Besucher bei seinem Rundgang auf die zentrale Kraftwerksachse am Rathenauplatz und kehrt somit an den Ausgangspunkt zurück. Wer den Spaziergang fortführen möchte, dem sei ein Faltblatt zum Koloniespaziergang mit ausführlichen Informationen empfohlen, welches im Kraftwerksdenkmal oder beim Verein Industrielles Gartenreich zu erhalten ist.

Eine Informationstafel auf dem Marktplatz vor dem Klubhaus gibt einen guten Überblick zum Projekt „Pfad der industriellen Wandlung". Die Karte zeigt, wie nah der Bergbau in der Vergangenheit an den Ort Zschornewitz herangerückt war. Gleich hinter dem Klubhaus am neugebauten Supermarkt markiert die Böschungskante der „Sachsenburgkippe" den südlichen Rand des Ortes und das beginnende Bergbaugebiet. Selbst die Gleise der Zschornewitzer Kleinbahn liegen hier seit 1946 begraben unter dem Abraum. Eine Weiche wurde von der Gemeinde als industriehistorisches Relikt erhalten und in den Treppenaufgang auf die zwölf Meter höher liegende **Sachsenburgkippe** eingebaut. Von oben, dem „Balkon von Zschornewitz", bietet sich ein interessanter Ausblick zurück auf den Ort und das Kraftwerksdenkmal. Der Blick schweift über die weite Ebene des Kippengeländes und entdeckt in etwa einem Kilometer Entfernung die Höhen der **Außenkippe Gröbern**.

Wandermarkierungen weisen den Weg auf den über 40 Meter aus dem umliegenden Gelände ragenden Berg. Vom Plateau des Abraumberges gibt es einen überraschenden Panoramablick in die Region bis nach Leipzig. Anhand der verbliebenen Schornsteine sind die alten Industriestandorte auszumachen: Bitterfeld und Wolfen, Wittenberg, Piesteritz und der „Schornsteinvierling" in Vockerode. In jüngster Zeit sind neue

An der „Außenkippe Gröbern" - nördlicher Bereich

Landmarken wie die Stahlskulptur Ferropolis hinzugekommen. Beim Aufstieg nach oben kündet ein Windobjekt, die von Schülern der Zschornewitzer Schule errichtete „Bunte Berta“, von der nahen Zukunft des Kippengeländes. Bereits 1998 soll hier, an historischer Stelle der Elektroenergieerzeugung, mit einem Windpark das Zeitalter der regenerierbaren Energien auch für Zschornewitz beginnen.

Windaktion

Für alle, die nach Bitterfeld weiterreisen möchten, beginnt an dieser Stelle der Abstieg über einen markierten Wanderpfad (grüner Balken) nach Burgkemnitz, wo die Möglichkeit besteht, per Bahn die Reise fortzusetzen. Ein anderer Weg kann hinter der Untermühle am Fuß der Kippe gewählt werden. Von dort geht es auf einer Straße über Muldenstein und Friedersdorf zum Muldestausee bei Bitterfeld.

Blick von der Kippe nach Muldenstein

Die dreckigste Stadt Europas?

Morgen fahre ich nach B. Ich habe diese Stadt noch nie gesehen, weiß nur, daß es als Schicksalsschlag gilt, in B. geboren zu sein. (Monika Maron, 1981)

Das Etikett von der „dreckigsten Stadt Europas“, das der „Spiegel“ 1990 von Monika Marons Roman „Flugasche“ entlehnte, machte Bitterfeld, und in diesem Sinne auch Greppin und Wolfen, zum Inbegriff von Umweltzerstörung und wirtschaftlicher Ausbeutung. „Eine Stadt voller Reize“ titelte eine Zeitung sarkastisch zum Weltgesundheitstag 1990 und zeigte ein Foto vom Ortseingang Bitterfeld mit einem Warnschild „Umwelt-Notstandsgebiet“. Die Region wurde zum Ziel eines makabren Öko-Katastrophentourismus. Nicht nur neugierige Touristen ließen sich anlocken von der bizarren Industrielandschaft, es kamen auch Umweltorganisationen, Parlamentarier, Künstler, Wirtschaftsexperten, ... Die „Mondlandschaften“ der ausgekohlten Tagebaue und der mit Giftmüll gefüllte „Silbersee“ gehörten zu den Bildern, die symptomatisch für die bankrotte Situation der untergegangenen DDR-Wirtschaft und die Umweltkatastrophe schlechthin standen.

Die leeren Flächen warten seitdem auf neue Nutzer. Bisher haben sich nicht genug Betriebe für diese Flächen interessiert, um den einst in der Industrie Beschäftigten neue Perspektiven zu geben. Die Frage der Arbeit überlagert alles. Sie ist sicher nicht nur in der Region zu lösen und verweist auf im europäischen Maßstab ablaufende Umbauprozesse der Industriegesellschaft, deren Dimensionen erst in Ansätzen erkennbar sind.

Am 10. Mai 1991 versprach Bundeskanzler Helmut Kohl in Bitterfeld: „Der Standort des Chemiedreiecks Halle-Bitterfeld-Merseburg wird bleiben.“ Er rief den Bitterfeldern zu: „Ich bin hergekommen, um Ihnen zu sagen: Wir wollen, daß in Ihrer Region die Chemie weiterexistiert.“

Bitterfeld, 80er Jahre

Durch ein vom Bundesumweltministerium in Auftrag gegebenes ökologisches Sanierungskonzept wurde Bitterfeld der am besten untersuchte Landkreis Deutschlands. 30 Prozent der Flächen sind belastet – 136,2 Quadratkilometer; das Grundwasser unter den alten Chemiebetrieben ist bis in 70 Meter Tiefe vergiftet. Die Luft dagegen ist infolge der Produktionseinstellung der meisten Betriebe inzwischen so sauber wie anderswo auch.

Die „Gruselgeschichten" und die moralische Aufgeregtheit weichen mehr und mehr einer „Neuen Sachlichkeit", aber auch Ernüchterung; die Experten wissen relativ genau Bescheid über die Art, die Menge und die Gefährlichkeit der Gifte. Auf der 1992 durchgeführten Ersten Bitterfelder Umweltkonferenz lieferten sie Daten und Fakten über alles, was im Landkreis giftet, gammelt und gefährdet.

Deshalb wird auch die ländliche und natürliche Seite der Region wieder- und neu entdeckt. Trotz allen Umweltfrevels überlebten in der noch vorhandenen, teilweise natürlich erhaltenen Muldeauenlandschaft Tiere und Pflanzen, die z.T. aus der bereinigten Zivilisationslandschaft in Westdeutschland längst vertrieben wurden – Rotmilan und Schwarzmilan, Fisch- und Seeadler, Schwarz- und Weißstorch, Waldkauz, Sperber und Habicht. Die Ortskerne der Region, die Altstadt von Bitterfeld, die Dorfanger von Greppin und Wolfen, haben trotz großer Industrie weitgehend ihren kleinräumigen Charakter behalten. Häßliches und Gefährliches sowie Schönes und Erholsames liegen dicht nebeneinander.

Wenn die derzeitige Sanierung und Reparatur des Tagebaugebietes Goitzsche eine neue Landschaft formen will (und muß), wird die Auseinandersetzung um den Wiederaufbau neu belebt. Denn es geht nicht mehr um die Reparatur und Instandhaltung eines laufenden Produktionsbetriebes, sondern die Beschädigungsfolgearbeiten sind mit der generellen Frage verknüpft: Wovon sollen die Menschen hier nach der Industrie leben?

Bitterfeld ist eine von Melancholien durchzogene, dem Fortschritt und dem modernen Leben geopferte Landschaft. Die Erfindungen, technologischen Leistungen und die Produkte, die hier „geboren" wurden, sind bis heute nicht aus unserem Leben wegzudenken. Die in Deutschland hier erstmals großtechnisch realisierte Chlorchemie ist die Grundlage für Kunststoffe, Fasern, Farben, Filme, Reinigungs- und Pflanzenschutzmittel geworden. Die heute nach sieben Jahren der Stillegungen noch erhaltenen Orte der Industriekultur sind wichtige Zeichen für die Identität der Region, die an der Schwelle eines umfassenden Wandels steht. Sie verweisen auf eine historisch gewordene Bedeutung der Bitterfelder Region, die bewußt zu machen wäre. Kaum bekannt ist, daß Walther Rathenau, eine der schillerndsten Figuren des deutschen Kaiserreiches und 1922 ermordeter Außenminister der jungen Weimarer Republik, der Gründer des Chemiestandortes Bitterfeld war.

In den ehemaligen Chemiekombinaten der beiden Städte findet ein dramatischer Strukturwandel statt, bei dem durch Ausgründungen und Neuansiedlungen bisher rund 10.000 neue Arbeitsplätze entstanden. Größte Arbeitgeber der Region sind derzeit jedoch noch Sanierungsgesellschaften auf der Grundlage staatlicher Förderprogramme.

Wer heute durch Bitterfeld-Wolfen fährt bewegt sich durch eine „Patchwork"-Landschaft, in der es noch schwerfällt zu erkennen, wofür sich diese „Großstadt" entscheiden wird: Überall sieht er einzelne sanierte Häuser, die – wie auch zahlreiche Neubau-

Abrißarbeiten im Chemiepark

ten – vom Aufbauwillen privater Initiatoren künden, aber noch kein homogenes Bild ergeben. Was wird aus Bitterfeld? Wird es unter schlechteren Bedingungen mit den hemmenden Altlasten weitergehen wie bisher oder beginnt eine neue Gründerzeit mit innovativen Technologien und ökologischem Wandel? Bitterfeld braucht den weiten Blick über eine Zeitspanne, die größer ist als Jahrzehnte.

Einst waren es die IG Farben, dann das Chemiekombinat Bitterfeld und die ORWO-Filmfabrik, die der Region das Gesicht gaben. Heute sind im Chemiepark TEXCO Farben, Ausimont, Linde, Akzo-Nobel, Organotin Chemie, die Methylat GmbH, die Flachglas AG, Heraeus oder die Bayer AG ansässig. Immer noch bilden fünf chlorverarbeitende Betriebe und das an ihnen hängende Rohrleitungsnetz das Skelett.

Nach dem Ende der alten Industrie ist viel in Bewegung geraten. Gesucht wird nach neuen Nutzungen für die frei gewordenen Flächen. Das muß nicht immer Industrie sein; ein Beispiel ist das Industrie- und Filmmuseum in Wolfen auf dem Gelände der alten Filmfabrik. Ein Versuch wurde mit der Einrichtung eines Gartenmuseums auf der „Fasanenkippe" bei Sandersdorf unternommen. In Greppin begann die Fraueninitiative Wolfen e.V. mit der Bewirtschaftung eines alten Gutshofes und nutzt dabei auch ehemalige Versuchsflächen der Chemiebetriebe, die ihre Pflanzenschutzmittel dort testeten. Auch wenn Landflächen im Raum Bitterfeld ökologische Risiken bergen, bieten sie doch Möglichkeiten für biotechnische Produktivität (womit nicht die Gentechnik gemeint ist!). Vielleicht gibt es ja irgendwann auch einen Farbengarten, eine Hanf- und Flachsplantage oder Sanddornfelder zwischen den Industrieflächen. In der Filmfabrik denken Ingenieure bereits darüber nach, aus Stärke, die von heimischen Feldfrüchten stammt, Folien herzustellen. Zahlreiche Industriebauten harren einer kulturellen oder auch gewerblichen Umnutzung.

Blick vom Bitterfelder Berg auf das Industriegebiet

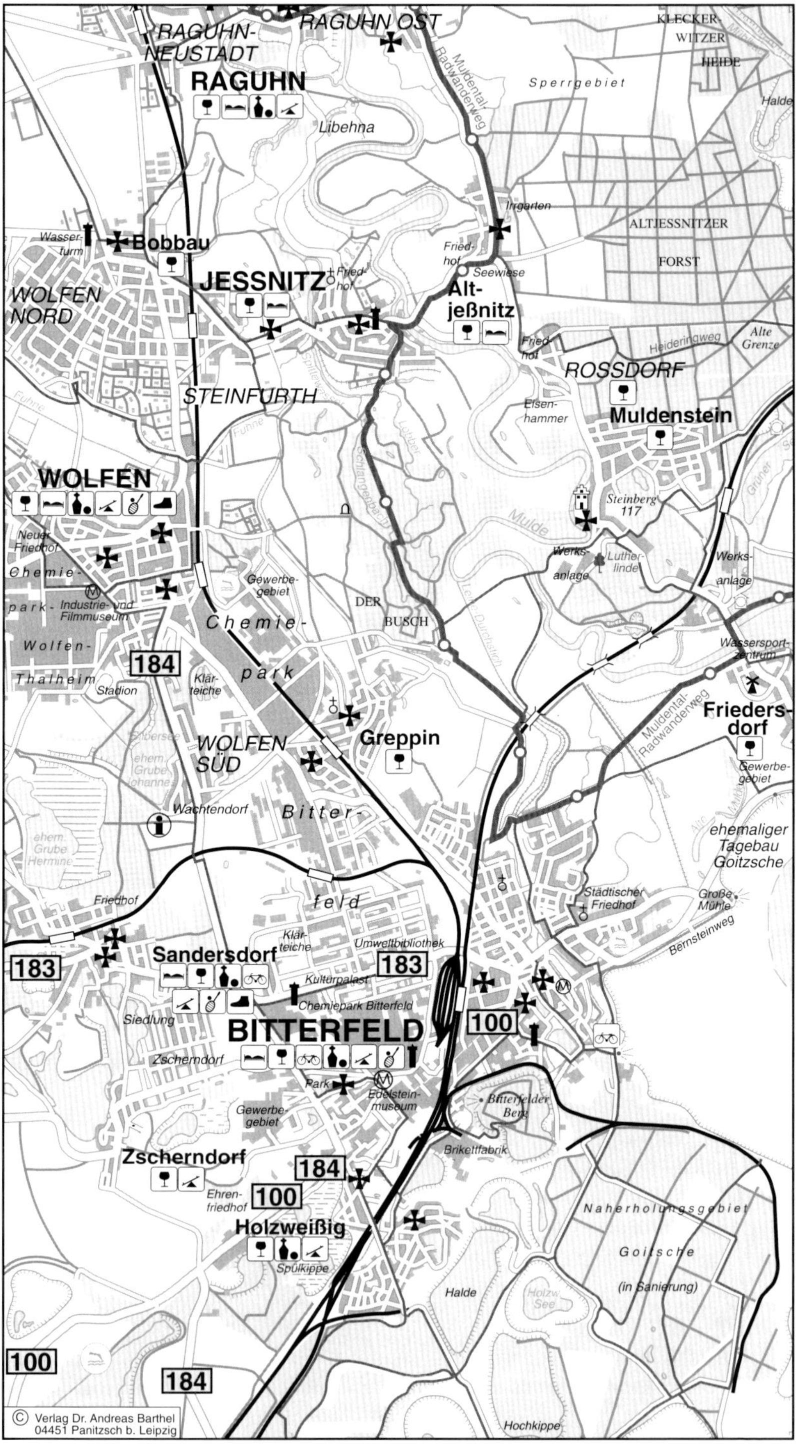
RAGUHN-NEUSTADT
RAGUHN OST
RAGUHN
KLECKERWITZER HEIDE
Muldental-Radwanderweg
Sperrgebiet
Halde
Libehna
Irrgarten
ALTJESSNITZER FORST
Wasserturm
Bobbau
Friedhof
Seewiese
JESSNITZ
Friedhof
Altjeßnitz
WOLFEN NORD
Heideringweg
Alte Grenze
Friedhof
ROSSDORF
STEINFURTH
Fuhne
Eisenhammer
Muldenstein
Lobber
Schlangengraben
WOLFEN
Steinberg 117
Mulde
Neuer Friedhof
Werksanlage
Lutherlinde
Werksanlage
Chemiepark-Wolfen-Thalheim
Industrie- und Filmmuseum
Gewerbegebiet
DER BUSCH
Chemiepark
Leine-Durchstich
Wassersportzentrum
184
Stadion
Klärteiche
Muldental-Radwanderweg
Friedersdorf
Greppin
WOLFEN SÜD
Gewerbegebiet
Wachtendorf
Bitterfeld
ehemaliger Tagebau Goitzsche
ehem. Grube Hermine
Friedhof
Städtischer Friedhof
Große Mühle
Bernsteinweg
Klärteiche
Umweltbibliothek
183
183
Sandersdorf
Kulturpalast
Chemiepark Bitterfeld
Siedlung
100
BITTERFELD
Zscherndorf
Park
Edelsteinmuseum
Bitterfelder Berg
Gewerbegebiet
Brikettfabrik
Zscherndorf
184
Ehrenfriedhof
100
Naherholungsgebiet Goitzsche (in Sanierung)
Holzweißig
Spülkippe
Halde
Holzw. See
100
184
Hochkippe

Der Weg zum Berg

Wer mit dem Zug in den Bitterfelder Bahnhof einfährt, sieht heute keine rauchenden Schlote mehr, kein monumentales Konglomerat aus Hallen, Kühltürmen, Rohren und Brücken. Früher verschwanden die Schornsteine im Qualm, den sie erzeugten, und Bitterfeld war im Gegenlicht eine Ansammlung von rauchenden Schattenkulissen. Kaum noch ein Dutzend Schornsteine ist zu sehen. Und aus dem himmelblau gestrichenen Kraftwerk kommt heute nur noch weißer Dampf. Das breite Feld der unzähligen Gleise, die die Stadt vom Industriegebiet trennen, erinnert an die einstige Geschäftigkeit des Ballungsgebietes von Kohle und Chemie. Nur wenige Waggons stehen auf den Gleisen. Und zwischen ihnen wächst das Gras. Der „eiserne Garten" wird mehr und mehr zu einer grünen Zone. Doch noch sieht man die Industrie; aber zwischen den Hallen mit den leeren Fenstern leuchtet auch das eine oder andere neu verputzte und geweißte Haus der Kleinunternehmer hervor, die sich auf dem Gelände etabliert haben. Es fällt fast schon schwer sich zu erinnern, wie es früher war, als man auf der Fahrt durch Bitterfeld unbedingt die Zugfenster schließen mußte, um nicht diesen fauligen Chemiegeruch ins Abteil zu bekommen.

Lindenstraße

Die Orientierung auf dem **Bahnhofsvorplatz** ist nicht leicht. Wenig einladend wirkt dieser Platz, der früher, wie auf alten Fotografien zu sehen ist, Auftakt für ein Grünsystem war, das den Weg in die Stadt vermittelte. Heute ist dieser Platz vor allem Stellfläche für die Linien- und Regionalbusse.

Zwei parallele geradlinige Straßenzüge verbinden den Bahnhof mit der Altstadt, dem Stadtzentrum: Rechterhand beginnt bald die Walther-Rathenau-Straße, geradezu die Lindenstraße.

Bitterfeld entstand im Zuge der deutschen Ostexpansion im 12. Jahrhundert als planmäßige Straßenmarktanlage durch flämische Siedler inmitten eines von Slawen besiedelten Gebiets. Die niederdeutschen Siedler, die „Flämländer" oder „Fläminger", waren bekannt dafür, daß sie Ortschaften besonders in von Wassersnöten gefährdeten Gebieten lebensfähig machten. Auch der 1298 belegte Name „Pitervelt" bzw. „Pittervelt" könnte so mit dem niederdeutschen Namen Piter = Peter als Peters Feld erklärt werden. Als Gründungsjahr ist 1153 überliefert – es gibt aber erst von 1254 einen urkundlichen Beleg. In das heutige Bitterfeld sind ältere Siedlungskerne slawischen Ursprungs eingegliedert worden.

Die Lage dieser Siedlungen läßt sich nur ungefähr rekonstruieren. Es gab die „alte Stadt" am linken Ufer des „Johanneslober" (etwa dort, wo heute die katholische Kirche steht), und es gibt Berichte von einer klösterlichen Pfarrkirche in „Zernitzk", die wahrscheinlich der christlichen Mission in einem slawischen Ort gedient hat. (Vielleicht war ein Geistlicher jener Zeit für den bereits 1136 erwähnten Weinbau bei Bitterfeld verantwortlich. Im Namen der Weinbergstraße in der Dessauer Vorstadt lebt dieser vergangene Kleinort heute noch fort.)

Nach Stadtbränden und Kriegsverwüstungen wurde die Stadt mehrfach neu aufgebaut. Die Hauptbausubstanz der Altstadt stammt aus dem 16. bis 19. Jahrhundert.

Die **Lindenstraße** kündet in den dort noch vorhandenen Großbauten – das sind z. B. die Post, das Landgericht und einige großbürgerliche Villen – von der Gründerzeit und vom Repräsentationsanspruch der aufstrebenden Industriestadt. Der 1992/93 errichtete zweiflügelige Neubau der **Landkreisverwaltung**, der hinter dem erweiterten Gebäude der Sparkasse aus den 30er Jahren liegt, ist ein Denkmal der jüngsten Zeit. Mit viel Glas und Stahl sowie blauem Glanz will die großzügige, bewußt moderne Architektur trotz akuter wirtschaftlicher Krise ein Zeichen setzen. Wo die Lindenstraße auf die vielbefahrene Bismarckstraße trifft, ist etwas weiter links der Übergang in Richtung Stadtzentrum möglich. Durch die Theaterstraße, vorbei am geschlossenen Kino „Winterstein-Lichtspiele" und über die Loberbachbrücke, erreicht der Reisende den nördlichen Eingang zum alten Stadtkern.

Der ovale, nord-süd-orientierte Grundriß der **Altstadt** ist etwa 700 Meter lang und 300 Meter breit. Umgrenzt wird der Bereich im Westen vom Lober-Bach und im Osten von Teichanlagen. Diese „Wassergrenze" bot der Stadt in früheren Zeiten ausreichend Schutz, so daß keine Stadtmauer nötig war. Drei Tore, das Hallesche Tor im Norden, das Mühltor im Osten und das Burgtor im Süden bildeten die Zugänge zur kleinen Ackerbürgerstadt, die wie eine Insel in der Muldeaue lag. Die Burgstraße (früher als einzige gepflasterte Straße Steinstraße genannt) durchzieht fast geradlinig den Stadtkern. Im Mittelpunkt der Kleinstadt befinden sich der Marktplatz und der Kirchplatz, die 1977 als Fußgängerzone eingerichtet wurden. Bescheidene, meist zweigeschossige Wohnbauten dominieren das Stadtbild. Eine Ausnahme stellt das 1863–65 mit rötlichem Backstein errichtete neue Rathaus dar. Das neueste Rathaus befindet sich als 1991–93 ausgeführter Erweiterungsbau dahinter und hat seinen Eingang am Ratswall.

Marktplatz mit Stadtkirche und Kreismuseum

Die **evangelische Stadtkirche** St. Antonius wurde 1905–1910 auf den Fundamenten eines Vorgängerbaus im neugotischen Stil errichtet. Von der Vorgängerkirche ist die Kapelle vom Anfang des 16. Jahrhunderts erhalten geblieben und dem Bau angegliedert worden. Zwischen Rathaus und Kirche befindet sich das Bitterfelder Kreismuseum.

Das **Kreismuseum,** 1892 als „Städtische Sammlung für Heimatkunde und Geschichte des Kreises Bitterfeld" in einem früheren Schulgebäude gegründet, bietet dem Reisenden mit seiner ständigen Ausstellung zur Regionalgeschichte und Naturkunde des Ortes, seinem Archiv sowie mit regelmäßig wechselnden Sonderausstellungen Gelegenheit zu vertiefender Information.

Das Museum ist Herausgeber der „Bitterfelder Heimathefte". Der Förder- und Freundeskreis des Museums gibt die Schriftenreihe „Beiträge zur Bitterfelder Industriegeschichte“ heraus.

Kunstinteressierten Besuchern ist die **Galerie am Ratswall** zu empfehlen, die vom Museum aus durch die Kirchstraße zu erreichen ist. Hier finden neben Ausstellungen auch Lesungen und Gesprächsabende zu verschiedenen Themen statt. Es ist unter anderem dem bekannten Plakatkünstler Klaus Staeck, der vor seiner Ausreise nach Westdeutschland 17 Jahre in Bitterfeld gelebt hat, zu danken, daß hier des öfteren unerwartet gute Ausstellungen zu sehen sind; Werkschauen von Joseph Beuys und Robert Rauschenberg gehörten dazu.

Eher als negativ empfunden werden heute die in den 70er Jahren mit Abrissen und Neubauten in Plattenbauweise erfolgten Eingriffe in die Stadtstruktur. Das Café am Markt, im Volksmund auch wegen seines schwerfällig vorkragenden Obergeschosses „Starkasten“ genannt, ist nur ein Beispiel dafür. Propagandistischer Höhepunkt und Anlaß des begonnenen, aber zum Glück nicht fortgeführten Stadtumbaus war das 1974 gefeierte 750jährige Stadtjubiläum.

Die **Burgstraße**, an deren Ende das 1880 abgebrochene Burgtor stand, führt nach Süden aus dem Stadtzentrum heraus und wird danach zur Niemegker Straße. Die Altschloßstraße, die rechts von der Niemegker Straße abgeht, verweist auf eine alte im 16. Jahrhundert abgetragene Burg- bzw. Schloßanlage, die hier vor der Stadt lag. Die erste urkundliche Erwähnung stammt aus dem 13. Jahrhundert, als die Burg als Verwaltungseinrichtung der Grafen von Brehna, zu deren Herrschaftsbereich Bitterfeld gehörte, gebaut wurde. Die sächsischen Herzöge aus dem Haus Askanien besuchten das „Schloß“, wie die Burg später hieß, wegen seiner bequemen Lage zur Residenz Wittenberg und wegen der umliegenden ausgedehnten Jagdgründe oft und gern. Im 15. Jahrhundert ging Bitterfeld und damit das „Schloß“ an die Wettiner.

1564 erreichte die Bitterfelder Bürgerschaft, die selbstbewußt gegen den ihre Freiheiten einschränkenden Herrschaftssitz bei der Stadt gestritten hatte, die Übernahme des Schlosses und die Nutzungsfreigabe zur Gewinnung von Baumaterial. Es wurde fortan als eine Art Steinbruch behandelt und lieferte lange Zeit den Bitterfeldern die für ihre Bauvorhaben notwendigen Steine. Die Reste des Schlosses verschwanden in den 50er Jahren des 20. Jahrhunderts mit dem Betrieb des Tagebaus Goitzsche. Das Gelände ist heute mit Abraum bedeckt, zum Teil mit Garagen bebaut.

Über die Parkstraße, vorbei am Städtischen Sportstadion, führt der kurze Weg zur Goitzsche. Nur wenige hundert Meter entfernt vom Stadtzentrum beginnt hier die größte Bergbaufolgelandschaft der Region.

„Grüner“ ist der Weg durch den Bitterfelder Stadtpark, die **Grüne Lunge**. Am Beginn der Parkanlagen in der Rathenaustraße befindet sich das Café Goldstein, ein flacher Rundbau. Es wurde 1992–93 auf den Fundamenten eines Kriegerdenkmals gebaut, das, 1881 eingeweiht, an die in den deutsch-französischen Kriegen Gefallenen erinnerte. 1964 war es abgebrochen worden.

Am Weg durch den Stadtpark liegt die 1924 geweihte **Katholische Kirche**, die als eine Besonderheit Chorfenster mit Motiven der Industrielandschaft aufzuweisen hat.

Hinter der Brücke über den Lober befand sich bis in die 70er Jahre ein Teich, der am Anfang der 30er Jahre gestaltete Piltz-Teich. Sein Austrocknen war eine Folge der Grundwasserabsenkung durch den Braunkohletagebau. (Bereits in den 20er Jahren mußten im Stadtpark zahlreiche alte Eichen, die wegen des sinkenden Grundwasserpegels star-

Stadtpark „Grüne Lunge"

ben, gefällt werden.) Die 1968 mit viel Beton angelegte Freilichtbühne wird heute nicht mehr genutzt. Auf der rechten Seite steht in der Binnengärtenstraße das 1927 erbaute evangelische Gemeindehaus, das **Lutherhaus**, in der „Wendezeit" 1989/90 Treffpunkt der Bitterfelder Bürgerinitiative und Ort des „Runden Tisches" der Stadt.

Am **Rosengarten** und an einem Tiergehege vorbei gelangt der Besucher auf die Parkstraße und auf dieser zur Goitzsche.

Die **Goitzsche** war bis zum Anfang der 50er Jahre der Stadtwald von Bitterfeld. In den 20er Jahren kämpften die Stadt und eine Bürgerinitiative noch vehement gegen die Opferung dieses üppigen Auenwaldes für die Braunkohle. 1952 begann der Kohleabbau, der mit den umfangreichsten Eingriffen in die Umgebungslandschaft von Bitterfeld verbunden war.

Ganze Dörfer (Niemegk, Döbern, Seelhausen und Paupitzsch) und Straßen mußten der Kohle weichen, sogar die Mulde wurde auf einer Länge von sieben Kilometern verlegt. Bitterfeld, die Stadt an der Muldeaue, wurde zur Stadt am Tagebau, der in den 70er Jahren bis auf wenige 100 Meter an das Stadtzentrum heranrückte.

Nach der Einstellung der Kohleförderung blieb ein Sanierungsgebiet mit einer Fläche von etwa 60 Quadratkilometern zurück, das sich bis nach Sachsen erstreckt. Aus den Restlöchern, die eine Fläche von ca. 25 Quadratkilometern einnehmen, soll künftig eine große „Seenplatte" entstehen. Der Zentralteil mit vier Grubenrestseen, wovon das unmittelbar an der Stadtkante Bitterfelds gelegene Restloch den größten See bilden soll, ist als Naturschutzgebiet geplant. Der größte Teil des Goitzsche-Geländes, etwa 35 Quadratkilometer, besteht aus aufgeschüttetem Gelände, mit dessen Wiederaufforstung zum Teil schon in den 60er Jahren begonnen wurde.

Bald nachdem die ersten ausgekohlten Grubenteile zugeschüttet und die Halden grob gesichert waren, meldete das Militär sein Interesse an und erhielt 1971 Eigentumsrechte. Erst Ende 1989 ging das Gelände auf Initiative der Bitterfelder Umweltinitiative an die Stadt zurück. Bald danach begannen die Anlage und Markierung von Spazier- und Wanderwegen durch das Rekultivierungsgebiet. Die Bitterfelder „eroberten" sich ihren Stadtwald zurück.

Als Gäste aus dem Norden Europas überwintern jedes Jahr vom November bis Anfang März zehntausende Saat- und Bleßgänse an den ungestörten Restseen.

Goitzsche - Tagebaurestloch

In der Goitzsche wurde seit 1975 in einem für Deutschland einzigartigem Umfang Bernstein abgebaut.

Die ersten urkundlich erwähnten Funde stammten aus dem 17. Jahrhundert, aber erst in den 80er Jahren des 20. Jahrhunderts wurde der unter dem Hauptflöz der Braunkohle gefundene „Weißharz" konsequent für die Schmuckindustrie verwendet. Im Kreismuseum können einige besonders interessante Fundstücke besichtigt werden. Durch den Bernsteinabbau blieb der Tagebau auch nach der Auskohlung offen mit der Folge, daß der Wind feinen Kieselsand manchmal in regelrechten Sandstürmen über die Orte Mühlbeck, Friedersdorf und Pouch wehte. Autos mußten das Licht einschalten, und die Dämmerungsschalter ließen die Straßenbeleuchtung angehen, wenn der feine Sand die Ortschaften verdunkelte. Keiner verließ sein Haus, wenn es nicht unbedingt notwendig war. Aufgrund heftiger Bürgerproteste und mit der begonnenen Sanierung des Tagebaus wurde der industrielle Bernsteinabbau eingestellt. Aber für so manchen Schatzsucher gilt der Bernstein aus Bitterfeld inzwischen als Geheimtip.

Die bevorstehende Flutung, aber auch die öffentlichen Informationen über die Schadstoffbelastungen in den Böden zwischen Bitterfeld und Wolfen, die die Vision von der Seenplatte überschatten, haben den Blick vieler Menschen auf die zukünftige Entwicklung der Muldelandschaft geschärft. Es gibt mehr und mehr skeptische Stimmen die anmahnen, daß nicht nur die durch die Chemie im Boden abgelagerten Altlasten mit dem ansteigenden Grundwasser in unkontrollierte Bewegung geraten könnten, sondern daß vielleicht auch etliche in den vergangenen Jahrzehnten errichtete Bauwerke, die infolge abgesenkten Grundwassers heute noch auf dem Trockenen stehen, im wahrsten Sinne des Wortes ins Schwimmen geraten könnten.

Als „Kronzeuge" für eine erfolgreiche Flutung gilt der **Muldestausee**. Der Stausee entstand 1975 als sich die Mulde für die Braunkohleförderung im benachbarten Tagebau Goitzsche als hinderlich erwies und deshalb in den bereits ausgekohlten Tagebau Muldenstein verlegt wurde. Innerhalb eines Jahres entstand ein rund 6 Quadratkilometer großer und 30 Meter tiefer künstlicher See. Das Gebiet um den Muldestausee dient heute als Naherholungsgebiet. Zwischen Muldenstein und Schlaitz gibt es entlang des Ufers einen ca. 16 km langen Lehrpfad, der über die Geschichte und Entwicklung des Gebiets informiert. Am Nordufer bei der Stadt Schlaitz befinden sich das Umweltzentrum „Haus am See" und der Campingplatz „Heidecamp Schlaitz". Im Sommer verkehrt das Fahrgastschiff „Muldeperle".

Trotz dieser positiven Entwicklung bedeutete die Muldeverlegung doch eine Störung für das natürliche Flußsystem. Die Unterbrechung durch den Stausee (der eigentlich kein Stausee sondern eine partielle Erweiterung des Flußbettes ist) behindert den Transport der vom Fluß mitgeführten Kiese und Sande, die sich im See ablagern und bereits eine sichtbare Insel bilden. Auch die Wassertieren wird durch den Stausee unterbrochen. Deshalb entwickelten die Landschaftsplaner Ulrike Schacht und Leo Sztatecsny von der Stiftung Bauhaus Dessau gemeinsam mit dem World-Wildlife-Aueninstitut Rastatt die Idee, im Zuge der Goitzsche-Sanierung die Mulde teilweise entsprechend ihres alten Verlaufes zurückzuverlegen und ein neues durchgehendes Fließgewässer - „die neue Mulde" zu schaffen.

Bitterfelder Berg

Zur „Bergbaufolgelandschaft“ gehört auch der **Bitterfelder Berg**. Hinauf gelangt der Reisende zu Fuß über eine Treppe am Ende der Parkstraße. An der Parkstraße befand sich bis 1990 eine Strafvollzugsanstalt für ca. 400 Gefangene, die in den umliegenden Betrieben arbeiten mußten. Aktuelle Planungen sehen hier den Bau einer gartenstadtähnlichen Wohnsiedlung vor.

Der Radfahrer muß zunächst den Berg umfahren, um dann auf einer Straße von der Südseite her nach oben fahren zu können. Am Fuße des Bitterfelder Berges liegen die Reste der 1909 errichteten Brikettfabrik Holzweißig. Als eine solche kann sie der Reisende kaum noch erkennen, da der Abriß seit 1993 in vollem Gange ist.

Die **Brikettfabrik** gehörte einst, ebenso wie die kleine Arbeitersiedlung daneben, zur 1908 eröffneten Grube „Leopold“. Das frühere Grubengelände liegt heute unter dem Bitterfelder Berg, denn der Berg wurde hier ab 1937 als ca. 30 Meter hohe Halde aufgeschüttet. Auf einem südwestlichen Ausläufer dieser Plateau-Halde findet der Reisende einen **Aussichtspunkt** (ein verlassener Bunker) mit Blick auf das Industriegelände jenseits der Bahn.

Vom Vorort Holzweißig im Süden (erkennbar an der kleinen auf dem Pomselberg stehenden Kirche) bis in die Stadt Wolfen, von der die Schornsteine des Kraftwerks in der alten Filmfabrik und die Großsiedlung Wolfen-Nord am Horizont sichtbar sind, erstreckt sich auf einer Länge von etwa 12 Kilometern und mit einer Breite von rund vier Kilometern ein industrielles Ballungsgebiet mit Fabriken, auf der Westseite begleitet von stillgelegten Kohlegruben, die der Chemie als Deponien zur Verfüllung mit Ascherückständen und Produktionsabfällen dienten. Wie Inseln sind die Wohngebiete in diesem Band, das aus der Vogelperspektive durchaus ästhetisch strukturiert wirkt, eingeschlossen. Eine zentrale Nord-Süd-Achse wird durch die Parseval-, die Farbenstraße und die Saarstraße gebildet. Diese Achse, die parallel zur Bahnlinie Bitterfeld-Dessau verläuft, erschließt nicht nur verkehrstechnisch das Chemiegebiet; an ihr entlang verlaufen auch die wichtigsten Versorgungssysteme der anliegenden Betriebe. Am auffälligsten ist dabei das System der Rohrleitungen, die neben Chlorgas auch Wasser, Wasserstoff und andere Grundstoffe transportieren. An vielen Stellen überqueren deshalb große Rohrbrücken den breiten Straßenzug.

Dort, wo die Parsevalstraße vor dem Haupteingang des Werkes Süd beginnt, in dem vor allem das langgestreckte Gebäude des Kraftwerksdenkmals „Torbogenstraße" hervortritt, liegt der Kulturpalast (hier wurde 1959 das kunstpolitische Programm der DDR vom „Bitterfelder Weg" verkündet; doch dazu später). Die Anbindung zur Bitterfelder Innenstadt stellt die Zörbiger Straße her, die als Brücke über die Bahn führt. In der Mitte des Gebiets zwischen Bitterfeld und Wolfen liegt wie ein verbindender Knotenpunkt die Gemeinde Greppin. Bei Greppin wird das industrielle Geflecht durch Straßen und Wege gekreuzt, die in den Bereich der Muldeaue und weiter in die Dübener Heide führen. Am Rande der Muldeaue, unmittelbar am Naturschutzgebiet Salegaster Forst, ist das neue Fabrikgebäude der 1993 errichteten Bayer AG aus Leverkusen zu sehen. Etwas weiter rechts liegt der Muldensteiner Berg (120 Meter hoch) am anderen Ufer der Mulde. Er ist ein Porphyrmassiv, wie auch der Petersberg bei Halle, der bei besonders klarem Wetter in südwestlicher Richtung zu sehen ist.

Ja, die Landschaft hat sich verändert. Ich würde sagen die ganze Bitterfelder Landschaft hat sich verändert. Was früher Standbilder waren von Bitterfeld, wie Schornsteine, Kühler von Kraftwerken, ... das ist alles nicht mehr da. Und wer heute nach Bitterfeld kommt und war vielleicht vor 10 Jahren mal hier, der wird schwer enttäuscht sein. Die Wahrzeichen von Bitterfeld sind alle genommen sozusagen. Was unsere Wahrzeichen waren. Die sind heute alle weg. Und, tja, bis jetzt hoffen wir doch, daß wieder ein Aufschwung kommt, richtig. (Ein Bitterfelder, 1993)

Muldestausee

Die Arbeitslandschaft

Bitterfeld ist eine zweigeteilte Stadt. Die Bahnlinie Dessau-Leipzig trennt die alte Kleinstadt Bitterfeld von einem „Großbitterfeld“, zu dem sich die Kommunen Bitterfeld, Greppin und Wolfen irgendwann einmal zusammenschließen könnten und deren Rückgrat dann immer noch die durch die Industrie geschaffenen Strukturen wären. Diesem großen Bitterfeld hat man den Namen Chemiepark gegeben.

Die Chemieparks

1991 wurden aus den großen DDR-Kombinaten, dem VEB Chemiekombinat Bitterfeld und dem VEB Fotochemisches Kombinat Wolfen, zwei von der Treuhand verwaltete Industrieparks gebildet: der Chemiepark Bitterfeld-Wolfen und der Industriepark Wolfen-Thalheim. Aus beiden Parks sind später wiederum die weiter produzierenden Bereiche Chemie GmbH und Filmfabrik GmbH ausgegliedert worden. Die verbliebenen Flächen werden von staatlichen Vermögensverwaltungsgesellschaften „abgewickelt“, d. h. nach Möglichkeit gewinnbringend verkauft.

Vom Bitterfelder Bahnhof aus gelangt der Reisende durch den links hinter dem „Steinkiosk“ beginnenden Schwarzen Weg zum **Zörbiger Überbau**, wie die Straßenbrücke genannt wird, die über die Bahngleise in das Industriegebiet führt. Der Blick von der Brücke läßt schon die Weite der Industrielandschaft erahnen, deren räumliche Maßstäbe nicht denen eines Fußgängers, vielleicht aber denen eines Radfahrers entsprechen. Von weitem „grüßt“ schon der Kulturpalast am Beginn der Parsevalstraße gegenüber dem Werk-Süd.

Die **Zörbiger Straße** entlang, vorbei an Autohaus und Tankstelle, Verwaltungsgebäuden und einer Zeile von einfachen Wohnhäusern aus den 20er Jahren, - ein Weg durch ein eigenartiges Mischgebiet, das in den nächsten Jahren als kommunikativer Bereich zwischen Stadt und Industrie städtebaulich aufgewertet werden soll. Vor allem wird ein modernes Berufsschulzentrum im unmittelbaren Umfeld des **Kulturpalastes** neue städtische Öffentlichkeit und Dichte bringen. Noch aber liegt der sozialistische Monumentalbau hinter einer distanzschaffenden Rasenfläche in freiem Gelände mitten im Chemiebezirk. Gewichtig seinen großen Portikus vorzeigend, wirkt er wenig einladend. (Wer das in den 30er Jahren errichtete und nach seiner Kriegszerstörung wieder aufgebaute „Anhaltische Theater“ in Dessau kennt, wird die Ähnlichkeit bemerken, denn jener Theaterbau war das Vorbild für den 1954 errichteten Kulturpalast.)

Die Großzügigkeit der ganzen Raumanlage mit ihren Rasenflächen und die dort plazierte Schwimmhalle deuten daraufhin, daß hier einmal mehr geplant war: ähnlich der betrieblichen Sozial- und Kulturpolitik, mit der Unternehmen seit Anfang des 20. Jahrhunderts ihre Beschäftigten dazu bringen wollten, sich mit der „Werksgemeinschaft“ zu identifizieren, sollte am Eingang zum Chemiewerk eine „sozialistische Kulturstadt“ mit Freizeit- und Bildungsangeboten für die Bitterfelder Chemiearbeiter entstehen. Von der Tradition sozialdemokratischer Volkshäuser, die meist in vorstädtischen Arbeiterwohngebieten oder in Stadtzentrumsnähe lagen, unterscheidet sich der Kulturpalast durch seine enge Werksbindung und die Ablösung von der alten Stadt. In vielen Industriestädten der DDR sind sol-

Blick vom Bitterfelder Berg auf das Industriegebiet

che „Kulturhäuser der Werktätigen" entstanden, keines aber ist so bekannt geworden wie der Kulturpalast in Bitterfeld. Den hier begonnenen „Bitterfelder Weg" muß jeder zur Kenntnis nehmen, der die Rolle von Kunst in der DDR verstehen will. Der Bitterfelder Kulturpalast bietet mit seiner Bildersammlung und seinem seit 1994 eingerichteten Archiv dazu gute Gelegenheit.

1991 wurde sogar über den Abriß des Kulturpalastes spekuliert. Nicht zuletzt auf Initiative des Bauhauses wurde der Kulturpalast davon verschont, saniert und unter Denkmalschutz gestellt.

Alte Filmfabrik Wolfen

1959 im April hatte hier der Partei- und Regierungschef Walter Ulbricht auf der „Bitterfelder Konferenz" die Kunstrevolution von oben verkündet mit den Parolen:
„Greif zur Feder Kumpel, die sozialistische Nationalkultur braucht dich!
Erstürmt die Höhen der Kultur!"

Partei und Regierung erwarteten von der Kunst, vor allem der Literatur, endlich eine Beschreibung der Erfolge des Sozialismus. Deshalb wurden die Künstler ins „sozialistische" Arbeitsleben – in die Betriebe – geführt, und Arbeiter erhielten nach Feierabend in Zirkeln und Arbeitsgemeinschaften eine künstlerische Bildung, die sie befähigen sollte, vom Arbeitsplatz zu berichten, an Betriebszeitungen und Werkschroniken mitzuarbeiten. Der Optimismus, das „Zukunftsweisende", der Glaube an die sozialistische DDR galten dabei als entscheidende Maßstäbe für künstlerische Qualität. Es sollte wieder mehr von den Errungenschaften des Sozialismus und weniger von den Irrungen und Wirrungen des einzelnen die Rede sein. Wer sich als Künstler nicht daran hielt, dem wurde es schwer gemacht in der DDR.

Viele Zirkel schreibender Arbeiter entstanden. Betriebspatenschaften, Diskussionsveranstaltungen mit Künstlern wurden organisiert. In und um den Kulturpalast gab es mehr als 60 kulturelle Zirkel und noch einmal soviel im benachbarten Wolfen. Tausende von Arbeitern erhielten Mal- und Tanzstunden, lasen einander Gedichte vor oder organisierten Fotoausstellungen. Nicht alle blieben dabei immer stramm auf der Parteilinie. Manch einem gelang es auch, die Möglichkeiten der Kritik geschickt auszunutzen und mit der Kunst seinen Gesichtskreis zu erweitern. Im Ganzen aber entstand auf dem „Bitterfelder Weg" kaum ein Buch oder ein Bild von künstlerischem Rang. Die zahlreichen Reportagen aus den Betrieben gerieten nicht selten zu heroischem Kitsch.

Von den Kulturzirkeln sind wenige geblieben, und diese haben ihren Platz heute kaum noch im Kulturpalast – sie fanden neue Räume in der Nähe des alten Stadtzentrums. Mit einem bunten Musik- und Theaterprogramm, Ausstellungen, Tagungen und vielem anderen versucht der Kulturpalast sich heute als multifunktionale städtische Einrichtung über Wasser zu halten. Ein Restaurantbetrieb ist bisher auf Dauer nicht aufrechtzuerhalten, da es kaum kontinuierliche Nutzungen und nur wenig Publikumsverkehr gibt.

Für den Besucher ist der Eingang zum Foyer, hinter dem Hauptportal an der Zörbiger Straße gelegen, nur zu den Öffnungszeiten der Veranstaltungskasse nutzbar. Aber der Seiteneingang im Bereich der Hinterbühne von der Parsevalstraße aus ist wochentags immer geöffnet. Hier findet der Besucher auch die aus einer Bürgerinitiative hervorgegangene Bitterfelder **Umweltbibliothek,** die seit 1993 im Kulturpalast ihren Sitz hat. Mehr als 3.500 Bücher, Monografien und Forschungsberichte zur Umweltgeschichte und Umweltsituation im Kreis Bitterfeld sowie zu globalen Fragen des Umwelt- und Naturschutzes sind dort vorhanden. Das Angebot richtet sich vor allem an Schulen und Ausbildungseinrichtungen der Region. Aber auch interessierte Reisende können hier nachfragen und vielleicht im Gespräch Informationen aus „erster Hand" erhalten.

Die **Parsevalstraße** verbindet auf einer Länge von einigen hundert Metern zwei Werksteile, in denen wichtige Ursprungsorte der deutschen Chlorchemie liegen. Im Bereich des **Werk-Nord** gründete Walther Rathenau 1893 die Elektrochemischen Werke als Tochtergesellschaft der Allgemeinen Elektrizitätsgesellschaft (AEG). Im **Werk-Süd** nahm 1894 die Chemische Fabrik Griesheim Elektron AG aus Frankfurt a. M. den Betrieb auf.

Kulturpalast Bitterfeld

Chlorchemie

Der Ursprung der Chlorchemie liegt in der Seifenproduktion im 19. Jahrhundert. Bei dieser Produktion, deren Ausgangsstoff

Steinsalz war, wurde als „Nebenprodukt" Chlorkalk entwickelt, das zum Bleichen und Desinfizieren sehr gut tauglich war.
Nach der Erfindung der Elektrolyse, deren Grundlage aus Steinsalz, Wasser und elektrische Energie besteht, konnte der Prozeß weiter verkürzt werden. Chlorgas fiel nun gleich als Beiprodukt der Natronlauge an.
Die drei Grundprodukte Chlor, Wasserstoff und Natronlauge bilden die Voraussetzung für eine Vielzahl nachgelagerter technologischer Prozesse und Erzeugnisse.

Das zentrale Produkt der energiefressenden Elektrolyse ist Chlor. Dieses Element tritt natürlich nur in Salzen gebunden auf. Wenn diese Bindung durch hohen Energieeinsatz aufgespalten wird (in der Natur passiert dies nur bei Vulkanausbrüchen), reagiert Chlor leicht mit fast allen anderen Elementen und Substanzen. Lange Zeit waren die Chemiker von den Möglichkeiten die sich dadurch boten begeistert. Chlororganische Verbindungen sind nahezu unverwüstlich. Feuerabweisende Lacke, isolierende Schäume, Reiniger, die mit der hartnäckigsten Fettschmiere fertig werden, Präparate, die Äcker gegen Insekten und Holz gegen Pilzbefall immun machen, usw. erschienen als Wunder des Fortschritts und füllten den Warenkorb der Moderne. Aber längst sind Chlorverbindungen zum Problem geworden. Viele synthetische Chemikalien sind nicht nur extrem giftig, sondern auch extrem langlebig; durch Licht, Wärme, Pilze oder Bakterien werden sie nicht in nennenswertem Umfang abgebaut. Biomasse vermodert, PVC nicht. Chlororganischen Verbindungen sind u.a. das Ozonloch, das Vermarktungsverbot von Elbaalen und Pestizidrückstände im Trinkwasser anzulasten. Biologische und geologische Stoffkreisläufe sind auf die chlororganischen Verbindungen nicht eingestellt. Die Ingenieure bieten heute ihren gesamten Erfindungsreichtum auf, um die Chlorverbindungen z. T. in millionenteuren Anlagen mit Hitze, speziell gezüchteten Bakterienschwämmen, Ultraschall und anderen Techniken unschädlich zu machen; doch bisher mit geringem Erfolg. Umweltschutzorganisationen wie Greenpeace fordern seit längerem den Ausstieg aus der Chlorchemie. Aber dies lehnt die Chemieindustrie bislang kategorisch ab, denn 60 % ihres Umsatzes sind direkt oder indirekt von der Chlorchemie abhängig. 22 Elektrolyseanlagen gibt es in Deutschland. Ca. 11.000 verschiedene Chlorchemikalien sind auf dem Markt. Längst übertrifft in Industrienationen wie Deutschland die Menge des produzierten Chlors gewichtsmäßig beispielsweise die gesamte Obsternte. Die Aufgabe ist es, den Chemikalienstrom, der auch in Bitterfeld losgetreten wurde, so zu bändigen, daß er die Existenz seiner Erfinder nicht auf Dauer bedroht.

Um die damals gerade erst entdeckte und nur in kleinerem Maße erprobte Technologie der Chlor-Alkali-Elektrolyse fabrikmäßig anzuwenden, hatten beide Betriebe unterschiedliche Voraussetzungen und Ausgangspunkte. Die AEG war vor allem an den künftigen Verwendungsmöglichkeiten des elektrischen Stroms in chemischen Prozessen interessiert, und Walther Rathenau hatte bei der Herstellung von Aluminium allererste Erfahrungen auf dem Gebiet der Schmelzflußelektrolyse sammeln können. Die Griesheim Elektron AG dagegen hatte bereits seit den 70er Jahren des 19. Jahrhunderts Erfahrungen mit der Chlorchemie gemacht und konnte eine ausgereifte Technologie anwenden, die von ihr 1893 sogar auf der Weltausstellung in Chicago präsentiert worden war.

So kam es, daß am 16. Oktober 1894 die erste großtechnische Chloralkali-Elektrolyse in Bitterfeld und überhaupt in

Deutschland bei Griesheim-Elektron durchgeführt wurde. In den Elektrochemischen Werken begann im Dezember 1894 erst die Versuchsproduktion. Trotz zahlreicher nachträglicher Verbesserungen erwies sich die von Rathenau erfundene Technologie gegenüber der Griesheimer schließlich als nicht konkurrenzfähig. Deshalb geriet sein Unternehmen bald in wirtschaftliche Schwierigkeiten, so daß er 1898 gezwungen war, seinen Elektrolysebetrieb an Griesheim-Elektron zu verpachten.

Trotzdem blieb Walther Rathenau als der eigentliche Gründer des Chemiestandortes Bitterfeld im Gedächtnis. Denn er war der erste, der die Vorteile Bitterfelds für die Elektrochemie erkannt hatte. Bereits im Mai 1893 hatte er eine Erkundungsreise zu den Braunkohlegruben Mitteldeutschlands unternommen, um einen geeigneten Fabrikationsort zu finden. Rückblickend schrieb er 1895:

Die mächtigen Braunkohlelager im Gebiet der Elbe, Saale und Mulde liefern ein Material, dessen Heizwert im Verhältnis zum Gewicht so gering ist, daß es im ökonomischen Sinne nur in engen räumlichen Grenzen als transportfähig gelten kann. Es ist nicht wahrscheinlich, daß sich eine Eisen-Industrie auf ihrer Grundlage entwickeln kann. Aber die Elektrochemie verlangt nichts Besseres. Sie bezieht ihren Energiebedarf – und Energie ist fast ihr alleiniges Requisit – aus ihren Kesseln und Maschinen; und um, direkt aus der Grube kommend, unter den Kesseln verfeuert zu werden, dazu ist diese Kohle wie geschaffen. [...] In Bitterfeld tritt dieses Bild mit großer Schärfe hervor. (1)

Sowohl die Elektrochemischen Werke, als auch Griesheim Elektron errichteten ihre Fabriken unmittelbar neben existierenden Kohlegruben, bei der Grube „Hermine" und der Grube „Luise".
Bis 1921 bestand in Bitterfeld noch ein nicht verpachteter Rest der Elektrochemischen Werke. Vor allem eine Oxalsäurefabrik produzierte noch relativ erfolgreich bis 1921 weiter. Danach fielen die Zäune zwischen den Werken endgültig, und die Griesheim-Elektron AG übernahm die Elektrochemischen Werke vollständig. Bereits seit 1907 verband eine Chlorgasleitung die Werksteile, die nun Süd und Nord genannt wurden.

Die Kriegsaufträge während des Ersten Weltkrieges zur Giftgas- und Sprengstoffproduktion, aber auch zur Herstellung des „Kriegsmetalls" Aluminium für die Luftwaffe, förderten den weiteren Ausbau der Werke und ihre Vormachtstellung in der Region. In schneller Folge wurden neue Anlagen errichtet bzw. vorhandene erweitert. Die Förderleistung der vorhandenen Braunkohlegruben wurde auf das Fünffache gesteigert, und zugleich wurden für die Werke neue Gruben angelegt. So kam es, daß sich 1918 90 % der Bitterfelder Braunkohlegruben im Besitz der Chemieindustrie befanden.

Die während des Krieges in Bitterfeld im Werk-Süd eingeführte Aluminiumproduktion konnte an Erfahrungen anschließen, die Griesheim Elektron nach 1908 mit der Herstellung des aus Magnesium hergestellten Leichtmetalls „Elektron" gemacht hatte. Nach dem Krieg wurden die zwei neben Bitterfeld in Berlin und Köln entstandenen Aluminiumwerke stillgelegt, die Anlagen in Bitterfeld wuchsen auch in den 20er Jahren weiter, so daß hier bald der größte deutsche Produktionsort von Aluminium entstand.

Weil die Aluminiumproduktion einen geradezu riesigen Bedarf an elektrischer Energie hat, wurde 1917 das 1894 in Betrieb genommene Kraftwerk von Griesheim-Elek-

Chlorgasleitungen - Parsevalstraße

tron zu einem Großkraftwerk ausgebaut. Die Reste der Turbinenhalle, die wegen der seitlichen torähnlichen Anbauten den Namen **Torbogenstraße** bekam, steht heute unter Denkmalschutz. Der gigantisch wirkende Bau ist 1993 von der Stadt Bitterfeld übernommen worden. Verschiedene Nutzungsideen sind derzeit im Gespräch und zum Teil auch in der Vorbereitung. Ob nun ein Industriemuseum entsteht, für das schon eine größere Anzahl von „Sachzeugnissen" gesammelt wurde, oder eine gewerbliche Verwendung möglich wird, ist sowohl eine Frage der Entwicklung des Umfeldes als auch der Finanzen.

Unweit der „Torbogenstraße", ebenfalls auf dem Gelände des Werks-Süd, steht das alte Verwaltungsgebäude der Griesheim Elektron AG, das als Hauptlabor genutzt wird. Hier lud bis 1996 das **Edelsteinmuseum** den Besucher ein, ein interessantes Nebenkapitel der Bitterfelder Industriegeschichte zu entdecken, das wiederum mit dem Wirken Walther Rathenaus verbunden ist. Seit 1997 befindet es sich im Kulturpalast Bitterfeld.

Rathenau erreichte 1907, daß die Deutsche Edelsteingesellschaft den Elektrochemischen Werken einen Auftrag für die großtechnische Fertigung synthetischer Edelsteine erteilte. Von 1911 bis 1990 wurden danach im Werk-Nord synthetische Edelsteine hergestellt. Der Ausgangsstoff war mit speziellen Pulvermischungen versetztes Aluminiumoxid (Tonerde), das in einer 2.000 °C heißen Knallgasflamme geschmolzen wurde. Der für die Knallgasflamme nötige Wasserstoff fiel in ausreichender Menge bei der Elektrolyse an.

Die Edelstein-Produktionsanlagen gehörten zu den ersten nach 1990 abgerissenen Gebäuden; aber in dem kleinen Edelsteinmuseum wird deren Geschichte bewahrt. Der Besucher kann hier in Vitrinen synthetisch erzeugte Safire, Rubine, Spinelle, sogar Smaragde in fast allen Farben und mit verschiedenen Schliffen sehen und, wenn er möchte, sogar kaufen.

Besucher, die sich für eine Besichtigung der „Torbogenstraße" interessieren, sollten sich möglichst vorher an der Hauptpforte Zörbiger Straße erkundigen bzw. nach Möglichkeit telefonisch anmelden. (Adresse im Serviceteil.)

Links neben der Hauptpforte zum Werk-Süd an der Zörbiger Straße steht das 1927 errichtete **IG-Farben-Verwaltungsgebäude**, Betriebsteil Mitteldeutschland. (Heute ist es Verwaltungssitz der Chemie AG Bitterfeld-Wolfen und des Chemieparks Bitterfeld-Wolfen.) Aus der engen Kooperation der chemischen Industrie während des Ersten Weltkrieges war 1916 die „Interessengemeinschaft der deutschen Teerfarbenindustrie" hervorgegangen. Die drei größten Konzerne (Bayer, BASF und Hoechst) schlossen sich mit fünf weiteren, unter ihnen Griesheim-Elektron und Agfa, zusammen. Nach 1925 wurde daraus die IG Farben AG.

Seine eigentliche politische Bedeutung erhielt der Riesenkonzern jedoch erst in der Zeit des Nationalsozialismus, als technologische Großtaten und Großmachtpolitik eine verhängnisvolle Ehe eingingen. Im Ergebnis des Zweiten Weltkrieges schätzte General Dwight D. Eisenhover als Mitglied einer Expertengruppe, die die Mitschuld des Chemiegiganten IG Farben untersuchte, ein: „Ohne die I.G. mit ihren riesigen Produktionsstätten, ihrer weitreichenden Forschung und vielfältigen Erfahrung sowie ihrer umfassenden Konzentration wirtschaftlicher Macht wäre Deutschland im September 1939 nicht in der Lage gewesen, seinen Angriffskrieg zu beginnen." (2)

Kraftwerksdenkmal - „Torbogenstraße"

Neben dem Hauptgebäude der Chemie AG steht das 1937 errichtete Metallabor. Dieses Gebäude war ein wichtiges, deutschlandweit bekanntes Forschungs- und Versuchszentrum für die Leichtmetallproduktion.

Im Südwesten des Werks-Süd, in Richtung Holzweißig, grenzt eine kleine grüne Oase an das Betriebsgelände. Im Auftrag der Griesheim-Elektron AG plante der Frankfurter Architekt Stefan Simon (derselbe, der 1917 für den Bau der „Torbogenstraße" verantwortlich gewesen war) die 1920 bis 1924 errichtete Arbeitersiedlung, die wegen der Nähe zum Kraftwerk-Süd auch **Kraftwerkssiedlung** genannt wird. Die gartenstadtähnliche Wohnanlage besteht vor allem aus Reihenhäusern, die sich um drei grüne Wohnhöfe gruppieren, die wie auf einer Mittelachse aufgefädelt sind. 1937 bis 1942 wurden der Siedlung schlichte Wohnblöcke als Erweiterung angefügt. Im Zentrum der Siedlung steht das kleine Gebäude einer ehemaligen Grundschule (1.–4. Klasse), die bis 1988 genutzt wurde.

Neben der Kraftwerkssiedlung liegt der **Park der Chemiearbeiter**, dessen altes Gelände der von Gustav Bauermeister gegründeten „Deutschen Grube" ist. Die Stefan-Simon-Straße verbindet die Siedlung mit dem Parkgelände. Eine in der Straßenachse sichtbare neugotische Kirche gibt dabei Orientierung. Diese Kirche hat 1905 Louis Bauermeister im Andenken an seinen Vater als Gedächtniskirche gestiftet. An die Familie Bauermeister erinnert neben der Kirche eine Familiengrabstelle. Mit Hinweis auf die Bibel (Lukas 7, Vers 5) steht darauf unter dem Namen des Sohnes, Louis Bauermeister (1839–1927): Denn er hat unser Volk lieb und die „Schule", und die Kirche hat er uns erbaut.

Im Inneren des Sakralbaus, der zeitgleich mit der Bitterfelder Stadtkirche am Marktplatz entstand, befindet sich an der Nordseite eine eigene Kapelle für die Familie, die von dort am Gottesdienst teilgenommen hat. Fast wie ein patriarchaler feudaler Gutsherr stand Louis Bauermeister seinen Beschäftigten gegenüber. Er ließ für diese Wohnhäuser, eine Schule und ein Altenheim errichten und konnte dafür Treue und Disziplin erwarten. Louis Bauermeister war auch der erste, der die Rekultivierung eines stillgelegten Braunkohletagebaus vorantrieb. 1864 ließ er das Restloch seiner Grube gärtnerisch gestalten und sich in dem entstandenen Park, in der „Schlucht", seine eigene Villa bauen. Zusätzlich zum Hausgarten entstand ein Wildpark, in dem unter anderem ein Rudel Damhirsche und Pfauen lebten. Als Louis Bauermeister 1927 starb, übernahm die IG Farbenindustrie AG Werke Bitterfeld-Wolfen die Villa und den Park. Der Park wurde 1928 als „Volkspark" neu gestaltet, ein Kinderspielplatz und ein Planschbecken kamen dazu. 1938 wurde ein Freibad eröffnet. Das Wachstum der Industrie hat die Parkanlagen, aber auch die Kraftwerkssiedlung, mehr und mehr eingezwängt und begrenzt. So wurde der Park der Chemiearbeiter, der diesen Namen zu DDR-Zeiten erhielt, eine stille Insel im Industriebezirk. Mit Arbeitsbeschaffungsmaßnahmen wurde nach 1990 begonnen, Wege und Beete in den zugewachsenen Grünanlagen wieder freizulegen und zu erneuern. Der Besucher wird vielleicht die Schilfpflanzen in der Mitte der Parkwiese bemerken, ein Indiz dafür, daß auch dieses Stück Bergbaufolgelandschaft von dem in der ganzen Region ansteigenden Grundwasser beeinflußt wird.

Die Kraftwerkssiedlung und der Park der Chemiearbeiter liegen am Fuße des Pomselberges.

Auf dem **Pomselberg**, am sogenannten „Kreuzeck", kreuzen sich heute die Fernverkehrsstraßen Dessau-Leipzig (B 184) und Berlin-Halle (B 100). Früher trafen sich die alten Handelswege hier. Die Reisenden zur und von der Leipziger Messe machten dort Zwischenstation und wechselten ihre Pferde. Weil sie sich jedes Jahr an dieser Stelle wiedertrafen, entstand der Spruch:
„Seh'n wir uns nicht in dieser Welt, so seh'n wir uns in Bitterfeld."
Hier lag aber auch der Bereich, in dem der Bitterfelder Braunkohleabbau seinen Ursprung hatte.

Die Gletscher der Saale-Eiszeit hatten den kleinen Berg aufgeschoben und dabei auch ein Kohleflöz gestaucht, das unter geringer Abraumdecke eine große Mächtigkeit aufwies. Unter dem Flöz lagen stark wasserführende Schichten. Seit dem 16. Jahrhundert wurden sie von den Bitterfeldern für die Trinkwassergewinnung genutzt.

Kraftwerkssiedlung

Mit hölzernen Röhren leiteten sie das Wasser in die Stadt – daher der Name Röhrenstraße. Die Versuche, die Braunkohle abzubauen, hatten bereits im 18. Jahrhundert begonnen; sie waren jedoch immer am aufsteigenden Grundwasser gescheitert. Der Tuchfabrikant Johann David Schmidt war 1837 der erste, dem in größerem Umfang ein gewerblicher Abbau gelang. Er war erfolgreich, weil er zum Abpumpen des Wassers erstmals eine Dampfmaschine einsetzte. (Die Ironie der Geschichte: Es waren damals gerade die Dampfmaschinen, die zum Niedergang des traditionellen Bitterfelder Tuchmachergewerbes beigetragen hatten. Denn die mit Dampfmaschinen betriebenen Webereien im Ausland, vor allem in England, produzierten billiger und wurden dadurch zur erfolgreichen Konkurrenz.) Durch den Erfolg der von Schmidt eröffneten Grube „Auguste" folgten in der Umgebung innerhalb von fünf Jahren der Aufschluß von sechs weiteren Gruben. Der Abbau hatte anfangs eher den Charakter einer Gräberei. Tagelöhner gruben mit Hacken und Schaufeln die Kohle aus, um sie dann auf Handkarren zu verladen. Weite Transporte waren nicht möglich und auch nicht gewinnversprechend. Der Kohleverkauf fand deshalb unmittelbar an der Grube statt. Erst mit der Eröffnung der Eisenbahnlinie Bitterfeld-Dessau 1857 erweiterte sich der Abnehmerkreis, und die Zahl der Gruben stieg sprunghaft an. Zugleich aber wuchs mit der Entwicklung des Transportwesens auch der Konkurrenzdruck. Gegenüber der sächsischen Braunkohle und der über die Elbe verschifften böhmischen Braunkohle wirkte sich der relativ hohe Wasseranteil der Bitterfelder Kohle nachteilig aus. Auch Versuche, die Braunkohle wie Ziegel zu Formsteinen zu pressen, die dann an der Luft trockneten, und ab 1871 die Einrichtung von Brikettfabriken konnten die Nachteile der Bitterfelder Kohle nicht ausgleichen. So kam es, daß die Bitterfelder Braunkohle zur billigsten in Deutschland wurde.

Vom Pomselberg aus in Richtung Norden erstreckt sich westlich des Chemieparks das Gelände der ehemaligen Braunkohlegruben, die meist unmittelbar zur Energielieferung der chemischen Werke dienten. Die meisten der Gruben wurden in den 20er und 30er Jahren geschlossen. Das aufgeschüttete Gelände wurde danach vor allem mit anspruchslosen Robinien, Ahorn und Birken aufgeforstet. In Zscherndorf und Sandersdorf errichtete die IG Farben auf solchem Grund sogar Wohnsiedlungen. Die Restlöcher nutzte die Chemie als Deponien für ihre Ascherückstände und Abprodukte.

Gerade diese Vielzahl großer und kleiner Abfalldeponien stellt die schwerste Altlastenbürde der Region dar. Das Hauptproblem ist eine auf lange Sicht irreparable Grundwasservergiftung, denn die Grubensohlen reichen bis in das Grundwasser. Eine unübersehbare Kette von Generationen wird dieses Gebiet aufmerksam im Auge zu behalten haben.

Park der Chemiearbeiter

Zur Mit-Gift der Deponien

Die 1870 aufgeschlossene Grube „Antonie" mit einer Gesamtfläche von 31 ha sieht der Reisende auf seinem Weg von Bitterfeld auf der rechten Seite der Leipziger Straße. Die Grube gilt als besonders giftig, denn hier wurden vor allem nach 1950 sogenannte „Problemabfälle" eingebracht. Die giftigsten Substanzen sind Pestizide und Hexachlorcyclohexan (HCH). Die Deponie besitzt weder eine Grundwasser- noch eine Basisabdichtung, und der Grundwasserspiegel liegt etwa 10 m über der Deponiesohle.

In der vom Landratsamt Bitterfeld 1995 in Auftrag gegebenen Gefährdungsabschätzung heißt es:

„Im Grundwasser unter der Deponie wurde eine außergewöhnlich hohe Konzentration an Schadstoffen mit mutagener und kanzerogener Wirksamkeit nachgewiesen. [...]

Ein Grundwasseranstieg nach Einstellung der bergbaulichen Wasserhebemaßnahmen wird den Schadstoffeintrag aus der Deponie in das Grundwasser um etwa 100 % erhöhen.

Die in der Deponie lagernden Schadstoffmengen sind derart hoch, daß der gegenwärtige Schadstoffeintrag in das Grundwasser praktisch unbegrenzte Zeit lang fortdauern kann (mehr als 1.000 Jahre). Sofern dieser Schadstoffeintrag nicht unterbunden wird, müßte die Grundwassersicherung ebenso lange aufrechterhalten werden."

Die Fasanenkippe, eine flache Abraumhalde, liegt der Grube „Antonie" auf der anderen Straßenseite direkt gegenüber. 1992 gründete sich eine lokale Initiative, um gemeinsam mit Landschaftsgestaltern, Künstlern, Umweltwissenschaftlern und -technikern aus anderen Regionen die Idee eines „Deutschen Museums für Garten, Landschaft und Ökologie" zu entwickeln. In der weiteren Projektdiskussion wurde aber deutlich, daß auf Grund einer hohen Schadstoffbelastung (HCH-Verwehungen von der Deponie „Antonie") ein Gartenmuseum im geplanten Sinn nicht eingerichtet werden kann. Dennoch begann im Rahmen einer eigens organisierten Arbeitsbeschaffungsmaßnahme die Umgestaltung der Kippe zum Park. Hoch aufgeschüttete Wege und Laubhütten wurden angelegt und inzwischen kann es passieren, daß der Besucher hier auch schon einmal Sandersdorfer Leute bei einem Spaziergang trifft – als Experimental- und Lernprojekt für einen neuen gärtnerischen Umgang mit der Deponielandschaft kann das Projekt aber bisher noch nicht gelten. – Der Zugang zur Fasanenkippe liegt am Ostrand von Sandersdorf.

Das Gebiet der ***Grube „Hermine"****, die seit 1893 Rathenaus Elektrochemische Werke GmbH belieferte, sieht der Reisende hinter der Fasanenkippe. Teilweise ist das Gelände mit Kiefern, Birken, Erlen und Robinien aufgeforstet worden. Von 1952 bis 1992 nutzte die Filmfabrik das Restloch zur Verspülung von Kraftwerksasche und auch als ungeordnete Deponie für andere Industrieabfälle. Die Hauptinhaltsstoffe sind heute Asche, Asbest und Schwermetalle.*

Direkt an der Bundesstraße 184 gegenüber der Siedlung Wolfen-Süd liegt die umzäunte ehemalige Grube „Johannes", die als ***Silbersee*** *weltweit bekannt wurde und für Schlagzeilen sorgte, obwohl diese Grube bei weitem nicht die giftigste ist. Nach ihrer Auskohlung in den Jahren 1846 bis 1931 durch die Greppiner Werke kaufte die Agfa die Grube, um Abwässer aus ihrer Kunstseiden- und Zellstoffproduktion einzuleiten. Seit 1986 war die Grube so mit Schlamm gefüllt, daß die Abwässer der Faserproduktion nun ohne Absetz- und Kläreffekt durch die Grube direkt in den Vorfluter Spittelwasser und in die Mulde flossen.*

Die Hauptinhaltsstoffe sind: Asche, Kalkschlamm, Lignin und Zelluloseschlamm. Weitere Stoffe sind Schwermetalle, wie Blei und Zink, Schwefelverbindungen und Lösungsmittel. Silber und Silberverbindungen, wie der Name fälschlicherweise vermuten läßt, sind nicht enthalten. Der „Silbersee", der als Giftloch von Bitterfeld weltweite (negative) Aufmerksamkeit erregte, stellt, wie die Experten herausfanden, keine akute Gefahr für die Bevölkerung dar, denn die Lignin-Schlämme binden die Gifte weitgehend in einer Art „Schlammpudding". Am Südrand der Grube hat die Wolfener Sanierungsgesellschaft, die an der Grube arbeitet, eine öffentlich zugängliche Informations- und Besichtigungsstelle aufgebaut, die die Problematik der Sanierungs- und Sicherungsverfahren darstellt. Der Reisende sieht, daß auf die früher stark Gase emittierenden Schlammflächen zur „Geruchsminimierung" „Biomatten" (mit Rindenmulch gefüllte Säcke) gelegt wurden.

Dort, wo die Leipziger Straße die Zörbiger Straße kreuzt, liegt das **Säureeck.** Den Namen bekam diese Kreuzung wegen der zur Säurefabrik im Werk Süd gehörenden weithin sichtbaren großen Säurebehälter. Diese Säurebehälter sind 1997 abgerissen worden. Im Gedächtnis der Bitterfelder wird aber noch lange Zeit das Explosionsunglück vom 11. Juni 1968 bleiben. Bei der Explosion einer PVC produzierenden Anlage wurden mehr als 40 Menschen getötet. Danach wurde PVC in Bitterfeld nicht mehr hergestellt – die Produktion wurde nach Buna verlagert.

Die Entwicklung von PVC (Polyvinylchlorid) war in Bitterfeld wesentlich mitbestimmt worden. Seit 1908 forschten Chemiker von Griesheim-Elektron zu diesem Kunststoff. Das Pionierpatent des Chemikers Fritz Klatte stammt von 1913. Die ersten Versuche zur fabrikmäßigen Herstellung von PVC fanden bereits 1928 statt. Die erste großtechnische Versuchsanlage in Bitterfeld lief seit 1936. Im folgenden wurden immer neue Einsatzgebiete dieses Kunststoffes erschlossen und die Produktion erweitert. PVC war auch die Grundlage für die in der Filmfabrik Wolfen entwickelte erste synthetische Faser der Welt, die „PeCe"-Faser.

An der Zörbiger Straße zwischen Säureeck und Kulturpalast wird der Reisende durch große Schilder auf den **Ballonstartplatz** der Stadt Bitterfeld in einem Sportstadion aufmerksam gemacht. Die Ursprünge der Ballonstadt Bitterfeld lagen allerdings nicht hier, sondern in den von Rathenau gegründeten Elektrochemischen Werken. Seit 1900 wurde in Bitterfeld der bei der Elektrolyse hergestellte Wasserstoff, der leichter als Luft ist, für die Luftschiff- und Ballonfahrt verwendet.

Zuerst komprimierte man den Wasserstoff in Flaschen und lieferte diese an die preußische Luftschifferabteilung in Berlin-Tegel. Auch das erste Luftschiff des Grafen Zeppelin erhielt vor seinem ersten Aufstieg am 2. Juli 1900 eine Füllung mit Wasserstoff, der zum Teil in Bitterfeld produziert worden war. Zu diesem Zeitpunkt gab es in Deutschland nur wenige Orte, an denen Wasserstoff in ausreichenden Mengen und billig genug hergestellt wurde. Damit wurde Bitterfeld auch bald als Startplatz für die Freiballonfahrt interessant. 1904 fand beim Werk Nord der erste Aufstieg eines Wasserstoffballons in Bitterfeld statt. 1909 startete August von Parseval (der als Konkurrent von Zeppelin galt) in Bitterfeld ein von ihm konstruiertes Luftschiff. Mehrfach im Jahr wurden in Bitterfeld nationale Ballonwettfahrten veranstaltet. Ebenfalls 1909 gründete sich ein „Bitterfelder Verein für Luftfahrt", und die Stadt wurde als Aufstiegsort in der deutschen Luftfahrt bekannt. Nach dem Ersten Weltkrieg, in dem sich Flugzeuge den Ballonen und Luftschiffen als überlegen erwiesen hatten, kam es zum allmählichen Niedergang der Luftschiffahrt. Obwohl noch bis in die 30er Jahre Ballone von hier starteten, verlor Bitterfeld seine Bedeutung als Aufstiegsort auch deshalb, weil die gewachsenen Werke mit ihren Schornsteinen und Hochspannungsleitungen zu gefährlichen Flughindernissen geworden wären.

1991 hat sich in Bitterfeld ein neuer Ballonfahrt-Verein gegründet der versucht, an die Luftfahrttraditionen anzuknüpfen und wieder damit beginnt, Ballonwettfahrten zu veranstalten, denn nach wie vor wird in Bitterfeld Wasserstoff produziert.

Im Werk-Nord, dort wo die Bahnlinie Bitterfeld-Stumsdorf (die sogenannte „Saftbahn" – sie führt durch Zörbig, Stadt der Marmeladen und Obstsäfte) die Parsevalstraße kreuzt, nahe dem **Haltepunkt „Grube Antonie"**, stand einmal das Wohn- und Geschäftshaus von Walther Rathenau. Leider kann der Reisende hier nunmehr eine leere abgeräumte Fläche besichtigen. Im Januar 1995 wurde das Haus in einer Nacht-und-Nebel-Aktion abgerissen, um für eine Sondermüllverbrennungsanlage Platz zu schaffen. Seit 1993 hatte es eine Vielzahl von Protesten gegen die Abrißpläne des bereits unter Denkmalschutz stehenden Gebäudes und die Ansiedlung der Müllverbrennung gegeben. Nur einen Monat nach erfolgtem Abriß stellte sich jedoch heraus, daß die Sonderabfallverbrennungsanlage (Sava) nicht kommen würde, denn inzwischen hatte sich die Situation im Müllgeschäft verändert: Die zu erwartende Sondermüllmenge rechtfertigte den Bau der Anlage nicht mehr. Die „Mitteldeutsche Zeitung" berichtete am 24. März 1995:

Rathenau zum Müll - das war Bitterfelds Beitrag zu einer bemerkenswerten Rathenau-Renaissance, die schon lange im Gange war. 1991 war das Schloß Freienwalde, Rathenaus Wohnsitz ab 1909, als Gedenkstätte und Sitz der Rathenau-Gesellschaft wieder zugänglich gemacht worden. 1992 hatten deutsche Gelehrte den verschollen geglaubten Rathenau-Nachlaß im bisher geheimen Zentralen Staatlichen Sonderarchiv in Moskau entdeckt. 1993 hatte das Staatstheater Kassel eine Oper des Komponisten George Dreyfus über die Ermordung Rathenaus uraufgeführt. 1994 war das Deutsche Historische Museum mit der seit langem umfassendsten Ausstellung zu Rathenaus Werk gefolgt.

Daraufhin wurde der Schreibtisch Rathenaus als letztes originales Erinnerungsstück aus Bitterfeld nach Bad Freienwalde abtransportiert.

Rathenau und Bitterfeld – das war von Anfang an ein schwieriges Verhältnis. Seine seltene „Spannweite" von ausgebildeten Fähigkeiten erlauben es, ihn als Naturwissenschaftler, Ingenieur, Manager, Politiker, Sozialphilosoph und Künstler zu beschreiben, obwohl er als Unternehmer in Bit-

Silbersee - Grube „Johannes"

Rathenauhaus, 1993

terfeld scheiterte. Seine Bedeutung als strategischer Denker und Planer für das „elektrische Zeitalter" und den damit verknüpften weitreichenden kulturellen Konsequenzen sind in Bitterfeld bisher kaum gewürdigt worden. Der Abriß des Rathenau-Hauses war ein ängstliches Reagieren auf vage Investitionshoffnungen und genau der Pragmatismus ohne Ideale, den Rathenau stets kritisiert hatte.

Einige hundert Meter vom Haltepunkt „Grube Antonie" entfernt führt die Parsevalstraße, bevor sie den Westrand von Greppin erreicht, an einem in den 70er Jahren errichteten Chlor- und Alkalibetrieb vorbei. Etwas weiter sieht der Reisende dann schon die ersten Greppiner Siedlungshäuser hinter den Rohrleitungen. **Greppin**, der Ort zwischen Wolfen und Bitterfeld und gemeinsamer Nachbar in der Mitte des Industriegebiets, war jahrzehntelang den stärksten Belastungen durch Rauch und Abgase ausgesetzt. Heute ist Greppin ein wichtiger infrastruktureller Knotenpunkt, der sowohl mit den sich erneuernden Industrieflächen als auch mit Wegen in den Erholungsbereich der Muldeaue und Dübener Heide verbunden ist. Dort, wo die Parsevalstraße in die Farbenstraße übergeht, wird die Nord-Süd-Achse von der Salegaster Chaussee gekreuzt. Die Straße wird von den Leuten hier auch „Bayer-Straße" genannt, weil sie 1992 als Erschließungsstraße zum neuen Komplex der Bayer Bitterfeld GmbH gebaut wurde. Die **Bayer AG** ist bisher mit 650 Mio DM der größte Investor im Raum Bitterfeld. Das Unternehmen schuf in drei Betrieben – der größte ist eine Tablettenfabrik zur Herstellung von „Aspirin" – rund 600 Arbeitsplätze. Nach links führt die Straße von Greppin den Reisenden zum nahe gelegenen „Silbersee". Rechts abfahrend gelangt er nach einer Bahnunterquerung in das Dorf Greppin, in dem der schöne alte ländliche Ortskern inmitten der vielen Arbeitersiedlungshäuser nicht leicht auszumachen ist. Am Ortsrand, im Übergang zur anschließenden Muldeaue, lädt neben einem landwirtschaftlichen Gut ein Reiterhof ein.

Von Greppin aus ist es möglich, auf einem markierten Wanderweg durch den Salegaster Forst bis nach Jeßnitz oder entlang der Leine zurück nach Bitterfeld zu fahren (die Wegemarkierung: grüner Streifen auf weißem Quadrat). An der Unterführung der Bahnlinie Leipzig–Wittenberg geht ein ebenfalls markierter Wanderweg nach Muldenstein ab (gelber Streifen auf weißem Quadrat). Der Weg führt durch das Naturschutzgebiet Untere Mulde und über das Muldewehr.

Der Industrielle Pfad folgt von Greppin aus der Farbenstraße weiter nach Norden, vorbei an der **Farbenfabrik**, die sich bereits zu Teilen auf Wolfener Gebiet befindet. Früher wurde die Farbenstraße wegen der Gerüche, die von dem mit vielen Teilbetrieben (u. a. einer Riechstoffabteilung) dicht bebauten Fabrikgelände der Farbenfabrik ausgingen, „Straße der tausend Düfte" genannt.

Greppiner Steinzeug in Bitterfeld

Die Industriegeschichte Greppins ist mit der von Wolfen eng verbunden. Als 1895 die „Aktiengesellschaft für Anilinfabrikation" (Agfa) die Farbenfabrik in Greppin ansiedelte, dehnte sie ihre Aktivitäten und Bauprojekte sehr schnell bis nach Wolfen aus. Schon im ersten Jahr erstreckte sich die Werkssiedlung der Agfa, die **Wohnkolonie**, vom Nordausgang der Farbenfabrik bis zum Dorfkern von Wolfen. Nahe der Fabrik und beim Wolfener Bahnhof entstand in einem Waldstück das Direktoren- und Beamtenviertel der Agfa – nahe dem Dorf Wolfen wurden einfache Arbeiterwohnhäuser, aber auch eine Schule und eine Kirche gebaut.

Anilin

Anilin (Aminobenzol) wurde zunächst bei der Destillation von Steinkohlenteer gewonnen. Anilin – der Name kommt vom französischen Namen der Färbepflanze Indigo = anil – ist ein wichtiges Zwischenprodukt der technisch-organischen Chemie, u. a. zur Herstellung synthetischer Farben. Diese Farben wurden deshalb auch Anilin-Farben oder Teerfarben genannt.

Lange Zeit war Greppin gegenüber Wolfen der bedeutendere Ort; hier saß der Amtsvorsteher, der die Bauvorhaben der Agfa auch in Wolfen genehmigte, denn Wolfen war zu klein für eine eigene Verwaltung. Allmählich wuchsen Greppin und Wolfen zusammen, bis dann nach dem Bau der Filmfabrik 1909/10 der Industrieort Wolfen das Dorf Greppin im Wachstum überholte und schließlich zur größten Stadt im Kreisgebiet wurde – doch dazu später.

Besonders bekannt war Greppin als Produktionsort hervorragender Ziegel und Terrakotten in der Gründerzeit bis in die 20er Jahre unseres Jahrhunderts. Der Standort der **Greppiner Werke** war am **Südpark**, zwischen Saarstraße und Leipziger Straße gegenüber dem alten Verwaltungsgebäude der Farbenfabrik gelegen. Im aufgeschütteten und begrünten Gelände erinnert heute nur noch der sogenannte „Werkhof", der ehemalige Pferdestall der Greppiner Werke, an den 1871 gegründeten Betrieb. Der beim Abbau der Braunkohle anfallende Ton wurde schon frühzeitig zu Ziegeln, Tonröhren und Steinzeug verarbeitet.

Im Unterschied zu den vielen Grubenziegeleien, die überwiegend nur Vollsteine oder poröse Steine fabrizierten, fertigten die Greppiner Werke hauptsächlich Verblender, Terrakotten, Friese, Gesimse, Ornamente und große Verzierungen an, die vor allem in der historistischen Architektur der Gründerzeit oft eingesetzt wurden. Dabei wurde auch eine große Anzahl gelernter Bildhauer, Modelleure und Former beschäftigt. Eine Spezialität der Greppiner Werke waren glasierte Verblender in weiß, grün, rot, blau, schokoladenbraun und schwarz. Neben Arbeiten für den Anhalter Bahnhof in Berlin lieferten die Werke Verblendziegel für Bahnhofsbauten in Dessau, Hanau, Magdeburg, Wolfen, Wittenberg und Leipzig. Greppiner Fabrikate gingen auch ins Ausland, z. B. für Bahnhofsbauten in Paris und Rom und für Wohnhäuser in St. Petersburg. Der Reisende, der aufmerksam die Fassaden in den Straßen von Bitterfeld und die der umgebenden Orte betrachtet, findet auch heute noch viele mit Klinker- und Formsteinen dieser Fabrik verblendete oder geschmückte Fassaden. Die Häuser waren in den vergangenen Jahrzehnten mit einer durch Industriedreck entstandenen schwarzgrauen Schicht überzogen. Viele Gebäude sind inzwischen gereinigt und restauriert worden und leuchten nun wieder im typischen Greppiner Klinkergelb.

Vom Südpark zur Filmfabrik führt der Weg durch die bis 1927 ausgebaute Wohnkolonie. Die Siedlung steht seit 1992 unter Denkmalschutz. Durch Satzungen wurde die Gestaltung der Fassaden, Dächer, Anbauten, Nebengebäude und Gärten geregelt. Erste Erfolge des von der Stadtverwaltung intensiv betreuten Sanierungsprozesses sind bereits an einer ganzen Reihe von rekonstruierten Häusern zu sehen.

Die Stadt Wolfen

Der Name der Stadt Wolfen läßt sich aus den Wörtern Wolf und Heim herleiten; Wolfsheim könnte bedeuten, daß eine Person namens Wolf oder Wulf hier ein „Heim" – eine Wohnstätte – errichtet hat. Der Name Wolf deutet auch auf einen germanischen Ursprung der Siedlung hin.

Zahlreiche Bodenfunde beweisen, daß bereits in der jüngeren Steinzeit Menschen hier siedelten. Die älteste urkundliche Erwähnung stammt von 1400. Nachdem das Dorf in der ersten Hälfte des 15. Jahrhunderts wüst war, wurde es mit nur 20 Höfen neu aufgebaut und dabei mit dem Ort Steinfurth vereint. Um 1800 lebten in Wolfen rund 200 Menschen in 50 Häusern. Im 19. Jahrhundert begann mit dem Aufschluß der Grube „Johannes" und dem Bau der Bahnlinie Bitterfeld–Dessau die industrielle Entwicklung. Die Einwohnerzahl verdreifachte sich bis 1890 auf 725. Das großindustrielle Zeitalter hielt 1895 mit der Gründung der Farbenfabrik und 1919 der Filmfabrik durch die Agfa Einzug. Danach wuchs die Einwohnerzahl stetig und schneller als in der Kreisstadt Bitterfeld. Nach dem Ersten Weltkrieg hatte Wolfen 4.000, 1945 bereits rund 12.000 und heute etwa 43.000 Einwohner. Dem schnellen Anwachsen der Stadt entsprach ein umfangreicher Wohnungsbau in Form von Siedlungen, als größte und letzte entstand Wolfen-Nord. Stadtkulturelle Funktionen erfüllten jahrzehntelang die Film- und die Farbenfabrik. Obwohl seit 1990 verschiedene zentrale Bereiche entstanden, bleibt Wolfen vor allem eine Siedlungsstadt.

Alte Farbenfabrik

Zur **Filmfabrik** findet der Besucher, wenn er den Gleisen der „Filmbahn" folgt, die vom Bahnhof Wolfen direkt zur Hauptpforte der Filmfabrik führen.

Über 80 Jahre wurden in Wolfen Photochemieprodukte hergestellt, die mit den Marken Agfa und ORWO (ORiginal WOlfen) verbunden waren. (Die Einführung des Markennamen ORWO 1964 war eine Reaktion auf den Aufbau einer westdeutschen Film- und Fotochemie, die ebenfalls unter dem Zeichen von Agfa firmierte.)

Die Filmfabrik hat in der ersten Hälfte dieses Jahrhunderts wie kein zweites Unternehmen in Europa die Entwicklung der Fotografie beeinflußt. So stand auch die Wiege des modernen Farbfilms in Wolfen. Mit dem Kinofilm „Frauen sind doch bessere Diplomaten" brach 1941 nicht nur in Deutschland eine neue Ära der Farbkinematografie an. Bereits 1939 war die Serienproduktion des auf Agfacolor-Neu gedrehten Films in Wolfen angelaufen. In den 30er Jahren kam ein Fasersektor hinzu, in dem u. a. die erste synthetische Faser der Welt hergestellt wurde. Die Faserproduktion als dem am stärksten umweltbelastenden Bereich ereilte gleich 1989 die Stillegung. Die „feine" Fotochemie versuchte 1991 mit modernisierter Produktpalette einen Neuanfang. 1995 wurde auch dieser Bereich endgültig geschlossen. Von den ehemals rund 14.000 Beschäftigten haben nur wenige Hundert in den kleineren, ausgegründeten Betrieben neue Arbeit gefunden. Die heute unter dem Markennamen ORWO erhältlichen Produkte haben mit der alten Filmfabrik nur wenig zu tun; hier wird importiertes Filmmaterial konfektioniert (verpackt), aber immerhin in einem kleinen ehemaligen Werksteil.

Der Eingangsbereich der alten Filmfabrik mit den bis in die 20er Jahre gebauten Produktions- und Verwaltungsgebäuden sowie dem 1936 errichteten monumentalen IG-Farben-Hauptgebäude sind denkmalgeschützt und stehen für eine Besichtigung offen. Geplant ist, diesen ehemaligen Werksteil als einen neuen Stadtteil zu entwickeln und vor allem kleinere Gewerbebetriebe anzusiedeln. Das Hauptgebäude, das wie eine

Wohnkolonie Wolfen

Burg über dem Werksareal zu thronen scheint, ist für eine Nutzung als Wolfener Rathaus im Gespräch.

In einem der alten Produktionsgebäude aus gelben Greppiner Ziegeln findet der Besucher das **Industrie- und Filmmuseum**. Zu sehen sind hier die originalen Maschinen, mit denen der erste praktikable Mehrschichtenfarbfilm der Welt hergestellt wurde. Dieses aus einer Initiative „von unten" entstandene Museumsprojekt versammelt in seinen Räumen Ausstellungsstücke und Informationen zur gesamten Geschichte der Film- und Faserfabrik von ihren Anfängen bis zur Gegenwart. Ein eigenständiger Teil ist den Greppiner Werken gewidmet.

Öffentliche Besichtigung der Filmfabrik, 1995

1967 wurde der Plan, zwischen den beiden Neubaugebieten (Siedlung Krondorfer Str. und Wolfen-Nord) ein Zentrum der Naherholung zu schaffen, in die Tat umgesetzt. Die ‚Fuhneaue', geschaffen mit der Initiative und den Aktivitäten der Bevölkerung im Rahmen des Wettbewerbs ‚Schöner unsere Städte und Gemeinden – Mach mit!', sowie großzügiger Unterstützung durch den VEB Filmfabrik Wolfen, ist inzwischen zu einem Begriff geworden. 1974 (3)

Zwischen dem Siedlungsgebiet Krondorfer Straße und Wolfen-Nord liegt das Tal der **Fuhneaue**. Die Fuhne, ein 53 km langer schmaler Bach, hat keine sichtbare Quelle. Bei Bernburg mündet sie in die Saale und bei Jeßnitz in die Mulde, genauer in das Spittelwasser. Fachleute nennen dieses Phänomen der zwei Mündungen Bifurkation. Ursprünglich war die Fuhne ein sumpfiges Gebiet, worauf auch die Ableitung des Namens vom altgermanischen funi = Sumpf, Moor hinweist. (Diese Namensform ist übrigens auch ein Hinweis auf eine sehr alte Besiedlung.)

Der Fuhne-Bach wurde erst im 16. Jahrhundert zur Entwässerung der Niederung gegraben. Damit wurde mit dem Graben auch die Landesgrenze zwischen Kursachsen und Anhalt geregelt. Während Wolfen noch zu Kursachsen gehörte (das nach 1815 als Provinz Sachsen in preußische Hoheit überging) lag Bobbau auf anhaltischem Gebiet. Bis zum Anfang des 20. Jahrhunderts wurde in der Fuhneaue Torf gestochen. Und die Wolfener hatten hier ihre Gärten.

Industrie- und Filmmuseum Wolfen

In der Fuhnaue

So wie bei dem Ort Salzfurtkapelle gab es in alter Zeit zwischen Wolfen und Bobbau in Steinfurth einen dem Namen nach wohl mit Steinen befestigten Überweg. Heute trägt eine in den 30er Jahren entstandene Werkssiedlung der IG Farben diesen Namen. Die gartenstadtähnliche Wohnanlage mit geschwungenen Straßen, grünen Plätzen und großen Nutzgärten bei den Häusern liegt etwa dort, wo sich der Sage nach eine Wunderburg befunden haben soll. Ein geschnitzter Wegweiser bezeichnet eine gleichnamige Straße inmitten dieser Siedlung.

Auf der durch die Bebauung kaum mehr als solche wahrzunehmenden Anhöhe stand einst eine (1436 urkundlich nachgewiesene) Warte, die ein Wachturm für die durch die Fuhne verlaufende Landesgrenze gewesen sein dürfte. Die Fundamente fand man bei den Bauarbeiten zur **Siedlung Wolfen-Steinfurth**.

Doch die Bezeichnung „Wunderburg“ verweist auf etwas Anderes, Besonderes. Der anhaltische Chronist Wäschke schrieb: „Wunderburgen waren Einfriedungen zu Belustigungszwecken. Überall, wo dieser Name sich findet, scheint ein sogenanntes Labyrinth in den Rasen ausgestochen zu sein, an dessen Durchwanderung sich die Jugend an gewissen Tagen vergnügt.“ Das klassische Labyrinth war kein Irrgarten; es bestand aus nur einem verschlungenen Pfad, der durch das gesamte Labyrinth führte – hinein und auch wieder hinaus.

Solche Labyrinthe waren für das zeremonielle Umherwandeln gedacht. Die mystische Bedeutung, die dem Entwurf eines Labyrinths zugrunde lag, war eine Reise in die jenseitige und die Rückkehr in die diesseitige Welt, vergleichbar mit Tod und Wiedergeburt. Für die Region ist überliefert, daß solche Rituale mit dem Jahreszeitenmythos verknüpft waren. Die Befreiung der Sonne aus der Macht des Winters wurde z. B. nachgespielt, indem ein im Zentrum des Labyrinths „gefangengesetztes“ junges Mädchen von einem jungen Mann „befreit“ wurde. Die kultische Bedeutung solcher zeremoniellen Labyrinthspiele wurde bald vergessen, als Volksbelustigung und als Kinderspiel lebten sie aber noch eine Zeitlang fort. Frühe Kultplätze aus der Zeit der ersten germanischen Besiedlung um 1000 n. Chr. sind nicht selten nur in sagenhaften Legenden überliefert. Im Falle der „Wunderburg“ gibt es lediglich Indizien. Der Reisende mag selbst beurteilen, inwieweit sie ihm schlüssig sind und dabei rätseln, was wohl der folgende durch den Volksmund weitergegebene Spruch bedeuten könnte: Da saß ich in der Wunderburg und wußte nicht wohin.

Siedlung Wolfen - Steinfurth

Wolfen, unsere Heimat:
Tolle Orte zum Entspannen finden sich genug zwischen grünen Bäumen und neu entstandenen Wäldern, wo auch wir Kinder mal so richtig tollen und toben können. In unseren Wäldern kann man viele Tiere beobachten, die in unserer Region heimisch sind. Es ist wie ein Gartenreich, das wir für andere Kinder erhalten und pflegen wollen, denn wir alle müssen daran denken, daß man nicht alles so sinnlos zerstören kann, ohne über mögliche Konsequenzen nachzudenken. Also unser Motto: Helft mit bei der Erhaltung der Grünflächen unserer Region Wolfen-Bitterfeld! (Yves Altmann, 11 J., Wolfen)

In Wolfen-Nord

Von der Fuhneaue aus sieht der Reisende schon von weitem die „Skyline“ der Großsiedlung **Wolfen-Nord**.

Die Großsiedlung Wolfen-Nord ist die größte Wohnanlage der Region. Von den ca. 43.000 Einwohnern lebt mehr als die Hälfte in diesem Stadtteil, der schon fast als eine eigene Stadt angesehen werden kann.

Auf den ersten Blick gehört Wolfen-Nord zu den Monstern des modernen Städtebaus. Der von 1960 bis 1990 in vier Bauabschnitten für die hauptsächlich in der Chemieindustrie Beschäftigten errichtete „sozialistische Wohnkomplex“ hat Mühe, sich gegen das Stigma des städtebaulichen Sozialfalls zu wehren. Wolfen-Nord erscheint als uniformes Gebilde. Zahlreiche Autodiebstähle oder Morde an Vietnamesen – die Hinterbliebenen der einstigen Völkerfreundschaft – rundeten das Bild ab: Wolfen-Nord, ein Ort, der zu meiden ist. Das Stigma zeigte Wirkung: Viele, die es sich finanziell leisten konnten, zogen weg. Ca. 10 % der Wohnungen stehen heute leer, in den jüngeren Wohnkomplexen sogar bis zu 20 %. Es fehlt an bergenden, differenzierten Räumen, baulicher Mischung und gestalteten Grünanlagen. In ihren älteren östlichen Teilen weist die Siedlung die für die Anfänge typische Zeilen- und Reihenbauweise auf. In den westlich daran anschließenden Wohnkomplexen bildeten die meist fünfgeschossigen Wohnblöcke um Höfe gruppierte Ensembles. Als städtisch empfindet der Besucher weder die räumliche Zerrissenheit der Block- und Zeilenbauten noch die z. T. beklemmenden schluchtartigen Quartiere. Gedacht waren die Plattenbauten allerdings nicht als Ghettos für die Verlierer der Gesellschaft. Fast sprichwörtlich war ihre soziale Durchmischung – Arbeiter, Ingenieure und leitenden Angestellte zogen hier in Nachbarschaft ein.

Von den ca. 28.000 Menschen, die in Wolfen-Nord in 13.200 Wohnungen leben, sind rund 27 % nach offizieller Statistik arbeitslos – ohne Berücksichtigung von Arbeitsbeschaffungsmaßnahmen. Das heißt auch, daß aus der „Schlafstadt“ eine Wohnstadt werden muß, denn jeder fünfte im arbeitsfähigen Alter verbringt seinen Tag hier.

Seit einiger Zeit läuft neben der begonnenen baulichen Sanierung auch der Aufbau neuer politischer Instrumente und Institutionen (z. B. die Gründung der Erneuerungsgesellschaft Wolfen-Nord); und es wird über Beteiligungsformen sowie die Organisation von Selbsthilfe debattiert.

Am Rand von Wolfen-Nord „grüßt" in Bobbau das unvermeidliche Einkaufszentrum „Muldepark". Auf der anderen Seite der Bahn, in Jeßnitz, führen markierte Wanderwege „ins Grüne" – in die Muldeaue, das Naturschutzgebiet Salegaster Forst nach Altjeßnitz oder auch durch die Mosigkauer Heide nach Dessau.

Altjeßnitz ist für seinen barocken **Irrgarten** bekannt, der als der größte erhaltene seiner Art in Deutschland gilt.

1732 ist er im Auftrag des Barons Leopold Nikolaus von Ende angelegt worden. Der Garten besteht aus geschnittenen Hainbuchenhecken. Die Wegfindung ist erstaunlich anspruchsvoll, und es geht das Gerücht, daß bereits einige glücklose Besucher nach Einbruch der Dunkelheit von außen gerettet werden mußten.

Wolfen: eine Vision des Oberbürgermeisters 1996 für das Jahr 2010

Zu diesem Zeitpunkt ist Wolfen mit rund 35.000 Einwohnern die einwohnerstärkste Ortschaft des Städteverbandes Bitterfeld-Wolfen. Er zählt 60.000 Einwohner und ist Hauptstadt des Großkreises Mulde-Fuhne. Zum Verband gehören neben Bitterfeld und Wolfen auch Bobbau, Jeßnitz, Thalheim, Greppin und Holzweißig – als relativ selbständige Orte. [...] ...wirtschaftlich wird Wolfen von seinem Chemie- und Technologiepark geprägt und ist einer der stärksten Wirtschaftsstandorte Mitteldeutschlands. Chemieindustrie auf Basis Chlor, Hightech-Unternehmen der Glas-, Folien- und Beschichtungsbranche, Biotechnologie und moderne Dienstleister bestimmen das Niveau. Die Arbeitslosenquote wurde unter zehn Prozent gesenkt, ein effektiver geförderter Arbeitsmarkt ist ein wichtiger Faktor bei der Gestaltung des öffentlichen Bereiches. [...]

Der einstige Problemstadtteil Wolfen-Nord heißt nunmehr Wolfen-Windberg. [...] Ne-

Irrgarten in Altjeßnitz

ben kostengünstigen Mietwohnungen in den ehemals verachteten Plattenbauten sind in Gemeinschaftsinitiative individuelle Wohnsiedlungen entstanden. [...] ...ein Freizeitpark Fuhneaue leitet zur Altstadt über, die ihren Charakter weiter ausgeprägt hat. [...] Es ist gelungen, den Verkehr aus der Stadt zu drängen und die Leipziger Straße zu einem idyllischen Kleinhandels- und Gewerbebereich zu entwickeln. [...] Im ORWO-Park, der unter anderem ein städtisches Kulturhaus, Kinos, Multi-Media-Anlagen, Nationalitäten-Gastronomie, Vereinslokale mit individuellem Kulturangebot und Fachhandelseinrichtungen aufweist, pulsiert das Leben. Eines seiner prägnantesten Gebäude – der sogenannte Rundbau – beherbergt die Ortschafts- sowie Teile der Stadtverbands- und Kreisverwaltung. Hier ist auch das Technologie-Zentrum Wolfen, seit der Jahrtausendwende High-tech-Wiege auf dem Beschichtungs- und Foliensektor, zu finden. (4)

Wanderwegweiser in Jeßnitz

Auskunft/Information

Dessau
Zerbster Straße 2c, 06844 Dessau,
Tel. 0340/2 04 14 42

Wörlitz
Neuer Wall 103 ,06786 Wörlitz,
Tel. 034905/2 02 16 oder 2 17 04

Oranienbaum
Im Schloß, 06785 Oranienbaum,
Tel. 034904/3 13

Roßlau
Südstraße 8, 06862 Roßlau,
Tel. 034901/ 24 67

Coswig
Kulturzentrum „Klosterhof", Schloßstr. 57,
06869 Coswig,Tel. 034901/61 39

Wittenberg
Schloßstraße 2, 06886 Luth. Wittenberg,
Tel. 03491/49 86 10 oder 41 48 48

Tourismus-Service Wittenberg,
Dessauer Str. 37, 06886 Luth. Wittenberg,
Tel. 03491/66 01 95

Landkreis Wittenberg, Referat Tourismus,
Mittelstraße 33, 06886 Luth. Wittenberg,
Tel. 03491/40 26 10

Bitterfeld
Markt 7, 06749 Bitterfeld,
Tel. 03493/36 13 33

Camping

Bergwitz
Campingplatz „Am Bergwitzsee",
06773 Bergwitz, Tel. 034921/82 28

Dessau
Waldbad "Adria", 06842 Dessau,
Tel. 0340/2 16 09 45

Griebo
Campingplatz „Olympiasee",
06869 Griebo, Tel. 034903/86 08

Möhlau
Campingplatz „Möhlauer See",
06791 Möhlau, Tel. 034953/83 44

Schlaitz
Heide-Camp Am Muldestausee,
06774 Schlaitz, Tel. 034955/2 05 71

Fahrradverleih

Bergwitz
Fahrradhof Schröter, Dorfstraße 31,
06773 Bergwitz, Tel. 034928/2 04 28

Bitterfeld
Kreissportbund Bitterfeld e.V.,
Haus des Sports,
Niemegker Straße 22, 06749 Bitterfeld,
Tel. 03493/2 28 42 oder 2 28 43

Brambach
Elbterrassen, Dorfstr. 2, 06862 Brambach,
Tel. 034901/8 26 75

Dessau
Dieter Becker & Sohn, Coswiger Str. 47,
06844 Dessau-Waldersee,
Tel. 0340/2 16 01 13

Fahrradcenter am Flugplatz, Fam. Ribbecke, Hauptstr. 186, 06846 Dessau-Kleinkühnau, Tel. 0340/61 71 29

Fam. Lehe, Straßburger Str. 32, 06846 Dessau-Ziebigk, Tel. 0340/61 38 71

Rad der Stadt Dessau, Unruhstraße 10, Am Wörlitzer Bahnhof, 06844 Dessau, Tel. 0340/2 21 32 34

Soziale Heimat Dessau e.V., Flössergasse 1, 06844 Dessau, Tel. 0340/21 26 93

Steigenberger AVANCE-Hotel, Friedensplatz, 06844 Dessau, Tel. 0340/2 51 50

Urban-Consult, Schillerstraße 39, 06844 Dessau, Tel. 0340/2 21 01 14

Zweirad-Meißner, Heidestr. 3, 06842 Dessau, Tel. 0340/8 50 24 41

Gräfenhainichen
Fahrrad-Service Loos, Wittenberger Str. 65, 06773 Gräfenhainichen, Tel. 034953/2 37 37

Radis
Jugendherberge Radis, Bahnhofstraße 18, 06773 Radis, Tel. 034953/3 92 88

Roßlau
Zimmer-Zweiradcenter, Hauptstraße 45, 06862 Roßlau, Tel. 034901/8 23 63

Wittenberg
Fahrradhaus Kralisch, Judenstr. 11, 06886 Wittenberg, Tel. 03491/40 37 03

Fahrradladen, Coswiger Str. 21, 06886 Wittenberg, Tel. 03491/40 28 49

Wörlitz
Firma Graul, Grabengasse, 06786 Wörlitz, Tel. 034905/2 21 17

Museen und Galerien

Bitterfeld
Galerie am Ratswall, Am Ratswall 22

Kreismuseum, Kirchplatz 3

Edelsteinmuseum, Chemie GmbH Bitterfeld/Wolfen, Zörbiger Straße (im Kulturpalast)

Coswig
Museum Coswig, Schloßstr. 57

Dessau
Anhaltische Gemäldegalerie Schloß Georgium, Puschkinallee 100

Design-Zentrum Sachsen-Anhalt, Ebertallee 71

Heimatstube Alten, Kastanienhof 31

Johannbau, Nähe Schloßplatz

Kurt-Weill-Zentrum, Feininger-Haus, Ebertallee 63

Museum für Naturkunde und Vorgeschichte, Askanische Straße 32

Museum Schloß Mosigkau, Knobelsdorffallee 2/3

Museum für Stadtgeschichte, Wolfgangstraße 13

Galerie „Materialwaren & Südfrüchte“ (KIEZ), Bertold-Brecht-Straße 10

Galerie-Cafe am Rathaus, Schloßstraße 10

Oranienbaum
Schloß Oranienbaum, Schloßstraße

Thießen
Technisches Denkmal Kupferhammer

Wittenberg
Reformationsgeschichtliches Museum (Luther-Halle), Collegienstraße 54

Melanchthon-Haus, Collegienstraße 60

Natur- und Völkerkundemuseum „Julius Riemer", Auf dem Schloßplatz

Galerie „im Cranach-Haus", Schloßstraße 1

Galerie Sakristei, Stadtkirche „St. Marien", Kirchplatz

Galerie „Haus der Vereine", Hans-Heinrich-Franck-Club", Puschkinstraße 64

Schloßparkgalerie, Dessauer Straße 228

Wörlitz
Schloß, Gotisches Haus und Graues Haus

Bibelturm, Kirchgasse

Wolfen
Industrie- und Filmmuseum, Puschkinplatz 2

Zschornewitz
Trafohäuschen, Gartenweg/Ecke Ossietzkystraße, (Schlüssel beim Bürgermeister)

Kraftwerk, Kraftwerkstraße

Natur- und Freibäder

Bergwitz
Bergwitzsee

Bitterfeld
Am Bad, IG-Bad Bitterfeld
Burgkemnitz
Blauer See

Coswig
Flämingbad

Dessau
Freibad „Stillinge", Walderseestraße

Naturbad Großkühnau, Seeweg 2

Naturbad Mosigkau, Prödelweg 1

Strandbad „Adria", An der B 185 Richtung Oranienbaum

Waldbad Dessau, Am Schenkenbusch 1a

Gräfenhainichen
Barbarateich bei Gräfenhainichen

Möhlau
Möhlauer Seen

Sandersdorf
Strandbad Sandersdorf

Schlaitz
Muldestausee

Wittenberg
Freibad Piesteritz, Möllendorfer Str. 13c

Strandbad Reinsdorf

Zschornewitz
Regattasee

Studiokino

Dessau
OutD im KIEZ, Bertold-Brecht-Str. 29a,
Tel. 0340/21 20 37

Theater/Kabarett

Bitterfeld
Kulturpalast Bitterfeld, Zörbiger Straße,
Tel. 03493/72 74 5 o. 0171/8 55 03 92

Dessau
Anhaltisches Landestheater Dessau,
Friedensplatz 1a, Tel. 0340/2 51 13 33

Bauhaus-Bühne, Gropiusallee 38,
Tel. 0340/6 50 83 30

Kabarett „Der Spiegel",
über Dessau-Information

Studiobühne „Nordeingang" (KIEZ),
Bertold-Brecht-Straße 29a,
Tel. 0340/21 20 37

Puppentheater, Wolfgangstraße 13,
Tel. 0340/21 24 01

Roßlau
Theater der Jugend, Hauptstraße 51,
Tel. 034901/8 25 71

Wittenberg
Mitteldeutsches Landestheater Wittenberg,
Thomas-Müntzer-Straße 14/15,
Tel. 03491/48 21 13,

Kabarett Brett'l Keller, Schloßplatz,
Tel. 03491/ 31 64

Wolfen
Kulturhaus, Puschkinplatz,
Tel. 03494/63 64 71

Literatur- und Quellenverzeichnis

Anmerkungen

Bauhaus

1 Ilja *Ehrenburg:* Visum der Zeit. Leipzig 1982
2 Sitzung des Gemeinderates vom 11.3.1925 bzw. 19.3.1925. In: Gemeindeprotokoll, Stadtarchiv Dessau
3 Oskar *Schlemmer:* Idealist der Form. Leipzig 1990
4 Laszlo *Moholy-Nagy:* Das Bauhaus in Dessau. In: Krisztina *Passuth:* Moholy-Nagy. Dresden 1987
5 Antrag der NSDAP auf Schließung des Bauhauses zum 1. Oktober. In: Anhalter Anzeiger vom 23.8.1932
6 Führer durch Dessau. Dessau 1928
7 Hannes *Meyer:* 1889; Architekt, Humanist, Lehrer (Hrsg.): Bauhaus-Archiv Berlin und Deutsches Architekturmuseum Frankfurt a. M. Berlin 1989

Dessauer Stadtwege

1 Italo *Calvino:* Die unsichtbaren Städte. Berlin 1977
2 Erhard *Hirsch:* Dessau-Wörlitz. Leipzig 1985
3 Werner *Grossert:* Zur Geschichte des Antijudaismus und Antisemitismus in Dessau. Dessau 1997
4 Lennart *Hellberg* / Holger *Barth:* Modernisierung der Stadt. Massenwohnungsbau im Nationalsozialismus. In: Dessauer Kalender 1997
5 Vgl. Anm. 4
6 Martin *Stein:* Das neue Dessau. In: Industrielles Gartenreich. Dessau 1996
7 Sechzehn Grundsätze des Städtebaus, Berlin 1951
8 Siehe Anm. 6
9 Hans *Harksen:* Die ehemaligen Bauten am Rande des Dessauer Stadtgartens. In: Dessauer Kalender 1973
10 Hanspeter *Padrutt:* Der epochale Winter. Zürich 1990
11 Siehe Anm. 10
12 Vgl. Hans-Peter *Hinze:* Deutsche Ostexpansion im Zeichen des Feudalismus ab dem 10. Jahrhundert. In: Gerald *Munier* / Burghard *Duhm* (Hrsg.): Vom Bauhaus nach Bitterfeld. Bielefeld 1991
13 Dietrich *Allert:* Berenhorst und Kant. In: Dessauer Kalender 1997
14 Vgl. Harald *Bodenschatz:* Der große historische Nord-Süd-Straßenzug. In: Industrielles Gartenreich. Dessau 1996
15 Häuserbuch der Stadt Dessau 13 (1985)
16 Siehe Anm. 15
17 Vgl. Werner *Grossert:* Der gute Ort. Dessau 1994
18 Siehe Anm. 14
19 Vgl. Werner *Grossert:* Alle Gewalten gehn vom Volke aus. Glanzlichter der Köthener Verfassungsgeschichte. In: Gerald *Munier* / Burghard *Duhm* (Hrsg.): Vom Bauhaus nach Bitterfeld. Bielefeld 1991
20 Vgl. Aaron J. *Gurjewitsch:* Mittelalterliche Volkskultur. Dresden 1986
21 Ulla *Jablonowsky:* Bausteine zu einer Geschichte der Stadt Dessau. In: Dessauer Kalender 1980
22 Vgl. Richard *van Dülmen:* Hexenwelten. Frankfurt a. M. 1990
23 Walter *Benjamin:* Charles Baudelaire. Frankfurt a. M. 1990
24 Vgl. Elisabeth *Kremer:* Zur symbolischen Funktion von Raumbildern. In: Diskurse zur Landschaft. 1. Kolloquium zwischen den Bereichen der Stiftung Bauhaus Dessau. Dessau 1997
25 Vgl. Konrad *von Rabenau:* Bildnisse von Philipp Melanchthon und Fürst Georg von Anhalt auf den Büchern der Reformationszeit. In: Dessauer Kalender 1997
26 Samuel Heinrich *Schwabe.* Dessau 1989
27 Manfred *Bieler:* Still wie die Nacht. Memoiren eines Kindes. Hamburg 1989
28 Heinrich *Peus:* Das Volkshaus wie es sein sollte. Berlin 1913
29 siehe Anm. 27
30 siehe Anm. 27
31 siehe Anm. 27
32 siehe Anm. 27
33 siehe Anm. 4
34 siehe Anm. 27
35 siehe Anm. 27
36 Häuserbuch der Stadt Dessau 22 (1994)
37 Häuserbuch der Stadt Dessau 23 (1995)
38 Projektdokumentation „interteam" für das Projekt Expo 2000 Pfad Dessau, Kolloquium vom 29.5.1996
39 Stephanie *Fischer:* Sommer 1991. In: Dokumentarium Kiezius. Dessau 1995
40 Felix *Klee:* Erinnerungen an Dessau. In: Paul Klee: Tagebücher. Stuttgart 1993
41 Ernst-Paul *Dörfler:* Die Elbe. (Unveröffentlichtes Manuskript). Dessau 1997
42 Rainer *Heide:* 200 Jahre Jagdschloß und Oberförsterei Haideburg. In: Dessauer Kalender 1983
43 Vgl. Ulrike *Schacht* / Leo *Sztatecsny:* Die Mulde. (Unveröffentlichtes Manuskript). Dessau 1997
44 Christian *Buhl:* Wo der Sachse blüht. In: Kreuzer 8/1993

Gartenreich

1 Fürst *von Ligne*, zit. nach Erhard *Hirsch:* Der Dessau-Wörlitzer Kulturkreis. Wörlitz 1965
2 Michael *Niedermeier:* Das Ende der Idylle: Symbolik, Zeitbezug, „Gartenrevolution" in Goethes Roman „Die Wahlverwandtschaften". Berlin 1992
3 Friedrich *Reil:* Leopold Friedrich Franz von Anhalt-Dessau. [Nachdruck der Ausg.] Dessau 1845. Wörlitz 1995
4 Wolfgang *Hartdwig:* Naturbeherrschung und ästhetische Landschaft. In: Münchener Landschaftsmalerei. Katalog zur Ausstellung. München 1979
5 Erhard *Hirsch:* Dessau-Wörlitz. Leipzig 1985
6 Friedrich *Schiller:* Vom Erhabenen. In: Sämtliche Werke: 10 Bde., Berlin 1980. Bd. 1

7 August *von Rode:* Beschreibung des Fürstlichen Anhalt-Dessauischen Landhauses und des Englischen Gartens zu Wörlitz. [Reprint der Ausg.] Dessau 1814. Wörlitz 1996

Wittenberg
1 Andreas *Meinhardi:* Über die Lage, die Schönheit und den Ruhm der Herrlichen Stadt Albioris, gemeinhin Wittenberg genannt. Aus dem Lateinischen von Martin Treu. Leipzig 1986, [1. Aufl. 1508]
2 Berthold *Hinz:* Lucas Cranach d. Ä.. Hamburg 1993
3 Siehe Anm. 1
4 Martin *Treu:* Katharina von Bora. O. O. [Wittenberg] 1995
5 Gespräch Roland *Günter* mit Peter *Ries* am 19.7.1997
6 Programmheft „Luther rufen". Wittenberg 1997
7 Siehe Anm. 2
8 Siehe Anm. 2
9 Helmar *Junghans:* Martin Luther und Wittenberg. München 1996
10 Stefan *Oemig:* Die Wittenberger Bewegung 1521/22 und ihre Folgen im Lichte alter und neuer Fragestellungen. In: Stefan *Oemig* (Hrsg.): 700 Jahre Wittenberg. Stadt. Universität. Reformation. Weimar 1995
11 Siehe Anm. 10

Land der Braunkohle
1 300 Jahre Oranienbaum. Oranienbaum 1973
2 Gerd-Helge *Vogel:* Konfuzianismus und chinoise Architekturen im Zeitalter der Aufklärung. In: „Die Gartenkunst" 2/1996
3 Max *Frisch:* Stiller. Leipzig 1986
4 Oskar *Schlemmer:* Idealist der Form. Leipzig 1990
5 Ferropolis. Stadt aus Eisen. Dessau 1996
6 Otl *Aicher:* gehen in der wüste. Frankfurt a. M. 1982

Bitterfelder Weg
1 Bitterfelder Chronik 1993
2 Friedrich Wilhelm *Henning:* Die Industrialisierung in Deutschland 1914-1972. Paderborn 1975
3 Wolfen-Nord. Sozialistisches Wohngebiet. Wolfen 1974
4 Vorstellungen über das Bild von Wolfen im Jahre 2010. In: Mitteldeutsche Zeitung vom 23.10.1996

Weitere verwendete Literatur

Bauhaus
Bauhaus-Archiv: Museum: Sammlungskatalog. Berlin 1989
Harald *Bodenschatz:* Der rote Kasten. Berlin 1996
Das Bauhaus zerstört-das Bauhaus stört. Dessau 1996
Dimensionen Bauhaus Dessau 1925-32. Dessau 1993
Experiment Bauhaus. Katalog zur Ausstellung. Berlin 1988
Walter *Gropius:* Bauhausbauten in Dessau. München 1930
Nina *Kandinsky:* Kandinsky und ich. München 1987
Rund um die Sieben Säulen. Dessau 1991
Wissenschaftliche Beiträge zum 4. Junkers-Kolloquium. Dessau 1994
Hans M. *Wingler:* Das Bauhaus 1919-1933. Weimar, Dessau, Berlin und die Nachfolge in Chikago seit 1937. Schauberg 1968

Dessauer Stadtwege
Aktivurlaub im Gartenreich. Dessau 1991
Denkschrift zur Erhaltung des Junkers-Flugplatzes in Dessau. Anhaltischer Heimatbund (Hrsg.). Dessau 1993
Der Ursprung der deutschen Neugotik im aufgeklärten Dessau-Wörlitzer Reformwerk. Dessau 1987
Dessauer Kalender 1958,1962,1972,1975,1982,1984,1990,1992,1994, 1996
Geschichte und Gestalt. Gerhard *Brendler* / Katharina *Flügel* / Gert *Wendelborn* (Hrsg.). Berlin 1987
Roland *Günter:* Protestantische Stadtkultur. (Unveröffentlichtes Manuskript). Bielefeld 1996
Häuserbuch der Stadt Dessau 24 (1996)
Lucas Cranach und altdeutsche Meister. Anhaltische Gemäldegalerie Dessau. Informationsblatt. (o. J.)
Max *Weber:* Aufsätze zur Religionssoziologie I. Tübingen 1988
Zwischen Wörlitz und Mosigkau 4 (1971), 7 (1972), 19 (1976), 24 (1983), 38 (1993)

Gartenreich
Weltbild Wörlitz. Stuttgart 1996
Richard *van Dülmen:* Die Gesellschaft der Aufklärer. Frankfurt a. M. 1986
Gert *Gröning* / Ulf *Herlyn:* Landschaftswahrnehmung und Landschaftserfahrung. München 1990
Thomas *Kleinspehn:* Der flüchtige Blick. Sehen und Identität in der Neuzeit. Hamburg 1989
Gudrun *König:* Eine Kulturgeschichte des Spaziergangs. Spuren einer bürgerlichen Praktik 1780-1850 Wien, Köln, Weimar 1996
Norbert *Eisold:* Das Dessau-Wörlitzer Gartenreich. Köln 1993
Mitteilungen des Vereins für Anhaltische Landeskunde 1992

Wittenberg
Hermann *Barge:* Andreas Bodenstein von Karlstadt. 2 Bde. Leipzig 1905
Peter *Blickle:* Die Reformation im Reich. Stuttgart 1982
Coswig. Informationsbroschüre. (o. J.)
Peter *Findeisen:* Geschichte der Denkmalpflege. Sachsen-Anhalt. Berlin 1990
Karl Eduard *Förstemann:* Die Willkür und Statuten der Stadt Wittenberg. In: Neue Mitteilungen aus dem Gebiet historisch-antiquarischer Forschungen 6, 1843
Heimatkalender des Kreises Roßlau. Roßlau 1987

Irmgard Höss: Georg Spalatin 1484-1545. Weimar 1989
Die Reformation in Augenzeugenberichten. München 1980
Volkmar *Joestel* (Redaktion) u.a.: Martin Luther 1483-1546. Katalog der Hauptausstellung in der Lutherhalle Wittenberg. Berlin 1993
Heinrich *Kühne:* Aus der Geschichte des Wittenberger Melanchthonhauses. In: Philipp Melanchthon. Humanist. Reformator. Praeceptor Germaniae. Berlin 1963
Monika *Lücke* / Dietrich *Lücke:* Lucas Cranach in Wittenberg. In: Claus *Grimm* (Hrsg.): Lucas Cranach. Ein Maler-Unternehmer aus Franken. Regensburg 1994
Ingetraut Ludolphy: Friedrich der Weise. Göttingen 1984
Luther und Melanchthon neu entdecken. Reiseführer zu den Gedenkstätten der Reformation. Paul *Metzger* / Stefan *Rhein* (Hrsg.). Heilbronn 1997
Nikolaus *Müller:* Die Wittenberger Bewegung 1521 und 1522. Briefe, Akten, Personalien u. dgl. Leipzig 1911
Philipp Melanchthon. Reformator, Lehrer Deutschlands. Stefan *Rhein* (Hrsg.). Lahr 1996
Romanische Kirchen im Landkreis Wittenberg. Kropstädt 1996
Eva *Schirmer:* Mystik und Minne. Frauen im Mittelalter. Wiesbaden (o. J.)
Ingrid *Schulze:* Evangelische Stadtkirche St. Marien Wittenberg. München 1991
Vom Bauhaus nach Bitterfeld. Gerald *Munier* / Burghard *Duhm* (Hrsg.). Bielefeld 1991

Land der Braunkohle
Industrielles Gartenreich. Dessau 1996
Tanja *Kolendowitcz* / Lydia *Ziegeltrum:* Aschesee. Fragment einer Industriekultur. Projektarbeit amFachbereich Landschaftsarchitektur und Umweltentwicklung der Universität Hannover. (Unveröffentlichtes Manuskript). Hannover 1996
Lehrpfad der industriellen Wandlung. Dessau 1995
Elke *Mittmann:* Konzeptvorschlag für die kulturelle Vermittlung des Kraftwerksdenkmals Zschornewitz. (Unveröffentlichtes Manuskript). Dessau 1997
Umweltkontor. Informationsbroschüre zum Windpark Zschornewitz. Zschornewitz 1997
Petra *Zurhorst:* Der Asche-See in Zschornewitz. Diplomarbeit an der Technischen Universität Berlin. (Unveröffentlichtes Manuskript). Berlin 1996

Bitterfelder Weg
Bitterfelder Heimatblätter
Zur Industrialisierung der Bitterfelder Region. Verein der Freunde und Förderer des Kreismuseums Bitterfeld e.V. (Hrsg.)

Weitere Publikationen der Stiftung Bauhaus Dessau (Auswahl)

Bauhaus Dessau: Industrielles Gartenreich; Dessau, Bitterfeld, Wittenberg
Berlin: Ex pose Verlag, 1996. ISBN 3-925935-26-6 (66,- DM)

Bauhaus Dessau 1919-1933. - Dessau: Stiftung Bauhaus Dessau, 1996
ISBN 3-910022-18-9 (10,- DM)

BergbauFolgeLandschaft: Jahrbuch 1996 / Dachverband Bergbaufolgelandschaft e.V.
Dessau: Stiftung Bauhaus Dessau, 1996.
ISBN 3-910022-12-X (35,- DM)

Dimensionen – Bauhaus Dessau 1925-1932.
Dessau: Bauhaus, 1993 (24,- DM)

Tharandt, Elisabeth: Kinder-Führer kreuz und quer durch das Bauhaus Dessau.
Dessau: Bauhaus, 1993 (4,50 DM)

Wirtschaft von Unten = Poeples Economy. Berlin, 1996.
ISBN 3-910022-08-1; 3-910022-12-X (36,- DM)

Monatshefte der Stiftung Bauhaus Dessau.
Jahresabonnement 25,- DM

Leitfaden 1996-2000 der Stiftung Bauhaus Dessau.
Dessau 1996 (3,- DM)

Niels Bolbrinker, Kerstin Stutterheim, Torsten Blume: Land der Arbeit – Bilder und Legenden einer Industrieregion. Berlin;
Ex pose Verlag, 1997 (45,- DM)

Bildnachweis

Anhaltische Gemäldegalarie Dessau: 47 unten

Anhaltische Verlagsgesellschaft m.b.H. Dessau: 23.

Archiv „Industrielles Gartenreich", Stiftung Bauhaus Dessau: 11 unten, 82 oben, 93, 94, 107, 108, 213.

René Bär: S. 203.

Volker Bartholdt: 90, 181

Torsten Blume: 14 unten, 215 unten, 217, 220 links, 225 oben, 237, 244, XIV.

Niels Bolbrinker: 106, 189.

Lars Bölling: 204.

Heike Brückner: 125 links, 126, 133, 134 unten, 135, 138, 139, 140, 141, 142, IX.

Burghard Duhm: 41, 44, 47 links, 48, 49 unten, 71 oben, 73, 75, 76, 78, 79, 80, 84, 105, 111.

Roland Günter: 147, 156, 159, 162, 163, 170, 171, 174, XI.

Rachael Hammond: I, XII.

Detlef Hecht: 88 links, 196 unten, 197, 200, 209, 229, 235.

Vera Hertlein: 131 rechts.

Silvia Höll: 21 unten, 40, 43 rechts, 66, 70, 109 oben, 134 oben.

Jürgen Hohmuth: 37, 81, 82, 97, 98, 99, 101, 117, 120, 215 oben, 222, 223, 241 oben, 242, 243, IV.

Jeff Kalil: 60 oben, 86, 88 rechts, 89, 160, 165, 167, 169, 173, 175, VI, X.

Harald Kegler: 10, 11 oben, 15, 16, 18, 21 oben, 153 rechts, 182, 183, 211, 226, 230, 231, 232, V.

Wilfried Kirsch: 145, 151, 177.

Tanja Kolendowicz: 205, 212.

Jens Köster: 112, 114, 115 rechts, 210 unten.

Carmen Meiling: 153 links, 158, 193 oben, 196 oben.

Frank-Heinrich Müller: 210 oben.

Peter Oehlmann: 238.

Heidi Pietsch: 124, 239, 240 unten, 241 unten, VII.

Birgit Rac: 131 links.

Antje Reineck: XIII.

Monika Ristau: 218.

Birgit Schindhelm: 199.

Wilm Schmitz: 102, 202 rechts.

Ilona Schnelle: 137, 192 oben.

Tilmann Schrader: 7, 36 oben, 91, 127 unten, 192 unten.

Jutta Stein: 96 oben.

Roberto Weber: 225 unten.

Rainer Weisbach: 198 rechts, 201.

Bertram Weisshaar: 190, 198 links, 202 links, 240 oben, XV, XVI.

Karin Weyer: 42.

Lydia Ziegltrum: 206, VIII.

Archiv „Sammlung", Stiftung Bauhaus Dessau: 8 rechts, 12, 13, 14 oben, 20, 25, 26, 28, 33, 34.

Archiv Dessauer Gasgerätewerke: 72.

Betriebsarchiv der VEAG Zschornewitz: 207.

Roderick Coyne: 24, 71 unten, 184, 208.

Bernd Helbig: 121, 122.

Sebastian Kaps: 54, 55 oben, 60 unten, 62 oben, 74, 77, 85, 105 oben, 109 unten, 119, 236.

Peter Kühn: 39, 68 rechts, 130 links, 143, 144, 186, 187, 188, 193 unten, 194.

Klaus Metze: 50.

Museum für Stadtgeschichte Dessau: 69.

Sächsische Landesbibliothek Dresden: 125 rechts, 127 oben und Mitte, 136 rechts.

Ulrike Schacht: 220 rechts.

Stadtarchiv Dessau: 30, 31, 43 links, 49 oben, 52, 53, 55 unten, 57, 58, 59, 62 unten, 63, 64, 65, 68 links, 82, 83, 87, 95, 96 unten, 115 links, 129, 130 rechts.

Verlag Dr. A. Barthel, Panitzsch b. Leipzig: 22, 38, 128, 146, 191, 216.

Postkarte: Poussin.Le printemps ou Le paradis terrestre, 1660-1664, (LOUVRE, Departement des Peintures): 136 links.

Erhard Hirsch: Dessau-Wörlitz, Aufkärung und Frühklassik, Leipzig 1985 (S. 249): 123.

Torsten Blume

Geb. 1964, Dipl.-Kunsthistoriker (Karl-Marx-Universität Leipzig), seit 1991 am Bauhaus Dessau, wissenschaftlicher Mitarbeiter in der Werkstatt Industrielles Gartenreich. Interessen und Arbeitsschwerpunkte: Geschichte und Ästhetik der Industriekultur, Projekte in Bitterfeld-Wolfen

Heike Brückner

Geb. 1963, Dipl.-Ing. für Landschaftsarchitektur (Technische Universität Dresden), seit 1991 am Bauhaus Dessau, wissenschaftliche Mitarbeiterin in der Werkstatt Industrielles Gartenreich und Projektleiterin „Schule der Gartenkunst". Interessen und Arbeitsschwerpunkte: Geschichte des Dessau-Wörlitzer Gartenreichs, Projekte zur Kulturlandschaft und ökologischer Gartenkultur.

Burghard Duhm

Geb. 1961, Forstarbeiter und Dipl.- Kulturwissenschaftler (Humboldt-Universität Berlin), seit 1989 am Bauhaus Dessau, wissenschaftlicher Mitarbeiter in der Werkstatt Industrielles Gartenreich und Projektleiter Reisewerk. Interessen und Arbeitsschwerpunkte: Kulturgeschichte und Ästhetik, ökologische Politik und Neue Lebensformen.

Prof. Dr. Roland Günter

Geb. 1936, Denkmäler-Inventarisierung im Rheinland, vor allem Industriearchitektur und Siedlungen. Freie Planungsgruppe. Seit 1971 Hochschullehrer in Bielefeld und Düsseldorf. Tätigkeit in den Tourismus-Kommissionen IBA Emscher Park und EXPO 2000 Sachsen-Anhalt. Interessen und Arbeitsschwerpunkte: Sozialwissenschaftlich orientierte Geschichte von Stadtentwicklung, Architektur und Kunst. Kulturpolitik. Kultureller Tourismus. Reisebücher: „Amsterdam", „Toskana", „Von Rimini nach Ravenna", „Urbino" und „Im Tal der Könige. Emscher, Ruhr und Rhein."

Dr. Harald Kegler

Geb. 1957, Dr.-Ing. für Stadtplanung (Hochschule für Architektur und Bauwesen Weimar), seit 1987 am Bauhaus Dessau, Leiter der Werkstatt Industrielles Gartenreich. Interessen und Arbeitsschwerpunkte: Industrie- und Siedlungsgeschichte, Regionalentwicklung und lokale Ökonomie/ Neue Arbeit.

Jens Köster

Geb. 1964, Dipl.-Ing. für Landschaftsplanung (Technische Universität Berlin), seit 1992 am Bauhaus Dessau, Mitarbeiter in der Werkstatt Industrielles Gartenreich. Interessen und Arbeitsschwerpunkte: Landschaftserneuerung in traditionellen Industrieregionen, Landschaftsentwicklung, Landschaftsökonomie.

Elisabeth Kremer

Geb. 1958, Sozialwissenschaftlerin, ein Leben lang unterwegs mit Zwischenstops in Schweinfurt und Birmingham, Oldenburg und Boston, Hamburg, Dessau und Berlin. Seit 1993 am Bauhaus Dessau, wissenschaftliche Mitarbeiterin in der Akademie. Interessen und Arbeitsschwerpunkte: Stadt- und Regionalsoziologie.

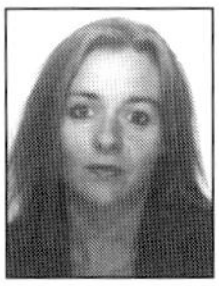

Elke Mittmann

Geb. 1968, Studium an der Universität Paris - IV-Sorbonne Kunstgeschichte und Archäologie, seit 1996 freischaffende Kunsthistorikerin, freie Mitarbeiterin Agentur Reisewerk. Interessen und Arbeitsschwerpunkte: Kunstgeschichte und Industriearchitektur.

Bertram Weisshaar

Geb. 1962, Studium an der Gesamthochschule Kassel, seit 1995 Spaziergangsinszenierungen und Gartenexperimente im Tagebau Golpa-Nord in Zusammenarbeit mit der Stiftung Bauhaus Dessau. Interessen und Arbeitsschwerpunkte: Experimentelle Projekte zu industriell geprägten Landschaften und Landschaftswahrnehmung.

Kinder schrieben und gestalteten ein Reisebuch für Kinder über das Industrielle Gartenreich - die Region Dessau - Bitterfeld/Wolfen - Wittenberg !

Wo sind sie alle hin, die großen, kleinen und klitzekleinen, wunderbaren und geheimnisvollen Orte? Niemand beachtet sie, niemand sieht sie?

Das sollte sich ändern! Kinder fanden die Orte, Plätze, Straßen, Landschaften, Flüsse, Seen, Bäume,Tiere, Gruben, Bagger, Schornsteine, Häuser ... in unserer Region, dem „Industriellen Gartenreich“ zwischen Dessau, Wittenberg und Bitterfeld.
Wir suchten nach Spuren, nach Stolpersteinen, nach Lieblingsorten und unseren Wurzeln. Wo kann man am besten spielen, was erleben oder erfahren?

Geschrieben wurden Geschichten, Märchen, Beschreibungen,Verse, Gedichte, die andere Kinder an magische Orte locken. Der Phantasie waren keine Grenzen gesetzt.

Wir haben die kleinen Kunstwerke gesammelt und ein Reisebuch von Kindern für Kinder gestaltet. Dabei half uns die Druck- und Malwerkstatt der Kinderwerkstatt an der Stiftung Bauhaus Dessau.

Das Buchprojekt wurde über den Landesverband für kulturelle Jugendbildung durch das Land Sachsen-Anhalt gefördert.
Wenn Sie einmal mit Kinderaugen in diese Region schauen wollen, wenden Sie sich an die Kinderwerkstatt der Stiftung Bauhaus. Dort ist das Buch erhältlich.

Jutta Stein, Kinderwerkstatt der Stiftung Bauhaus Dessau
06846 Dessau, Gropiusallee 38
Tel: 0340/6508235

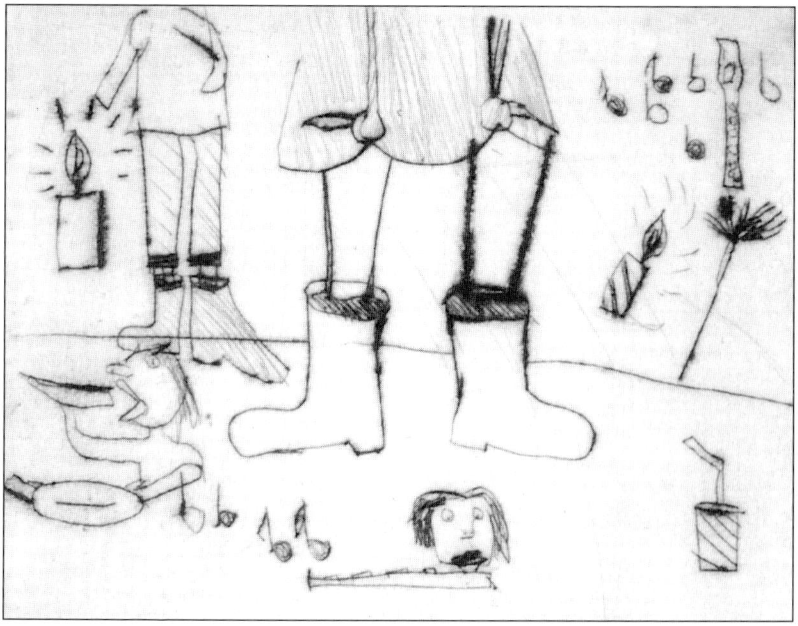

„Jedes Jahr im September gibt es am Drehberg ein Fest. Am schönsten ist die Staffel, bei der man zum Beispiel mit Gummistiefeln voll mit Wasser um den halben Berg rennen muß." Nelly Stein, 11 Jahre